# CRYPTONOMICON

*Paru dans Le Livre de Poche :*

L'ÂGE DE DIAMANT
LE SAMOURAÏ VIRTUEL
LE RÉSEAU KINAKUTA
(Cryptonomicon T.2)

*Collection dirigée par Gérard Klein*

NEAL STEPHENSON

# *Cryptonomicon*

## Le code Enigma

TRADUIT DE L'AMÉRICAIN PAR JEAN BONNEFOY

PAYOT

*Titre original :*

CRYPTONOMICON

Ceci est une œuvre de fiction. Les personnages et les situations décrits dans ce livre sont purement imaginaires : toute ressemblance avec des personnages ou des événements existant ou ayant existé ne serait que pure coïncidence.

Pour S. Town Stephenson qui jouait au cerf-volant sur des navires de guerre

On peut établir un parallèle remarquable entre les problèmes du physicien et ceux du cryptographe : le système avec lequel un message est chiffré correspond aux lois de l'univers, les messages interceptés aux preuves disponibles, les clés de chiffrement du jour ou d'un message donné aux constantes essentielles à définir. La correspondance est très étroite mais alors que les problèmes de cryptographie sont aisément traités à l'aide de mécanismes discrets, il n'en va pas de même pour la physique.

*Alan Turing*

Ce matin, [Imelda Marcos] a encore offert de nouvelles explications pour justifier les milliards de dollars qu'elle et son époux, décédé en 1989, auraient détournés durant la présidence de ce dernier.

« Il s'est trouvé que Marcos avait de l'argent, a-t-elle dit. Après les accords de Bretton Woods, il s'est mis à acheter de l'or à Fort Knox. D'abord trois mille tonnes, puis quatre mille. J'ai un document qui l'atteste : sept mille tonnes en tout. Marcos était finaud. Il avait tout pigé. C'est drôle : l'Amérique ne l'a jamais compris. »

*The New York Times,* lundi 4 mars 1996.

## *PROLOGUE*

Deux pneus volent. Deux crissent.
Forêt de bambous : couchés.
D'où naissent des chants guerriers.

... c'est encore ce que le caporal Bobby Shaftoe a trouvé de mieux au débotté — debout sur le marchepied, les deux mains prises : l'une agrippe la Springfield, de l'autre, il se retient au rétro, bref, il est exclu de versifier. Et d'abord, « *Deux pneus volent* »... trois pieds ou quatre ? Et « *guerriers* » ? Deux ou trois ? Le camion décide finalement de ne pas verser et retombe lourdement sur ses quatre roues. Le crissement — et l'instant — se sont enfuis. Bobby entend malgré tout les protestations des coolies ; s'y ajoute à présent le crépitement de mitrailleuse des pignons que maltraite le soldat Wiley en rétrogradant. Wiley perdrait-il son sang-froid ? Et à l'arrière, sous la bâche, une tonne et demie de classeurs métalliques qui s'entrechoquent, de répertoires de codes qui slaloment, d'essence qui danse dans les réservoirs du groupe électrogénérateur de la station Alpha. Tiens, un cauchemar pour l'auteur de haïkus contemporains : *groupe électrogénérateur*... huit pieds à lui tout seul ! Il ne tiendrait même pas dans le second vers ! [1]

1. Rappelons que le haïku, poème japonais traditionnel, est un exercice de concision teintée d'humour : trois vers respectivement

— A-t-on le droit d'écraser les gens ? s'enquiert le soldat Wiley, puis il écrase le bouton de l'avertisseur avant que Bobby Shaftoe ne puisse répondre. Un policier sikh bondit précipitamment derrière une charrette de tourbe. D'instinct, Shaftoe aurait envie de répondre : *Bien sûr, du reste, que comptent-ils faire ? Nous déclarer la guerre, peut-être ?* Mais étant le plus haut gradé dans cette expédition, il se doute qu'on attend de lui qu'il garde sa tête sur les épaules, aussi reste-t-il coi. Préférant récapituler la situation.

Shanghai. 16 h 45. Vendredi 28 novembre 1941. Bobby Shaftoe et la demi-douzaine de Marines à bord de son camion contemplent la route de Kiukiang, sur laquelle ils viennent d'effectuer ce virage sur les chapeaux de roues. La cathédrale vient de filer sur la droite, ce qui signifie qu'ils sont à, quoi ? deux pâtés de maisons du Bund. Une canonnière de patrouille sur le Yang Tsé y est amarrée, attendant d'embarquer le matériel qu'ils transportent à l'arrière du camion. Le seul vrai problème est que dans ces deux pâtés de maisons doivent loger dans les cinq millions de Chinois...

Cela dit, ces Chinois-là sont des citadins civilisés, pas de ces péquenauds tannés par le soleil qui n'ont jamais vu de véhicule automobile — ils sont capables de s'écarter si on conduit vite et qu'on appuie sur l'avertisseur... Du reste, bon nombre détalent de part et d'autre de la chaussée, donnant l'illusion que le camion file plus rapidement que les soixante-dix kilomètres à l'heure affichés au compteur.

Mais la forêt de bambous évoquée par le haïku de Bobby n'a pas été rajoutée pour donner au poème ce petit parfum oriental propre à susciter l'ébahissement de ses congénères d'Oconomowoc. Il y a bel et bien un épais rideau de bambous devant le capot du camion, des dizaines de barrières de péage improvi-

de cinq, sept et cinq syllabes. Paul Claudel a tenté d'en adapter la forme au français, le pied remplaçant la syllabe. *(N.d.T.)*

sées qui bloquent l'accès au fleuve, car les bureaux de la Flotte américaine en Asie et ceux du 4e de Marines qui ont ourdi cette petite opération ont oublié de faire entrer en compte le facteur vendredi après-midi. Comme Bobby Shaftoe aurait pu leur expliquer, s'ils avaient seulement pris la peine d'interroger un pauvre abruti comme lui, leur itinéraire les amenait à traverser le quartier des banques. Ainsi trouvait-on bien entendu les banques de Hongkong et de Shanghai, la City Bank, la Chase Manhattan, la Bank of America, la BBME, la Banque agricole de Chine et toute une flopée de ces petits établissements de province miteux, dont plusieurs avaient passé des accords avec ce qui subsistait de gouvernement chinois pour battre monnaie. La concurrence devait être rude, car afin de réduire les coûts, ces banques n'hésitaient pas à employer de vieux journaux pour imprimer leurs billets : si vous saviez lire le chinois, vous pouviez ainsi déchiffrer les nouvelles et les résultats de polo de l'année passée en lorgnant par transparence entre les chiffres et les illustrations colorées qui transformaient ces bouts de papier en monnaie fiduciaire.

Comme aurait pu vous le dire n'importe quel conducteur de pousse-pousse ou marchand de volailles de Shanghai, le contrat d'émission de monnaie stipule que tous les billets imprimés par ces banques doivent être garantis par une quantité donnée d'argent métal, à savoir que n'importe qui devrait être en mesure de pénétrer dans un de ces établissements ayant pignon sur la rue de Kiukiang, de déposer sur le comptoir une liasse de billets et (à condition que lesdits billets eussent été émis par la banque en question) recevoir en échange un montant équivalent en bons lingots.

Et de fait, si la Chine ne se trouvait pas en train d'être systématiquement pillée et taillée en pièces par l'Empire de Nippon [1], nul doute qu'elle aurait

1. Et ce nonobstant les louables efforts du 4e de Marines.

dépêché ses gratte-papier officiels pour examiner de près la quantité d'argent réellement présente dans les coffres de toutes ces banques, et tout se déroulerait dans le calme et l'ordre. Mais la situation étant ce qu'elle était, la seule garantie possible de l'honnêteté de chacune desdites banques, c'étaient les banques concurrentes.

Voici comment : lors d'une transaction normale, une grosse quantité de papier monnaie passe aux guichets de, mettons, la Chase Manhattan Bank. Qui la transfère aussitôt dans son arrière-boutique pour y trier les billets, qu'elle répartit dans diverses caisses (largeur : soixante centimètres sur soixante, profondeur : quatre-vingt-dix, avec des cordes passées aux quatre coins) ; ceux imprimés, mettons, par la Bank of America, dans telle caisse, ceux émis par la City Bank, dans telle autre. Puis, le vendredi après-midi, on convoque les coolies. Chaque coolie, ou plutôt chaque couple de coolies, arrive bien évidemment muni de sa longue perche en bambou — un coolie sans sa perche est comme un fusilier marin chinois privé de sa baïonnette nickelée — qu'il glisse à travers les cordes disposées aux angles de la caisse. Ensuite, les coolies se glissent sous chaque extrémité de la perche, soulevant ainsi la caisse disposée entre eux. Ils doivent agir de concert, pour empêcher celle-ci de bringuebaler au risque de tout envoyer valser. Aussi, tout en se rendant à leur destination — la banque dont le nom est couché sur les billets contenus dans leur caisse —, les coolies chantent-ils en chœur, afin d'arpenter le pavé au rythme de la musique. La perche étant d'une bonne longueur, ils sont assez loin l'un de l'autre, ils doivent donc chanter à tue-tête pour s'entendre mutuellement, et bien entendu, chaque duo beugle son air attitré, en tâchant de couvrir ceux de tous les voisins, pour ne pas perdre la mesure.

Ainsi, dix minutes avant l'heure de fermeture, le vendredi après-midi, bon nombre de banques voient-elles leurs portes s'ouvrir à la volée et livrer passage à des hordes de coolies marchant au pas, deux par deux — ambiance tableau d'ouverture d'une putain d'opérette à Broadway —, pour venir déposer leurs caisses de billets usagés et exiger de l'argent en échange. Chaque banque fait de même avec toutes les autres. Parfois, elles s'y prennent toutes le même vendredi, surtout en des moments comme ce 28 novembre 1941 où même un bête troufion comme Bobby Shaftoe peut comprendre qu'il vaut mieux garder par-devers soi de l'argent métal que des liasses de vieux journaux découpés. Et c'est pourquoi, une fois que les piétons ordinaires, les marchands de quatre-saisons et les flics sikhs furieux ont débarrassé le plancher pour aller se pinter dans les boîtes, bistrots et bordels de la route de Kiukiang, Bobby Shaftoe et ses Marines n'arrivent même plus à entrevoir la canonnière qui est leur destination, à cause de cette forêt horizontale de longues perches en bambou. Ils n'entendent même plus le klaxon de leur camion, noyé sous les battements de la cacophonie pentatonique du chant des coolies. C'est qu'il ne s'agit pas là d'une banale ruée du vendredi soir dans le quartier des banques à Shanghai. Mais de l'ultime séance de compensation avant l'embrasement de l'ensemble de l'hémisphère oriental. Les millions de promesses imprimées sur ces bouts de mauvais papier se verront tenues ou rompues dans les dix prochaines minutes ; de véritables pièces d'or et d'argent changeront ou ne changeront pas de main. En quelque sorte un jour du Jugement fiduciaire.

— Bon Dieu, je peux même pas... beugle le soldat Wiley.

— Le capitaine a dit de ne s'arrêter sous aucun de putain de prétexte, scrogneugneu ! lui rappelle Shaftoe.

Il n'a pas expressément ordonné à Wiley d'écraser les coolies, il se contente de lui rappeler que s'il s'abstient de le faire, ils auront un certain nombre d'explications à fournir — compliquées du fait que le capitaine les suit de près, dans une voiture remplie de fusiliers marins chinois brandissant leurs mitraillettes. Et vu l'intérêt qu'il porte à cette histoire de station Alpha, il est manifeste qu'il a déjà dû se faire remonter les bretelles par certain amiral en poste à Pearl Harbor, voire directement (roulement de tambours) par le QG de l'infanterie de marine, Washington, capitale fédérale.

Shaftoe et les autres Marines ont toujours vu la station Alpha comme une clique mystérieuse de types emmanchés d'un long cou perchés sur le toit d'un bâtiment de la concession internationale, logés dans une cabane montée en planches de palettes criblées d'impacts et hérissée d'antennes en tous sens. À condition d'être patient, on pouvait même en voir certaines bouger pour se braquer sur quelque cible au large. Shaftoe avait même rédigé un haïku sur ce thème :

L'antenne flaire, tel,
Nez au vent, le retriever
Les secrets du ciel

Ce n'était jamais que son deuxième — à l'évidence loin du niveau de qualité de novembre 1941 —, il en a honte rien que d'y penser.

Mais aucun de ces Marines n'était en mesure jusqu'à aujourd'hui d'appréhender l'enjeu que représentait la station Alpha. Leur tâche avait finalement exigé de planquer une tonne de matériel et plusieurs autres de documents sous des bâches avant de déménager le tout. Ils avaient ensuite passé le jeudi à démolir la cabane, en faire un grand feu de joie et brûler un certain nombre de livres et de papiers.

— Et meeerde ! s'exclame le soldat Wiley.

Quelques coolies seulement ont dégagé le passage, ou les ont même vus. Et puis il y a cette fantastique détonation venant du fleuve, tel le claquement sec d'une perche en bambou longue d'un kilomètre que Dieu aurait cassée sur son genou. Une demi-seconde après, plus un seul coolie à la ronde : rien que des tas de caisses surmontées de perches en bambou abandonnées, édifices instables oscillant dans les rues comme des carillons éoliens. Et dominant le tout, un épais champignon de fumée grise qui s'élève de la canonnière. Wiley monte les vitesses et écrase l'accélérateur. Shaftoe se plaque à la portière et rentre la tête, en espérant que son vieux casque à rebord hérité de la Grande Guerre lui servira à quelque chose. Puis les caisses se mettent à se fendre et à exploser lorsque le camion vient les percuter. À travers un blizzard de billets de banque, Shaftoe entrevoit de longues perches en bambou qui s'élèvent, rebondissent et tournoient jusqu'aux quais.

Feuilles de Shanghai :
Porches pâles au ciel d'acier.
Hiver entamé.

## *LANDES*

Réservons le problème de l'existence de Dieu à un volume ultérieur, et contentons-nous de stipuler que, d'une manière ou de l'autre, des organismes auto-reproducteurs sont apparus sur cette planète et ont aussitôt cherché à se débarrasser de leurs rivaux, soit en saturant l'environnement de copies grossières d'eux-mêmes, soit en recourant à des méthodes plus directes sur lesquelles il est inutile de s'étendre. La plupart ont échoué et leur héritage génétique a disparu à jamais de l'univers, mais quelques rares spécimens ont trouvé moyen de survivre et de se propager. Après quelque trois milliards d'années de cette suite souvent lassante, parfois bouffonne, mêlant charnel et carnage, Godfrey Waterhouse IV naquit à Murdo, Dakota du Sud, de Blanche et Bunyan Waterhouse, pasteur congréganiste, son époux. Comme toute autre créature sur terre, Godfrey s'affirma de plein droit un prodigieux fouteur de merde, mais dans l'acception presque étroitement technique où l'on pouvait faire remonter son hérédité, *via* une longue lignée d'autres prodigieux fouteurs de merde à peine moins évolués, jusqu'à ce tout premier bidule auto-reproducteur — ce qui, compte tenu du nombre et de la variété de ses descendants, pouvait à juste titre le faire qualifier de plus prodigieux fouteur de merde de tous les temps.

Tous ceux et celles qui n'étaient pas de prodigieux fouteurs de merde étaient morts.

Dans la catégorie des machines de mort programmées par mimétisme et d'une efficacité cauchemardesque, c'était sans doute ce qu'on pouvait rêver trouver de mieux. Dans la tradition de son glorieux ancêtre (l'écrivain puritain John Bunyan, qui avait passé l'essentiel de son existence à moisir derrière les barreaux ou à tenter d'éviter ceux-ci), le révérend Waterhouse ne restait jamais bien longtemps prêcher au même endroit. L'église ne cessait de le muter d'une bourgade à l'autre des deux Dakota tous les ans ou presque. Il est possible que le jeune Godfrey ait trouvé ce mode de vie plus que légèrement aliénant car, durant ses études au collège congréganiste de Fargo, il rua dans les brancards, et au grand désespoir de ses parents se lança dans une quête plus matérielle pour finir par décrocher, nul ne sait trop comment, un doctorat de lettres classiques dans une petite université privée de l'Ohio. Les universitaires n'étant guère moins nomades que les pasteurs congréganistes, il trouvait de l'emploi où il pouvait. C'est ainsi qu'il devint professeur de latin-grec à l'université chrétienne de Bolger (inscription numéro 322) dans la ville de West Point, Virginie, où les fleuves Mattaponi et Pamunkey confluent pour former l'estuaire de la James et où les émanations pestilentielles de la grande papeterie imprègnent chaque placard, chaque tiroir, et jusqu'aux feuillets des livres. La jeune épouse de Godfrey, née Alice Pritchard, qui avait grandi de son côté en suivant son prêtre itinérant de père d'un bout à l'autre des étendues du Montana oriental — où l'air embaume la neige et la sauge — vomit trois mois durant sans discontinuer. Six mois plus tard, elle donnait naissance à Lawrence Pritchard Waterhouse.

Le garçon entretenait un rapport singulier avec le son. Quand passait une voiture de pompiers, le hurlement de la sirène ou le tintement de la cloche ne le dérangeait aucunement. Mais qu'un frelon pénétrât dans la maisonnée et, se cognant au plafond, y décrivît de larges figures de Lissajous en émettant un bourdonnement presque inaudible, aussitôt le bruit le faisait hurler de douleur. Et s'il voyait ou sentait quelque chose qui l'effrayait, il se plaquait les mains contre les oreilles.

Un bruit qui ne le troublait pas du tout était celui émis par l'orgue à tuyaux de la chapelle du collège. Le bâtiment par lui-même n'avait rien de remarquable, mais l'instrument, don de la famille de papetiers, aurait tenu à l'aise dans un édifice quatre fois plus grand. Lawrence s'accordait à merveille avec l'organiste, prof de maths retraité qui estimait que certains attributs du Seigneur (violence et extravagance dans l'Ancien Testament, majesté et triomphe dans le Nouveau) pouvaient être directement transmis à l'âme des pécheurs agenouillés en l'espèce d'une forme d'imprégnation sonique frontale. Qu'il courût le risque de pulvériser les vitraux était de peu d'importance puisque de toute façon personne ne les aimait et que les émanations de la papeterie rongeaient le plomb interstitiel. Mais après qu'une petite paroissienne, tout juste sortie titubante de l'office, eut émis auprès du pasteur un commentaire acerbe de trop sur le caractère outrageusement théâtral de la musique, on décida de remplacer l'organiste.

Celui-ci n'en continua pas moins de donner des leçons sur l'instrument. Les élèves n'avaient droit à toucher l'orgue qu'une fois à l'aise au piano, et lorsqu'on l'eut expliqué à Lawrence Pritchard Waterhouse, celui-ci apprit, tout seul, en trois semaines, à jouer une fugue de Bach et s'inscrivit aux cours d'orgue. N'ayant que cinq ans à l'époque, il ne pouvait atteindre à la fois clavier et pédales, et devait donc jouer debout en arpentant le pédalier.

Quand Lawrence eut douze ans, l'orgue tomba en panne. La famille de papetiers n'ayant pas pourvu à son entretien, le prof de maths décida de s'y coller. De santé fragile, il avait besoin d'un assistant dégourdi : Lawrence, qui l'aida à démonter le buffet de l'engin. Pour la première fois depuis toutes ces années, le jeune garçon voyait enfin ce qui se passait lorsqu'il appuyait sur ces touches.

Pour chaque registre — chaque timbre ou type de son que l'instrument pouvait émettre (à savoir : flûte à bec, trompette, piccolo) — existait une rangée spécifique de tuyaux, alignés par taille décroissante. Les longs produisaient des notes graves, les courts des notes aiguës. Le sommet des tuyaux définissait un graphe : pas une ligne droite mais une courbe ascendante. L'organiste-prof de maths s'installa avec quelques tuyaux démontés, un crayon, du papier, et aida Lawrence à comprendre pourquoi. Quand ce dernier eut compris, c'était comme si le prof de maths lui avait soudain joué le meilleur passage de la *Fantaisie et fugue en sol mineur* de Bach sur un orgue vaste comme la nébuleuse spirale d'Andromède : le passage où l'onde Johann Sebastian dissèque l'architecture de l'univers en une seule impitoyable descente d'accords toujours changeants, comme si son pied fouillait un fragile empilement de strates de détritus pour atteindre enfin le substrat rocheux. En particulier, les ultimes étapes de l'explication de l'organiste faisaient penser à un faucon qui plongerait au travers de couches successives de faux-semblants et d'illusions, plongée fascinante ou vertigineuse, selon le point de vue. Les cieux s'ouvraient devant lui. Lawrence entrevit des chœurs angéliques étagés en régression géométrique, à l'infini.

Les tuyaux jaillissaient en rangées parallèles d'une large caisse aplatie remplie d'air comprimé. Tous les tuyaux correspondant à une note donnée — mais appartenant à des registres différents — étaient alignés sur un même axe. Tous les tuyaux d'un registre donné — mais correspondant à des notes différentes — étaient alignés selon un axe perpendiculaire. À l'intérieur de la caisse aplatie, un mécanisme envoyait l'air dans les bons tuyaux au bon moment. Lorsqu'on actionnait une touche ou une pédale, tous les tuyaux capables de faire résonner cette note sonnaient, à condition qu'on ait tiré le bouton du registre correspondant.

D'un point de vue mécanique, tout ceci était manœuvré d'une façon parfaitement claire, simple et logique, quand Lawrence avait imaginé que la machine devait être au moins aussi compliquée que les fugues les plus complexes qu'on pouvait jouer dessus. Il venait d'apprendre qu'une machine, simple de conception, pouvait engendrer des résultats d'une infinie complexité.

Les registres étaient rarement utilisés isolément. Ils tendaient à s'empiler en combinaisons destinées à tirer parti des harmoniques disponibles (là encore, de juteuses mathématiques !). Certaines combinaisons en particulier étaient utilisées d'abondance. Des accumulations de flûtes à bec de longueurs diverses, pour le discret Offertoire, par exemple. L'orgue était doté d'un dispositif ingénieux appelé la présélection qui permettait à l'exécutant d'actionner d'un coup la combinaison précise de registres qu'il avait choisie à l'avance. Il lui suffisait de presser une touche pour que plusieurs tirettes jaillissent de la console, mues par la pression pneumatique, et que l'orgue devienne aussitôt un nouvel instrument doté de timbres entièrement différents.

L'été suivant, Lawrence et sa mère Alice furent envahis par un cousin éloigné — un prodigieux fouteur de merde de virus. Lawrence s'en tira avec une tendance presque imperceptible à traîner la patte. Sa mère avec un poumon d'acier. Plus tard, incapable de tousser efficacement, elle contracta une pneumonie et mourut.

Godfrey, le père de Lawrence, confessa volontiers qu'il n'était pas à la hauteur des fardeaux qui pesaient désormais sur ses épaules. Il donna sa démission de son poste dans la petite université en Virginie pour emménager avec son fils dans une modeste demeure sise à Moorhead, Minnesota, tout à côté de l'endroit où Bunyan et Blanche s'étaient installés. Par la suite, il devait trouver un poste d'enseignant dans une école normale des environs.

À ce point, tous les adultes responsables de l'entourage de Lawrence semblaient être parvenus à un accord tacite concernant son éducation : la meilleure méthode, la plus simple en tout cas, semblait de lui fiche la paix. Dans les rares occasions où Lawrence requérait l'intervention d'un adulte, c'était en général pour poser des questions auxquelles personne ne savait répondre. À l'âge de seize ans, n'ayant rien trouvé dans le système d'éducation locale pour le mettre à l'épreuve, Lawrence Pritchard Waterhouse se rendit à l'université. Il s'inscrivit au collège d'État de l'Iowa, qui, entre autres activités, abritait un établissement de l'école navale où on l'enrôla de force.

L'école navale de l'État d'Iowa avait une fanfare et fut ravie d'apprendre que Lawrence s'intéressait à la musique. Comme il était malaisé de faire des exercices sur le pont d'un cuirassé tout en jouant de l'orgue d'église, on lui fournit un carillon et deux clochettes.

Quand il n'arpentait pas la plaine alluviale de la Skunk en carillonnant avec entrain, Lawrence suivait un cursus d'ingénieur mécanicien. Matière où il obtint des résultats médiocres parce qu'il était tombé sur un professeur bulgare du nom de John Vincent Atanasoff qui, aidé de son étudiant de thèse, Clifford Berry, était en train de construire une machine censée automatiser la résolution de certaines équations différentielles particulièrement pénibles à calculer.

Le grand problème de Lawrence était son côté flemmard. Il avait jugé que tout serait bien plus simple si, à l'instar de Superman et de sa vision à rayons X, il suffisait de transpercer du regard les distractions cosmétiques pour y déchiffrer le squelette mathématique sous-jacent. Une fois découverte la structure mathématique d'un objet, on saurait tout sur celui-ci et l'on pourrait dès lors le manipuler tout son saoul, sans autre instrument qu'un crayon sur une nappe en papier. Cette structure, il la discernait dans la courbe des tubes nickelés de son glockenspiel, dans l'arche caténaire d'un pont et dans les tambours hérissés de condensateurs de la machine à calculer d'Atanasoff et Berry. Marteler le glockenspiel, riveter les éléments d'un pont métallique ou chercher à comprendre pourquoi la machine à calculer ne fonctionnait pas étaient pour lui d'un intérêt mineur.

En conséquence de quoi, il obtint des notes médiocres. De temps à autre, pourtant, il accomplissait au tableau noir quelque exploit qui laissait son professeur les genoux flageolants et ses camarades de cours confondus et hostiles. La chose s'ébruita.

Dans le même temps, sa grand-mère Blanche faisait jouer ses nombreuses relations dans le milieu congréganiste, arrondissant les angles au profit de Lawrence, totalement à son insu. Ses efforts culminèrent de manière triomphale lorsque son fils décrocha une bourse obscure, fondée par un héritier originaire de St Paul travaillant dans le traitement de l'avoine, et dont l'objectif était d'envoyer pour un an ses jeunes coreligionnaires du Middle West dans une des grandes universités de Nouvelle-Angleterre, ce qui (de toute évidence) exigeait un délai suffisant pour faire gagner à leur QI les quelques points indispensables mais pas assez long pour risquer de les débaucher. C'est ainsi que Lawrence se retrouva en première année à Princeton.

Cela dit, Princeton était une auguste institution et la fréquenter représentait un grand honneur, mais nul ne s'étant avisé d'en informer Lawrence, il n'avait aucun moyen de le savoir. Ce fait eut des conséquences à la fois bonnes et mauvaises. La reconnaissance modérée qu'il témoigna pour l'obtention de sa bourse mit en fureur le magnat de l'avoine. D'un autre côté, il s'adapta sans peine à Princeton, puisque pour lui, ce n'était jamais qu'un endroit comme un autre. Ça lui rappelait les coins les plus chouettes de Virginie, et il y avait en ville deux ou trois orgues à tubes épatants, même s'il n'était pas vraiment ravi par les devoirs que lui imposaient ses études d'ingénieur — conception de ponts suspendus ou taille de pignons. Comme toujours, ces problèmes se ramenaient en définitive à des questions mathématiques, qu'on pouvait aisément régler. De temps en temps, malgré tout, il se retrouvait coincé, ce qui le conduisait alors dans le *Fine Hall,* où était installé le département de mathématiques.

Une faune bigarrée fréquentait les lieux, des types à l'accent anglais ou européen. D'un strict point de vue administratif, la plupart n'appartenaient pas au département de mathématiques mais à une structure à part, un truc baptisé IAS, ce qui voulait dire Institut de machin-truc quelconque avancé. Cependant, ils se retrouvaient tous dans le même bâtiment et ces gars touchaient leur bille en maths, de sorte que pour Lawrence, la distinction n'existait pas.

Plus d'un affectait la timidité lorsque Lawrence quémandait leur avis, mais d'autres se montraient au moins enclins à l'écouter jusqu'au bout. Par exemple : il avait trouvé un moyen de résoudre un délicat problème de forme de denture de pignon, un problème qui, normalement résolu par des ingénieurs, exigeait un certain nombre d'approximations parfaitement raisonnables mais esthétiquement déplaisantes. La solution de Lawrence fournissait en revanche des résultats exacts. Son seul inconvénient était que pour l'obtenir, il eût fallu un quintillion d'opérateurs armés d'une règle à calcul et travaillant chacun un quintillion d'années. Lawrence travaillait donc sur une façon radicalement différente d'aborder le problème, qui, en cas de succès, réduirait ces chiffres à un trillion et un trillion, respectivement. Hélas, Lawrence était incapable d'intéresser qui que ce soit à l'institut avec des trucs aussi prosaïques que des engrenages, jusqu'à ce que, à l'improviste, il vînt à se lier d'amitié avec un Britannique plein d'allant, dont il s'empressa d'oublier le nom, mais qui avait récemment dû lui-même se frotter, de manière fort concrète, à la taille de pignons. Ce type cherchait en effet à construire, le hasard fait bien les choses, une machine à calculer mécanique — et plus spécifiquement, une machine à calculer certaines valeurs de la fonction zêta de Riemann :

$$\zeta(s) = \sum_{n=1}^{\infty} \frac{1}{n^s} = 1 + \frac{1}{2^s} + \frac{1}{3^s} + \dots$$

où $s$ est un nombre complexe.

Lawrence trouva cette fonction zêta ni plus ni moins intéressante que n'importe quel autre problème mathématique jusqu'à ce que son nouvel ami l'assure qu'elle était terriblement importante et que bon nombre de mathématiciens parmi les meilleurs de la planète s'y étaient cassé les dents depuis des décennies. Tous deux se retrouvèrent à veiller jusqu'à trois heures du matin pour trouver une solution au problème de pignons de Lawrence. Ce dernier présenta fièrement les résultats de ces cogitations à son professeur d'ingénierie, lequel les repoussa avec mépris, pour de vulgaires considérations pratiques, en ne lui accordant qu'une note minable pour sa peine.

Lawrence réussit à se rappeler, à la suite de plusieurs autres contacts, que le nom de cet amical Rosbif était Al quelque chose. Et comme Al était passionné de cyclisme, ils firent quelques balades en vélo dans la campagne de l'État jardin. Tout en parcourant le New Jersey, ils devisaient de mathématiques, en particulier de machines visant à les affranchir de la partie ennuyeuse de ces travaux.

Mais Al, qui avait réfléchi à la question depuis plus longtemps que Lawrence, avait déjà déduit que les machines à calculer étaient bien plus que de simples moyens de s'épargner du labeur. Il avait travaillé sur une forme de mécanisme de calcul radicalement nouvelle, à même de résoudre n'importe quel type de problème arithmétique, pour autant qu'on soit capable de le rédiger. D'un strict point de vue logique, il avait déjà élaboré en détail le fonctionnement de cette (encore hypothétique) machine, même s'il lui restait encore à la construire. Lawrence crut comprendre que ce genre de considération pratique était jugée indigne à Cambridge (en Angleterre, car c'était en fait de là que venait ce fameux Al), comme d'ailleurs du reste au *Fine Hall*. D'où l'immense plaisir d'Alan d'avoir enfin découvert, en Lawrence, quelqu'un qui ne partageait pas ces vues à ce sujet.

Al lui demanda un beau jour, avec moult précautions, s'il ne verrait pas d'inconvénient majeur à l'appeler par son vrai nom qui était Alan et non Al. Lawrence se confondit en excuses et l'assura qu'il ferait son possible pour ne pas l'oublier.

Un autre jour, deux semaines plus tard, alors qu'ils étaient assis au bord d'un ruisseau dans les bois, Alan fit à Lawrence une proposition bizarre impliquant des pénis. Proposition qui exigea moult explications méthodologiques qu'Alan fournit en rougissant et bégayant d'abondance. Il fit montre d'une politesse extrême, soulignant à plusieurs reprises qu'il était tout à fait conscient que ce genre d'activité était loin d'intéresser tout le monde.

Lawrence décida qu'il entrait sans doute dans cette catégorie.

Alan parut immensément impressionné que Lawrence eût au moins daigné y réfléchir et se confondit en excuses pour avoir abordé le sujet. Ils retournèrent illico à une discussion sur les machines à calculer et leur amitié se poursuivit, inchangée. Mais lors de leur balade suivante à bicyclette — ils devaient camper pour la nuit dans les landes de pins — un nouveau camarade les rejoignit, un Allemand appelé Rudy von machin-chose.

La relation entre Alan et Rudy semblait plus étroite, ou à tout le moins plus complexe que celle d'Alan avec Lawrence. Lawrence en conclut que le plan pénis d'Alan avait dû finalement trouver preneur.

Cela l'amena à réfléchir. Du point de vue évolutionniste, quel était l'intérêt d'avoir des individus qui n'étaient pas enclins à engendrer une descendance ? Il devait sans aucun doute exister une bonne raison, si subtile fût-elle.

La seule explication qu'il put trouver était que c'étaient les groupes d'individus — les sociétés, donc — plutôt que les créatures isolées qui cherchaient désormais à surpasser en nombre et/ou à éliminer les autres et que, dans une société donnée, un individu sans enfants avait amplement sa place, pour autant qu'il se trouvât une tâche utile.

Toujours est-il qu'Alan, Rudy et Lawrence roulaient en direction du sud, guettant l'apparition des landes de pins. Au bout d'un moment, les villages devinrent de plus en plus espacés, et les élevages de chevaux laissèrent place à une lande couverte d'arbustes épineux et rabougris qui semblait devoir s'étendre à l'infini jusqu'en Floride — bouchant la vue mais certainement pas le vent contraire.

— Où sont ces landes de pins, je me demande ? demanda Lawrence à plusieurs reprises.

Il s'arrêta même à une station d'essence pour poser la question. Ses compagnons commençaient à se ficher de lui.

— Où zont zes landes te pins ? s'enquit à son tour Rudy, regardant alentour, intrigué.

— J'aurais imaginé une espèce de lande, couverte de nombreux pins, commenta Alan, l'air songeur.

Ils étaient seuls sur la route, aussi s'étaient-ils déployés pour pédaler tous les trois de front, Alan au milieu.

— Une forêt vue par Kafka, marmonna Rudy.

Dans l'intervalle, Lawrence avait compris qu'ils étaient déjà dans les fameuses Landes. Mais il ignorait qui était ce Kafka.

— Un mathématicien ? hasarda-t-il.

— Za, z'est pien une idée terrifiante, répondit Rudy.

— C'est un écrivain, expliqua Alan. Lawrence, surtout ne te vexe pas si je te pose la question, mais :

reconnais-tu les noms d'autres individus ? Je veux dire, en dehors de ta famille et des amis proches.

Lawrence avait dû paraître interloqué.

— J'essaye de deviner si tout cela sort de là-dedans, dit Alan, tendant la main pour lui frapper la tempe du bout des doigts, ou s'il t'arrive parfois d'emprunter des idées neuves à tes congénères ?

— Quand j'étais petit, j'ai vu des anges dans une église en Virginie, répondit Lawrence, mais je crois bien qu'ils venaient de ma tête.

— C'est cela, oui, fit Alan.

Mais par la suite, Alan fit une nouvelle tentative. Ils avaient atteint la tour de guet contre les feux de forêts, et ç'avait été une cruelle déception : juste un escalier perdu menant nulle part, au milieu d'une petite clairière jonchée de tessons de bouteilles vides. Ils installèrent la tente au bord d'un étang qui s'avéra empli d'algues couleur rouille qui vous collaient aux poils et aux cheveux. Il ne leur restait guère d'autre loisir que de boire de la gnôle en discutant mathématiques.

Alan lança la conversation :

— Tenez, ça s'est passé ainsi : Bertrand Russell et un autre type du nom de Whitehead ont rédigé les *Principia Mathematica*...

— Arrête ton char, l'interrompit Waterhouse, même moi, je sais que c'est sir Isaac Newton qui a écrit ça.

— Newton a écrit *un autre* livre, *également* intitulé *Principia Mathematica,* qui de fait ne traite pas vraiment de mathématiques ; de nos jours, on appellerait plutôt cela de la physique.

— Alors, pourquoi l'a-t-il intitulé *Principia Mathematica ?*

— Parce que la distinction entre mathématiques et physique n'était pas spécialement nette à l'époque de Newton...

— Foire même à la nôtre, nota Rudy.

— Ce qui est directement en rapport avec ce dont je vous parle, poursuivit Alan. Les P.M. de Russell, dans lesquels Whitehead et lui sont véritablement repartis de zéro, je veux dire, vraiment de rien, pour tout reconstruire — l'ensemble des mathématiques, à partir d'un petit nombre de principes premiers. Et si je te raconte cela, Lawrence, c'est que... Lawrence! Fais attention!

— Hmmm?

— Rudy... ramasse cette badine... oui, celle-là... et tiens à l'œil notre ami... dès qu'il prend ce regard absent, tu lui flanques un bon coup!

— On n'est pas tans une égôle anglaize, on ne peut bas vaire ze genre te chose!

— Je suis tout ouïe, assura Lawrence.

— Ce qui est ressorti des P.M. qui était formidablement radical, c'était la possibilité de dire que l'ensemble des mathématiques pouvait être exprimé à l'aide d'un certain ordonnancement de symboles.

— Leibniz l'afait dit longtemps avant eux! protesta Rudy.

— Euh... Leibniz a certes inventé la notation que nous employons pour le calcul mais...

— Che je ne parle pas de za!

— Et il a inventé le calcul matriciel mais...

— Che ne parle pas de za non plus!

— Et il a également fait des travaux d'arithmétique binaire mais...

— Z'est gomplètement différent!

— Enfin, merde, qu'est-ce que tu racontes, Rudy?

— Leibniz a infenté l'alphabet basique — il a couché une série de symboles destinés à exprimer des déclarations logiques.

— Eh bien, je ne savais pas qu'Herr Leibniz comptait la logique formelle dans ses préoccupations, mais enfin...

— Pien sûr que si! Il foulait faire ze que Russell et Whitehead ont fait par la zuite, hormis que ce n'était plus zeulement afec les mathématiques mais avec tout ze gui existe au monde!

— Bien, et compte tenu que tu sembles être le seul homme sur cette planète, Rudy, à avoir connaissance de cette entreprise de Leibniz, faut-il en croire qu'il aurait échoué ?

— Toi, tu peux pien croire tout ce qui t'amuse, Andy, réagit Rudy, mais moi, che zuis un mathématicien et che ne crois rien tu tout !

Alan poussa un soupir blessé, puis lança à Rudy un regard éloquent dont Waterhouse crut deviner que cela présageait du grabuge.

— Si je puis toutefois lancer quelques pistes, et je pense que vous serez tous les deux d'accord avec moi, du moins là-dessus, c'est que les mathématiques peuvent être exprimées par une série de symboles (et prenant des mains de Lawrence sa badine, il se mit à tracer dans le sable des signes tels que +, =, 3,), √, – 1, π... et franchement, peu me chaut qu'ils soient des symboles inventés par Leibniz ou Russell, ou bien les hexagrammes du Yi-King...

— Leibniz était vagziné par le Yi-King ! commença Rudy, mais Alan l'interrompit aussitôt :

— Mets un pcu la pédale douce sur Leibniz, veux-tu, et écoute-moi plutôt : imagine-nous, toi et moi, dans un train, assis au wagon-restaurant à deviser agréablement, et que ce train soit tracté à une vitesse ahurissante par des séries de locomotives baptisées la *Bertrand Russell,* la *Riemann,* l'*Euler* et ainsi de suite. Et imagine également notre ami Lawrence, ici présent, en train de courir comme un dératé le long de la voie, cherchant à ne pas se laisser distancer...

— La question n'est pas que l'on zoit forcément plus malins que lui, mais enfin, ce n'est qu'un pauvre paysan qui n'a pas réussi à afoir te billet pour monter. Alors moi, Rudy, tout ce que je fais, c'est tendre charitablement la main par la fitre ouverte pour l'aider à embarquer avec nous dans ze fichu train, pour qu'on puisse avoir une petite conversation sympa zur les mathématiques, zans devoir l'entendre souffler et ahaner tout du long.

— D'accord, Alan.

— Ça prendra moins d'une minute si tu veux bien cesser de m'interrompre à tout bout de champ...

— Mais il y a aussi une locomotife baptisée *Leibniz* !

— Sous-entendrais-tu par là que je ne fais pas la part assez belle aux Allemands ? Parce que justement, je m'apprêtais à citer ce type avec un *umlaut* [1] dans son nom...

— Oh, za ne serait pas Herr Türing ? nota malicieusement Rudy.

— Herr Türing vient plus tard. En fait, je songeais à Gödel.

— Mais ze n'est pas un Allemand ! Z'est un Autrichien !

— J'ai bien peur que ce soit du pareil au même désormais, non ?

— Ze n'est pas moi qui ai eu l'idée de l'Anschluss ! Che trouve du reste ze Hitler consternant.

— J'ai entendu parler de Gödel, intervint Waterhouse, secourable. Mais pourrait-on revenir en arrière, rien qu'un instant ?

— Bien sûr, Lawrence.

— Pourquoi toutes ces questions ? Pourquoi Russell a-t-il fait ça ? Y avait-il un problème avec les maths ? Je veux dire, deux plus deux égalent quatre, non ?

Alan ramassa deux capsules et les reposa par terre, côte à côte.

Deux — une, deux. Plus... (Il en ajouta deux nouvelles.) Deux autres. Une, deux. Égalent quatre. Une, deux, trois, quatre.

— Eh bien, où est le problème ? insista Lawrence.

— Mais Lawrence, quand tu fais vraiment des maths, de manière abstraite, tu ne comptes pas les capsules, n'est-ce pas ?

— Je ne compte rien du tout.

Rudy intervint alors avec un scoop :

— Foilà bien te ta part une position fort moderne !

— N'est-ce pas ?

Mais Alan reprit :

1. Tréma, en allemand. *(N.d.T.)*

— On a très longtemps entretenu cette notion implicite que les mathématiques se résumaient à une sorte de physique du comptage des capsules. Que toute opération mathématique faite sur papier, si complexe fût-elle, pouvait se ramener — en théorie du moins — à un tripatouillage de compteurs bien concrets (par exemple, des capsules) dans le monde réel.

— Sauf qu'on ne peut pas voir deux virgule une capsule.

— D'accord, d'accord, disons qu'on se sert des capsules pour les entiers et que pour les nombres réels tels que deux virgule un, on a recours à la mesure d'une grandeur physique, par exemple, la longueur de ce bâton.

Et Alan de le laisser choir à côté des capsules.

— Bon, d'accord, mais pour pi, dans ce cas ? Tu ne peux pas avoir un bout de bois d'exactement pi décimètres de long !

— Pi fient te la géométrie... objecta Rudy. Touchours la même histoire.

— Oui, on a cru effectivement que la géométrie euclidienne était une sorte de physique, que ses droites et ainsi de suite représentaient des propriétés du monde tangible. Mais... tu connais Einstein ?

— Oh, tu sais... moi et les noms...

— Mais si, ce type à cheveux blancs, avec la grosse moustache ?

— Ah oui, fit Lawrence, indécis. J'ai voulu lui poser mon problème d'engrenages. Il a prétendu qu'il était en retard à un rendez-vous ou je ne sais trop quoi.

— Eh bien, ce type a pondu une théorie de la relativité générale qui est une sorte d'application pratique, non pas de la géométrie euclidienne mais de celle de Riemann...

— Le même Riemann de ta fonction zêta ?

— Même Riemann, autre sujet. Bon, mais ne recommençons pas à dévier, Lawrence.

— Riemann a montré qu'on poufait avoir quantité

te chéométries différentes qui n'étaient pas celles t'Euclide mais qui afaient malgré tout une cohérence interne, expliqua Rudy.

— Parfait. Ce qui nous ramène à nos *Principia,* nota Lawrence.

— Oui ! Russell et Whitehead. Ça s'est passé ainsi : dès que les mathématiciens se sont mis à jouer avec des concepts comme la racine carrée de moins un ou des quaternions [1], il n'était désormais plus question de traduire ces opérations avec des bouts de bois ou des capsules. Ça ne les a pourtant pas empêchés de continuer à obtenir des résultats logiques.

— Ou du moins cohérents, précisa Rudy.

— Si tu veux. Tout ça pour dire que les maths, ça ne se résume pas à une physique de comptage de capsules.

C'est ce qu'il avait, effectivement, semblé à Lawrence, mais cela soulevait la question de savoir si les mathématiques étaient intrinsèquement vraies ou bien s'il ne s'agissait que d'une façon de jouer avec des symboles. En d'autres termes, est-ce qu'on est sur la voie de la Vérité avec un grand V, ou est-ce simplement de la masturbation intellectuelle ?

— Elles doivent bien être vraies parce que si on les applique à la physique, ça marche ! J'ai entendu parler de cette histoire de relativité générale... Je sais qu'on a fait des expériences et pu démontrer qu'elle se vérifiait.

— La grande machorité tes mathématiciens ne se lifre pas à l'egzpérimentation, objecta Rudy.

— Toute l'idée du projet est de couper les ponts avec la physique, confirma Alan.

— Et malgré tout, sans se branler...

— C'est ce que voulaient faire les *Principia Mathematica.*

1. Nombres de la forme $q = a + bi + cj + dk$, avec *a, b, c,* réels et $i^2 = j^2 = k^2 = -1$. Ces nombres ressemblent à des nombres complexes ($a + bi$ avec $i^2 = -1$) mais ils sont composés de quatre termes au lieu de deux, d'où leur nom. Ils ont été introduits par l'Irlandais Hamilton en 1843. *(N.d.T.)*

— Russell et Whitehead ont réduit tous les concepts mathématiques en entités d'une simplicité redoutable comme les ensembles. De là, ils sont passés aux entiers, et ainsi de suite.

— Mais comment peut-on faire entrer dans un ensemble quelque chose comme pi ?

— On ne peut pas, admit Alan, mais on peut l'exprimer sous la forme d'une longue chaîne de chiffres. Trois virgule un, quatre, un, cinq, neuf, etc.

— Et les chiffres zont des entiers... nota Rudy.

— Halte-là ! Pi, lui, n'en est pas un !

— Non, mais tu peux quand même calculer les chiffres de pi, un par un, en recourant à certaines formules. Des formules que tu peux rédiger, telles que celle-ci...

Et Alan de griffonner dans la poussière :

$$\pi = 4 \sum_{n=0}^{\infty} \frac{(-1)^n}{2n+1}$$

— J'ai utilisé la série de Leibniz, uniquement pour apaiser notre ami [1]. Tu vois, Lawrence, c'est une suite de symboles.

— D'accord. Je vois bien la suite de symboles, admit à contrecœur l'intéressé.

— Peut-on avancer ? Gödel avait remarqué, il y a quelques années à peine : « Dites, si vous commencez à décrire les mathématiques comme une séquence de symboles, vous savez quoi ? » Et de rajouter que n'importe quelle séquence de symboles — cette formule, par exemple — pouvait dès lors être traduite en entiers.

— Comment ?

1. En fait, déjà pressentie par le mathématicien écossais James Gregory (1638-1675), et même plus tôt encore au tout début du $xv^{e}$ siècle par le mathématicien indien Madhava... Mais elle n'est guère efficace pour le calcul de pi, tant elle converge lentement : il faut en effet 1 000 termes pour obtenir deux décimales, 10 000 pour en obtenir trois, et un million pour les quatre de 3,1416... ! *(N.d.T.)*

— Rien de bien sorcier, Lawrence... simple question de codage. Arbitraire. On pourrait inscrire le nombre « 538 » à la place de ce grand moche sigma majuscule, et ainsi de suite.

— Là, je commence à trouver que c'est effectivement de la masturbation intellectuelle...

— Non, non, pas du tout. Parce que c'est alors que Gödel a fait se refermer le piège : les formules peuvent agir sur les nombres, d'accord ?

— Bien sûr, comme *2x*.

— Oui. On peut remplacer *x* par n'importe quel nombre et la formule *2x* le doublera. Mais si une autre formule mathématique telle que celle-ci, là, pour calculer pi, peut être codée sous forme numérique, alors on pourra avoir une autre formule qui agit dessus. Des formules agissant sur d'autres formules !

— C'est tout ?

— Non. Il a ensuite montré [1], grâce à une argumentation toute simple, que si des formules peuvent réellement faire référence à elles-mêmes, il est alors possible d'en rédiger une disant : « Cet énoncé est indémontrable. » Ce qui était bougrement surprenant pour Hilbert et consorts qui s'attendaient à un résultat opposé.

— As-tu déjà mentionné ce Hilbert ?

— Non. Il est nouveau dans cette discussion, Lawrence.

— Qui est-ce ?

— Un homme qui pose des questions difficiles. Il en a posé un jour toute une série. Gödel a répondu à l'une d'elles.

— Et Türing à une autre, intervint Rudy.

— Qui c'est, celui-là ?

— C'est moi, dit Alan. Mais Rudy plaisante. En fait, Türing n'a pas d'*umlaut*.

— Il va s'en prendre un d'ici ce soir, remarqua Rudy en gratifiant Alan d'un regard dont, rétrospec-

1. C'est son fameux théorème d'incomplétude. *(N.d.T.)*

tivement, Lawrence comprit bien plus tard qu'il se voulait de braise.

— Bien, ne me laisse pas languir. À laquelle de ses questions as-tu répondu ?

— Celle de l'*Entscheidungsproblem* [1], répondit pour lui Rudy.

— Pardon ?

Alan crut bon d'expliquer :

— Hilbert voulait savoir si l'on pouvait, en principe, décider si un énoncé donné était vrai ou faux.

— Mais après le passage de Gödel, la formulation a changé, objecta Rudy.

— C'est exact ; après Gödel, elle est devenue : « Peut-on décider si un énoncé donné est démontrable ou non ? » En d'autres termes, existe-t-il un processus mécanique qui pourrait nous servir à faire le tri entre les énoncés démontrables et ceux qui ne le sont pas ?

— « Processus mécanique » étant censé ici être une *métaphore*, Alan...

— Oh, arrête, Rudy ! Lawrence et moi n'avons aucune prévention contre la mécanique.

— Je saisis, dit Lawrence.

— Comment ça, tu saisis ?

— Ta machine... pas le calculateur de la fonction zêta mais l'autre. Celle qu'on envisageait de construire.

— Elle s'appelle la Machine de Turing universelle, précisa Rudy.

— Tout l'intérêt de ce bidule est de séparer les énoncés démontrables des non-démontrables, c'est bien ça ?

— C'est ce qui m'en a donné l'idée initiale, admit Alan. Ainsi, la question de Hilbert a trouvé une réponse. À présent, je veux juste vraiment en construire une, pour pouvoir enfin battre Rudy aux échecs.

— Tu n'as touchours pas répondu à ze paufre Lawrence ! protesta Rudy.

1. En allemand, le problème de la décision. *(N.d.T.)*

— Lawrence peut bien trouver la réponse tout seul. Ça l'occupera.

Bientôt, la signification réelle de la phrase d'Alan devint limpide : *ça l'occupera pendant qu'on baise.* Lawrence glissa un calepin dans sa ceinture et alla enfourcher sa bicyclette pour rallier la tour de guet, à quelques centaines de mètres de là, puis il en gravit les marches jusqu'à la plate-forme du sommet où il s'assit, le dos tourné au soleil couchant, le calepin posé sur les genoux pour profiter de la lumière.

Il était incapable de se concentrer, puis fut bientôt distrait par une illusion de lever de soleil qui éclairait les nuages bas, loin vers l'horizon nord-est. Il crut au début que ceux-ci reflétaient les feux du couchant, mais la lumière était à la fois trop concentrée et vacillante. Puis il pensa à des éclairs de chaleur. Mais la couleur manquait de bleu. Elle fluctuait de manière intense, modulée (devait-on supposer) par quelque phénomène aussi dramatique que spectaculaire, caché par-delà l'horizon. Quand le soleil disparut enfin de l'autre côté du monde, la lumière du côté du New Jersey se concentra en un noyau intense, de la couleur d'une lampe de poche qu'on occulte avec la paume sous les draps.

Lawrence redescendit de la tour, enfourcha son vélo et traversa les landes de pins. Il tomba bientôt sur une route qui se dirigeait dans la direction approximative de la lumière. La plupart du temps, il ne pouvait pas voir grand-chose, même pas le chemin, mais au bout de deux heures, la lueur que reflétaient les nuages bas se mit à éclairer les cailloux plats du chemin et transforma les ruisseaux sinuant sur la lande en autant de ravines miroitantes.

La route obliqua dans la mauvaise direction et Lawrence coupa directement à travers bois parce qu'il était tout près maintenant, et que le ciel était désormais assez lumineux pour lui permettre de voir à travers le rideau élimé de pins rabougris — tiges noircies qu'on aurait crues brûlées, même si tel n'était pas le cas. Le sol était devenu sablonneux, mais il était humide, compacté, et son vélo avait de gros pneus qui rendaient bien sur ce terrain. À un moment, toutefois, il dut s'arrêter pour le faire passer par-dessus une clôture de barbelés. Puis il sortit de la pinède étique et se retrouva sur une vaste étendue de sable blanc, piquetée de plaques d'algues marines, et juste à cet instant, il fut ébloui par un tapis de flammes régulières qui barraient une partie de l'horizon presque aussi large que la lune des moissons quand elle s'enfonce dans l'océan. Son éclat empêchait de distinguer grand-chose. Lawrence n'arrêtait pas de rouler de fossés en ornières qui sinuaient entre les langues de sable. Il apprit à éviter de regarder droit vers les flammes. Du reste, la vue sur les côtés était bien plus intéressante : la plaine était ponctuée, à larges intervalles, par les plus grands édifices qu'il eût jamais vus, des structures cylindriques bâties pour des pharaons, et sur les vastes esplanades les séparant, se dressaient, largement écartés, des gnomons en poutrelles d'acier, évoquant les squelettes de pyramides. La plus imposante de ces structures transperçait l'axe d'une ligne ferroviaire parfaitement circulaire de plusieurs centaines de mètres de diamètre : deux courbes argentées qui rayaient le sol terne, interrompues en un seul endroit, là où l'ombre de la tour, tel l'index d'un cadran solaire, les coupait pour indiquer l'heure.

Il longea un bâtiment plus petit que les autres, bordé de réservoirs ovoïdes. De la vapeur s'échappait en chuintant de soupapes au sommet des cuves, mais au lieu de s'élever dans les airs, elle suintait sur les flancs pour s'étaler au sol en recouvrant les salicornes d'un fourreau argenté.

Un millier de marins en uniforme blanc faisaient cercle devant la haute flamme. L'un d'eux leva la main et fit signe à Lawrence de descendre de machine. Lawrence s'arrêta près de lui et posa un pied sur le sable pour se maintenir en équilibre. Tous deux se dévisagèrent un long moment, puis Lawrence, faute d'une meilleure idée, lui dit :

— Moi aussi, je suis dans la marine.

Alors, le marin parut brusquement se décider. Il salua Lawrence au garde-à-vous avant de lui indiquer un petit bâtiment près de l'incendie.

À la lueur des flammes, on aurait dit un mur, mais par moments, un rideau de lumière d'un bleu magnésium faisait jaillir des ténèbres le contour de fenêtres, en éclairs rectangulaires qui se répétaient à l'infini dans les profondeurs de l'obscurité. Lawrence se remit à pédaler et partit en longeant l'édifice : tout du long, c'était une nuée spiralante de feutres affairés, poinçonnant de minces calepins rêches avec leurs austères Ticonderogas [1], photographes avançant en crabe tout en brandissant leurs énormes marguerites chromées, rangs serrés d'individus allongés, comme endormis, une couverture rabattue sur le visage ; ailleurs, c'était un homme en sueur aux cheveux brillantinés, inscrivant à la craie sur un tableau noir des noms pleins de trémas.

Finalement, au débouché de l'édifice, il perçut une odeur de kérosène chaud, sentit la chaleur des flammes sur son visage et vit les brins de salicorne tout racornis et desséchés.

Il contemplait le globe terrestre, non pas recouvert de sa peau de continents et d'océans mais réduit à l'état de squelette, un jaillissement de méridiens rabattus vers l'arrière pour encager un dôme de flammes orange. Sur le fond de carburant enflammé, ces longitudes se détachaient avec la finesse acérée de minces traits de plume. Toutefois, en s'approchant, il les vit se résoudre en un délicat

1. Crayons fabriqués dans la ville éponyme du nord-ouest de l'État de New York, célèbre pour ses mines de graphite. C'est au début du XIXe siècle que Joseph Dixon, reprenant la technique de mélange à chaud de graphite et d'argile découverte par Nicolas Conté, fabrique à son tour des crayons aux États-Unis. Le modèle Dixon Ticonderoga fut inventé en 1913, jouant à la fois sur l'image des mines de graphite et de la célèbre bataille de Fort Ticonderoga. En 1982 la maison Dixon devint la Dixon Ticonderoga Co. *(N.d.T.)*

agencement de membrures et de poutrelles, creuses comme des os de volatiles. En s'écartant du pôle, elles se mettaient çà et là à osciller peu à peu, à ployer voire tout bonnement à se rompre et flotter alors dans le feu en tremblant comme fétus de paille sèche. La géométrie parfaite était par ailleurs diaprée, çà et là, de ruisseaux de câbles et de ceintures de fils électriques. Lawrence faillit rouler sur un tesson de bouteille de vin et décida qu'il ferait mieux de continuer à pied pour épargner ses pneus. Il coucha donc son vélo par terre, la roue avant posée sur un vase en aluminium, visiblement retourné, d'où pendaient lamentablement quelques roses carbonisées. Plusieurs marins avaient joint les mains pour former une sorte de trône sur lequel ils emportaient en hâte un long morceau de charbon de bois à forme humaine vêtu d'une combinaison d'amiante immaculé. Sous leurs pas, le bout de leurs souliers se prenait dans un vaste lacis ramifié de filins et de cordes, de tuyaux et de câbles, déclenchant des mouvements furtifs dans l'herbe et le sable sur des dizaines de mètres à la ronde. Lawrence dès lors progressa avec un luxe de précaution, tout en essayant d'appréhender dans toute son ampleur ce dont il était le témoin.

Une nacelle fuselée jaillissait de biais du sable, couronnée d'une ombrelle de pales tordues vers l'arrière. Au-dessus de lui, membrures et passerelles en dural se déployaient sur des kilomètres. Il avisa ici une valise défoncée, ouverte, exhibant une paire de souliers de dame, exposées comme à la devanture d'un grand magasin, là, une carte de restaurant, racornie et réduite à un simple carton glacé ovale, ainsi que plusieurs dalles murales ébréchées, comme si une pièce entière était tombée du ciel ; ces plaques étaient décorées : l'une d'une mappemonde géante avec de grands cercles jaillissant de Berlin pour aller poinçonner des métropoles proches et lointaines, une autre avec la photo d'un célèbre et gras Allemand en uniforme, souriant sur une estrade fleurie, avec derrière lui l'horizon géant d'un nouveau Zeppelin.

Au bout d'un moment, Lawrence cessa de découvrir du nouveau. Alors, il remonta sur sa bicyclette et s'en revint en traversant à nouveau la pinède. Il se perdit dans le noir, de sorte qu'il ne retrouva pas le chemin de la tour de guet avant l'aube. Mais peu lui importait de s'être perdu, car tout en pédalant à l'aveuglette, il songeait à la machine de Turing. Finalement, il se retrouva au bord de l'étang où ils avaient choisi de camper. Sous la lumière rougeâtre de l'aube, la lentille d'eau calme ressemblait à une mare de sang. Alan Matheson Turing et Rudolf von Hacklheber étaient couchés l'un contre l'autre en chien de fusil sur le rivage, la peau encore légèrement maculée par leur baignade de la veille. Lawrence alluma un petit feu et prépara du thé avant qu'ils ne s'éveillent enfin.

— As-tu résolu le problème ? lui demanda Alan.

— Eh bien, tu peux transformer ta machine universelle en n'importe quelle autre machine, en modifiant simplement les registres.

— Les registres ?

— Désolé, Alan, mais je m'imagine la M.T.U. comme une sorte d'orgue à tuyaux.

— Oh.

— Toujours est-il qu'une fois cette opération menée à bien, tu peux alors effectuer tous les calculs que tu voudras, pourvu que le ruban soit assez long. Mais sacré nom d'une pipe, Alan, fabriquer un ruban d'une telle longueur et pouvoir y inscrire des symboles, puis les effacer, ça risque d'être plutôt coton... le tambour de condensateurs d'Atanasoff ne peut avoir qu'une taille limitée, et il faudrait que tu...

— C'est une digression, observa Alan d'une voix douce.

— Ouais, enfin, bon, d'accord, si tu disposais d'une telle machine, alors, n'importe quel registre pourrait être représenté par un nombre — une chaîne de symboles. Et le ruban que tu y introduirais pour entamer le calcul contiendrait une autre chaîne de symboles. Ce qui nous ramène encore une fois à la démonstration de Gödel : si une combinaison quelconque de machine et de données peut être représentée par une suite de nombres, alors on peut disposer toutes les suites possibles dans un vaste tableau, ce qui nous ramène à une démonstration de type cantorien, dont la réponse est qu'il doit exister certains nombres impossibles à calculer.

— L'*Entscheidungsproblem ?* lui rappela Rudy.

— Prouver la validité ou non d'une formule, une fois celle-ci cryptée sous forme numérique, ce n'est... ce n'est jamais qu'effectuer des calculs sur ce nombre. De sorte que la réponse à ta question est non ! Certaines formules ne peuvent être ni démontrées ni réfutées par aucune machine. Donc, je suppose qu'il y a finalement certains avantages à être un homme, après tout !

Alan parut ravi jusqu'au moment où Lawrence émit cette ultime remarque et là, son visage se défit.

— Pour le coup, c'est toi qui lances des assertions injustifiées.

— Ne l'écoute pas, Lawrence ! dit Rudy. Il fa ze mettre à te raconter que nos cerfelles zont tes machines te Turing !

— Merci, Rudy, bougonna Alan, patient. Lawrence, je suggère que nos cerveaux sont des machines de Turing.

— Mais tu as démontré qu'il y avait tout un tas de formules qu'une machine de Turing est incapable de traiter !

— Et tu l'as démontré toi aussi, Lawrence !

— Mais tu ne crois pas, en revanche, qu'on pourrait faire des choses dont une machine de Turing serait incapable ?

— Gödel partache ton opinion, Lawrence, intervint Rudy. Hardy également.

— Donne-moi un exemple, lança Alan.

— De fonction non calculable qui soit à la portée d'un homme et pas d'une machine de Turing ?

— Oui. Et ne viens pas me seriner des fadaises sur la créativité. Je pense qu'une machine de Turing universelle serait capable de manifester des comportements que nous pourrions interpréter comme créatifs.

— Ma foi, je n'en sais trop rien... Je tâcherai d'y veiller à l'avenir.

Mais plus tard, alors qu'ils retournaient en vélo à Princeton, il remarqua :

— Et les rêves, alors ?

— Comme ces anges en Virginie ?

— Je suppose.

— Rien que du bruit de fond dans les neurones, Lawrence.

— Ah, j'ai également rêvé la nuit dernière qu'un zeppelin brûlait.

Peu après, Alan décrocha son doctorat et retourna en Angleterre. Il écrivit deux lettres à Lawrence. Dans la dernière, il déclarait simplement qu'il ne serait plus à même de lui envoyer de nouvelles missives « essentielles » et demandait à Lawrence de ne pas s'en formaliser. Lawrence en déduisit aussitôt que la société d'Alan l'avait attelé à quelque projet utile — par exemple, comment empêcher celle-ci de se faire dévorer toute crue par certain de ses voisins. Lawrence se demanda, de son côté, ce que l'Amérique allait bien pouvoir lui trouver à faire.

Il retourna dans l'État d'Iowa, envisagea un instant de choisir comme dominante les mathématiques, puis se ravisa. Tous ceux qu'il consulta étaient d'accord pour dire que les mathématiques, comme la restauration de vieilles orgues, c'était sans aucun doute passionnant, mais que ce n'était pas un gagne-pain. Il poursuivit donc ses études d'ingénieur, avec des résultats de plus en plus médiocres jusqu'à ce qu'au milieu de sa dernière année, l'université en vînt à lui suggérer de s'orienter vers une activité plus utile, la couverture-zinguerie, par exemple. Il ne se le fit pas dire deux fois et quitta les études pour se jeter dans les bras accueillants de la marine.

On lui fit passer un test d'intelligence. La première question de la partie mathématique traitait de bateaux sur un fleuve : Port Smith est à 100 kilomètres en amont de Port Jones. Le fleuve coule à 5 kilomètres-heure. Le bateau fend les flots à 10 kilomètres-heure. Combien de temps lui faudra-t-il pour remonter de Port Smith à Port Jones ? Et combien pour en revenir ?

Lawrence flaira d'emblée la question piège. Il faudrait être un bel idiot pour faire la supposition évidente que le courant allait ajouter ou soustraire 5 kilomètres-heure à la vitesse du bateau. De toute évidence, 5 kilomètres-heure, c'était une vitesse *moyenne.* Le courant devait être plus rapide au centre du cours d'eau et plus lent sur les rives. On devait s'attendre à des variations plus complexes aux coudes du fleuve. C'était foncièrement une question d'hydrodynamique, qu'on pouvait maîtriser en recourant à un certain nombre de systèmes d'équations différentielles bien connues. Lawrence s'attela au problème et couvrit rapidement (à ses yeux, du moins) dix pages recto-verso de calculs détaillés. En cours de travail, il se rendit compte qu'une de ses hypothèses, combinée avec les équations simplifiées de Navier-Stokes, l'avait conduit à explorer une famille particulièrement intéressante d'équations à dérivées partielles. Avant même de s'en être rendu compte, il avait démontré un nouveau théorème. Si cela ne prouvait pas son intelligence, alors quoi ?

Puis la cloche sonna et l'on ramassa les copies. Lawrence réussit à récupérer son brouillon. Il le ramena à son dortoir, le tapa au propre, et l'envoya par la poste à l'un des profs de maths les plus accessibles de Princeton, qui s'empressa de le faire publier dans une revue mathématique parisienne.

Lawrence reçut deux exemplaires justificatifs de la publication quelques mois plus tard, à San Diego, en Californie, lors de la distribution du courrier à bord d'un grand bâtiment de guerre baptisé l'USS *Nevada.*

Le navire avait une fanfare et la marine avait confié à Lawrence la tâche d'y jouer du glockenspiel, puisque les tests d'aptitude avaient montré qu'il n'était pas assez intelligent pour faire autre chose.

Le sac de courrier contenant la contribution de Lawrence à la littérature mathématique arriva juste à temps. Son bâtiment, ainsi que bon nombre de son escadre, avait été jusqu'ici mouillé en Californie. Mais en cet instant précis, tous devaient être transférés vers une base appelée Pearl Harbor, à Hawaï, histoire de montrer aux Nips qui était le chef.

Lawrence n'avait jamais vraiment su ce qu'il voulait faire dans la vie, mais il décida bien vite que se retrouver joueur de glockenspiel sur un bâtiment de guerre en temps de paix à Hawaï était loin d'être la pire des existences. Le plus dur était encore de devoir rester assis ou de marcher sous la canicule, et d'avoir parfois à supporter les fausses notes des autres musiciens de la fanfare. Il avait du temps libre à revendre, qu'il consacra à élaborer une série de nouveaux théorèmes en théorie de l'information. Le domaine avait été inventé et abondamment traité par son ami Alan, mais il y avait encore pas mal de points de détail à régler. Alan, Rudy et lui avaient esquissé un plan général de ce qu'il y avait à prouver ou à réfuter. Lawrence éplucha la liste. Il se demandait où en étaient Alan et Rudy, en Angleterre et en Allemagne, respectivement, mais faute de pouvoir leur écrire pour leur demander, il garda pour lui ses travaux. Quand il ne jouait pas du glockenspiel ou ne résolvait pas des théorèmes, il y avait des bars et des dancings à fréquenter. Waterhouse se livra donc à certaines activités avec son pénis personnel, ramassa la chtouille, se fit soigner [1], acheta des capotes. Tous les marins en passaient par là. Ils étaient comme des

1. 1940 pouvant être considérée comme une bonne année pour expérimenter les maladies vénériennes, puisque la nouvelle forme injectable de la pénicilline devenait tout juste disponible.

gosses de trois ans qui se fourrent des crayons dans l'oreille, découvrent que ça fait mal, et arrêtent. Sa première année de service passa presque d'une traite. Le temps filait comme l'éclair. Aucun endroit n'aurait pu être plus ensoleillé, plus relaxant qu'Hawaï.

## NOVUS ORDO SECLORUM

— Les Philippins sont des gens chaleureux, doux, attentionnés et généreux, dit Avi, ce qui est une bonne chose, vu le nombre qui planquent des armes sur eux.

Randy est à l'aéroport de Tokyo et descend d'un pas tranquille une coursive, avec une lenteur exaspérante pour ses compagnons de voyage. Tous ont passé la dernière demi-journée harnachés dans des fauteuils inconfortables, entassés dans un cylindre d'aluminium bourré de kérosène. Sur le revêtement antidérapant — des plots moulés encastrés dans le sol —, leurs valises à roulettes grondent comme des chasseurs à réaction. Elles viennent lui taper l'arrière des genoux après avoir contourné le pilier immobile de son corps massif. Randy colle à son oreille son tout nouveau téléphone GSM, censé fonctionner partout sur la planète — sauf aux États-Unis. C'est la première occasion qu'il a de l'essayer.

— Je t'entends comme si tu étais à côté, dit Avi. Comment s'est passé le vol ?

— Impec, répond Randy. On a eu droit à ces espèces de cartes animées sur l'écran vidéo.

Soupir d'Avi.

— Toutes les lignes aériennes en sont équipées aujourd'hui, annonce-t-il d'une voix monotone.

— Le seul relief notable entre San Francisco et Tokyo était l'île de Midway.

— Eh bien ?

— Elle est restée plantée là au beau milieu de l'écran pendant des heures. Midway, tu piges ?... *Au beau milieu*... Je te dis pas l'embarras général.

Randy était parvenu à la porte d'embarquement pour Manille et il s'arrêta pour admirer un téléviseur haute définition d'un mètre cinquante de diagonale portant la marque d'un géant japonais de l'électronique grand public. Le téléviseur diffusait un clip d'animation dans lequel un professeur farfelu et son adorable comparse de chien détaillaient avec entrain les trois voies de transmission du virus HIV.

— J'ai une empreinte digitale pour toi, dit Randy.

— Envoie.

Randy contempla la paume de sa main sur laquelle il avait écrit au stylo à bille une suite de chiffres et de lettres.

— AF 10 06 E9 99 BA 11 07 64 C1 89 E3 40 8C 72 55.

— Noté. Ça vient d'Ordo, hein ?

— Exact. Je t'ai e-mailé la clé depuis San Francisco.

— Cette histoire d'appartement n'est toujours pas réglée, précisa Avi. C'est pourquoi je t'ai réservé une suite au Manille.

— Comment ça, toujours pas réglée ?

— Les Philippines font partie de ces ex-colonies espagnoles où il n'existe toujours pas de clivage net entre relations d'affaires et relations personnelles. Je ne crois pas que tu puisses y trouver un logement sans devoir t'allier avec une famille portant un nom de rue célèbre.

Randy va s'asseoir dans la zone de départ. Des employés guillerets coiffés de drôles de petits chapeaux fondent sur les Philippins encombrés d'un excédent de bagages à main et les soumettent à un rituel public consistant à leur faire remplir de petites étiquettes avant de leur confier leurs possessions. Les Philippins roulent des yeux en lorgnant avec convoitise les baies vitrées. Mais la plupart des passagers en attente sont des Nippons — quelques hommes d'affaires, une majorité de vacanciers. Ils patientent en regardant un documentaire sur les différentes manières de se faire agresser à l'étranger.

— Eh, note Randy en regardant dehors par la baie. Encore un 747 pour Manille.

— En Asie, aucune compagnie aérienne digne de ce nom n'oserait s'encombrer d'un zinc plus petit qu'un 747, lâche Avi. Si quelqu'un essaye de t'embarquer dans un 737 ou, Dieu me tripote, dans un Airbus, prends tes jambes à ton cou et appelle-moi aussitôt sur mon bip, que je te fasse évacuer en hélico.

Rire de Randy.

Avi poursuit :

— Bon, écoute. L'hôtel où tu vas descendre est très vieux, très majestueux, mais il est perdu au milieu de nulle part.

— Quelle idée de bâtir un hôtel au milieu de nulle part ?

— C'était un coin où on donnait des fêtes, dans le temps... c'est sur les quais, tout près d'Intramuros.

Le peu d'espagnol scolaire de Randy lui permet de traduire : En les Murs.

— Mais Intramuros a été rasé par les Nippons en 1945, poursuit Avi. Une destruction systématique. Tous les hôtels d'affaires, tous les immeubles de bureau sont désormais situés dans un nouveau quartier, Makati, bien plus près de l'aéroport.

— Bref, tu veux installer notre bureau dans Intramuros ?

— Comment t'as deviné ?

Avi paraît un rien vexé. Lui qui se vante d'être imprévisible.

— D'une manière générale, je ne suis pas du genre intuitif, observe Randy, mais j'ai passé treize heures en avion et j'ai la cervelle en capilotade.

Avi débite une série de bonnes raisons : le bas prix du mètre carré de bureau dans Intramuros. La proximité des ministères. L'éloignement de Makati, le nouveau quartier des affaires, du vrai cœur du pays. Randy n'en tient aucun compte.

— Tu veux bosser depuis Intramuros parce qu'on l'a systématiquement rasé et parce que tu es obsédé par l'Holocauste, lance finalement Randy, avec calme et sans rancœur.

— Ah ouais ? Et après ? lâche Avi.

Randy regarde par le hublot du 747 en route vers Manille. Il sirote un soda nippon vert fluo à base d'extraits d'abeilles (en tout cas, il y a des abeilles sur l'étiquette) tout en mâchonnant un truc indéfinissable que l'hôtesse a appelé amuse-gueule japonais. Ciel et océan se confondent dans une teinte de bleue qui lui fait grincer des dents. Ils volent si haut que, lorsqu'il regarde au-dessus ou en dessous de lui, il n'aperçoit que des empilements de cumulo-nimbus tassés par la perspective. Les nuages jaillissent des eaux chaudes du Pacifique comme si de gigantesques bâtiments de guerre explosaient dans tous les coins. La vitesse et la force de leur expansion sont inquiétantes, les formes qu'ils adoptent, aussi bizarres et variées que celles des créatures des abysses, et chacun d'eux, estime-t-il, doit être aussi dangereux pour leur appareil que des piquets pour un piéton marchant pied nu. La cocarde rouge orangé peinte sur les bouts d'ailes le surprend quand il la remarque. Il a l'impression de se retrouver projeté dans un vieux film de guerre.

Il allume son ordinateur portable. Le courrier électronique d'Avi, hypercrypté, s'est amassé dans sa boîte de réception. C'est une accumulation progressive de minuscules fichiers, lancés par son ami au cours des trois derniers jours, chaque fois qu'une idée lui passe par la tête ; même s'il ne le savait pas, il devinerait sans peine qu'Avi possède un organiseur électronique qui dialogue par radio avec l'Internet. Randy lance un programme dont le nom technique est Novus Ordo Seclorum mais que tout le monde appelle Ordo pour faire court. Ce nom latin est une blague éculée basée sur le fait que la tâche d'Ordo, logiciel de chiffrement, est de fractionner un message et de classer les fragments dans un Ordre nouveau que les gouvernements trop fouineurs mettraient des siècles à décrypter. Une image scannée de la pyramide de Khéops apparaît au milieu de l'écran, tandis qu'un œil unique se matérialise à son sommet.

Ordo peut travailler de deux façons différentes. La plus évidente est de décrypter tous les messages et de les convertir en fichiers texte enregistrés sur son disque qu'il pourra relire à tout moment. Le problème avec cette méthode et que (si on est parano), quiconque met la main sur votre disque peut lire les fichiers. On ne sait jamais, les douaniers de Manille pourraient s'aviser de fouiller son portable à la recherche de documents pédophiles, ou bien, abruti par le décalage horaire, il pourrait l'oublier sur la banquette d'un taxi. Aussi configure-t-il Ordo en mode continu : le programme décrypte les fichiers à la volée, juste le temps suffisant pour lui permettre de les lire, puis il referme les fenêtres et efface le texte en clair de la mémoire et du disque de l'ordinateur.

L'en-tête du premier message d'Avi est « Directive 1 ».

> On cherche des endroits où le calcul tombe juste. À savoir? À savoir que la popul. est sur le point d'exploser — on peut le prévoir rien qu'en examinant une pyramide des âges — et que le revenu par tête est sur le point de décoller comme il l'a fait au Nippon, à Taiwan, à Singapour. Multiplie ces deux facteurs et tu obtiens le genre de croissance exponentielle qui devrait tous nous permettre de nous faire des couilles en or avant qu'on ait atteint la quarantaine.

Ce dernier point est une allusion directe à une conversation entre Randy et Avi, deux ans plus tôt, où Avi avait effectivement calculé la valeur numérique spécifique des « couilles en or ». Ce n'était pas toutefois une constante fixe mais plutôt une cellule de tableur liée à un certain nombre d'indicateurs économiques en constante fluctuation. Parfois, quand Avi travaille sur son ordinateur, il laisse le tableur tourner, réduit en fenêtre au coin de l'écran pour qu'il puisse d'un coup d'œil surveiller l'évolution des « couilles en or ».

Le second message, envoyé deux heures plus tard, est intitulé « Directive 2 ».

> Deux : choisir une techn. dans laquelle on n'a pas de concurrence. Pour l'heure = les réseaux. On bat tout le monde à plate couture pour tout ce qui a trait aux réseaux. C'est même plus du jeu.

Le lendemain, Avi avait encore envoyé un message, sobrement intitulé « Suite ». Peut-être avait-il déjà perdu le compte du nombre de directives précédemment émises.

> Encore un principe : cette fois, on garde le contrôle de la société. Ce qui veut dire qu'on conserve au moins 50 % des actions — et donc, peu ou pas d'investissements à l'extérieur tant qu'on n'aura pas fait du chiffre.

— Tu prêches un converti, grommelle Randy en lisant ces lignes.

> Voilà qui définit les contours de l'entreprise dans laquelle on peut se lancer. Laisse tomber tout ce qui nécessite une grosse mise de fonds initiale.

Luçon : des montagnes couvertes de jungle vert-noir, sillonnées de cours d'eau qui sont comme autant d'avalanches de vase. Là où l'océan outremer rejoint ses plages kaki, les eaux prennent la teinte bleu irisé spectaculaire d'une piscine de pavillon de banlieue. Plus au sud, les montagnes sont creusées de ravines ; le sous-sol rouge vif ainsi révélé leur donne l'aspect de lacérations toutes fraîches. Mais la majeure partie est recouverte d'une végétation qui évoque ce flocage vert vif que les modélistes ferroviaires collent sur leurs reliefs en carton-pâte, et sur de vastes étendues, on ne voit pas la moindre trace que l'homme eût jamais existé. Plus près de Manille, certaines pentes sont déboisées, mouchetées de bâtiments, enrubannées d'éclaircies où passent des lignes électriques. Des rizières longent les bassins. Les villes sont des agrégats de cabanes, serrées en cercle autour de vastes églises à plan cruciforme et toit en dur.

Le paysage se brouille à mesure qu'ils descendent dans le manteau de brume suintante qui recouvre la ville. La carlingue de l'avion se met à transpirer comme un gigantesque verre de thé glacé. L'eau ruisselle sur les tôles, coule dans les jointures, s'échappe en bruine de l'extrémité des volets.

Soudain, ils virent au-dessus de la baie de Manille, marquée par d'interminables rubans de rouge vif : une algue quelconque. Des pétroliers traînent dans leur sillage des arcs-en-ciel irisés qui s'épanouissent à retardement. Chaque anse est encombrée de longues embarcations décharnées munies de deux coques qui leur donnent des allures de patins aux couleurs vives.

Et puis, voilà qu'ils roulent sur la piste du NAIA, Ninoy Aquino International Airport. Gardes et flics en tenues diverses déambulent, armés de M 16 ou de fusils à pompe, mais tous coiffés de burnous confectionnés avec des mouchoirs retenus sur la tête par des casquettes de base-ball. Un type vêtu d'un uniforme d'un blanc immaculé se tient sous la mâchoire déchiquetée de la passerelle de débarquement, deux baguettes orange fluo dans les mains. Il garde ses bras abaissés, tel le Christ dispensant son pardon sur un monde de pécheurs. Un air tropical, sulfureux et fulminant commence à s'insinuer par les trappes d'aération du gros-porteur. Tout devient moite et fané.

Il est à Manille. Il sort son passeport de sa poche de chemise. Dessus est inscrit : RANDALL LAWRENCE WATERHOUSE.

C'est ainsi qu'Épiphyte Corporation a vu le jour :

— Je suis en train d'acheminer des merdes ! avait lancé Avi.

Son numéro était apparu sur le messager électronique de Randy alors qu'il était attablé dans un bouge de la côte avec les copains de sa petite amie. Une boîte où, quotidiennement, ils imprimaient au laser le menu du jour sur du papier 100 % recyclé imitation parchemin, où des rubans de sauce néon sinuaient en traces d'oscilloscope sur les plats, où les entrées étaient d'imposantes constructions architectoniques d'ingrédients rares taillés en prismes comme des gemmes. Randy avait passé tout le repas à essayer de résister à la tentation d'inviter un des amis de Charlene (n'importe lequel, peu importait) à le suivre dehors pour lui flanquer une rouste.

Il lorgna son messager de poche, s'attendant à voir s'inscrire le numéro du centre informatique des Trois Sœurs — c'était là qu'il bossait (et techniquement, qu'il bosse toujours). L'arrivée des chiffres du numéro personnel d'Avi envahit la fibre là plus intime de son être comme 666, le chiffre de la Bête, l'âme d'un fondamentaliste.

Quinze secondes plus tard, Randy était dehors et glissait sa carte dans une cabine téléphonique avec la promptitude d'un assassin enfonçant la lame d'un coupe-chou en travers de la gorge d'un politicien adipeux.

— Le pouvoir vient d'en haut, poursuivit Avi. Ce soir, il semblerait qu'il passe par mon truchement — pauvre cloche.

— Qu'est-ce que tu veux que je fasse ? demanda Randy, adoptant un ton froid, presque hostile, pour masquer son excitation maladive.

— Que tu prennes un billet d'avion pour Manille.

— Il faut d'abord que j'en discute avec Charlene, objecta Randy.

— À d'autres...

— Notre relation, Charlene et moi, dure depuis...

— Depuis dix ans. Et tu ne l'as même pas épousée. Merde, je te laisse remplir toi-même les cases vides.

(Soixante-douze heures plus tard, il serait à Manille, contemplant la Flûte à un trou.)

— Tout le monde en Asie se demande quand les Philippins vont enfin réussir à se sortir de ce merdier, poursuivit Avi. C'est la grande question des années quatre-vingt-dix.

(La Flûte à un trou est la première chose qu'on découvre quand on passe la douane.)

— J'ai flashé dessus quand je faisais la queue au contrôle des passeports à l'aéroport international Ninoy Aquino, expliqua Avi, compressant le nom entier en une seule salve nettement articulée. Tu sais qu'ils ont des files différentes ?

— J'imagine.

Randy sentit un cube de thon grillé faire un tonneau dans son œsophage. Il lui prenait des envies perverses de glace deux boules. Il n'avait pas autant voyagé qu'Avi et n'avait qu'une vague idée de ce qu'il entendait par *files*.

— Tu sais : une file pour les ressortissants. Une pour les étrangers. Peut-être une pour les diplomates.

(À présent, alors qu'il attend pour faire tamponner son passeport, Randy voit clairement de quoi il retourne. Pour une fois, ça ne le gêne pas de poireauter. Il s'est mis dans la file à côté de celle réservée aux OCW et les étudie. Ils représentent le marché d'Épiphyte SA. En majorité des jeunes femmes, la plupart habillées à la dernière mode, mais gardant ce reste de timidité des pensionnats catholiques. Épuisées par des vols interminables, lasses d'attendre, elles s'avachissent, puis se redressent brusquement, relevant leur menton délicat comme si une religieuse invisible remontait leur file en frappant à coups de règle leurs phalanges manucurées.)

Mais soixante-douze heures plus tôt, il n'avait pas

vraiment saisi ce qu'Avi entendait par files, aussi se contenta-t-il de répondre :

— Ouais, j'ai vu cette histoire de files.

— À Manille, ils en ont une réservée exprès aux OCW de retour au pays !

— Les OCW ?

— *Overseas Contract Workers* : travailleurs sous contrat outremer. Des Philippins employés à l'étranger — l'économie locale est dans un tel état de décrépitude — comme femmes de ménage ou bonnes d'enfants en Arabie Saoudite. Infirmières ou anesthésistes aux États-Unis. Chanteuses à Hongkong. Putes à Bangkok.

— Putes à Bangkok ?

Randy était au moins allé là-bas, et son esprit butait sur l'idée même d'importer des prostituées en Thaïlande.

— Les Philippines sont plus belles, indiqua son ami sans se démonter, et elles ont une férocité qui les rend plus intéressantes pour l'homme d'affaires, foncièrement masochiste, que toutes ces minettes thaïlandaises au sourire crétin.

L'un et l'autre savaient parfaitement que c'était un tissu de conneries ; Avi était un homme au foyer et n'avait pas le moindre début d'expérience de ce dont il parlait. Randy, toutefois, s'abstint de lui en faire la remarque. Tant qu'Avi conservait cette capacité à déconner à l'improviste, il gardaient les meilleures chances de se faire tous les deux des couilles en or.

(Maintenant qu'il se retrouve sur place, il aurait presque tendance à se demander lesquelles parmi ces filles dans la queue des travailleurs émigrés sont des putes. Mais il préfère éviter cette pente savonneuse et, redressant les épaules, se dirige d'un pas décidé vers la file jaune.)

Le gouvernement a installé des vitrines dans la galerie qui relie le contrôle des passeports à la barrière de sécurité. Les vitrines présentent des objets vantant la splendeur de la culture philippine pré-magellanique. La première contient la *pièce de résistance*[1] : un instrument de musique grossièrement sculpté à la main, décrit sur l'étiquette par un interminable et illisible terme en tagalog. En dessous, en caractères plus petits, la traduction anglaise indique : FLÛTE À UN TROU.

— Tu vois ? Les Philippins se protègent naturellement, nota Avi. Tu sais à quel point c'est rare ? Quand on tombe sur un environnement naturellement protégé, Randy, on s'y plonge comme un furet affamé dans une galerie remplie de viande fraîche.

— Oh, on se calme ! dit Randy. (Il admira une fille bronzée filer en rollers devant lui, de retour de la plage.) Naturellement protégé ?

— Tant que les Philippins ne se seront pas sortis de leur merde, ils auront des tas de travailleurs émigrés. Qui auront envie de communiquer avec leur famille — les Philippins ont l'esprit de famille incroyablement poussé. Il feraient passer des juifs pour un ramassis d'ermites maladifs.

— D'accord. Je veux bien te croire. Tu en connais plus que moi sur ces deux groupes.

— Leur côté sentimental et affectueux inciterait aisément à se foutre d'eux...

— Tu n'as pas besoin d'être sur la défensive. Je ne me fous pas d'eux.

— Quand tu entendras les dédicaces des chansons qu'ils demandent à la radio, tu te foutras d'eux. Mais franchement, sur ce plan, ils pourraient nous donner quelques leçons.

— Je ne serais pas en train de déceler un ton légèrement supérieur ?

— Je te demande pardon, dit Avi, et il était tout à fait sincère. Son épouse était en cloque quasiment sans interruption depuis quatre ans qu'ils étaient mariés. Il se montrait de jour en jour d'une religiosité de plus en plus scrupuleuse et ne pouvait plus faire deux phrases sans évoquer l'Holocauste. Randy, pour sa part, était un célibataire qui s'apprêtait à rompre avec sa petite amie.

1. En français dans le texte. *(N.d.T.)*

— Je te crois, Avi, dit Randy. Ça te pose un problème si j'achète un billet en classe affaires ?

Avi ne broncha pas, aussi Randy en déduisit-il que la réponse était oui.

— Tant que ce sera le cas, il y aura toujours un vaste marché pour les Pinoy-grammes.

— Les Pinoy-grammes ?

— Pour l'amour du ciel, ne le répète pas à haute voix ! Au moment même où je te parle, je suis en train de remplir le dossier de dépôt de marque ! dit Avi.

De fait, Randy entendait en arrière-plan un crépitement de touches, si rapide qu'on aurait dit qu'Avi se contentait de brandir son clavier d'ordinateur et de l'agiter frénétiquement entre ses doigts pâles et décharnés.

— Mais si les Philippins arrivent à se sortir de leur merdier, on assistera alors à une explosion du marché des télécoms, comme dans toutes les autres Écadras...

— Écadras ?

— Éc-A-D-Ra... Économies asiatiques en développement rapide. D'un côté comme de l'autre, on est gagnants !

— J'imagine que tu veux faire quelque chose dans les télécoms ?

— Gagné !

En arrière-plan, on entendit un bébé se mettre à tousser et pleurer.

— Faut que je te quitte... Shlomo nous refait une crise d'asthme. Note cette empreinte digitale.

— Empreinte digitale ?

— Celle de ma clé de codage. Pour mon courrier électronique.

— Ordo ?

— Ouais.

Randy prit un stylo à bille et, n'ayant pas trouvé de papier dans sa poche, tint la pointe au-dessus de sa paume ouverte.

— Vas-y.

— 67 81 A4 AE FF 40 25 9B 43 0E 29 8D 56 60 E3 2F.

Puis Avi raccrocha.

Randy retourna dans le restaurant. En passant, il demanda au garçon de lui apporter une demi-bouteille de bon vin rouge. Charlene l'entendit et lui lança un regard noir. Randy qui pensait encore en termes de férocité naturelle ne sut pas le déchiffrer ; pour lui, ce n'était qu'une façon de jouer la vieille fille pudibonde, un genre répandu parmi ses amies. Bigre ! Il était effectivement grand temps qu'il quitte la Californie.

## *ALGUES*

Femme et son bébé
Yeux pâles, éclair de l'acier
Clique en larmes figées

Le 4$^{e}$ de Marines descend au pas la colline aux accents de John Philip Sousa, ce qui doit être une seconde nature pour un fusilier marin. Mais le 4$^{e}$ de Marines est resté trop longtemps posté à Shanghai (rien à voir avec les salles de Montezuma ou les plages de Tripoli), bien plus longtemps qu'il ne serait sain pour un Marine, et Bobby a déjà vu son sergent, un certain Frick, se mettre à dégueuler, victime du manque d'opium.

Une clique de Marines a déjà plusieurs pâtés de maisons d'avance. Au sein de son peloton, Bobby perçoit le roulement des grosses caisses et les notes perçantes des piccolos et des glockenspiels, mais sans pouvoir reconnaître la mélodie. Le caporal Shaftoe se retrouve en définitive à leur tête, pour cause d'indisponibilité du sergent Frick.

Shaftoe marche à côté de la formation, censément pour surveiller ses hommes, mais en fait, il se contente de contempler Shanghai.

Et Shanghai lui rend son regard, et dans sa majorité, leur fait un triomphe. Bien sûr, on trouve le jeune voyou de service qui met un point d'honneur à faire savoir aux Marines qu'ils ne lui font pas peur, et ces chahuteurs les conspuent à bonne distance, tout en jetant des chapelets de pétards qui ne font rien pour calmer les nerfs de l'assistance. Les Européens applaudissent — tout un corps de ballet de danseuses russes de Delmonte lèvent la cuisse et leur envoient des baisers. Mais la majorité des Chinois restent de marbre, ce qui — soupçonne Bobby — indique qu'ils sont morts de trouille.

Le pire, c'est ces femmes portant des bébés demi blancs. Quelques-unes parmi elles sont enragées, hystériques, et se jettent contre les formations serrées de Marines, sans se laisser démonter par les coups de crosse. Mais la plupart sont stoïques : immobiles avec leurs bébés aux yeux bleus, elles parcourent, le regard furieux, les rangs de troufions, à la recherche du coupable. Toutes ont appris ce qui s'est passé en amont, à Nankin, quand les Nips ont débarqué, et elles savent que lorsque tout sera terminé, la seule trace de leur existence à elle et à leur bébé pourrait bien être un très mauvais souvenir dans l'esprit d'un fusilier marin américain.

Ça marche pour Shaftoe : il a chassé le daim dans le Wisconsin et vu les bêtes se traîner dans la neige, saignées à mort. Il a vu un homme perdre la vie lors d'un exercice de routine à Parris Island. Il a vu des amas de corps dans le Yang Tsé, en aval de l'endroit où les Nippons réglaient « l'incident chinois », et il a vu des réfugiés de villes comme Nankin crever d'inanition dans les caniveaux de Shanghai. Il a lui-même tué des gens qui essayaient de prendre d'assaut les péniches qu'il avait mission de protéger. Il pense pourtant qu'il n'a jamais vu, et ne reverra jamais rien d'aussi terrible que ces Chinoises au regard impavide tenant leurs bébés blancs, sans même ciller alors que les pétards tonnent autour d'elles.

Jusqu'à ce qu'en fait il lorgne certains des Marines qui contemplent cette foule et voient leur propre visage leur rendre leur regard, un petit visage grassouillet et ruisselant de larmes. Certains trouvent ça plutôt marrant. Mais bon nombre qui ont quitté ce matin leur caserne du pas altier du soldat brave et sûr de lui se retrouvent, le temps d'avoir rejoint les canonnières qui les attendent sur le Bund, réduits à l'état de loques. Ils ne le montrent pas mais Shaftoe voit bien dans leurs yeux que quelque chose en eux s'est cassé.

Les meilleurs éléments du régiment sont d'une humeur massacrante. Ceux qui, comme Shaftoe, n'ont pas eu de relations avec des Chinoises laissent malgré tout derrière eux quantité de choses : des maisons avec des femmes de chambre, des petits cireurs et des coolies, et aussi des filles et de l'opium pour trois fois rien. Ils ne savent pas encore où on les expédie, mais ils se doutent bien, sans grand risque, que leurs vingt et un dollars de solde mensuelle ne les mèneront pas jusque-là. Ils seront cantonnés dans des casernes et devront réapprendre à cirer eux-mêmes leurs bottes. Quand on hisse les passerelles des quais de pierre du Bund, les ponts sont coupés avec un monde qu'ils ne reverront plus, un monde où ils étaient les rois. Ils sont de nouveau des Marines. Ce n'est pas un problème pour Shaftoe, qui veut être un Marine. Mais bon nombre de ses compagnons ont atteint ici l'âge mûr et n'en ont aucune envie.

Les coupables vont se planquer à l'intérieur. Shaftoe reste sur le pont de la canonnière qui largue les amarres pour se diriger vers le croiseur *Augusta* qui attend au milieu du chenal.

Le Bund est encombré de badauds vêtus d'une débauche de vêtements colorés, de sorte qu'une tache de kaki attire son regard : une bande de soldats nips venus adresser un adieu sarcastique à leurs homologues yankees. Shaftoe détaille le groupe, cherchant une silhouette haute et massive qu'il repère sans mal. Le général Goto le salue.

Shaftoe ôte son casque et lui rend son salut. Puis, sur un coup de tête, et par bravade, il prend son élan et lance son casque droit vers la tête de Goto. Le tir dévie et Goto Dengo doit renverser une bonne douzaine de ses compagnons d'armes pour intercepter le casque. Tous semblent estimer que c'est un grand honneur et même proprement hilarant de se faire renverser par Goto Dengo.

Vingt secondes plus tard, une comète s'élève du cosmos de chair agglutiné sur le Bund et vient rebondir sur le pont en bois de la canonnière — un sacré jet ! Goto Dengo fait une démonstration de son swing. Le projectile est un caillou emballé dans un ruban blanc. Shaftoe se précipite et le récupère. Le ruban est un de ces bandeaux à mille mailles (à ce qu'on raconte ; il en a ôté à quelques Nips inconscients mais n'a jamais pris la peine de les compter) qu'ils se nouent autour de la tête en guise de talisman ; le bandeau porte une cocarde rouge au milieu avec un texte en nip de chaque côté. Il l'enlève d'autour du caillou. Ce faisant, il se rend compte que ce n'est pas du tout un caillou mais une grenade à main ! Mais ce brave vieux Goto Dengo plaisantait : il ne l'a pas dégoupillée. Un chouette souvenir pour Bobby Shaftoe.

Le premier haïku de Shaftoe (décembre 1940) était une adaptation à la va-vite du credo du Marine :

Voici mon fusil
Il y en a plein comme lui
Oui mais c'est le mien

Il l'a rédigé dans les circonstances suivantes : Shaftoe et le reste du 4e de Marines étaient stationnés à Shanghai pour garder la concession internationale et servir de renforts sur les canonnières de la patrouille du Yang Tsé. Son peloton venait de rentrer de l'Ultime Patrouille : quinze cents kilomètres de reconnaissance en force par-delà de ce qui reste de Nankin, jusqu'à Hankou et retour. Les fusiliers marins ont toujours fait ça depuis la révolte des Boxers, durant les guerres civiles et le reste. Mais vers la fin de 1940, avec les Nips qui occupent désormais quasiment tout le nord-est du pays, les politiciens, là-bas à Washington, ont finalement décidé de jeter l'éponge et ordonné aux fusiliers marins postés en Chine d'arrêter leurs patrouilles sur le Yang Tsé.

Et à présent, les vieux briscards comme Frick prétendent qu'ils étaient capables de faire la différence entre les bandes organisées; les hordes armées de paysans affamés, les éléments nationalistes isolés, les guérilleros communistes et les forces irrégulières à la solde des seigneurs de la guerre. Mais aux yeux de Bobby Shaftoe, ce n'était qu'un ramassis de fous dangereux et armés cherchant à s'approprier une partie de la patrouille du Yang Tsé. L'ultime patrouille s'est transformée en équipée sauvage. Mais elle était terminée et ils étaient à présent de retour à Shanghai, l'endroit le plus sûr de toute la Chine, à peu près cent fois plus dangereux que le coin le plus dangereux qu'on puisse trouver en Amérique. Ils avaient débarqué de la canonnière six heures plus tôt, étaient entrés dans un bar et n'en étaient pas sortis avant maintenant, quand ils avaient décidé qu'il était grand temps de filer au bordel. En chemin, ils étaient passés devant ce restaurant nip.

Bobby Shaftoe avait déjà eu l'occasion de regarder derrière la vitrine le bonhomme qui officiait avec un couteau, en essayant de comprendre ce qu'il pouvait bien fabriquer. Ça donnait bougrement l'impression qu'il découpait du poisson cru et plaçait les morceaux sur des boulettes de riz avant de les tendre aux Nips installés au comptoir qui s'empressaient de les engloutir.

Il ne pouvait s'agir que d'une sorte d'illusion d'optique. Le poisson devait être précuit dans l'arrière-boutique.

L'énigme avait turlupiné Shaftoe pendant près d'un an. Et lorsque, avec ses compagnons ivres et en rut, ils passèrent devant l'établissement, il ralentit le pas pour lorgner derrière la devanture, cherchant à recueillir de nouveaux indices. Il aurait pu jurer que certains morceaux de poisson étaient d'un beau rouge rubis, ce qui n'aurait pas été le cas si la chair avait été cuite.

Un de ses potes, Rhodes, de Shreveport, remarqua sa curiosité. Il le mit au défi d'entrer s'asseoir au bar. Puis un autre soldat, Gowicki de Pittsburgh, renchérit sur son pari !

Shaftoe pinça les lèvres et considéra la question. Il s'était déjà décidé : il allait le faire. Éclaireur et tireur embusqué, c'était dans sa nature de se lancer dans ce genre d'opération casse-cou. Mais ce qu'on lui avait également enseigné, c'était à repérer soigneusement le terrain avant de s'y aventurer.

Le restaurant était aux trois quarts plein, et tous les clients étaient des membres en uniforme de l'armée nippone. Au bar, derrière lequel l'homme découpait, semblait-il, du poisson cru, on notait une grosse concentration d'officiers; si vous n'aviez eu qu'une grenade, c'est là que vous l'auriez lancée. Presque toute la salle était occupée par de longues tables garnies de simples soldats en train de boire leur soupe aux nouilles dans des bols fumants. Shaftoe y prêta une attention toute particulière parce que c'étaient ceux-là qui allaient lui faire passer un mauvais quart d'heure d'ici une soixantaine de secondes. Certains étaient seuls et lisaient. Un petit groupe, en retrait dans un coin, faisait cercle autour d'un gars, apparemment en train de raconter une anecdote ou quelque histoire drôle.

Plus Shaftoe s'attardait à reconnaître les lieux, plus se renforçait la conviction de Rhodes et Gowicki qu'il allait bel et bien le faire. Ils devinrent tout excités et battirent le rappel de leurs compagnons qui avaient déjà pris de l'avance, en route vers le bobinard.

Shaftoe vit rappliquer les autres : sa réserve tactique. « Oh, et puis merde », lâcha-t-il et il entra dans le restaurant. Dans son dos, il entendait les cris excités des autres; ils ne voulaient pas y croire. Lorsque Shaftoe franchit le seuil de ce restaurant nip, il entra dans le domaine de la légende.

Tous les Nips levèrent la tête quand il s'encadra dans la porte. S'ils furent surpris, ils ne le manifestèrent pas. Le patron derrière son comptoir se mit à beugler une espèce de salut rituel qui s'étrangla et s'éteignit quand il découvrit qui venait de pénétrer dans son établissement. Le type au fond de la salle — un gros Nip aux joues rouges — continuait de raconter sa blague, son anecdote ou autre.

Shaftoe salua à la cantonade, puis se dirigea vers le premier tabouret vide au comptoir et s'y assit.

D'autres Marines auraient attendu que toute l'escouade se fût assemblée. Puis ils auraient envahi le restaurant comme un seul homme, renversé des chaises, répandu de la soupe. Mais Shaftoe avait pris l'initiative avant même que les autres aient eu le temps de réagir, comme il était de règle pour un éclaireur-tireur embusqué. Mais ce n'était pas uniquement pour cela. C'était aussi parce qu'il était Bobby Shaftoe, et qu'il était réellement curieux d'en savoir plus sur cet endroit; et, si c'était possible, il était prêt à y passer quelques minutes dans le calme pour apprendre deux ou trois choses avant qu'on se mette à rigoler.

Évidemment, cela aidait qu'il fût un ivrogne calme et contemplatif et non pas un ivrogne explosif et dangereux. Il devait empester la bière (ces Boches de chez Tsingtao vous concoctaient un breuvage dont le goût le ramenait direct dans son Wisconsin natal, et il avait le mal du pays). Mais enfin, il ne beuglait pas, il ne renversait pas non plus le mobilier.

Le chef s'affairait à détailler ses petits morceaux en faisant mine d'ignorer Shaftoe. Les autres types au comptoir le dévisagèrent froidement durant un moment avant de reporter leur attention sur leur nourriture. Shaftoe contempla l'étalage de poisson cru disposé sur de la glace pilée derrière le bar, puis il se retourna pour examiner la salle. Le type au fond continuait de parler par salves brèves, lisant des trucs sur un calepin. Il récitait peut-être dix ou vingt mots, puis son auditoire restreint se congratulait en échangeant sourires ou grimaces, à l'occasion ponctués de quelques applaudissements clairsemés. Il n'était pas en train de leur raconter des trucs genre blagues salaces. Il s'exprimait avec précision et expressivité.

Putain de merde ! Il leur lisait de la poésie ! Shaftoe n'avait pas la moindre idée de ce qu'il racontait mais il devinait, aux intonations, qu'il devait s'agir de poèmes. Même s'ils ne rimaient pas. Mais enfin, les Nips ne pouvaient rien faire comme tout le monde.

Il nota que le patron le fusillait du regard. Il se racla la gorge, précaution superflue puisqu'il ne parlait pas un mot de nip. Il regarda un de ces poissons rouge vif derrière le bar, le désigna, leva deux doigts.

Tout le monde fut abasourdi de voir que l'Américain avait en fait commandé à manger. La tension fut rompue, ne fût-ce qu'imperceptiblement. Le chef se mit au travail et lui présenta deux morceaux qu'il servit sur une coupelle de bois.

Shaftoe avait été entraîné à manger des insectes et à décapiter des poulets à pleines dents, aussi jugea-t-il qu'il devait pouvoir gérer ça. Il saisit les morceaux avec les doigts, exactement comme faisaient les Nips, et les mangea. Ils étaient bons. Il en commanda encore deux, d'une autre variété. Le type au fond continuait à lire ses poèmes. Shaftoe mangea ses morceaux puis en redemanda. Pendant peut-être dix secondes, entre le goût du poisson et la musique de la poésie, il se sentit en fait à l'aise, oubliant qu'il ne faisait en réalité que s'apprêter à déclencher une mauvaise rixe raciale.

Sa troisième commande avait une présentation différente : déposées sur les tranches de poisson cru, il y avait de fines feuilles translucides d'une espèce de substance humide et luisante. On aurait dit du papier sulfurisé imbibé d'huile. Shaftoe contempla la chose durant quelques secondes, bouche bée, cherchant à l'identifier, mais ça ne ressemblait à aucun aliment qu'il connaisse. Il regarda à gauche, à droite, espérant qu'un des Nips s'était fait servir le même truc, pour qu'il puisse le voir faire et apprendre comment le déguster. Peine perdue.

Merde, c'étaient des officiers. Peut-être que l'un d'eux baragouinait un peu d'anglais.

— J'vous d'mande pardon. C'est quoi ? s'enquit-il en soulevant un angle de l'étrange membrane.

Le patron le regarda, nerveux, puis scruta la salle, interrogeant les clients. Une discussion s'ensuivit. Finalement, un officier nip, au bout du comptoir, un lieutenant de marine, se leva et s'adressa à Bobby Shaftoe.

— Des algues.

Shaftoe apprécia modérément le ton employé par le lieutenant — hostile et maussade. Ça, plus sa mimique, semblait vouloir dire : *Tu ne comprendras jamais, espèce de plouc, alors autant que tu voies ça simplement comme des algues.*

Shaftoe croisa timidement les mains sur ses genoux, considéra les fameuses algues pendant quelques secondes, puis il leva les yeux vers le lieutenant qui continuait à le dévisager, d'un air inexpressif.

— Quel genre d'algues, précisément, monsieur ?

Il se produisit alors un échange général de regards lourds de sens, tels des signaux de sémaphores avant un engagement naval. La lecture de poésie semblait s'être interrompue, et une migration de conscrits avait commencé à se former depuis le fond de la salle. Entre-temps, l'officier avait traduit la requête de Shaftoe à l'attention des autres qui en discutèrent en détail, comme s'il s'agissait d'une initiative politique majeure de Franklin Delano Roosevelt.

Le lieutenant et le patron échangèrent des regards. Puis le lieutenant se tourna de nouveau vers Shaftoe. Il dit : « Maintenant, vous payez. » Le patron leva une main et se frotta le pouce et l'index.

Une année de patrouille sur le Yang Tsé avait donné à Bobby Shaftoe des nerfs de titane, ainsi qu'une confiance illimitée en ses camarades, aussi résista-t-il à l'impulsion de tourner la tête pour regarder dehors. Il savait déjà ce qu'il aurait vu derrière la vitrine : des Marines, épaule contre épaule, prêts à mourir pour lui. Il gratta le nouveau tatouage sur son bras : un dragon. En passant sur les cicatrices fraîches, ses ongles sales firent un bruit râpeux qui résonna dans le silence total du restaurant.

— Vous n'avez pas répondu à ma question, dit Shaftoe en prononçant ces mots avec une précision d'ivrogne.

Le lieutenant traduisit la phrase en nippon. Nouvelle discussion. Mais cette fois, brève et résolue. Shaftoe pressentit qu'ils étaient sur le point de se jeter sur lui. Il rentra la tête dans les épaules.

Les Nips étaient bons ; ils montèrent une charge organisée en direction de la porte, vers le trottoir, pour affronter les Marines avant même qu'un seul ait posé la main sur Shaftoe. Cette attaque de front empêcha les Américains d'envahir le restaurant proprement dit, ce qui aurait dérangé les officiers dans leur repas, et risqué d'occasionner d'énormes dégâts. Shaftoe sentit alors trois types au moins le prendre par le cou et lui faire quitter terre. Ce faisant il se retrouva nez à nez avec le lieutenant et lui hurla :

— Tu t'es foutu de moi, avec tes algues ?

Question bagarre, le plus remarquable avec celle-ci était la façon dont elle s'était trouvée reportée dans la rue avant même d'avoir commencé. Pour la suite, elle ne différait pas des autres rixes qu'ils avaient pu avoir avec des soldats nippons à Shanghai. Elles se réduisaient en définitive à un affrontement entre méthodes de malabars américains (pas question d'être incorporé au 4e régiment si on n'était pas un colosse d'au moins un mètre quatre-vingts) et simagrées énervées.

Shaftoe n'était pas un boxeur. Mais un lutteur. C'était à son avantage. Les autres Marines étaient partis pour se mettre en garde et tenter de régler ça à coups de poing — méthode marquis de Queensberry : pas du jeu pour un adepte des simagrées énervées. Shaftoe n'ayant aucune illusion sur ses talents de boxeur, il choisit de baisser la tête et de charger comme un taureau. Il se prenait au passage quelques gnons, mais il réussissait en général à maîtriser son adversaire et à le jeter au sol. D'ordinaire, ça le secouait assez pour lui permettre de l'achever d'une clé ou d'un double-nelson et l'amener à crier pouce.

Les gars qui l'avaient traîné hors du restaurant furent assaillis par des Marines sitôt qu'ils en eurent franchi la porte. Shaftoe se retrouva face à un adversaire au moins aussi grand que lui, ce qui était inhabituel. Et un beau morceau, en plus. Pas le genre lutteur de sumo. Plutôt la carrure d'un footballeur américain — genre bloqueur, avec un poil de bide. Bref, un sérieux fils de pute, et Shaftoe comprit illico qu'il était très mal barré. Le type avait un style de lutte différent de celui pratiqué en Amérique, et qui (Shaftoe l'apprit à ses dépens) incluait un certain nombre de manœuvres illicites : strangulation partielle et vigoureux coups de poing sur des centres nerveux vitaux. Avec ces techniques, la faille entre le corps et l'esprit de Shaftoe, déjà entrouverte par l'alcool, se transforma bien vite en gouffre béant. Il se retrouva gisant sur le trottoir, impuissant et paralysé, à contempler au-dessus de lui le visage poupin de son adversaire. C'était, se rendit-il compte, le même gars qui, un instant plus tôt, était assis dans un coin de la salle à lire de la poésie. C'était un bon catcheur pour un poète. Ou peut-être *vice versa*.

— Ce n'est pas des algues, dit le gros Nip. (Il avait l'air d'un vilain garnement tout content d'un mauvais tour.) Le terme anglais doit être calebasse, non ?

Et sur ces mots, il tourna les talons et réintégra la salle.

Autant pour la légende. Ce qu'ignorent encore les autres Marines, c'est que ce ne devait pas être la dernière rencontre entre Bobby Shaftoe et Goto Dengo. L'incident laissa Shaftoe avec quantité de questions irritantes sur des sujets aussi variés que les algues, la poésie et autres simagrées énervées. Par la suite, il fit rechercher Goto Dengo, ce qui n'était guère sorcier : il lui suffisait de payer de jeunes Chinois à filer ces Nips peu discrets et à lui rendre compte chaque jour de leurs évolutions en ville. Ce qui lui permit d'apprendre que Goto Dengo et certains de ses camarades se réunissaient chaque matin dans un parc pour pratiquer leurs simagrées énervées. Après s'être assuré d'avoir rédigé ses dernières volontés et écrit une ultime missive à ses parents et sa famille à Oconomowoc, Shaftoe se rendit un beau matin dans ledit parc et se présenta de nouveau à un Goto Dengo fort surpris, en faisant en sorte de jouer les punching-balls. On trouva ses techniques d'autodéfense risiblement primitives, mais on admira sa résistance physique, si bien qu'au prix de quelques côtes et doigts cassés, Bobby Shaftoe obtint un cours d'introduction au type de simagrées nerveuses privilégié par Goto Dengo et dont le nom était judo. Avec le temps, cela conduisit même à des réunions amicales dans des bars et des restaurants, où Shaftoe apprit à reconnaître quatre variétés d'algues, trois sortes d'œufs de poisson, et plusieurs formes de poèmes nippons. Bien entendu, il n'avait pas la moindre putain d'idée de ce qu'ils pouvaient raconter, mais il pouvait compter les syllabes, ce qui, pour autant qu'il puisse en juger, était l'unique critère de valeur pour la poésie nippone.

Même si cela (ou toute autre connaissance de leur culture) lui fait une belle jambe, vu que d'ici peu il aura pour mission de les liquider.

En échange, Shaftoe enseigna à Goto Dengo à ne pas lancer comme une fillette. Bon nombre de Nips sont bons joueurs de base-ball, aussi trouvaient-ils hilarants les vains efforts de leur copain si costaud. Mais ce fut Shaftoe qui apprit à Goto Dengo à se positionner de biais, à faire pivoter les épaules et à accompagner son jet. Il avait attentivement observé sa technique de lancer au cours de l'année écoulée, et c'est sans doute pourquoi l'image de Goto Dengo, bien carré sur la cendrée du Bund, prenant son élan pour balancer sa grenade en paquet cadeau, puis accompagnant son mouvement presque avec timidité, en équilibre sur un pied chaussé de ranger, cette image a suivi Shaftoe jusqu'à Manille et même au-delà.

Après quarante-huit heures de traversée, il devient manifeste que le sergent Frick ne sait plus cirer ses bottes. Chaque soir, il les place sur le pont près de sa couchette, comme s'il s'attendait à ce qu'un coolie vienne les nettoyer durant la nuit. Et chaque matin au réveil, il les découvre dans un état encore plus navrant que la veille. Au bout de quelques jours, il commence à recevoir des réprimandes de la hiérarchie, et se retrouve bientôt de corvée de patates.

Cela dit, il est bien pardonnable : Frick a débuté sa carrière en protégeant les trains postaux des desperados bardés de cartouchières qui hantaient le Haut Chaparral, scrogneugneu. En 1927, on l'a du jour au lendemain expédié à Shanghai et il ne fait pas de doute qu'il devait avoir des dispositions. D'accord. Et maintenant, il se retrouve à bord de ce misérable croiseur datant de la Grande Guerre et il a du mal à supporter. D'accord. N'empêche, il ne prend pas la chose avec toute la dignité exigée des Marines par les Marines. Il n'arrête pas de gémir. Il se laisse humilier. Il se fout en rogne. En tout cas, c'est ainsi que le voient pas mal de ses compagnons, eux aussi anciens de la Chine.

Un jour, Bobby Shaftoe est sur le pont du destroyer à lancer la balle avec deux jeunes troufions quand il voit plusieurs de ces vieux briscards, pliés en deux, véritables loques humaines, sur la plage arrière. À leurs gestes et à leurs mimiques, il devine qu'ils ont mal au bide.

Shaftoe surprend le dialogue de deux membres d'équipage à côté de lui.

— Putain, qu'est-ce qui leur arrive, à ces mecs ?

L'autre hoche la tête avec commisération, comme

un toubib qui vient de voir les yeux de son patient se révulser.

— Ces pauvres bougres ont viré asiatiques, lâche-t-il.

Puis il se tourne pour regarder Shaftoe.

Ce même soir, au mess, Bobby Shaftoe engloutit son repas en vitesse puis va rejoindre le coin où les vieux briscards sont attablés, maussades.

— Faites excuses, sergent ! beugle-t-il. Demande autorisation de cirer vos bottes, sergent !

Frick le regarde, bouche bée, révélant une bouchée de bœuf cuit à demi mastiquée.

— Kessvoudites, caporal ?

Silence complet dans le mess.

— Je demande respectueusement la permission de cirer vos bottes, sergent !

Frick n'est pas vraiment une lumière, même quand il est à jeun, et il est manifeste, à regarder ses pupilles, que ses compagnons et lui ont embarqué leur provision d'opium.

— Mouais, euh, siwouwoulez... bredouille-t-il.

Il lance un regard circulaire à sa bande de coliqueux qui se montrent à la fois un rien perplexes et amusés. Il délace ses bottes. Bobby Shaftoe récupère ces tas de boue et les restitue peu après, resplendissantes. Dans l'intervalle, Frick a retrouvé sa superbe.

— Ma foi, ces bottes ont effectivement une sacrée gueule, caporal Shaftoe, lance-t-il d'une voix de stentor. J'veux bien être pendu si vous êtes pas encore meilleur cireur de pompes que mon coolie !

À l'extinction des feux, Frick et ses compagnons retrouvent leurs lits en portefeuille. Un certain nombre d'autres plaisanteries un peu plus brutales s'ensuivent au cours de la nuit. L'un d'eux se fait jeter à bas de sa couchette et tabasser par des agresseurs non identifiés. Les gradés font une inspection surprise le lendemain matin et leur remontent les bretelles. La bande « virée asiatique » passe presque toute la journée suivante agglutinée dans un coin, chacun tournant le dos aux autres.

Aux alentours de midi, Frick s'est mis dans l'idée que tous ces ennuis ont été déclenchés par le geste de Shaftoe et que ce dernier savait, depuis le début, ce qui allait arriver. Aussi le traîne-t-il de force sur le pont avec l'intention de le jeter par-dessus bord.

Shaftoe, prévenu à la dernière minute par un de ses comparses, pivote juste à temps pour esquiver l'attaque de Frick. Le sergent saute par-dessus le bastingage, se retourne, essaye d'agripper Shaftoe par les joyeuses. Ce dernier lui enfonce le doigt dans l'œil, ce qui lui remet aussitôt les idées en place. Ils s'écartent l'un de l'autre. Les politesses préliminaires sont achevées : les deux hommes se mettent en garde.

Frick et Shaftoe boxent deux reprises. Les autres Marines ont fait cercle. Frick est donné gagnant par la majorité. Frick a toujours été bas du bulbe, en plus il est fou de rage, mais il sait se débrouiller sur un ring et il accuse vingt kilos de plus que son adversaire.

Shaftoe résiste jusqu'au moment où Frick lui envoie un sérieux coup à la bouche, lui faisant éclater la lèvre.

— On est encore loin de Manille ? beugle Shaftoe.

Cette question, comme de juste, laisse le sergent perplexe et déconcerté, l'amenant à se relever un instant.

— Deux jours, répond un des officiers de bord.

— Eh ben merde, dit alors Shaftoe. Comment je vais faire pour embrasser ma poule avec une lèvre dans cet état ?

— T'as qu'à t'en trouver une moins chère, répond Frick.

C'est tout ce qu'il demandait. Shaftoe baisse la tête et charge en beuglant comme un Nip. Avant que Frick ait eu le temps de réagir, Bobby Shaftoe lui a fait une de ces prises de simagrées énervées que Goto Dengo lui a enseignées à Shanghai. Il remonte vers le cou du sergent Frick et le cloue au sol jusqu'à ce que les lèvres de son adversaire aient pris la couleur de l'intérieur d'une coquille d'huître. Alors, il le fait basculer par-dessus le bastingage, en le maintenant par les chevilles, jusqu'à ce que l'autre ait suffisamment repris ses esprits pour crier : « Pouce ! »

Une procédure disciplinaire est aussitôt engagée. Shaftoe est jugé coupable de courtoisie (pour avoir ciré les pompes de Frick) et d'avoir défendu la vie d'un Marine (lui-même) face à un agresseur pris de folie. L'agresseur pris de folie est envoyé directement au trou. Au bout de quelques heures, les hurlements qui montent du cachot apprennent à tous les Marines à quoi ressemble le syndrome de dépendance à l'opium.

Tant et si bien que le sergent Frick n'a pas l'occasion d'admirer leur entrée dans la baie de Manille. Shaftoe en plaindrait presque le pauvre bougre.

L'île de Luçon s'attarde à bâbord toute la journée, masse noire à peine visible dans la brume, avec parfois juste quelques palmiers dominant une plage. Tous les Marines sont déjà passés par ici, aussi repèrent-ils sans peine la cordillère centrale, tout au nord, et plus tard, les monts Zambales, dont les contreforts bientôt plongent vers la mer à proximité de la baie de Subic. Ce dernier port déclenche un tir de barrage d'anecdotes salaces. Le bâtiment n'y fait pas relâche mais poursuit sa route vers le sud pour contourner Bata'an avant de virer vers la baie de Manille. Le navire empeste le cirage, le talc et la lotion après-rasage. Le 4$^{e}$ régiment de Marines s'est peut-être spécialisé dans la prostitution et l'opiomanie, mais ils ont toujours su être les plus présentables de tout le corps.

Ils doublent Corregidor. Une île en forme de goutte d'eau sur une botte cirée, doucement arrondie au milieu mais qui plonge à la verticale dans les eaux, avec une longue queue osseuse et sèche qui traîne à l'autre bout. Les Marines savent que l'île est criblée de tunnels et hérissée de canons formidables, mais le seul signe de ces fortifications est, au sommet des collines, les grappes de casernes en béton qui abritent les servants de ces armes. Un fouillis d'antennes s'élève au-dessus du sommet. Shaftoe en reconnaît la forme, parce que bon nombre d'antennes identiques s'élevaient au-dessus de la station Alpha de Shanghai et qu'il a dû les démonter pour les charger dans le camion.

Une immense falaise calcaire dévale vers la mer ; à sa base s'ouvre l'entrée du tunnel où tous les espions et opérateurs radio ont leur planque. À proximité, un appontement où règne une grande activité : on est en train de décharger des cargos et d'empiler leur contenu à même la plage. Tous les Marines y voient un signe manifeste de l'imminence de la guerre. L'*Augusta* jette l'ancre dans la baie, et tout ce matériel radio couvert de bâches est transféré sur les chaloupes et conduit au rivage, accompagné de ces drôles de marins au cou d'oiseau qui en avaient la charge à Shanghai.

La mer devient étale sitôt doublé Corregidor pour entrer dans la baie. Des algues marron verdâtre traînent en fioritures ondoyantes près de la surface. Des bâtiments de guerre lâchent d'épais rubans de fumée brune au-dessus des eaux calmes. Faute de vent, elle se déploie en masses déchiquetées évoquant des montagnes translucides. Ils passent l'imposante base navale de Cavite — étendue de terre si basse et plate que seul le cordon de palmiers longeant le rivage permet d'en définir le contour. Quelques hangars, deux ou trois châteaux d'eau s'en élèvent, et l'on voit la masse basse et sombre de casernes, plus loin vers l'intérieur. Manille est droit devant, encore drapée de brume. Le soir tombe.

Puis la brume se dissout, l'atmosphère devient soudain aussi limpide qu'un regard enfantin et durant près d'une heure, ils peuvent contempler l'infini. Ils foncent vers une immense zone de nuées orageuses zébrées d'éclairs tirebouchonnant autour d'eux. Empilement de nuages plats et gris, comme des éclats de dalles d'ardoise coincées entre des enclumes. Derrière eux, des nuages plus hauts s'amoncèlent jusqu'à la lune, éclairés de lueurs roses ou saumon par le soleil couchant. Au-delà, d'autres nuages encore, nichés entre des nappes d'humidité, comme des guirlandes de Noël enveloppées de papier crépon, des filaments de ciel bleu, et de nouveaux cumulus d'orage échangeant des salves d'éclairs longs de trente kilomètres. Des cieux enchâssés dans des cieux enchâssés dans des cieux.

Il faisait froid, là-haut à Shanghai, et depuis, la chaleur n'a fait que croître. Certains jours, le temps était même encore plus chaud et moite. Mais à peu près au moment où Manille est apparue, une brise tiède vient balayer le pont et tous les Marines poussent un soupir, comme s'ils venaient tous d'éjaculer à l'unisson.

Le parfum de Manille
Balayé par les palmiers
Les cuisses de Glory

Les toits de tuile de Manille ont un petit côté métissé, mi-espagnol, mi-chinois. La ville est protégée par une digue concave surmontée d'une promenade. Des badauds se retournent et saluent de la main les Marines ; certains même leur envoient des baisers. Une noce dévale les marches d'une église et traverse le boulevard pour monter sur la digue et se faire prendre en photo sous la flatteuse lumière couleur de pêche du couchant. Les hommes ont mis leur belle chemise philippine bariolée, ou sont en uniforme de l'armée américaine. Les femmes ont revêtu des robes et des jupes spectaculaires. Les Marines poussent des cris et les sifflent quand elles se retournent vers eux, remontant légèrement leurs jupes pour ne pas trébucher, et agitent les bras avec enthousiasme. Les Marines deviennent carrément dingues et manquent passer par-dessus bord.

Alors que leur bâtiment s'introduit dans son mouillage, un banc de poissons volants jaillit de l'eau. Ils s'éloignent, déployés en croissant, telle une dune que le vent chasse à travers le désert. Chaque poisson ressemble à une feuille argentée. Lorsqu'il touche l'eau, il émet un cliquetis métallique, et tous ces cliquetis se mêlent en un crépitement crissant. Le croissant s'enfuit vers l'embarcadère, en contourne les piles et disparaît dans l'ombre en dessous.

Manille, perle de l'Orient, en ce début de soirée du dimanche 7 décembre 1941. À Hawaï, de l'autre côté de la ligne de changement de date, il est tout juste minuit passé. Bobby Shaftoe et ses camarades ont quelques heures de liberté. La ville est moderne, prospère, de langue anglaise, de religion chrétienne. C'est de loin la plus prospère et la plus avancée des villes d'Asie, on s'y croirait quasiment chez soi en Amérique. Toute catholique soit-elle, elle possède des quartiers qui semblent avoir été conçus, des fondations jusqu'aux combles, pour répondre aux désirs de marins en bordée. On y accède en prenant à droite sitôt qu'on a posé le pied sur la terre ferme.

Bobby Shaftoe prend à gauche et s'excuse en passant devant une légion de péripatéticiennes en chaleur, pour se diriger vers les imposantes murailles d'Intramuros. Il ne s'arrête que pour acheter une gerbe de roses à un vendeur dans le parc. Partout, dans le parc et sur le mur d'enceinte qui le surmonte, des foules d'amants déambulent, la plupart des hommes sont en uniforme, les femmes portent des robes modestes mais sensationnelles et font tourner des ombrelles sur leur épaule.

Deux types en taxi hippomobile se proposent pour conduire Bobby Shaftoe mais il décline leur offre. Un taxi ne pourra que le mener plus vite à destination et il est trop nerveux pour arriver rapidement. Il franchit une poterne dans le mur d'enceinte et pénètre dans la vieille cité espagnole.

Intramuros est un dédale de murs de pierre beige surmontant des mes étroites. Les fenêtres des rez-de-chaussée donnant sur les trottoirs sont protégées par des grilles en fer forgé noir. Les barreaux se déploient, ondulent et s'épanouissent en volutes de feuilles finement ouvragées. Les premiers étages sont en surplomb et portent des becs de gaz qu'activent à l'instant des allumeurs de réverbères munis de longues perches fumantes. De la musique et des rires s'échappent des fenêtres au-dessus de lui, et lorsqu'il passe devant les porches qui donnent sur les cours intérieures, il sent des odeurs de fleurs dans les jardins.

Du diable s'il parvient à distinguer ces maisons. Il se souvient du nom de la rue, Magellanes, parce qu'un jour, Glory lui a dit que c'était la même chose quc « Magellan ». Et il se souvient de la vue de la cathédrale depuis la fenêtre de chez les Pascual. Il tourne deux fois autour d'un pâté de maisons, convaincu d'être tout près. Puis il entend un état de rire de jeune fille provenant d'une fenêtre au premier et s'en approche, comme une méduse aspirée par une prise d'eau. Tout lui revient d'un coup. C'est là. Les filles papotent, en anglais, elles parlent de leurs instructeurs. Il ne distingue pas la voix de Glory mais croit entendre son rire.

« Glory ! » Puis il le répète, plus fort. Si elles l'entendent, elles ne le manifestent pas. Au bout du compte, il prend son élan et propulse son bouquet de roses, comme une grenade à main, par-dessus la balustrade en bois, en visant à travers la fente étroite entre les persiennes nacrées.

Silence miraculeux dans la pièce, puis des rires en rafale. Les volets de nacre s'entrouvrent avec une timidité d'une lenteur crispante. Une fille de dix-neuf ans apparaît au balcon. Elle porte un uniforme d'élève infirmière. Aussi blanc que l'éclat d'une nuit étoilée sur le pôle Nord. Elle a dénoué, pour la brosser, sa longue chevelure brune et elle s'agite, languissamment, dans la brise du soir. Les derniers feux du couchant font luire son visage comme des charbons ardents. Elle reste un instant dissimulée derrière le bouquet, y enfouit son nez, inhale profondément, le regardant de ses grands yeux noirs par-dessus les fleurs. Puis elle abaisse peu à peu le bouquet pour révéler ses pommettes hautes, son petit nez parfait, ses lèvres fantastiquement ourlées et ses dents, blanches mais délicieusement de travers, à peine visibles. Elle sourit.

— Sacré nom de Dieu, s'exclame Bobby Shaftoe, t'as des pommettes acérées comme un putain de chasse-neige.

Elle porte un doigt à ses lèvres. L'idée même qu'un objet quelconque vienne effleurer les lèvres de Glory transperce le cœur de Shaftoe d'une lance invisible. Elle le dévisage un long moment, s'assure qu'elle a retenu son attention et qu'il ne va pas aller divaguer ailleurs. Puis elle lui tourne le dos. La lumière caresse ses fesses, sans rien montrer mais suggérant la raie... Elle se coule à l'intérieur et les volets se referment en coulissant derrière elle.

Soudain, la chambre pleine de filles devient silencieuse, à l'exception de quelques rides de rires vite retenus. Shaftoe se mord la langue. Ils sont en train de tout foutre par terre. M. ou M$^{me}$ Pascual vont noter leur silence et avoir des soupçons.

Un grincement de ferronnerie, et un large porche s'ouvre en grand. Le concierge l'invite à entrer. Shaftoe suit le vieux bonhomme sous le long tunnel noir et voûté de la *porte cochère* [1]. Les semelles rigides de ses souliers noirs luisants glissent sur le pavé. Dans l'écurie, un cheval regimbe en sentant son après-rasage. De la musique douce américaine, un slow diffusé par la station des forces armées, s'échappe, grêle, par la porte de la loge du concierge.

Des vignes en fleur escaladent les murs de pierre de la cour intérieure. Un monde calme, fermé, bien rangé, presque comme l'intérieur d'un appartement. Le concierge lui indique l'un des escaliers qui mènent à l'étage. Glory l'appelle l'*entresuelo* en expliquant que c'est en fait un niveau intermédiaire mais aux yeux de Bobby, il a toutes les caractéristiques

1. En français dans le texte. *(N.d.T.)*

d'un étage normal et parfaitement constitué. Il grimpe les marches et levant les yeux, découvre M. Pascual, petit bonhomme chauve portant lunettes et fine moustache bien taillée. Vêtu d'une chemisette à l'américaine, d'un pantalon kaki, il est en pantoufles ; il tient dans une main un verre de San Miguel et dans l'autre une cigarette.

— Soldat Shaftoe ! Content de vous revoir, lance-t-il.

Bien. Glory a donc décidé de jouer dans les règles. Les Pascual ont été prévenus. Quelques heures de conversation mondaine s'interposent désormais entre Bobby Shaftoe et sa petite amie. Mais un Marine n'est pas homme à se laisser dérouter par de tels revers.

— Sauf votre respect, M. Pascual, je suis caporal, à présent.

M. Pascual porte la cigarette à ses lèvres et serre vigoureusement la main du caporal Shaftoe.

— Eh bien, mes félicitations ! Je viens de voir votre oncle Jack, la semaine dernière. Je ne crois pas qu'il était au courant de l'imminence de votre retour.

— Ce fut une surprise pour tout le monde, monsieur, répond Bobby Shaftoe.

Ils se retrouvent sur une galerie qui fait le tour de la cour intérieure. Seuls le bétail et le domestique vivent au rez-de-chaussée. M. Pascual les conduit vers une porte qui ouvre sur l'entresuelo. Les murs ici sont de pierre brute, les plafonds de simples planches peintes. Ils traversent le sombre bureau non éclairé où le père et le grand-père de M. Pascual recevaient jadis les gérants des haciendas et plantations familiales. Un instant, Bobby Shaftoe retrouve espoir. Cet étage comporte plusieurs pièces qui, dans le temps, servaient d'appartements à des domestiques de haut rang, des oncles célibataires et des tantes vieilles filles. Aujourd'hui que la gestion des haciendas n'est plus ce qu'elle était, les Pascual les louent à de jeunes étudiantes. Peut-être que M. Pascual le conduit directement à Glory.

Mais tout cela rejoint les fantasmes stupides et débridés de Shaftoe quand il se retrouve au pied d'un vaste escalier en bois de nara poli. Il aperçoit tout là-haut les moulures du plafond, le lustre, et l'imposante superstructure de M$^{me}$ Pascual, contenue dans un puissant corset qui semble issu des rêves de quelque architecte naval. Ils montent l'escalier pour entrer dans l'*antesala* qui, à en croire Glory, est uniquement destinée à recevoir les visiteurs de passage mais n'en est pas moins plus luxueuse que tout ce que Bobby Shaftoe a jamais vu. Partout, des poteries et des vases, censément anciens et provenant de Japon et de Chine. Une brise fraîche traverse la pièce ; il regarde par la fenêtre et découvre, plein cadre, le dôme vert de la cathédrale surmonté de sa croix celtique, pareil que dans son souvenir. M$^{me}$ Pascual tend la main et Shaftoe la serre.

— Madame Pascual, lui dit-il, merci de m'accueillir sous votre toit.

— Asseyez-vous, je vous en prie, répond-elle. Nous voulons que vous nous racontiez tout.

Shaftoe s'assied dans la chaise décorée près du piano, rajuste son pantalon pour qu'il ne gêne pas son pénis en érection, vérifie l'état de son rasage. Sans doute encore quelques heures à rester présentable. Une escadrille passe en vrombissant au-dessus d'eux. M$^{me}$ Pascual donne en tagalog des ordres à la bonne. Shaftoe examine les croûtes des lacérations sur ses phalanges et se demande si M$^{me}$ Pascual a la moindre idée de ce qui l'attendrait s'il devait vraiment leur raconter tout. Peut-être qu'une petite anecdote sur les combats à mains nues contre les pirates chinois sur les rives du Yang Tsé pourrait rompre la glace. Par une porte, il aperçoit au bout du couloir un angle de la chapelle familiale, avec ses voûtes gothiques, son autel doré, et devant, un prie-dieu au coussin brodé usé jusqu'à la trame par les rotules de M$^{me}$ Pascual.

On distribue des cigarettes, empilées dans un grand coffret en laque comme des obus dans une caisse de munitions. On boit du thé en échangeant des riens pendant ce qui lui paraît trente-six heures. M^me^ Pascual veut à tout prix avoir la certitude que tout va bien et qu'il n'y aura pas de guerre. Son mari est manifestement convaincu que la guerre est sur le point d'éclater et se contente le plus souvent de ruminer. Certes, les affaires ont été plutôt bonnes, ces derniers temps. Avec Jack Shaftoe, l'oncle de Bobby, ils ont fait transiter pas mal de marchandises entre ici et Singapour. Mais il estime que le commerce ne va pas tarder à se dégrader.

Glory apparaît. Elle a troqué son uniforme d'étudiante contre une robe. Bobby Shaftoe manque basculer par la fenêtre. M^me^ Pascual refait les présentations dans les formes. Bobby Shaftoe baise la main de Glory avec ce qu'il estime être à coup sûr des manières d'une galanterie extrême. Il ne regrette pas son geste car Glory cache dans sa paume un minuscule billet plié serré, qui se retrouve bientôt dans sa main.

Glory s'assied et se voit aussitôt porter sa tasse de thé personnelle. Nouvel échange de banalités durant une éternité. M. Pascual lui demande pour la quatre-vingt-septième fois s'il a déjà eu l'occasion d'entrer en contact avec l'oncle Jack et Shaftoe lui répète qu'il vient quasiment de tomber du bateau et qu'il verra certainement son oncle le lendemain matin. Il s'excuse pour se rendre aux toilettes, d'antiques modèles à la turque disposés au-dessus de puits profonds qui doivent plonger droit jusqu'aux enfers. Il déplie le billet de Glory, le lit, en mémorise les instructions, le déchire, le jette et tire la chasse.

M^me^ Pascual accorde aux deux jeunes tourtereaux une pleine demi-heure « en privé », entendez par là que les Pascual quittent la pièce et ne reviennent que toutes les cinq minutes pour s'assurer que tout va bien. Puis vient une cérémonie d'adieux péniblement longue et compliquée, qui s'achève par le retour de Shaftoe dans la rue tandis que Glory le salue du haut de son balcon.

Une demi-heure plus tard, leurs langues se font des prises de judo à l'arrière d'un taxi à cheval qui file au galop sur les pavés en direction des boîtes de nuit de Malate. L'extraction de Glory de la résidence des Pascual n'a été qu'un jeu d'enfant pour un Marine de Chine puissamment motivé assisté d'une escouade d'élèves infirmières délurées.

Mais Glory doit l'embrasser en gardant les yeux ouverts car tout d'un coup elle se tortille pour se dégager et s'écrie à l'adresse de leur chauffeur :

— Stop ! S'il vous plaît, arrêtez, monsieur !

— Que se passe-t-il ? bredouille Shaftoe.

Il regarde alentour et ne voit rien qu'une grande église de pierre les dominant de toute sa hauteur. Ce qui induit en lui les premières affres de la terreur. Mais l'édifice est obscur, il n'y a aucune Philippine en robe longue, aucun Marine en uniforme d'apparat, ça ne peut pas être son mariage.

« Je veux te montrer quelque chose » et Glory, avec précaution, descend du taxi. Shaftoe doit la poursuivre à l'intérieur. C'est l'église San Augustin. Il est passé cent fois devant mais n'aurait jamais imaginé y entrer un jour pour un rendez-vous galant.

Immobile au pied d'un immense escalier, elle lui dit :

— Tu vois ?

Shaftoe lève les yeux dans l'obscurité, croit deviner un ou deux vitraux tout là-haut, peut-être une Lacération du Christ ou un Empalement du saint thorax mais...

— Non, regarde en bas, dit Glory et son pied délicat tapote le premier degré de l'escalier.

C'est une énorme dalle de granite, d'une seule pièce.

— À vue de nez, je dirais qu'elle doit bien faire dix ou vingt tonnes, commente-t-il avec assurance.

— Elle est venue du Mexique.

— Eh, arrête !

Glory lui sourit.

— Porte-moi jusqu'en haut.

Et au cas où il s'aviserait de refuser, elle se laisse plus ou moins choir sur lui et il n'a d'autre choix que de la rattraper. Elle lui enserre la nuque au creux de son bras, ce qui lui permet de coller son visage contre le sien, mais ce dont il se souvient, c'est du frottement soyeux de sa manche contre son cou rasé de près. Glory n'est pas bien lourde, mais au bout de quatre marches, il est déjà en nage. Elle l'observe, à dix centimètres de distance, guettant des signes de fatigue, et il se sent rougir. Veine que l'escalier ne soit éclairé en tout et pour tout que par deux cierges. Il avise un adorable buste du Christ couronné d'épines avec deux longues traînées parallèles de gouttes de sang ruisselant sur son visage et, sur la droite...

— Ces dalles géantes sur lesquelles tu marches ont été extraites d'une carrière au Mexique, il y a des siècles et des siècles, bien avant que l'Amérique ne devienne un pays. Elles ont été transportées dans la cale des galions pour Manille, comme ballast. (Elle prononce *bayast.*)

— Saperlipopette.

— À leur arrivée, les dalles étaient sorties de cale, une par une, amenées et entassées ici, dans l'église San Augustin. Chaque nouvelle pierre sur celle de l'année précédente. Jusqu'à ce qu'enfin, après bien des années, l'escalier soit achevé.

Au bout d'un moment, Shaftoe a la nette impression qu'il va lui falloir presque aussi longtemps pour parvenir en haut du satané truc. Le sommet est orné d'un Jésus grandeur nature portant une croix qui semble au moins aussi lourde qu'une de ces dalles. Alors, de quoi se plaint-il ? Puis Glory lui dit :

— Tu peux me redescendre, à présent, comme ça, tu te souviendras de mon histoire.

— Tu me prends pour une espèce de crétin obsédé incapable de se souvenir d'une histoire s'il n'y a pas dedans une jolie fille ?

— Oui, confirme Glory en lui riant au nez.

Il la redescend jusqu'au bas des marches. Puis,

avant qu'elle ne lui fasse un nouveau plan, il la reconduit aussi sec dehors et la fourre dans le taxi.

Bobby Shaftoe n'est pas homme à perdre son sang-froid au cœur de l'action, mais le reste de la soirée n'est pour lui qu'un rêve de fièvre brumeux. Seules quelques impressions transpercent la brume : la descente du taxi devant un hôtel du front de mer; tous les autres garçons qui matent Glory, bouche bée; Bobby Shaftoe qui leur lance un œil noir, et les menace de leur enseigner les bonnes manières; le slow avec Glory dans la salle de bal, sa cuisse gainée de soie qui s'introduit progressivement entre ses jambes, son corps ferme pressé avec de plus en plus d'insistance contre le sien; la balade sur le front de mer, main dans la main sous les étoiles; leur découverte que la mer est basse; le regard échangé; la descente jusqu'à la mince langue de plage rocheuse en contrebas.

Le temps qu'il se mette à la baiser pour de bon, il a plus ou moins perdu conscience pour partir dans une espèce de rêve fantastique et libidineux. Glory et lui s'envoient en l'air sans la moindre hésitation, le moindre doute, la moindre esquisse de remords. Leurs corps ont fusionné spontanément, comme deux gouttes filant sur une vitre. S'il pense à quoi que ce soit, c'est que toute sa vie a atteint son point culminant à cet instant. Son éducation à Oconomowoc, la soirée du bal des étudiants, la chasse au daim sur la péninsule, le camp d'entraînement de Parris Island, toutes les rixes et les bagarres en Chine, son duel avec le sergent Frick, tout cela est comme le manche derrière la pointe d'une épée.

Quelque part, des sirènes retentissent. Il retrouve d'un coup ses esprits. Est-il resté là toute la nuit, à tenir Glory plaquée contre le mur de la digue, les cuisses nouées autour de sa taille? Ça ne peut pas être possible. La mer n'est pas remontée.

— Qu'est-ce que c'est? demande-t-elle.

Ses mains sont crispées sur sa nuque. Elle relâche son étreinte et les fait courir sur son torse.

La tenant toujours contre lui, les mains calées sous son petit cul impeccable et chaud, Shaftoe s'écarte du mur de la digue, se tourne vers la plage et regarde le ciel. Il voit des projecteurs qui s'allument. Et pas pour une première à Hollywood.

— C'est la guerre, ma puce, répond-il.

## INCURSIONS

Le hall de l'hôtel Manille a la taille approximative d'un terrain de foot. Il y traîne des relents de parfum de l'an passé, orchidées rares et spray bon marché. Un détecteur de métaux est encastré dans la porte d'entrée parce qu'il se trouve que le Premier ministre du Zimbabwe loge ici pour deux jours. De grands Africains en costume croisé hantent les lieux, par deux ou trois. De mini-foules de touristes nippons, en bermuda, sandales et chaussettes blanches, ont réquisitionné les larges, épais et profonds canapés et, sagement assis, attendent le signal de leur organisateur. De jeunes fils de bourgeois philippins brandissent des cartons cylindriques de pommes chips, comme des chefs tribaux leur masse de cérémonie. Un vieux groom très digne muni d'un antique vaporisateur à main circule autour du périmètre défensif en projetant sans un mot de l'insecticide sur les plinthes. Entre Randall Lawrence Waterhouse, polo turquoise portant brodé le sigle d'une des sociétés high-tech en faillite qu'Avi et lui ont fondées, blue-jean trop grand retenu par des bretelles et grosses chaussures d'athlétisme qui jadis furent blanches.

Dès qu'il s'est acquitté des formalités à l'aéroport, il a détecté que les Philippines font partie, comme le Mexique, de ces pays où la grolle importe. Il s'approche donc en catimini du guichet d'accueil pour que la ravissante jeune femme vêtue d'un ravissant uniforme bleu marine ne voie pas ses pieds. Deux chasseurs se sont lancés dans une lutte pathétique et digne de Sisyphe avec son sac qui a en gros les dimensions et la masse d'un classeur métallique à deux tiroirs. « Là-bas, tu ne risques pas de trouver de documentation technique, l'a prévenu Avi. Apporte tout ce dont tu penses avoir besoin. »

La suite de Randy est composée d'une chambre et d'un séjour, l'un et l'autre avec un plafond de quatre mètres cinquante, desservis par un couloir qui commande également plusieurs placards et diverses dépendances en rapport avec les technologies sanitaires. L'ensemble est décoré de boiseries d'une espèce d'essence tropicale à l'adorable patine auburn, qui seraient lugubres sous des latitudes plus nordiques mais qui ici ont un côté douillet et sympathique. Les deux pièces principales sont dotées de vastes baies vitrées ; une minuscule pancarte, près de la crémone, met en garde contre les insectes tropicaux. Chaque ouverture est du reste défendue par un système à plusieurs strates de barrages entrelacés : des volets de bois incroyablement massifs coulissant sur des rails, tels des convois de marchandises manœuvrant dans un triage ; une seconde épaisseur de volets formés de carrés de nacre de cinq centimètres de côté maintenus dans un cadre de bois poli qui coulisse sur son propre système de rails ; des voilages fins, puis enfin de lourds rideaux doublés, les uns et les autres accrochés à leur propre tringle chemin de fer.

Randall se fait monter un grand pot de café, qui réussit à peine à le maintenir éveillé pendant qu'il défait ses bagages. C'est la fin d'après-midi. Des nuages pourpres dégringolent des montagnes environnantes avec la densité palpable de coulées de boue volcanique, transformant la moitié du ciel en mur aveugle zébré d'éclairs verticaux ; les parois de la chambre crépitent comme si une horde de paparazzi travaillait devant la fenêtre. En bas, les vendeurs ambulants du parc Rizal filent sur les trottoirs s'abriter de la pluie qui tombe, comme elle le fait depuis un demi-millénaire, sur les murs noirs en pente d'Intramuros. S'ils n'étaient pas rectilignes, on pourrait les confondre avec quelque curiosité géologique : des barres de sombre roche volcanique jaillissant de l'herbe telles des dents de gencives. Les murs ont des encoches en queue d'aronde qui convergent vers les anciens postes de canons, offrant un feu croisé sur le glacis d'accès.

Quand on vit aux États-Unis, on ne voit jamais rien qui ait plus de deux siècles et demi, et encore, pour cela, faut-il visiter la lisière est. L'univers des voyages d'affaires, entre aéroports et taxis, est le même partout. Randy ne croit pas vraiment avoir changé de pays avant de découvrir quelque chose comme Intramuros, et ensuite, il est obligé de rester un bon moment planté là comme un idiot, à ruminer.

Au même moment, de l'autre côté du Pacifique, dans une charmante petite ville victorienne située au tiers du chemin entre San Francisco et Los Angeles, des ordinateurs plantent, des fichiers cruciaux disparaissent et des e-mails se perdent dans l'espace intergalactique, tout cela parce que Randy Waterhouse n'est pas là pour les tenir à l'œil. La ville en question exhibe trois modestes établissements d'enseignement supérieur : un financé par l'État de Californie, les deux autres par des confessions protestantes désormais vilipendées d'abondance par la majorité de leur corps enseignant. Réunis, ces trois établissements — les Trois Sœurs — forment un complexe académique d'importance moyenne. Leurs ordinateurs sont reliés en réseau. Ils échangent enseignants et étudiants. De temps à autre, ils accueillent des conférences. Dans ce coin de Californie, on trouve des plages, des montagnes, des forêts de séquoias, des vignes, des parcours de golf et quantité d'établissements pénitentiaires. Il y a pléthore de chambres d'hôtels trois et quatre étoiles, et, réunies, les Trois Sœurs ont une capacité suffisante en salles de conférences et de réunions pour accueillir des congrès de plusieurs milliers de participants.

Le coup de fil d'Avi, quelque quatre-vingts heures plus tôt, est tombé au milieu d'une importante conférence interdisciplinaire intitulée « La phase intermédiaire (1939-45) de la lutte pour l'hégémonie planétaire au xx^e^ siècle (ère commune) ». Comme c'est un rien ampoulé, on l'a renommée, plus sobrement : « La Guerre comme Texte ».

Des participants sont venus d'aussi loin qu'Amsterdam ou Milan. Le comité d'organisation du séminaire — qui comprend la petite amie de Randy, Charlene, qui donne à vrai dire tous les signes d'être désormais son ex-petite amie — a demandé à un artiste de San Francisco d'imaginer une affiche. Il est parti d'une photo noir et blanc en similigravure d'un fantassin de la Seconde Guerre mondiale, l'air hagard, la cigarette au bec. Il a travaillé l'image en la photocopiant pour maculer les points de trame jusqu'à ce qu'ils ressemblent à des balles de caoutchouc mâchonnées par un chien, avant de la soumettre à toute une série de distorsions jusqu'à lui donner un aspect incroyablement dur, déchiqueté, saisissant; les yeux pâles du soldat sont devenus d'un blanc livide. Puis il a ajouté quelques touches de couleur : rouge à lèvres, ombre à paupière bleue, et l'esquisse d'une bretelle de soutien-gorge rouge entrevue par l'échancrure de sa chemise d'uniforme déboutonnée.

À peine éditée, l'affiche a remporté un prix quelconque. Ce qui a conduit à un communiqué de presse, lequel a bientôt offert à l'affiche la consécration de devenir officiellement sujet de controverse. Un journaliste entreprenant réussit à retrouver le soldat photographié sur le cliché original — un ancien combattant bardé de médailles, tourneur-repousseur retraité qui se trouvait être non seulement vivant mais en parfaite santé, et qui, depuis le décès de sa femme des suites d'un cancer du sein, a consacré sa retraite à écumer le Sud profond à bord de son pick-up, en aidant à rebâtir les églises noires incendiées par des brutes avinées.

L'artiste qui avait conçu l'affiche dut alors avouer qu'il avait simplement copié le document dans un livre sans faire le moindre effort pour obtenir l'autorisation de le reproduire — l'idée même d'obtenir une autorisation pour exploiter le travail d'un tiers étant à la base erronée, puisque tout art dérive d'un autre art. Les ténors du barreau convergèrent comme des bombardiers en piqué sur la petite bourgade du Kentucky où l'ancien combattant lésé, juché sur le toit d'une église noire, la bouche pleine de clous, était en train de fixer des planches de bardage en contreplaqué marine tout en grommelant des « pas de commentaires » à une horde de reporters agglutinés en bas sur la pelouse. Après une série de conférences dans une chambre de l'Holiday Inn local, l'ancien combattant émergea, accompagné d'un des cinq plus célèbres pénalistes de la planète, et annonça qu'il intentait une action au civil contre les Trois Sœurs et qu'en cas de succès, il les transformerait, elles et le reste de la communauté, en un petit tas de décombres fumants. Il promettait de répartir les dommages et intérêts entre les églises noires et diverses associations d'anciens combattants et de recherches sur le cancer du sein.

Le comité d'organisation s'empressa de retirer l'affiche de la circulation, ce qui entraîna la diffusion de milliers de copies pirates sur Internet, et d'une manière générale, attira l'attention de millions de personnes qui sans cela n'auraient jamais eu l'occasion de la contempler. Il engagea par ailleurs des poursuites contre l'artiste, dont la fortune aurait pu tenir sur un talon de ticket de cinéma : ses actifs se réduisaient à environ mille dollars quand ses dettes (des prêts étudiants, pour l'essentiel) se montaient à soixante-cinq mille.

Tout ceci s'était produit avant même l'ouverture de la conférence. Randy était au courant uniquement parce que Charlene lui avait mis le grappin dessus pour fournir l'équipement informatique, ce qui impliquait la création d'un site web et de boîtes aux lettres électroniques pour les participants. Quand l'affaire fit les gros titres, des masses d'e-mails commencèrent à déferler, bloquant bientôt lignes et serveurs, saturant tous les disques que Randy avait passé le mois d'avant à installer.

Les invités commencèrent à arriver. Beaucoup semblaient dormir dans la maison où Randy et Charlene avaient vécu ensemble sept ans durant. C'était une vieille bâtisse victorienne et il y avait de la place à revendre. Ils débarquaient en titubant d'Heidelberg et de Paris, de Berkeley et de Boston, et s'attablaient dans la cuisine de Randy et Charlene, buvant du café et débattant à perte de vue du Spectacle. Randy en inféra qu'ils entendaient par là le scandale de l'affiche, mais à mesure qu'ils discutaient, il décela qu'ils utilisaient le terme non pas dans son acception habituelle mais comme un élément d'une sorte de jargon académique ; qu'il véhiculait une tripotée de sens cachés et de connotations à jamais inaccessibles à Randy tant qu'il ne ferait pas partie de leur cercle.

Pour Charlene, et pour tous les participants à la Guerre comme Texte, il coulait de source que l'ancien combattant qui avait intenté l'action en justice était le pire des individus — ceux-là mêmes qu'ils s'étaient réunis pour démystifier, brûler en effigie, et jeter dans les poubelles du discours post-historique. Randy avait passé pas mal de temps autour de ces gens, et avait fini par penser s'y être habitué, mais durant ces derniers jours, il souffrit d'une migraine constante à force de serrer les dents, et il ne cessait de bondir au beau milieu des repas ou des conversations pour sortir se livrer à de longues promenades solitaires.

C'était en partie pour s'abstenir d'émettre des remarques peu diplomatiques et en partie pour essayer, tactique puérile et certes vaine, d'attirer désespérément l'attention de Charlene.

Il avait su dès le début que toute cette épopée de l'affiche allait finir en désastre. Il n'avait cessé de mettre en garde Charlene et les autres. Ils l'écoutèrent froidement, cliniquement, comme s'il était un sujet d'expérience placé du mauvais côté d'une glace sans tain.

Randy se force à rester éveillé jusqu'à ce que la nuit tombe. Alors, il s'étend sur le lit quelques heures et cherche le sommeil. Le terminal à conteneurs est situé juste au nord de l'hôtel et, toute la nuit durant, le boulevard Rizal qui longe l'antique muraille espagnole connaît un va-et-vient continu de semi-remorques porte-conteneurs. Toute la ville est un chaudron de combustion interne. Manille semble avoir plus de pistons et de pots d'échappement que tout le reste de la planète. Même à deux heures du matin, la masse apparemment inébranlable de l'hôtel gronde et vibre sous l'énergie sismique que déversent tous ces moteurs à explosion. Le bruit déclenche les alarmes antivol des voitures garées au parking. Le bruit des alarmes en déclenche d'autres, et ainsi de suite. C'est moins le bruit qui tient Randy éveillé que la stupidité crasse de cette réaction en chaîne. C'est une leçon de choses : le genre cauchemardesque plantage technologique dont l'effet boule de neige fait passer des nuits blanches aux bidouilleurs informatiques même quand ils n'ont pas l'occasion d'en entendre les résultats, eux.

D'un coup de pouce, il décapsule une Heineken sortie du minibar et va se planter devant la fenêtre pour regarder. De nombreux camions sont décorés de guirlandes de loupiotes multicolores — peut-être pas aussi criardes que celles des quelques jeepneys qui sinuent et cahotent parmi eux. Voir autant de gens debout à travailler chasse en lui toute idée de sommeil.

Il souffre trop du décalage horaire pour se livrer à la moindre activité intellectuelle, mais il lui reste une tâche importante à sa portée, car elle ne nécessite aucune forme de réflexion. Il rallume son portable. Comme en lévitation au beau milieu de la pièce obscure, l'écran est un parfait rectangle de lumière de la couleur du lait dilué ou d'une aube nordique. La lumière provient de tubes fluorescents prisonniers du cercueil de polycarbonate de l'afficheur. Elle ne peut s'échapper que par une dalle de verre devant Randy, entièrement recouverte de minuscules transistors disposés en réseau, et qui laissent les photons passer ou non, ou ne laissent passer que ceux d'une longueur d'onde bien particulière, pour transformer en couleurs ce pâle éclat. Par la commutation de ces transistors selon un plan systématique, du sens est véhiculé jusqu'à Randy Waterhouse. Un bon réalisateur de cinéma pourrait transmettre à Randy toute une histoire, rien qu'en prenant le contrôle de ces transistors pendant deux heures.

Malencontreusement, il existe bien plus d'ordinateurs portables que de metteurs en scène dignes d'attention. Les transistors ne sont presque jamais confiés aux mains d'êtres humains. Ils sont au contraire contrôlés par des programmes. Randy était naguère encore fasciné par les programmes, mais plus maintenant. C'est déjà bien assez dur de trouver des êtres humains intéressants.

La pyramide surmontée d'un œil apparaît. Randy passe désormais tellement de temps sur Ordo qu'il a configuré sa machine pour l'ouvrir automatiquement au démarrage.

L'ordinateur portable n'a dorénavant pour Randy qu'une seule et unique fonction : il s'en sert pour communiquer avec ses semblables, par messagerie électronique interposée. Quand il communique avec Avi, il doit utiliser Ordo, qui est un outil destiné à prendre ses idées et à les convertir en flux d'octets presque indiscernables d'un bruit blanc, ce qui lui permet de les lui transmettre en toute confidentialité. En échange, il reçoit d'Avi du bruit qu'il convertit à son tour en pensées d'Avi. À l'instant présent, Épiphyte n'a pas d'autres actifs que de l'information

— ce n'est qu'une idée, avec quelques réalités et quelques données pour la défendre. Cela rend l'entreprise éminemment dérobable. Raison pour laquelle le cryptage est sans conteste une bonne idée. La question étant : quel degré de paranoïa est le plus approprié ?

Avis lui a envoyé un e-mail crypté :

> Dès ton arrivée à Manille, j'aimerais que tu génères une clé de 4 096 bits et la reportes sur une disquette que tu garderas sur toi en permanence. Ne la laisse pas sur ton disque dur. N'importe qui pourrait forcer ta chambre d'hôtel en ton absence et te piquer cette clé.

Randy ouvre ensuite un menu et sélectionne l'entrée marquée : « Nouvelle clé »...

Une boîte de dialogue s'ouvre, lui offrant, sous l'intitulé LONGUEURS DE CLÉ, plusieurs options : 128, 256, 512, 1 024, 2 048 bits et *Personnalisé*. Randy sélectionne cette dernière et, avec un soupir, entre 4 096.

Même une simple clé sur 128 bits requiert de vastes ressources pour être déchiffrée. Qu'on y ajoute un bit et elle passe à 129 bits de longueur et devient deux fois plus difficile à briser. 130 bits, et la difficulté est encore doublée, et ainsi de suite. En recourant à une clé de 128 bits, Randy et Avi pourraient protéger leurs conversations de la curiosité de n'importe quel organisme au monde pendant encore au moins quelques années [1]. Une clé de 256 bits serait phénoménalement plus difficile à briser.

Certains vont jusqu'à employer des clés de 1 024, voire 2 048 bits de long. Celles-ci bloqueront les tout

1. Sauf si les ordinateurs chargés de craquer ce code travaillent en réseau : en 1999, en exploitant les périodes d'inutilisation du processeur des machines connectées à Internet, ce temps de calcul a pu être réduit à quelques semaines pour craquer des clés de 128 bits ! *(N.d.T.)*

meilleurs craqueurs de code de la planète durant des périodes astronomiques, sauf à recourir à des technologies encore délirantes comme celle des ordinateurs quantiques. La plupart des logiciels de cryptage — même ceux rédigés par des experts en cryptographie particulièrement scrupuleux — sont incapables de manipuler des clés plus longues. Mais Avi tient à utiliser Ordo, considéré en général comme le meilleur logiciel de cryptage existant aujourd'hui car il peut gérer des clés de longueur illimitée — à condition d'avoir la patience d'attendre qu'il ait traité cette quantité de chiffres.

Randy se met à taper, sans même prendre la peine de regarder l'écran : il contemple dehors les lumières sur les camions et les jeepneys. Il travaille d'une seule main, qui survole négligemment le clavier.

Dans les entrailles de l'ordinateur de Randy bat une horloge très précise. Chaque fois qu'il frappe une touche, Ordo se sert de cette horloge pour enregistrer l'heure actuelle, à la microseconde. Il frappe une touche au hasard à 03 : 05 : 56.935788 puis une autre à 03 : 05 : 57.290664, soit environ 0,354876 seconde plus tard. Et 0,372307 seconde après, encore une autre. Ordo garde la trace de tous ces intervalles et élimine les chiffres les plus significatifs (en l'occurrence, les 0,35 et 0,37) car ils tendent à être identiques d'un événement au suivant.

Ordo recherche l'aléatoire. Il ne retient que les chiffres les moins significatifs — disons, les séquences 76 et 07 à la fin des nombres en question. Il veut tout un tas de nombres pris au hasard, et il les veut les plus aléatoires possibles. Il prend donc des nombres plus ou moins aléatoires et les traite à travers des fonctions qui les rendent encore plus aléatoires. Il effectue des routines statistiques sur les résultats obtenus pour s'assurer qu'ils ne contiennent aucune séquence cachée. Ses critères de sélection sont d'une sévérité stupéfiante et il ne demandera à Randy d'interrompre sa frappe que lorsque ces critères seront remplis.

Plus longue est la clé que l'on veut générer, plus cela prend du temps. Et Randy cherche à en générer une ridiculeusement longue. Il a fait remarquer à Avi, dans un e-mail crypté, que si chaque particule de matière de l'univers pouvait être mobilisée pour fabriquer un unique superordinateur cosmique, et si on attelait cette machine à la tâche de casser une clé de codage de 4 096 bits, cela prendrait plus longtemps que la durée de vie de l'univers.

— En recourant aux technologies d'aujourd'hui, répliqua Avi, c'est vrai. Mais avec les ordinateurs quantiques ? Et si l'on met au point de nouvelles techniques mathématiques pour simplifier la factorisation des grands nombres premiers ?

— Combien de temps veux-tu que ces messages restent secrets ? demanda Randy dans son dernier message avant de quitter San Francisco. Cinq ans ? Dix ? Vingt-cinq ?

Sitôt descendu à son hôtel cet après-midi, Randy a décrypté et lu la réponse d'Avi. Elle plane encore devant ses yeux, comme l'image rémanente d'un stroboscope :

> Je veux qu'ils restent secrets aussi longtemps que l'homme sera capable de faire le mal.

L'ordinateur émet enfin un bip. Randy détend sa main fatiguée. Ordo l'avertit poliment qu'il risque d'être occupé un certain moment, avant de se mettre à mouliner. Il parcourt le cosmos des nombres purs, à la recherche de deux nombres premiers assez grands pour donner, lorsqu'on les multiplie, un chiffre de 4 096 bits de long.

Si vous voulez que des secrets le demeurent par-delà votre durée probable de vie, vous devez alors, pour choisir la bonne longueur de clé, jouer les prospectivistes. Car vous devrez anticiper l'accroissement de la vitesse des ordinateurs à cette époque. Vous devrez également tâter des sciences politiques. Parce que si toute la planète doit devenir un état policier obsédé par la récupération des secrets enfouis, il se peut alors que de vastes ressources soient consacrées au problème de la factorisation des nombres premiers de grande taille.

De sorte que la longueur de la clé que vous utilisez représente en soi une sorte de code. Un espion gouvernemental avisé, notant qu'Avi et Randy utilisent une clé de 4 096 bits, pourrait en tirer les conclusions suivantes :

— Avi ne sait pas de quoi il parle. Hypothèse qu'on peut éliminer après quelques recherches sur ses travaux passés. Ou bien,

— Avi souffre de paranoïa déclarée. Hypothèse qu'on peut également exclure après un minimum de recherches. Ou bien,

— Avi se montre extrêmement optimiste quant aux développements futurs de la technologie informatique, ou pessimiste quant à l'évolution du climat politique, ou les deux. Ou enfin,

— Avi a un horizon prévisionnel qui s'étend sur une période supérieure au siècle.

Randy fait les cent pas dans sa chambre tandis que son ordinateur survole l'espace des nombres. Les conteneurs chargés sur tous ces semi-remorques portent exactement le même sigle que ceux qui embouteillaient naguère les rues du sud de Seattle quand un navire était en cours de déchargement. Bizarrement, Randy en est heureux, comme si, en effectuant ce saut insensé par-dessus le Pacifique, il avait en quelque sorte donné à son existence une symétrie antipodique. Il a quitté un endroit où les objets sont consommés pour se rendre à celui où ils sont produits, quitté un pays où l'onanisme a fini par être consacré par les plus hautes instances de la société pour un pays où les voitures portent des autocollants « NON à la contraception ! » sur la lunette arrière. Cela lui paraît bizarrement approprié. Il n'avait plus ressenti cela depuis qu'Avi et lui se sont lancés dans leur première entreprise vouée à l'échec, douze ans plus tôt.

Randy a grandi dans une ville universitaire de l'est de l'État de Washington, est sorti diplômé de l'université de Washington à Seattle, pour finir par décrocher un poste de claviste, deuxième échelon, à la bibliothèque de la fac — plus précisément au service des prêts inter-bibliothèques —, où sa tâche était de traiter les demandes de prêts transmises par courrier électronique par les petites bibliothèques du secteur, et, réciproquement, de transmettre les requêtes à ces autres établissements. Si, à l'âge de neuf ans, Randy Waterhouse avait pu discerner l'avenir et se voir dans cet emploi, il aurait été absolument ravi : l'instrument essentiel du service de prêts interbibliothèques était l'Otagraf. Le jeune Randy en avait vu un entre les mains de sa maîtresse de CM2 et s'était montré emballé par son aspect à la fois astucieux et meurtrier évoquant les mâchoires de quelque dragon robot futuriste. Il s'était en fait échiné à agrafer des feuilles de travers rien que pour le plaisir de demander à l'institutrice de les dégrafer, ce qui lui fournissait une nouvelle occasion de voir à l'œuvre ces terrifiantes mandibules. Il était même allé jusqu'à voler un Otagraf traînant dans un bureau du presbytère pour l'incorporer à un modèle de robot qu'il avait construit avec son Meccano et avec lequel il terrorisait tout le voisinage; ses maxillaires d'aspic avaient désossé plus d'un jouet en plastique bon marché avant que le larcin ne soit découvert et Randy dénoncé devant Dieu et ses petits camarades. Et aujourd'hui, dans son bureau de prêt inter-bibliothèques, ce n'était pas un mais plusieurs Otagraf qu'il avait dans son tiroir et qu'il se retrouvait de fait amené à manipuler une à deux heures par jour.

La bibliothèque universitaire étant bien fournie, ses usagers ne demandaient que rarement des ouvrages en provenance d'autres sites, sauf s'ils avaient été volés ou étaient, sous l'un ou l'autre aspect, inhabituels. Le service de PIB (comme l'appelaient affectueusement Randy et ses collègues) avait ses clients réguliers — des gens qui avaient toute une tripotée de livres inhabituels dans leur liste d'emprunts. Ces gens avaient tendance à être ennuyeux, ou inquiétants, voire les deux. Randy se retrouvait immanquablement confronté à la sous-catégorie « les deux », parce que Randy était le seul employé du service à ne pas y avoir un emploi à vie. Il semblait évident qu'avec son diplôme d'astronomie et ses connaissances étendues en informatique, il allait un jour ou l'autre s'en aller, alors que ses collègues ne nourrissaient pas d'autres ambitions. L'étendue de sa sphère d'intérêts, sa conception un peu plus extensive de la normalité lui étaient d'un grand secours avec certains clients.

Aux yeux de beaucoup, Randy était lui-même un personnage ennuyeux, inquiétant et obsédé. Pas seulement obsédé par la science mais aussi par les jeux de rôle fantastiques. Sa seule façon d'accepter un travail aussi stupide deux ans durant était que son temps libre était intégralement consacré à interpréter des scénarios fantastiques d'une profondeur et d'une complexité propres à faire travailler tous les circuits neuronaux qui risquaient sinon de rouiller pour de bon dans le service du PIB. Il faisait partie d'un groupe qui se retrouvait tous les vendredis soirs pour jouer parfois jusqu'au dimanche. Les autres inconditionnels de sa bande étaient un titulaire d'une maîtrise en informatique et musique du nom de Chester et un licencié d'histoire appelé Avi.

Le jour où un nouvel étudiant en maîtrise répondant au nom d'Andrew Loeb se présenta au service du PIB avec une drôle de lueur dans les yeux et sortit de son vieux sac à dos merdique une pile de huit centimètres de formulaires scrupuleusement typographiés, il fut aussitôt rangé dans la catégorie des types spéciaux et illico orienté vers Randy Waterhouse. Ce fut la rencontre instantanée de deux esprits, même si Randy n'en prit vraiment conscience qu'une fois que les premiers ouvrages demandés par Loeb eurent commencé d'arriver par le chariot de la réception.

Le projet d'Andy Loeb consistait à calculer le budget énergétique des tribus indiennes locales. Tout corps humain doit dépenser une certaine quantité d'énergie rien que pour pouvoir respirer et maintenir sa température interne. Le seul moyen de l'obtenir est de manger des aliments. Certains ont une valeur énergétique supérieure à d'autres. C'est ainsi que la chair de truite est hautement nutritive mais si pauvre en graisses et en sucres qu'on peut mourir d'inanition si on en mange trois fois par jour. D'autres aliments ont peut-être une grande valeur énergétique mais requièrent tant d'efforts pour être obtenus et préparés que les manger se traduirait par un bilan négatif en terme de calories. Andy Loeb essayait de calculer quels aliments étaient traditionnellement mangés par certaines tribus indiennes du nord-ouest, quelle quantité d'énergie ils dépensaient à les obtenir et ce que ça leur rapportait de s'en nourrir. Il voulait faire ses calculs pour les tribus côtières comme les Salish (qui avaient un accès facile aux produits de la mer) et pour celles de l'intérieur comme les Cayuse (pour qui ce n'était pas le cas), dans le cadre d'un plan complexe destiné à valider une théorie sur la relativité du niveau de vie de ces diverses tribus et l'influence de celui-ci sur leur développement culturel (les tribus côtières créaient une vaste quantité d'objets incroyablement détaillés quand l'art de celles de l'intérieur se limitait à la gravure occasionnelle de silhouettes schématiques sur des rochers).

Pour Andrew Loeb, c'était un exercice d'érudition méta-historique. Pour Randy Waterhouse, cela ressemblait au début d'un jeu plutôt sympa. Étranglez un rat musqué et vous récupérez 136 points d'énergie. Qu'il vous échappe et votre température corporelle dégringole d'un degré.

Andy étant d'un naturel méthodique, il avait tout bonnement noté tous les ouvrages traitant ce genre de sujet, ainsi que tous les ouvrages mentionnés dans la bibliographie des premiers, oui monsieur, et ainsi de suite jusqu'à la quatrième ou cinquième génération; emprunté tous ceux qui étaient disponibles sur place; et commandé le reste au service de PIB. Cette dernière demande transita par le bureau de Randy. Randy lut certains des ouvrages et parcourut les autres. Il apprit ainsi quelle quantité de graisse de baleine les explorateurs polaires devaient ingurgiter pour éviter de mourir d'inanition. Il passa en revue les spécifications détaillées des rations de survie de l'armée de terre. Au bout d'un moment, il finit par se glisser dans la salle de reprographie pour se tirer des copies des données essentielles.

Si vous voulez faire tourner un jeu de rôle réaliste, vous devez en effet tenir compte de la quantité de nourriture que reçoivent vos personnages imaginaires, et des difficultés qu'ils rencontrent pour l'obtenir. Des personnages traversant le désert de Gobi en novembre de l'an 5000 avant notre ère devraient consacrer plus de temps à s'inquiéter de la nourriture que, mettons, les mêmes contraints de traverser le centre de l'Illinois en 1950.

Randy n'était certes pas le premier concepteur de logiciel à l'avoir remarqué. Il existait bien quelques jeux incroyablement stupides dans lesquels on n'avait pas à se soucier de cette question mais Randy et ses amis les dédaignaient. Dans tous ceux auxquels il avait participé, ou qu'il avait lui-même conçus, on devait consacrer une somme d'efforts réalistes à nourrir son personnage. Mais il n'était pas évident de déterminer ce degré de réalisme. Comme la plupart des concepteurs, Randy surmonta le problème en collant ensemble deux ou trois équations rudimentaires plus ou moins bricolées à la va-vite. Mais dans les livres, articles et traités qu'Andrew Loeb empruntait par le truchement du PIB, il trouva précisément les données brutes qu'un individu porté sur les mathématiques aurait besoin d'exploiter avec un corpus de règles complexes basées sur des faits scientifiques.

Simuler tous les processus physiques se déroulant dans l'organisme de chaque personnage était hors de question, surtout dans un jeu où l'on pouvait avoir à manipuler des armées de plusieurs centaines de milliers d'individus. Même une simulation grossière ne tenant compte que de quelques variables et recourant à des équations simples exigerait un boulot phénoménal si l'on devait s'en acquitter à la main. Mais tout ceci se produisait au milieu des années quatre-vingts, époque où les ordinateurs personnels étaient devenus répandus et bon marché. Un ordinateur pouvait gérer automatiquement une vaste base de données et vous indiquer si chaque personnage était bien nourri ou sous-alimenté. Il n'y avait donc aucune raison de ne pas faire ça sur ordinateur.

Sauf si, comme Randy Waterhouse, vous aviez un boulot tellement merdique que vous n'aviez pas les moyens de vous payer un ordinateur.

Bien entendu, il y a toujours moyen d'esquiver un problème, quel qu'il soit. L'université avait pléthore d'ordinateurs. Si Randy parvenait à avoir accès à l'un d'eux, il pourrait écrire dessus ses programmes et les faire tourner pour pas un rond.

Malheureusement, l'accès aux machines était exclusivement réservé aux étudiants inscrits et au corps enseignant, or Randy n'entrait dans aucune de ces deux catégories.

Heureusement, c'est aux alentours de cette époque qu'il se mit à fréquenter une étudiante en maîtrise du nom de Charlene Yoshimura.

Comment un type taillé comme un baril de bière, un scientifique pur et dur, coincé à faire un boulot de claviste sans avenir, et consacrant tous ses loisirs à ce passe-temps éminemment débile qu'étaient les jeux de rôle fantastiques avait-il pu réussir à se retrouver avec une mince et plutôt jolie étudiante en arts plastiques qui consacrait ses loisirs à pratiquer le kayak et à voir des films étrangers ? Sans doute fallait-il y voir un de ces exemples d'attirance des contraires, une relation complémentaire. Ils s'étaient tout naturellement rencontrés au bureau de prêt inter-bibliothèques où un Randy supérieurement intelligent quoique posé et apaisant aida une Charlene supérieurement intelligente quoique brouillonne et fofolle à organiser le fatras de ses demandes de prêts. Il aurait dû sur-le-champ l'inviter à sortir avec lui mais il était timide. Les deuxième et troisième occasions se présentèrent quand les ouvrages qu'elle avait demandés commencèrent à arriver un par un du service acheminement ; il se décida enfin à l'inviter et ils sortirent voir un film. Tous deux se révélèrent non seulement disposés mais consentants et même sans doute prêts à tout. Sans crier gare, Randy avait déjà confié à Charlene les clés de son appartement et Charlene le mot de passe d'accès à son terminal à l'université, bref tout allait pour le mieux.

Le réseau d'ordinateurs de l'université était toujours mieux que pas d'ordinateur du tout. Mais Randy se sentait humilié. Comme tous les autres grands réseaux informatiques universitaires, celui-ci était basé sur une robuste architecture industrielle, utilisant le système d'exploitation Unix, dont l'approche était aussi ardue que la face nord de l'Eiger, et qui manquait cruellement des caractéristiques esthétiques et conviviales de ces ordinateurs personnels qui commençaient à faire fureur. Randy s'en était déjà pas mal servi lorsqu'il était étudiant et savait se débrouiller. Néanmoins, apprendre à rédiger correctement du code sur ces machines exigeait beaucoup de temps. Son existence avait changé quand Charlene était entrée dans sa vie, et elle changeait à présent encore plus : il abandonna définitivement le circuit des jeux de rôle, cessa de participer aux réunions de la Société d'anachronisme créatif et commença à partager son temps libre entre Charlene et le clavier d'un terminal. L'un dans l'autre, c'était sans doute un changement positif. Avec Charlene, il faisait des trucs qu'il n'aurait jamais faits autrement, par exemple pratiquer le sport, ou assister à des concerts. Et devant l'ordinateur, il apprenait de nouveaux trucs, et il créait quelque chose. Peut-être totalement inutile, mais au moins il créait.

Il passa pas mal de temps à discuter avec Andrew Loeb, qui au bout du compte réussit à faire les trucs pour lesquels il avait écrit des programmes : il disparaissait plusieurs jours d'affilée et revenait, hagard et titubant, des écailles de poisson collées dans ses moustaches, ou du sang d'animal séché sous les ongles. Il engloutissait deux Big Mac, dormait vingt-quatre heures d'affilée, puis retrouvait Randy dans un bar (Charlene n'aimait pas trop le recevoir à la maison) pour se lancer dans des discussions savantes sur les difficultés de la vie quotidienne à la mode aborigène. Ils discutèrent ainsi pour savoir si les abos mangeaient ou jetaient les parties les plus répugnantes de certains animaux. Andrew votait oui. Randy n'était pas d'accord — le fait d'être primitif n'excluait pas d'avoir du goût. Andrew l'accusait d'être un indécrottable romantique. Finalement, pour régler la question, ils partirent ensemble dans les montagnes, armés de leurs seuls canifs et de la superbe collection de pièges artisanaux rassemblée par Andrew. Dès la troisième nuit, Randy se surprit à envisager sérieusement de manger des insectes. « CQFD », nota Andrew.

Toujours est-il que Randy termina d'écrire son logiciel au bout d'un an et demi. Ce fut un succès. Chester et Avi l'adorèrent. Randy était modérément satisfait d'avoir concocté un programme aussi compliqué qui réussissait à tourner malgré tout, mais il ne se faisait aucune illusion sur son utilité pratique. Il se sentait plus ou moins gêné d'avoir gâché toutes ces heures et cette énergie mentale à ce projet. Mais il savait que s'il n'avait pas craché du code, il aurait consacré ce temps à jouer des jeux de rôle ou à assister aux réunions de la Société d'anachronisme créatif en déguisement médiéval, de sorte qu'en définitive cela revenait au même. Sans doute valait-il mieux qu'il ait passé ses journées devant un ordinateur : cela lui avait permis d'affiner encore ses talents de programmeur, déjà pas mal affûtés. D'un autre côté, il avait effectué tout ce travail sous Unix, un système d'exploitation pour scientifiques et ingénieurs — pas vraiment malin à une époque où tout l'argent allait à l'informatique personnelle.

Chester et Randy avaient rebaptisé Avi « Avide » à cause de sa passion immodérée pour tous les jeux de rôle. Avi avait toujours prétendu les pratiquer pour mieux comprendre ce qu'était la vie autrefois, et c'était un maniaque de la vérité historique. Pas de problème : tous avaient leurs excuses bancales et la sagacité historique de leur ami leur avait été plus d'une fois d'un grand secours.

Peu après, Avi obtint son diplôme et disparut de la circulation, pour réapparaître quelques mois plus tard à Minneapolis, où il avait trouvé un boulot chez un important éditeur de jeux de rôle sur ordinateur. Il proposa à Randy de lui racheter son logiciel de jeu pour la somme incroyable de 1 000 dollars, plus un pourcentage sur les ventes. Randy accepta l'offre dans ses grandes lignes, demanda à Avi de lui envoyer un contrat, puis alla retrouver Andrew, occupé à faire mijoter des entrailles de poisson dans une bouilloire en écorce de bouleau avec un camping-gaz sur le toit de l'immeuble où il habitait. Il voulait lui annoncer la bonne nouvelle et lui proposer de l'intéresser aux recettes. S'ensuivit une conversation des plus désagréables, debout sous des rafales de vent chargé de crachin.

Pour commencer, Andrew prit l'affaire bien plus au sérieux que Randy. Celui-ci y voyait une aubaine, un coup de hasard. Andrew, en vrai fils d'avocat, la considéra avec le même sérieux qu'une fusion de sociétés, et le harcela de toute une série de questions ennuyeuses sur le fameux contrat, qui n'existait pas encore et se réduirait sans doute à un simple feuillet. Randy ne s'en rendit pas compte sur le coup, mais en lui posant toutes ces questions auxquelles il ne savait pas répondre, Andrew s'arrogeait de fait la fonction de directeur commercial. Il était en train de constituer implicitement avec Randy un partenariat qui n'avait encore aucune existence concrète.

Qui plus est, Andrew n'avait pas la moindre idée de la quantité de temps et d'efforts qu'il avait fallu à Randy pour rédiger le programme. Ou (comme Randy devait s'en rendre compte par la suite) peut-être que si. Toujours est-il qu'Andrew partit dès le début sur l'hypothèse d'un partage cinquante-cinquante, ce qui était totalement disproportionné avec sa contribution réelle au projet. En fait, Andrew se comportait comme si l'ensemble de ses recherches sur les habitudes alimentaires des aborigènes faisait partie de l'entreprise, et l'autorisait à réclamer la moitié des profits.

Quand Randy réussit enfin à s'extirper de cette conversation, il était dans tous ses états. Il l'avait abordée avec une vision de la réalité qui se trouvait radicalement mise au défi par une autre, de toute évidence ridicule; mais au bout d'une heure de harcèlement de la part d'Andrew, il en était venu à douter de lui-même. Après deux ou trois nuits blanches, il décida de tout laisser tomber. Un butin de quelques malheureuses centaines de dollars ne valait pas cette peine.

Mais Andrew (qui, dans l'intervalle, s'était fait représenter par un associé du cabinet juridique paternel à Santa Barbara) ne l'entendait pas de cette oreille. D'après son avocat, Randy et lui avaient créé conjointement un objet qui avait une valeur économique, et toute défaillance de Randy à le négocier sur le marché revenait à retirer de l'argent de la poche d'Andrew. C'était devenu un cauchemar incroyablement kafkaïen, et Randy n'avait d'autre ressource que de se retirer à une table au fond de son pub habituel, descendre des pintes de bière brune (souvent en compagnie de Chester) et assister au déroulement de ce psychodrame fantastique. Il avait, il s'en rendait compte à présent, mis le pied dans une sérieuse embrouille familiale impliquant les parents d'Andrew. Il s'avéra en effet que ceux-ci étaient divorcés et qu'ils s'étaient jadis battus comme des chiffonniers pour en avoir la garde alors qu'il était encore tout enfant. Maman avait viré hippie et rejoint une secte dans l'Oregon en emportant Andrew avec elle. Le bruit avait couru que cette secte pratiquait des violences sexuelles sur les enfants. Papa avait chargé des détectives privés de récupérer le gamin, puis il l'avait inondé de cadeaux pour démontrer la supériorité de son amour. S'en était suivie une interminable bataille de procédure au cours de laquelle Papa avait engagé certains psychothérapeutes alternatifs pour hypnotiser Andrew et l'amener à faire remonter les souvenirs réprimés des improbables et innommables horreurs qu'il avait vécues.

Ce n'était là qu'un bref aperçu d'une vie bizarre que Randy avait appris par fragments épars au cours des années. Plus tard, il devait décider que l'existence d'Andrew avait été fractalement bizarre. Entendez par là qu'on pouvait en prendre n'importe quel infime extrait et l'examiner en détail, et l'on découvrait qu'il était en soi aussi complexe et bizarre que le reste de sa biographie prise dans son ensemble.

Toujours est-il que Randy avait commis l'erreur d'entrer dans sa vie et de se retrouver englué dans son étrangeté. L'un des jeunes employés zélés du cabinet juridique paternel décida, à titre de précaution, d'obtenir une copie de tous les fichiers informatiques de Randy qui restaient encore archivés sur les disques durs de l'université. Inutile de dire qu'il n'y alla pas de main morte, si bien que lorsque le service juridique de l'université se mit à recevoir ses mises en demeure, il réagit en informant à la fois l'avocat d'Andrew et Randy que toute personne utilisant les ordinateurs de l'université pour créer un produit commercial devait en partager les bénéfices éventuels avec celle-ci. De sorte qu'à présent, Randy recevait des lettres comminatoires non plus d'un mais de deux cabinets d'avocats meurtriers. Et Andrew menaçait de l'attaquer pour avoir commis cette bourde qui de fait réduisait de moitié la part qui lui était due !

À la fin, pour réduire ses pertes et se tirer de ce pétrin, Randy fut contraint à son tour d'engager un avocat. L'histoire au bout du compte lui revint à un petit peu plus de cinq mille dollars. Le logiciel ne fut jamais vendu à personne et du reste, il ne risquait pas de l'être : il était devenu tellement plombé par des charges légales que c'eût été comme vouloir fourguer une épave de Coccinelle qu'on aurait désossée pour en planquer les pièces dans des chenils pour dobermans répartis sur toute la surface du globe.

Ce fut la seule fois dans son existence où Randy envisagea l'idée du suicide. Il n'y songea ni longtemps, ni sérieusement, mais il y songea néanmoins.

Quand tout fut fini, Avi lui envoya une lettre manuscrite rédigée en ces termes : « J'ai apprécié de faire affaire avec toi et compte bien poursuivre nos relations d'amitié et, si l'occasion devait se présenter, de partenaires dans un processus créatif. »

## *INDIGO*

Un beau matin, Lawrence Pritchard Waterhouse et le reste de la fanfare sont sur le pont du *Nevada* et jouent l'hymne national en regardant monter les couleurs, quand ils sont surpris de se retrouver entourés de cent quatre-vingt-dix avions d'un dessin inhabituel. Certains volent en rase-mottes en palier, d'autres, très haut, plongent quasiment sur eux en piqué. Si vite du reste qu'on dirait qu'ils se désintègrent : on voit des fragments s'en détacher. C'est un spectacle épouvantable — un exercice aérien où tout va lamentablement de travers. Mais les appareils se sortent à temps de cette trajectoire suicidaire. Les fragments qui se sont détachés continuent de tomber avec grâce et précision, pas du tout avec les tournoiements erratiques qu'on pourrait attendre de débris. Et ils tombent partout. Avec une certaine perversité, ils semblent viser en particulier les bâtiments au mouillage. C'est incroyablement dangereux : ils pourraient toucher quelqu'un ! Lawrence est outré.

Il se produit un bref phénomène à bord d'un des bâtiments tout au bout de la file. Lawrence se retourne pour mieux voir. C'est la première véritable explosion qu'il ait jamais vue et il lui faut donc un certain temps pour l'identifier comme telle. Il est capable d'interpréter les passages les plus délicats d'une partition les yeux fermés et celle de la *Bannière étoilée* est bien plus facile à jouer au glockenspiel qu'à chanter.

Ses yeux se fixent non pas sur l'origine de l'explosion mais sur deux avions qui foncent droit sur eux, en rasant les flots. Chaque appareil largue un œuf maigre et allongé, puis on voit nettement leur empennage arrière basculer : les avions se redressent et leur passent au-dessus. Le soleil levant traverse leur cockpit. Lawrence peut regarder dans les yeux l'un des pilotes. Il note qu'il a des traits plus ou moins asiatiques.

C'est un exercice d'un réalisme incroyable : au point d'employer des pilotes ethniquement corrects et de faire sauter des charges à blanc sur les bateaux. Lawrence approuve chaleureusement. La discipline avait eu tendance à se relâcher sur cette base.

Un choc formidable ébranle le pont de leur navire, il a les jambes et les pieds comme s'il venait de sauter de trois mètres de haut sur une dalle de béton. Alors qu'il n'a pas bougé d'un pouce. Ça ne rime à rien.

La fanfare a terminé de jouer l'hymne national et profite du spectacle. Des sirènes et des cornes retentissent dans tous les coins, celles du *Nevada*, de l'*Arizona*, leur voisin au mouillage, des bâtisses à terre. Lawrence ne relève aucun tir de DCA, ne reconnaît aucun appareil familier dans les airs. Les explosions continuent comme si de rien n'était. Lawrence s'approche du bastingage et contemple l'*Arizona,* mouillé à quelques brasses de là.

Un autre de ces appareils en piqué largue un projectile qui file droit vers le pont de l'*Arizona* mais, étrangement, disparaît. Lawrence cligne les yeux et voit qu'il a laissé derrière lui sur le pont un orifice parfaitement circulaire, un peu comme un personnage de dessin animé de la Warner qui traverse à toute vitesse une structure plane telle qu'un mur ou un plafond. Puis des flammes jaillissent du trou peut-être une microseconde avant que l'ensemble du pont ne se soulève, se désintègre et se transforme en globe bourgeonnant de feu et de ténèbres. Waterhouse est vaguement conscient qu'une masse de trucs lui déboulent dessus à toute vitesse. Tellement qu'il a plus ou moins l'impression de plonger dedans. Il se fige, interdit. Ça le frôle, le survole, le traverse. Un bruit terrible lui transperce le crâne, un accord plaqué au hasard, discordant mais non dépourvu d'une certaine harmonie dérangée. Toute qualité musicale mise à part, il est si bougrement intense qu'il manque le tuer. Lawrence se plaque les mains contre les oreilles.

Mais le bruit est toujours là, aiguilles à tricoter chauffées au rouge lui perforant les tympans. Un carillon infernal. Il s'écarte en titubant, mais le fracas le poursuit. Il a toujours cette grosse lanière autour du cou, cousue au niveau du bas-ventre à l'endroit où elle soutient une coupelle. Posée dans celle-ci, la tige centrale de son glockenspiel qui se dresse devant lui comme un plastron en forme de lyre, avec ses gros glands duveteux qui pendouillent gaiement des coins supérieurs. Curieusement, un des glands est en feu. Ce n'est pas le seul truc qui cloche avec son instrument, mais il n'y voit pas grand-chose parce que son champ visuel n'arrête pas d'être obscurci par un machin qu'il doit essuyer toutes les deux ou trois secondes. Tout ce qu'il sait, c'est que le glockenspiel a absorbé un formidable quantum d'énergie pure qui l'a propulsé dans un état incroyablement supérieur encore jamais atteint par un tel instrument ; c'est un monstre qui brûle, luit, crisse, résonne, irradie, une comète, un archange, un arbre de magnésium enflammé ligoté à son corps, dressé sur son bas-ventre. L'énergie est transmise vers le bas par sa tige centrale vibrante et bourdonnante, traverse la coupelle, pénètre ses parties sexuelles qui en d'autres circonstances seraient déjà tumescentes.

Lawrence passe un certain temps à errer sans but sur le pont. Finalement, il doit aider des hommes à ouvrir une écoutille et c'est alors seulement qu'il réalise qu'il a toujours les mains plaquées sur les oreilles, et que cela doit durer depuis un moment, sauf lorsqu'il les ôtait pour s'essuyer les yeux. Quand il retire ses mains, le carillon a cessé et il n'entend plus d'avions. Il a songé descendre se réfugier sur les ponts inférieurs, puisque les sales trucs tombaient du ciel et qu'il aurait bien aimé interposer un autre truc apparemment bien lourd et solide entre lui et eux, mais quantité de matelots semblent être de l'avis opposé. Il les entend dire qu'ils viennent d'être touchés par un, voire deux objets dont le nom rime avec « torpille », et qu'ils essaient de lever l'ancre. Officiers et sous-offs, rouges et noirs, de sang et de fumée, ne cessent de le remplacer pour tout un tas de tâches différentes et fort urgentes qu'il ne saisit pas — et d'autant moins qu'il ne cesse de plaquer ses mains sur ses oreilles.

Une demi-heure s'écoule sans doute avant que ne lui vienne l'idée de se débarrasser du glockenspiel qui, après tout, ne fait que l'encombrer. Il lui a été confié par la marine, accompagné d'une liste de fermes mises en garde quant aux conséquences d'une manipulation négligente. Lawrence a conscience que son attitude date du temps où on lui a pour la première fois accordé le privilège de jouer de l'orgue à West Point, Virginie. Mais en cet instant, et pour la première fois de son existence, alors qu'il regarde l'*Arizona* brûler et sombrer, il se dit simplement : et puis merde ! Il sort le glockenspiel de son alvéole, le contemple encore une ultime fois, c'est la toute dernière de sa vie qu'il touchera à un glockenspiel. De toute façon, il ne servirait à rien de le sauver : plusieurs tiges sont vrillées ; il fait pivoter l'instrument et découvre que des fragments de métal noircis et tordus se sont incrustés dedans en fondant sous le choc. Faisant fi désormais de toute précaution, il le jette par-dessus bord dans la direction approximative de l'*Arizona,* lyre militaire d'acier bruni pour accompagner un millier d'hommes vers leur repos éternel dans les profondeurs du port.

Alors qu'il disparaît dans une nappe de mazout enflammé, la seconde vague d'avions d'attaque apparaît. La DCA de la marine est enfin entrée en action et se met à arroser d'obus les environs en faisant sauter les bâtiments occupés. Il voit des flammes à forme humaine s'enfuir dans les rues, poursuivies par des gens munis de couvertures.

Pour Lawrence Pritchard Waterhouse et le reste de la marine, la journée se passe à tenter d'intégrer le fait que bon nombre de structures bidimensionnelles sur ce bâtiment comme sur d'autres, mises en place à l'origine pour empêcher divers fluides de se mélanger (par exemple le mazout et l'air) sont pleines de trou, et pas seulement ça, mais aussi que tout un tas de trucs sont en flammes et que pas mal d'autres sont passablement enfumés. Certains éléments censés (a) demeurer horizontaux et (b) soutenir des objets pesants ont cessé de faire l'un et l'autre.

Les mécanos du *Nevada* réussissent à mettre en pression deux des chaudières et le capitaine essaie de sortir le bâtiment du port. Dès qu'il s'ébranle, il se retrouve sous le feu nourri de bombardiers pressés de le couler dans le chenal afin de bloquer complètement la rade. Au bout du compte, le capitaine préfère encore échouer son navire. Malencontreusement, le *Nevada* partage avec pas mal d'autres bâtiments de marine la caractéristique de n'avoir pas été vraiment conçu pour fonctionner depuis une position statique, en conséquence de quoi il est touché trois fois encore par des bombardiers. Bref, il s'agit dans l'ensemble d'une matinée assez agitée. Au titre de musicien de la fanfare désormais privé de son instrument, Lawrence n'a pas de fonction bien définie, et il passe plus de temps qu'il ne serait convenable à observer les avions et les explosions. Il a retrouvé son habitude de contempler les sociétés et leurs efforts à se surpasser mutuellement. Il lui apparaît manifeste, alors que les bombardiers nippons fondent par vagues successives, avec une précision calligraphique, vers le bâtiment sur le pont duquel il se tient, et alors que la crème de la marine de sa société brûle, explose et sombre, sans quasiment opposer la moindre résistance, que sa société va devoir réviser un certain nombre de questions.

À un moment, il se brûle la main sur un truc. La droite, ce qui est préférable puisqu'il est gaucher. Il prend également conscience avec un peu plus d'acuité qu'un fragment de l'*Arizona* a tenté de le scalper. Ce ne sont là que blessures légères au regard des critères de Pearl Harbor, et il ne fait qu'un bref séjour à l'hôpital. Le toubib le prévient que la peau de sa main risque de se contracter et de limiter l'étendue des mouvement de ses doigts. Dès qu'il peut supporter la douleur, Lawrence se met à jouer *L'Art de la fugue* de Bach sur ses genoux quand il n'est pas occupé. La plupart de ces morceaux sont simples au début ; on imagine sans peine le vieux Johann Sebastian assis sur son banc par un matin froid à Leipzig, la main gauche posée sur le genou ; une ou deux tirettes de *Blockflöte* sont ouvertes, un ou deux enfants de chœur grassouillets s'affairent dans un coin à manier les soufflets, des halètements sourds chuintent de toutes les fuites du mécanisme, et la main droite de Johann court négligemment sur la simplicité rébarbative du Grand Manuel, caressant ces défenses d'éléphant craquelées et jaunies, à la recherche d'une mélodie qu'il n'a pas encore inventée. Voilà un excellent exercice pour Lawrence qui force sa main droite à reproduire les mouvements de celle de Johann, même si c'est une main enveloppée de gaze et si c'est un plateau-repas retourné qui lui sert de clavier, ce qui l'oblige à fredonner la mélodie à voix basse. Dès qu'il est bien dedans, ses pieds s'agitent comme des pistons sous les draps, jouant sur un pédalier imaginaire, et ses voisins se plaignent.

Il est sorti de l'hosto au bout de quelques jours, juste à temps pour découvrir, avec les anciens de la fanfare du *Nevada*, leur nouvelle affectation en temps de guerre. Cela a dû constituer de toute évidence une colle pour les experts en ressources humains de la marine. Pour commencer, ces musiciens étaient (côté liquidation de Nips) parfaitement inefficaces. Et à dater du 7 décembre, ils n'avaient même plus de bâtiment en état de marche et la majorité d'entre eux avaient perdu leur clarinette.

Cela dit, tout ne se ramène pas à charger des obus et à presser des détentes. Aucune organisation de grande taille ne peut tuer des Nips sans devoir dactylographier et archiver une masse incroyable de dossiers. Il est logique de supposer que des hommes capables de jouer de la clarinette ne bâcleront pas plus que d'autres ce genre de tâche. C'est ainsi que Waterhouse et ses confrères reçoivent l'ordre de se mettre à la disposition d'une des filiales de la marine apparemment spécialisée dans la dactylographie et l'archivage.

Cette activité se déroule à terre et non pas en mer. Nombre de marins regimbent à l'idée de travailler dans un bureau à terre et Lawrence, comme tant d'autres bleus, dans leur hâte à s'intégrer, s'est pris à singer cette attitude. Mais à présent qu'ils ont pu constater les dégâts provoqués à un navire lorsqu'on fait exploser dessus, dedans et autour quelques centaines de kilos d'explosif puissant, Waterhouse et bien d'autres décident de revoir leur opinion sur le travail de bureau. Ils se présentent donc à leur nouvelle affectation avec un moral excellent.

Leur nouveau commandant n'est pas aussi réjoui et son sentiment semble partagé par l'ensemble de son service. Les musiciens sont accueillis sans chaleur et salués sans fanfare. Les gens qui travaillent dans ce bâtiment — loin d'être intimidés outre mesure par leur statut de gars qui non seulement bossaient jusqu'à tout récemment sur un bateau mais, *en plus*, se sont trouvés tout près de trucs qui explosaient, brûlaient, etc., et non pas par suite d'erreurs de jugement routinières mais bien parce que des méchants l'avaient décidé de propos délibéré

— ne semblent pas estimer malgré tout que Lawrence et sa fanfare méritent vraiment qu'on leur confie cette nouvelle tâche, quelle qu'elle puisse être.

C'est donc d'un air morose, presque résigné, que le commandant et ses subordonnés casent les musiciens. Même s'il n'y a pas assez de salles disponibles, chaque homme peut au moins disposer d'une chaise devant une table ou un bureau. On déploie une certaine astuce à trouver de la place pour les nouveaux arrivants. Il est clair que ces gens font de leur mieux pour s'acquitter de ce qu'ils considèrent comme une tâche sans espoir.

Puis on évoque la question du secret. Avec insistance. On les soumet à une série d'exercices visant à tester leur aptitude à *jeter les choses* convenablement. Tout cela prend un temps interminable, et plus cela se prolonge, sans la moindre explication, plus cela devient mystérieux. Les musiciens qui de prime abord avaient été un rien désarçonnés par la froideur de l'accueil, se mettent à spéculer entre eux sur le genre d'opération dans laquelle ils se retrouvent désormais embringués.

Finalement, un beau matin, les musiciens sont réunis dans une salle de classe devant un tableau noir — le plus propre que Waterhouse ait jamais vu. Les derniers jours l'ont imprégné d'un tel degré de paranoïa qu'il soupçonne cette propreté d'avoir une bonne raison — effacer un tableau n'est pas une tâche à prendre à la légère en temps de guerre.

Ils sont assis sur des petites chaises munies d'un petit pupitre rabattable, des pupitres conçus pour droitiers. Lawrence pose son calepin sur ses genoux, puis repose sa main bandée sur le pupitre et se met à jouer un thème de *L'Art de la fugue*, grimaçant et même grognant de douleur quand sa peau brûlée s'étire en glissant sur les phalanges.

On lui tape sur l'épaule. Il rouvre les yeux et découvre qu'il est le seul dans la salle à être assis ; un officier est sur l'estrade. Il se relève et sa mauvaise jambe manque se dérober sous lui. Quand il réussit tant bien que mal à se tenir debout, il voit que l'officier (si tant est que ce soit un officier) ne porte pas d'uniforme. Loin de là : il est en peignoir et fume la pipe. Le peignoir est extraordinairement usé, et pas au sens où pourrait l'être, par exemple, un peignoir d'hôtel ou d'hôpital à force de lavages répétés. Non, le vêtement n'a plus été lavé depuis longtemps, mais bon sang, on voit qu'il a sacrément vécu. Les coudes sont élimés, et le dos de la manche droite est devenu gris cendré et luisant de graphite à force d'avoir balayé des dizaines de milliers de fois des feuilles de papier couvertes de lignes écrites au crayon 2B. Le tissu éponge semble couvert de pellicules, mais celles-ci ne proviennent pas du cuir chevelu ; ces flocons sont bien trop gros et trop géométriques : ce sont des confettis circulaires ou rectangulaires, issus respectivement de rubans et de cartes perforées. La pipe s'est éteinte depuis longtemps et l'officier (ou autre) ne semble même pas faire semblant de se soucier de la rallumer. Elle est là juste pour lui donner quelque chose à mâchouiller, ce qu'il fait avec la vigueur d'un fantassin de la guerre de Sécession qu'on ampute de la jambe.

Un autre type — lui a pris la peine de se raser, de se doucher et de passer un uniforme — présente l'homme en peignoir sous le nom de commandant Shane — épelé S-C-H-O-E-N —, mais Schoen ne veut rien entendre ; il leur tourne le dos, dévoilant l'arrière de son peignoir qui, aux alentours des fesses, est aussi transparent qu'une nuisette. Consultant son calepin, il recopie au tableau, en gros, les séquences de chiffres suivantes :

**19 17 17 19 14 20 23 18 19 8 12 16 19 8 3**
**21 8 25 18 14 18 6 3 18 8 15 18 22 18 11**

À peu près au moment où le quatrième ou cinquième chiffre apparaît sur le tableau, Waterhouse sent ses cheveux se dresser sur sa nuque. Et quand le troisième bloc de cinq chiffres finit d'être inscrit, il n'a pas manqué de relever qu'aucun n'est supérieur à 26 — le nombre des lettres de l'alphabet. Son cœur bat encore plus fort que lorsque les bombes nippones dessinaient leur trajectoire parabolique en direction du pont du *Nevada* échoué. Il sort un crayon de sa poche. Faute de papier sous la main, il écrit les chiffres de 1 à 26 sur la surface de sa petite écritoire.

Alors que l'homme au peignoir finit d'inscrire la dernière série de chiffres, Waterhouse est déjà plongé dans son calcul de fréquences. Il arrive au bout au moment où l'homme au peignoir explique un truc du genre « cela peut vous paraître une séquence de nombres sans signification aucune mais il risque d'en aller tout autrement pour un officier de la marine nippone ». Là-dessus, le type part d'un rire nerveux, hoche tristement la tête, serre les mâchoires, l'air résolu, puis son visage parcourt une litanie d'autres expressions chargées d'émotions dont pas une ne semble appropriée.

Le calcul de fréquences de Waterhouse se résume à un simple relevé du nombre d'apparitions des chiffres inscrits au tableau. Cela donne quelque chose de ce genre :

| | | | |
|---|---|---|---|
| **1** | | **14** | **II** |
| **2** | | **15** | **I** |
| **3** | **II** | **16** | **I** |
| **4** | | **17** | **II** |
| **5** | | **18** | **IIIIII** |
| **6** | **I** | **19** | **IIII** |
| **7** | | **20** | **I** |
| **8** | **IIII** | **21** | **I** |
| **9** | | **22** | **I** |
| **10** | | **23** | **I** |
| **11** | **I** | **24** | |
| **12** | **I** | **25** | **I** |
| **13** | | **26** | |

Le point le plus intéressant est que dix des symboles possibles (à savoir 1, 2, 4, 5, 7, 9, 10, 13, 24 et 26) ne sont même pas utilisés. Seuls seize chiffres différents apparaissent dans le message. À supposer que chacun ne représente qu'un seul et unique caractère de l'alphabet, ce message a (Lawrence calcule de tête) 111 136 315 345 735 680 000 significations possibles. C'est un nombre rigolo parce qu'il commence par quatre uns et se termine avec quatre zéros. Lawrence hennit doucement, s'essuie le nez, poursuit sa réflexion.

Le chiffre le plus fréquent est 18. Il représente sans doute la lettre E. S'il substitue un E dans le message chaque fois qu'il voit un 18, alors...

Eh bien, pour être honnête, il va devoir tout récrire une nouvelle fois, avec des E à la place des 18, et ça va prendre du temps, un temps peut-être inutile car il pourrait ne pas avoir deviné juste. D'un autre côté, s'il se contente de faire l'effort mental d'interpréter les 18 comme des E — une opération qu'il considère comme vaguement analogue au changement de registre sur le tableau d'un orgue à tuyaux —, ce qu'il voit mentalement désormais quand il regarde le tableau devient :

| | | |
|---|---|---|
| **19 17 17 19 14** | **20 23 E 19 8** | **12 16 19 8 3** |
| **21 8 25 E 14** | **E 63 E 8** | **15 E 22 E11** |

Ce qui ne donne plus que 10 103 301 395 066 880 000 sens possibles. Également un drôle de chiffre à cause de tous ces uns et ces zéros, mais la coïncidence n'a parfaitement aucune signification.

— La science de l'élaboration des codes secrets s'appelle la cryptographie, explique le commandant Schoen et celle de leur déchiffrement s'appelle la cryptanalyse.

Puis il soupire, manifestement en proie à une série d'états émotionnels fort divergents, et résigné, se lance dans l'exercice obligé de décryptage de ces termes pour en extraire les racines qui sont latines ou grecques (à ce stade, Lawrence n'y prête guère attention, il s'en moque, ne regardant que d'un œil le mot CRYPTO écrit en grosses capitales).

La séquence d'ouverture « 19 17 17 19 » est bizarre. 19 est, avec 8, le deuxième chiffre le plus fréquent. 17 ne l'est que deux fois moins. On ne peut pas avoir quatre voyelles et quatre consonnes d'affilée (sauf si les mots sont allemands), donc, soit 17 est une voyelle et 19 une consonne, soit c'est l'inverse. Puisque 19 apparaît plus souvent (quatre fois) dans le message, il est plus probable qu'il s'agit de la voyelle plutôt que 17 (qui n'apparaît que deux fois). A étant la voyelle la plus fréquente après E, s'il suppose donc que 19 représente A, il obtient :

| | | |
|---|---|---|
| **A 17 17 A 14** | **20 23 E A 8** | **12 16 A 8 3** |
| **21 8 25 E 14** | **E 6 3 E 8** | **15 E 22 E 11** |

Cela réduit quelque peu, à un malheureux 8 418 417 829 222 400 000, le nombre des réponses possibles. Il a déjà réduit de deux ordres de grandeur l'espace des solutions !

Schoen est à présent tout en nage à force de parler, alors qu'il se jette quasiment à corps perdu dans un survol historique de la cryptologie, science formée par la réunion de la cryptographie et de la cryptanalyse. On évoque certain Anglais du nom de Wilkins et un livre intitulé le *Cryptonomicon* qu'il a rédigé il y a plusieurs siècles, mais (peut-être parce qu'il ne se fait pas une très haute idée du QI de son assistance) il n'approfondit pas le contexte historique et saute directement de Wilkins à Paul Revere avec son code « un si par voie de mer, deux par voie de terre ». Il se permet même une petite blague mathématique pour initiés en remarquant qu'il s'agit sans doute de l'une des premières applications de la notation binaire. Lawrence hennit et s'ébroue comme il convient, ce qui lui attire un regard atterré du saxophoniste assis devant lui.

Un peu plus tôt dans son laïus, ce Schoen a mentionné que le message était (dans ce qui est de toute évidence un scénario fictif destiné à rendre l'exercice mathématique plus intéressant pour un ramassis de musiciens censés se contrefoutre des mathématiques) adressé à un officier de la marine nippone. Compte tenu du contexte, Lawrence ne peut que supposer que le premier mot du message est ATTACK. Ce qui voudrait dire que 17 représente T, 14 C, et 20 K. Quand il effectue les substitutions idoines, il obtient :

| | | |
|---|---|---|
| **ATTAC** | **K 23 E A 8** | **12 16 A 8 3** |
| **21 8 25 E C** | **E 6 3 E 8** | **15 E 22 E 11** |

et dès lors, le reste devient si évident qu'il ne se fatigue même pas à l'écrire. Il ne peut se retenir de se lever d'un bond. Il est si excité qu'il en oublie ses jambes affaiblies et s'étale sur le pupitre de ses deux voisins, ce qui fait un potin du diable.

— Avez-vous un problème, matelot ? lance un des officiers dans l'angle — un de ceux qui ont pris la peine de porter un uniforme.

— Mon commandant ! Le message est : *Attack Pearl Harbor December Seven,* mon commandant ! s'écrie Lawrence avant de se rasseoir. Il en frémit d'excitation. L'adrénaline a envahi son corps et son esprit. Il serait capable d'étrangler vingt sumos sur-le-champ.

Le commandant Schoen reste parfaitement impassible, à part un unique clignement de paupières, très lent. Il se tourne vers un de ses subordonnés, qui se tient contre le mur, les mains croisées dans le dos, et dit :

— Donnez à celui-ci un exemplaire du *Cryptonomicon.* Et un bureau, près de la machine à café, si possible. Et pourquoi ne pas offrir une promotion à ce fils de pute, tant que vous y êtes ?

La partie concernant la promotion se révèle ressortir à l'humour militaire, à moins que ce soit une nouvelle preuve de l'instabilité mentale du commandant Schoen. En dehors de ce petit trait drolatique, l'histoire de Waterhouse à partir de ce moment, et pour les dix mois suivants, n'est guère plus compliquée que celle d'une bombe tout juste larguée de la soute d'un avion en piqué. Les obstacles placés sur son passage (se frayer un chemin dans le dédale du *Cryptonomicon,* casser le code de la météo de l'armée de l'air nippone, casser la machine à chiffrement de l'attaché naval en mer de Corail, casser le code 3A d'un transport d'eau anonyme de l'armée nippone, casser le code du ministère de la Grande Asie orientale) ne présentent guère plus de résistance que les ponts successifs d'une frégate en bois bouffée par les vers. En moins de deux mois, il est parvenu en fait à écrire de nouveaux chapitres du *Cryptonomicon.* Les gens en parlent comme s'il s'agissait d'un livre, mais ce n'est pas le cas. C'est en gros une compilation de tous les articles et notes qui ont atterri dans un coin particulier du bureau du commandant Schoen au cours de la période approximative de deux ans qui couvre son affectation à la station Hypo, puisque tel est le nom de cet endroit[1]. C'est tout ce que le commandant Schoen sait du cassage de codes, ce qui correspond en gros à ce qu'en savent les États-Unis. À n'importe quel moment, tout cela aurait pu être anéanti si un gardien était entré quelques minutes pour faire le ménage dans la pièce. Conscients de ce fait, les collègues officiers du commandant Schoen à la station Hypo ont édicté des mesures drastiques pour empêcher toute forme d'opération de nettoyage ou d'hygiène dans l'ensemble de l'aile qui abrite le bureau du commandant Schoen. En d'autres termes, ils en savent assez

1. « Hypo » est une façon qu'ont les militaires d'épeler la lettre H. Waterhouse, le surdoué, en infère qu'il doit donc en exister au moins sept autres : Alpha, Bravo, Charlie, etc.

pour comprendre que le *Cryptonomicon* est terriblement important, et ils ont la sagesse de prendre les dispositions nécessaires pour le préserver. Certains vont même jusqu'à consulter de temps en temps le commandant, et recourent à sa sagesse pour casser les messages nippons, voire résoudre des cryptosystèmes entiers. Mais Waterhouse est le premier à se pointer qui soit assez bon pour (au début) relever les erreurs dans les écrits de Schoen puis (bientôt) donner au contenu de la pile un semblant d'ordre et (à la fin) y rajouter du matériel de son cru.

À un moment, Schoen le conduit au rez-de-chaussée, au bout d'un long couloir aveugle, jusque devant une porte gardée par d'imposants myrmidons, et le fait entrer pour lui présenter le second truc le plus cool depuis son arrivée à Pearl Harbor, une salle entière remplie de machines de l'Electrical Till Corporation — la Société des Caisses enregistreuses électriques — qu'ils utilisent principalement à faire des calculs de fréquence sur leurs interceptions de messages nips.

La machine [1] la plus remarquable de la station Hypo est toutefois — et c'est le premier truc le plus cool à Pearl Harbor — située encore plus profond dans le cloaque du bâtiment. Elle est abritée dans une pièce qui pourrait être assimilée à la salle des coffres d'une banque si elle n'était pas entièrement piégée avec des explosifs afin que son contenu soit vaporisé dans l'éventualité d'une invasion totale des Nips.

C'est la machine que le commandant Schoen a fabriquée, plus d'un an auparavant, pour casser le code nippon baptisé Indigo. Apparemment, jusqu'au début de 1940, Schoen était un jeune homme équilibré et bien adapté sur les genoux de qui échouaient de bougrement longues listes de chiffres compilées à partir des stations d'interception répandues autour

1. À supposer, provisoirement, qu'Alan Turing se trompe et que le cerveau humain ne soit pas une machine.

du Pacifique (sans doute, pense Waterhouse : Alpha, Bravo, etc.). Ces nombres étaient des messages nippons cryptés d'une manière ou de l'autre — des preuves indirectes suggéraient que le travail avait été effectué par une sorte de machine. Mais on ne savait absolument rien de celle-ci : si elle utilisait des engrenages, des cames rotatives ou un tableau perforé, ou une combinaison quelconque des ingrédients susnommés, voire un mécanisme auquel n'auraient même pas encore pensé les Blancs ; combien de ces mécanismes elle utilisait ou n'utilisait pas ; et les détails précis sur la façon de les utiliser. Tout ce qu'on pouvait dire était que ces chiffres, qui semblaient complètement aléatoires, avaient été transmis, peut-être même de manière erronée. En dehors de ça, Schoen n'avait rien — rien de rien — sur quoi travailler.

Et puis, dès la mi-1941, cette machine existait dans cette salle des coffres, ici même à la station Hypo. Elle existait parce que Schoen l'avait construite. La machine décryptait parfaitement tous les messages Indigo captés par les stations d'interception et était, par conséquent, et nécessairement, la copie conforme d'une machine à coder Indigo nippone, même si ni Schoen ni aucun autre Américain n'avait eu l'occasion de poser les yeux sur un exemplaire de celle-ci. Schoen l'avait construite rien qu'en contemplant ces bougrement longues listes de chiffres plus ou moins aléatoires, et en faisant appel à une sorte de processus d'induction. Quelque part en cours de route, il avait complètement craqué du point de vue psychologique et commencé à faire des dépressions nerveuses au rythme d'une ou deux par quinzaine.

Au moment où éclata pour de bon la guerre avec Nippon, Schoen était en arrêt maladie et se bourrait de médicaments. Waterhouse passait auprès de Schoen le maximum de temps autorisé par les médecins parce qu'il était à peu près certain que ce qui avait pu se produire sous son crâne, entre le moment où les listes de chiffres apparemment aléatoires avaient atterri sur ses genoux et celui où il avait fini de construire la machine, était l'exemple d'un processus non calculable.

L'habilitation de sécurité de Waterhouse est relevée environ une fois par mois, jusqu'à ce qu'il finisse par atteindre le plus haut échelon concevable (du moins, l'estime-t-il), qui est Ultra-Magic. Ultra est le terme attribué par les Rosbifs aux renseignements qu'ils ont obtenus après avoir déchiffré le code de la machine Enigma des Allemands. Magic est le terme que donnent les Yankees aux renseignements obtenus d'Indigo. Dans l'un et l'autre cas, Lawrence a désormais la possibilité de voir les résumés Ultra-Magic, qui sont des classeurs reliés dont la couverture s'adorne d'une spectaculaire alternance de paragraphes rouges et noirs. Le paragraphe trois stipule :

AUCUNE ACTION NE DOIT ÊTRE ENTREPRISE À PARTIR DES RENSEIGNEMENTS RAPPORTÉS ICI, NONOBSTANT LES AVANTAGES TEMPORAIRES ÉVENTUELS, SI UNE TELLE ACTION POUVAIT AVOIR POUR EFFET DE RÉVÉLER À L'ENNEMI L'EXISTENCE DE LA SOURCE.

Ça paraît assez clair, non? Mais Lawrence Pritchard Waterhouse n'en mettrait pas sa main à couper...

... SI UNE TELLE ACTION POUVAIT AVOIR POUR EFFET DE RÉVÉLER...

À peu près au même moment, Waterhouse a fait une découverte sur son propre compte. Il a découvert qu'il travaille mieux quand il n'est pas en état d'excitation sexuelle, à savoir en gros le jour suivant une éjaculation. De sorte que dans le cadre de son devoir à l'égard des États-Unis, il s'est mis à fréquenter assidûment les bordels. Mais il ne peut pas avoir beaucoup d'actes sexuels avec ce qui reste la solde d'un joueur de glockenspiel, aussi se limite-t-il à ce qu'on appelle, par euphémisme, des massages.

... ACTION... EFFET... RÉVÉLER...

Les mots se collent à lui comme la chtouille. Il gît étendu sur le dos durant un de ces massages, les bras croisés au-dessus des yeux, les marmonnant tout seul. Quelque chose le turlupine. Il a appris que quand quelque chose le turlupine de cette manière bien spécifique, cela débouche en général sur la rédaction d'un nouvel article. Mais il doit auparavant se livrer à un gros travail mental de déblaiement.

Tout lui vient d'un coup, comme une explosion, durant la bataille de Midway, alors que ses camarades et lui passent vingt-quatre heures par jour au milieu de ces machines ETC, à décrypter les messages de Yamamoto pour dire à l'amiral Nimitz où trouver précisément la flotte nip.

Quelles sont les chances de Nimitz de localiser cette flotte par accident ? C'est la question que doit se poser Yamamoto.

Cela se ramène (assez curieusement !) à un problème de théorie de l'information.

... ACTION...

Qu'est-ce qu'une action ? Ce peut être n'importe quoi. Ce peut être un truc évident comme le bombardement d'une installation militaire nippone. N'importe qui admettrait que cela constitue une action. Mais ce peut être aussi quelque chose comme dévier la route d'un porte-avions de cinq degrés — ou *s'abstenir de le faire.* Ou faire décoller de Midway les effectifs juste suffisants pour pilonner la flotte d'invasion nippone. Cela pourrait signifier quelque chose de moins spectaculaire, comme annuler un plan d'action. Une action, dans un certain sens, pourrait même être une absence totale d'activité. L'une ou l'autre de ces attitudes pourrait constituer une réponse raisonnable, de la part d'un officier supérieur, aux RENSEIGNEMENTS RAPPORTÉS ICI. Mais l'une ou l'autre pourrait être observable par les Nippons — et par conséquent, l'une ou l'autre leur communiquerait de l'information. Et dans quelle mesure ces Nips sont-ils capables d'extraire de l'information d'un canal bruité ? Ont-ils leur Schoen ?

... EFFET...

Alors, si les Nips l'ont bel et bien remarquée ? Quel en serait au juste l'effet ? Et dans quelles circonstances l'effet serait-il de RÉVÉLER À L'ENNEMI L'EXISTENCE DE LA SOURCE ?

Si l'action est de celles qui n'auraient jamais pu se produire si les Américains n'avaient pas cassé Indigo, alors cela constituera la preuve, pour les Nippons, que les Américains l'ont effectivement cassé. L'existence de la source — la machine construite par le commandant Schoen — sera révélée.

Waterhouse fait confiance aux Américains pour ne pas être aussi stupides. Mais si ce n'est pas aussi évident ? Si l'action impliquée était seulement *presque improbable,* à moins que les Américains n'aient cassé le code ? Et si les Américains, sur le long terme, avaient tout bonnement une veine de cocus ?

Et jusqu'où peut-on continuer ce petit jeu ? Une paire de dés pipés qui sortent tout le temps des sept sont détectés au bout de quelques jets. Une paire qui ne sort des sept qu'un pour cent plus souvent qu'une paire normale est plus dure à détecter — vous devez effectuer un bien plus grand nombre de jets avant que votre adversaire puisse prouver quoi que ce soit.

Si les Nips continuent de tomber dans des embuscades — et s'ils continuent de voir leurs propres embuscades déjouées —, si leurs navires de commerce se trouvent croiser l'itinéraire de sous-marins américains plus souvent que ne l'autorisent les pures statistiques, combien de temps leur faudra-t-il pour se douter de quelque chose ?

Waterhouse rédige des rapports sur le sujet, continue de harceler les gens avec ça. Et puis, un jour, il reçoit de toutes nouvelles instructions.

Les instructions arrivent cryptées par groupes de cinq lettres apparemment aléatoires, imprimées sur ce papier chiffon bleu utilisé pour les télégrammes ultra-secrets. Le message a été crypté à Washington en utilisant un bloc jetable, qui est une méthode lente et malcommode mais, en théorie, parfaitement impossible à déchiffrer, qu'on emploie pour les messages les plus importants. Waterhouse la connaît parce qu'il est l'une des deux seules personnes à Pearl Harbor à bénéficier de l'habilitation pour les décrypter. L'autre est le commandant Schoen et aujourd'hui, il est sous sédatifs. L'officier de quart débloque le coffre approprié et lui confie le bloc de codage du jour qui de fait se réduit à une feuille de papier millimétré couverte de nombres imprimés par groupes de cinq. Les nombres ont été choisis par des secrétaires dans un sous-sol de la capitale, en battant des cartes ou en tirant au sort dans un chapeau. Ce n'est que du bruit blanc. Une copie de ce bruit blanc est entre les mains de Waterhouse et l'autre dans celles de la personne qui a crypté ce message à Washington.

Waterhouse s'assoit et se met au travail, soustrayant le bruit du texte chiffré pour obtenir un texte en clair.

La première chose qu'il constate est que la classification de ce message est non seulement CONFIDENTIEL DÉFENSE ou même ULTRA, mais une catégorie entièrement inédite : ULTRA MÉGA.

Le message précise qu'après avoir scrupuleusement détruit ce message, il — Lawrence Pritchard Waterhouse — doit se rendre à Londres, Angleterre, par le moyen le plus rapide disponible. On lui procurera tout navire, train, avion et même submersible nécessaire. Bien qu'appartenant à la marine des États-Unis, il se voit même fournir un nouvel uniforme — de l'armée de terre, celui-ci — au cas où cela lui faciliterait la tâche.

La seule chose qu'il doit à tout prix éviter, c'est de se placer dans une situation telle qu'il puisse être capturé par l'ennemi. En ce sens, la guerre est subitement finie pour Lawrence Pritchard Waterhouse.

## LA SEMENCE D'ONAN

Un réseau de conduits d'aération larges comme le tunnel sous la Manche, aussi vaste et insondable que la Toile mondiale de l'Internet, se ramifie à travers les murs épais et les plafonds de l'hôtel en émettant des bruits sourds et atténués qui suggèrent que, tapis dans les profondeurs du système, on trouve un banc d'essai de moteurs à réaction, des forgerons de l'âge de fer, d'infortunés bagnards traînant leurs chaînes et des nœuds de crotales entortillés. Randy sait que le système n'est pas une boucle fermée — qu'il est raccordé quelque part à l'atmosphère terrestre — parce que d'infimes bruits de la rue s'insinuent de l'extérieur. Pour autant qu'il sache, il leur faut peut-être une heure pour se faufiler jusqu'à sa chambre. Après une quinzaine de jours passés ici, les odeurs ont fini par jouer le rôle de réveil-matin olfactif. Il s'endort avec les émanations de diesel parce que les conditions de circulation à Manille obligent les cargos à charger et décharger leurs conteneurs exclusivement de nuit. Manille s'étend autour d'une baie chaude et placide qui est un infini réservoir de miasmes étouffants, et comme l'atmosphère est aussi épaisse, opaque et tiède qu'un verre de lait tiré du pis de la vache, elle se met à scintiller sitôt que le soleil se lève. À ce signal, les régiments et divisions de coqs de combat, emprisonnés dans leurs cages bricolées sur les toits, sur les balcons et dans toutes les cours de la ville commencent à chanter. Les habitants se lèvent alors et se mettent à brûler du charbon. Randy se réveille avec l'odeur de fumée de charbon.

Randy Waterhouse est dans une condition physique tout juste passable. Son toubib lui serine rituellement qu'il pourrait perdre dix kilos mais il n'est pas si évident de savoir d'où il pourrait les sortir : il n'a pas d'abdos Bud, pas de poignées d'amour flagrantes. Les kilos en trop semblent répartis également sur son torse en forme de barrique. C'est en tout cas ce qu'il se répète chaque matin en se contemplant dans l'immense miroir en pied de sa suite. La maison de Randy et Charlene en Californie ne contient quasiment pas de miroirs et il a perdu le souvenir de son aspect physique. À présent, il constate qu'il est devenu poilu (c'est atavique) et que sa barbe étincelle, parsemée qu'elle est de fils blancs.

Chaque jour, il se contraint à raser cette barbe. Sous les tropiques, mieux vaut avoir le maximum de peau lisse exposée à l'air, vu les quantités de sueur qui ruissellent dessus.

Un soir, alors qu'Avi et sa famille étaient passés dîner, Randy avait dit : « Moi, je suis le barbu de service, Avi, c'est le costard-cravate. » Cela se voulait une façon d'exprimer leurs relations d'affaires, et aussitôt Charlene était partie sur le sujet. Elle avait récemment terminé une étude déconstruisant les barbes. Elle visait en particulier cette culture de la barbe dans la communauté high-tech de Californie du Nord — Randy et ses pairs. Son article commençait par démolir en quelque sorte l'hypothèse selon laquelle la barbe était plus « naturelle » ou en tout cas plus facile à entretenir qu'un visage glabre — elle allait même jusqu'à publier des statistiques émanant du service de recherches de Gillette qui comparaient le temps passé chaque jour dans leur salle de bains par les hommes barbus ou imberbes et démontraient que la différence n'était pas statistiquement significative. Randy avait quantité d'objections à formuler sur la façon dont ces statistiques avaient été recueillies, mais Charlene ne voulait rien entendre. « C'est contre-intuitif », rétorquait-elle.

Elle était pressée de développer son argumentation. Elle monta à San Francisco et acheta pour quelques centaines de dollars de cassettes pornographiques dans une boîte spécialisée dans le fétichisme du rasage. Pendant deux semaines, Randy ne put rentrer le soir chez lui sans trouver Charlene avachie devant la télé, un bol de pop-corn dans une main, le dictaphone dans l'autre, en train de contempler la vidéo d'un sabre glissant sur une peau humide et savonneuse. Elle enregistra d'interminables entretiens avec plusieurs authentiques fétichistes du rasage qui lui décrivirent avec force détails le sentiment de nudité et de vulnérabilité que leur donnait cette pratique, et lui expliquaient combien c'était érotique, surtout de claquer ou de fouetter les zones rasées de frais. Elle élabora un comparatif détaillé entre l'iconographie du fétichisme du rasage dans le porno et celle, dans la publicité, des annonces pour les produits de rasage diffusées à la télé nationale durant les matches de foot, et put démontrer qu'il était fondamentalement impossible de distinguer les deux (on trouvait du reste des cassettes pirates de pubs pour rasoirs et crèmes à raser dans les mêmes boutiques qui vendaient du porno pur et dur).

Elle sortit des statistiques sur les variations de longueur de barbe selon les ethnies. Les Indiens d'Amérique n'avaient pas de barbe, les Asiatiques à peine, les Africains représentaient un cas à part car le rasage quotidien leur abîmait la peau. « La capacité à avoir par choix personnel une barbe fournie semble être un privilège accordé par la nature aux seuls mâles de race blanche », concluait-elle.

Tempête de signaux d'alarme, de gyrophares et de sirènes dans l'esprit de Randy lorsqu'il tomba sur cette phrase.

« Mais une telle assertion s'appuie sur une hypothèse spécieuse. La “nature” est un discours socialement construit, pas une réalité objective [ici, abondance de notes en bas de page]. C’est doublement vrai dans le cas où la “nature” accorde une barbe fournie à cette population minoritaire spécifique composée de mâles originaires d’Europe du Nord. L’*Homo sapiens* a évolué dans des zones climatiques où la pilosité faciale était sans grande utilité pratique. Le développement d’une souche de l’espèce caractérisée par des mâles à la barbe fournie est une réponse adaptative aux climats froids. Ces climats n’ont pas envahi “naturellement” les habitats des premiers hommes — ce sont plutôt les hommes qui ont envahi les régions géographiques où de tels climats prévalaient. Cette transgression géographique est un événement strictement socioculturel, de sorte que toutes les adaptations physiques à celle-ci doivent être placées dans la même catégorie — y compris l’apparition d’une pilosité faciale développée. »

Charlene publia les résultats d’une enquête qu’elle avait organisée et dans laquelle on demandait à plusieurs centaines de femmes leur opinion. En gros, toutes disaient qu’elles préféraient les hommes rasés de près à ceux qui étaient mal rasés ou barbus. En bref, Charlene prouvait que porter la barbe n’était qu’un syndrome fortement corrélé à des attitudes racistes et sexistes, et assimilable au schéma d’indisponibilité émotionnelle que déploraient si souvent les partenaires féminines des mâles blancs, tout particulièrement ceux qui avaient une orientation technologique.

« La frontière entre le moi et l’environnement est une con/vention/struction sociale. Dans les cultures occidentales, cette frontière est censée être bien délimitée. La barbe en est un symbole visible, une technique de distanciation. Raser sa barbe (ou toute autre pilosité corporelle), c’est annihiler symboliquement la frontière (essentiellement spécieuse) qui sépare le Moi de l’Autre... »

Et ainsi de suite. L'article reçut de ses pairs un accueil délirant et fut aussitôt accepté pour publication dans une revue scientifique de renom international. Charlene présenta un travail annexe à sa recherche dans le cadre du séminaire « La Guerre comme Texte » ; sa contribution s'intitulait : « Le non-rasé comme signifiant dans les films de guerre de la Seconde Guerre mondiale. » Sur la foi de ce travail académique, trois grandes universités de la côte Est se battirent pour l'engager.

Randy n'a aucune envie de déménager sur la côte Est. Pour aggraver son cas, il porte une barbe imposante, ce qui lui donne l'impression d'être abominablement incorrect chaque fois qu'il ose sortir avec Charlene. Il lui a proposé à tout hasard de publier un communiqué de presse précisant qu'il s'épile tous les jours le reste du corps. Elle n'a pas trouvé ça drôle du tout. Il a réalisé, alors qu'il survolait le Pacifique, que tout ce travail était en définitive une prophétie élaborée de la fin prochaine de leur relation.

À présent, il songe sérieusement à se raser la barbe. Il pourrait y ajouter le crâne et le torse, tant qu'il y est.

Il a toujours eu l'habitude de faire des promenades d'un pas vigoureux. Selon les critères des nazis de la forme qui infestent la Californie et Seattle, cela ne représente qu'une amélioration marginale par rapport à, mettons, rester avachi devant la télé à fumer sans arrêt des cigarettes sans filtre tout en s'empiffrant d'une bassine de saindoux. Mais il s'en est tenu obstinément à ses promenades quand tous ses copains ont suivi (puis abandonné) toutes les modes de la forme. C'est devenu pour lui un motif de fierté, et ce n'est pas parce qu'il vit à Manille qu'il va y renoncer.

Mais merde, ce qu'il fait chaud. Être glabre, ce ne serait pas mal.

Deux seuls points positifs devaient sortir de la première incursion malheureuse de Randy dans le monde des affaires du logiciel alimentaire. Le premier fut de le dissuader définitivement de se lancer dans toute forme d'aventure commerciale, du moins tant qu'il n'avait pas une idée précise de là où il mettait les pieds. Le second fut de donner naissance à une amitié durable avec Avi, son vieux copain de jeux, désormais installé à Minneapolis, qui fit preuve à l'occasion d'intégrité et d'un solide sens de l'humour.

Sur le conseil de son avocat (qui entre-temps était devenu un de ses principaux créanciers), Randy se mit en faillite personnelle puis déménagea pour le centre de la Californie avec Charlene. Elle avait décroché son doctorat et trouvé un poste de chargée de cours dans l'une des Trois Sœurs. Randy s'inscrivit dans une autre des trois dans le but d'obtenir sa maîtrise d'astronomie. Cela faisait de lui un étudiant de troisième cycle, or les étudiants de troisième cycle n'étaient pas là pour apprendre mais pour soulager les professeurs titulaires des tâches lassantes telles qu'éduquer les gens et faire de la recherche.

Randy n'était pas arrivé depuis un mois qu'il résolvait des problèmes informatiques triviaux pour tel ou tel camarade étudiant. Une semaine plus tard, le patron du département d'astronomie le convoqua et lui dit : « Alors comme ça, c'est vous le gourou d'Unix. » À cette époque, Randy était encore assez stupide pour se sentir flatté d'une telle attention, quand il aurait dû y reconnaître une formule à vous glacer le sang.

Trois ans plus tard, il quittait le département d'astronomie sans le moindre diplôme et sans autre preuve de ses travaux que six cents dollars sur son compte en banque et une connaissance proprement encyclopédique d'Unix. Par la suite, il devait calculer que, au tarif que se faisaient payer les programmeurs, le département lui avait soutiré en quantité de travail l'équivalent d'un quart de million de dollars, pour une mise de fonds qui s'était élevée à moins de vingt mille. La seule compensation était que ce savoir ne lui paraissait plus aussi inutile. L'astronomie était devenue une discipline qui travaillait beaucoup en réseau : on pouvait désormais piloter un télescope situé sur un autre continent, voire en orbite, rien qu'en tapant des commandes sur son clavier et contempler sur son moniteur les images obtenues.

Randy était désormais parfaitement au fait de l'architecture des réseaux. Quelques années plus tôt, c'eût été d'un intérêt limité. Mais on était à l'âge des applications interconnectées, aux balbutiements de la Toile mondiale, et le moment n'aurait pas pu mieux tomber.

Dans l'intervalle, Avi avait déménagé à San Francisco et lancé une autre société destinée à sortir les jeux de rôle de leur ghetto d'initiés pour les offrir au grand public. Il embaucha Randy comme chef du service technique. Il essaya de recruter Chester mais ce dernier avait déjà trouvé un boulot dans une société de logiciels, là-haut à Seattle. Aussi engagèrent-ils un type qui avait déjà bossé pour plusieurs boîtes de jeux vidéo et par la suite, d'autres encore pour s'occuper du matériel et des communications, tandis qu'ils amassaient des fonds suffisants pour construire un prototype jouable qui leur servît de carte de visite. Ils descendirent à Hollywood et trouvèrent quelqu'un pour investir dans leur affaire dix millions de dollars. Ils louèrent un bâtiment dans une zone industrielle de Gilroy, le bourrèrent de stations de travail graphiques, engagèrent la crème des programmeurs et quelques artistes, et retroussèrent leurs manches.

Six mois plus tard, ils étaient souvent cités parmi les étoiles montantes de la Silicon Valley, et Randy eut droit à sa photo dans les colonnes de *Time Magazine* — à l'occasion d'un article sur « Siliwood », la collaboration de plus en plus étroite entre la Silicon Valley et Hollywood. Un an après, l'entreprise s'était cassé la gueule.

L'épopée avait été tout sauf mémorable. Il était

communément admis au début des années quatre-vingt-dix que les sorciers de la technologie de Californie du Nord allaient se rencontrer à mi-chemin avec les esprits créatifs de Californie du Sud et qu'ensemble ils allaient faire naître une collaboration aussi brillante qu'inédite. Mais tout cela se fondait sur une vision naïve de la réalité d'Hollywood. Hollywood n'était jamais qu'une banque spécialisée — un consortium de vastes organismes financiers qui engageaient des talents, presque toujours pour un tarif forfaitaire, leur ordonnaient de créer un produit, puis le commercialisaient à mort, dans le monde entier, sur tous les supports imaginables. Le but était de trouver des produits qui pouvaient continuer de rapporter éternellement, bien après que le talent eut été payé et renvoyé dans ses foyers. *Casablanca,* par exemple, continuait à clouer des gens sur les fauteuils des décennies après que Bogart eut été payé et eut tiré sur la dernière de ces cigarettes qui devaient le mener précocement à la tombe.

Aux yeux d'Hollywood, les techniciens de la Silicon Valley n'étaient jamais qu'une espèce particulièrement naïve de talents. Aussi, quand la technologie fut parvenue à un certain point — celui où on pouvait la vendre à certaines sociétés d'électronique nippones avec un profit substantiel — les financiers de l'entreprise d'Avi lancèrent un raid éclair qui avait de toute évidence été mûri de longue date. Randy et les autres se virent proposer un choix : ils pouvaient quitter la boîte sur-le-champ et garder une partie de leurs actions, qui valaient encore une jolie somme d'argent. Ou ils pouvaient rester, auquel cas ils se retrouveraient sabotés de l'intérieur par la cinquième colonne qu'on avait infiltrée aux postes-dés. Dans le même temps, ils se retrouveraient assiégés de l'extérieur par des bataillons d'avocats réclamant leur tête pour des trucs qui se mettaient soudain à ne plus tourner rond.

Certains des fondateurs restèrent, jouant les potiches. La plupart des autres quittèrent la boîte et dans ce groupe, la majorité se défit aussitôt de ses actions, voyant qu'elles ne pouvaient désormais que dégringoler. L'entreprise était vidée de sa substance par le transfert de sa technologie au Japon, et la coquille vide finit par sécher sur pied et disparaître.

Aujourd'hui encore, des fragments de cette technologie continuent de réapparaître aux endroits les plus incongrus, par exemple dans les pubs pour des nouvelles consoles de jeu vidéo. Chaque fois que Randy le voit, ça lui fout les boules. Quand tout s'était mis à aller de travers, les Nippons avaient tenté de l'engager directement, et il réussit de fait à gagner quelque argent en s'envolant là-bas pour y travailler, par tranches d'une semaine ou d'un mois, comme consultant. Mais à défaut de pouvoir assurer le fonctionnement de cette technologie avec les programmeurs qu'ils avaient sur place, cette dernière n'avait pu répondre à toutes ses promesses.

Les Nippons — du moins, cette bande-là — étaient des Orcs. Dans les romans de J.R.R. Tolkien, les Orcs sont capables de réaliser des trucs passablement complexes, mais la seule chose dont ils sont incapables, c'est de créer. Tout ce qu'ils peuvent faire, c'est pondre des copies foireuses des réalisations des Humains, des Nains et des Elfes. S'attacher un Elfe comme consultant ne les avancera pas à grand-chose, et cela ne ravira sûrement pas ledit Elfe.

Ce groupe précis d'Orcs s'était fait entuber par les financiers d'Hollywood, qui étaient des Trolls. Un Troll est comme un Orc, mais en beaucoup plus gros, puissant et dangereux.

Ainsi s'est terminée la seconde incursion malheureuse de Randy dans le monde des affaires. Il en a retiré deux cent mille dollars, pour l'essentiel investis dans la demeure victorienne qu'il partage avec Charlene. Doutant de ses capacités à conserver une telle quantité de liquide, il a préféré les immobiliser dans cette maison qui lui procure un sentiment de sécurité, comme au base-ball lorsqu'on rejoint la base de départ lors d'une phase de jeu effrénée.

Il a passé l'année qui s'est écoulée depuis à gérer le réseau informatique des Trois Sœurs. Ça ne lui a pas rapporté grand-chose, mais il n'a pas non plus été trop stressé.

Randy n'arrêtait pas de dire aux gens, sans rancœur, qu'ils étaient des cons. C'était le seul moyen d'arriver à quelque chose dans le piratage informatique. Cela n'avait rien d'une attaque personnelle.

Les amis de Charlene, en revanche, le prenaient manifestement très mal. Ce n'était pas le fait de s'entendre dire qu'ils avaient tort qui les froissait, toutefois, c'était la supposition sous-jacente qu'un individu pût avoir raison ou tort sur quelque sujet que ce soit. Aussi, lors du soir en question — le soir du funeste coup de fil d'Avi —, Randy avait fait comme à son habitude, à savoir se retirer de la conversation. Au sens de Tolkien, pas dans celui de l'endocrinologie ou de Blanche-Neige, Randy est un nain. Les Nains de Tolkien sont des individus robustes, taciturnes, vaguement dotés de pouvoirs magiques, qui passent un temps considérable dans les ténèbres à façonner au marteau des objets superbes, par exemple des Anneaux de Pouvoir. S'imaginer dans la peau d'un Nain qui avait momentanément raccroché sa hache de guerre pour aller séjourner dans le Shire, où il était entouré de Hobbits chamailleurs (par exemple les amis de Charlene), avait en définitive puissamment contribué à la paix de son esprit au cours des années. Il savait pertinemment que s'il se retrouvait coincé à l'université, ces gens, et ce qu'ils racontaient, lui paraîtraient d'une importance capitale. Mais là d'où il venait, plus personne ne les prenait plus au sérieux depuis des lustres. Aussi se retira-t-il de la conversation pour siroter son vin en contemplant les vagues du Pacifique, tout en se gardant de mimiques par trop évidentes, genre hocher la tête ou lever les yeux au ciel.

Puis le sujet des autoroutes de l'information vint

sur le tapis et Randy sentit des visages se tourner vers lui comme des projecteurs dans le noir, il en sentait presque la chaleur sur sa peau.

Le D$^r$ G.E.B. Kivistik avait deux ou trois choses à dire sur les autoroutes de l'information. C'était un professeur de Yale, la cinquantaine, tout juste débarqué d'un avion en provenance d'un endroit semblait-il assez cool et impressionnant pour qu'il ait réussi à le placer plusieurs fois au cours de la conversation. Il avait un nom finnois mais il était britannique comme ne pouvait l'être qu'un anglophile non britannique. Il était en théorie venu pour participer au séminaire « La Guerre comme Texte ». En vrai, il est là pour recruter Charlene, et en vrai de vrai (soupçonne Randy), pour la sauter. C'était sans doute entièrement faux, juste un symptôme de l'état mental où était tombé Randy à ce moment. Le D$^r$ G.E.B. Kivistik se montrait beaucoup à la télé ces derniers temps. Le D$^r$ G.E.B. Kivistik venait de sortir deux bouquins. En bref, le D$^r$ G.E.B. Kivistik, grâce à ses vues polémiques sur les autoroutes de l'information, était en train de monopoliser les médias avec encore plus de succès que n'en obtiendrait jamais un détraqué après avoir fait sauter une crèche.

Un Nain en séjour dans le Shire assisterait sans nul doute à quantité de soirées où des Hobbits ennuyeux et suffisants se comporteraient de la sorte. Ce Nain y verrait un sujet de distraction. Il saurait qu'il peut à tout moment faire retraite dans le monde réel, tellement plus vaste et complexe que ce qu'imaginaient ces Hobbits, liquider quelques Trolls, bref, remettre les choses dans leur vraie perspective.

C'était en tout cas ce que se disait toujours Randy. Mais lors de la soirée en question, ça ne marcha pas. En partie parce que Kivistik était trop gros et trop réel pour être un Hobbit — et sans doute, plus influent dans le monde réel que le serait jamais Randy. En partie parce qu'un autre époux d'universitaire autour de la table — un aimable et bien candide ordinophile du nom de Jon — décida de contredire certains des arguments de Kivistik et se retrouva promptement au tapis pour le compte. La cabane était tombée sur le chien.

Randy avait gâché sa relation avec Charlene en voulant avoir des enfants. Les enfants soulèvent des problèmes. Charlene, comme tous ses amis, était incapable de gérer les problèmes. Les problèmes étaient synonymes de désaccord. Émettre un désaccord était une forme de conflit. Le conflit, exprimé ouvertement et en public, était un mode machiste d'interaction sociale — le fondement de la société patriarcale accompagnée de sa litanie rituelle d'horreurs en tout genre. Nonobstant, Randy décida de se montrer patriarcal avec le D^r^ G.E.B. Kivistik.

— Combien de taudis allons-nous raser pour construire les autoroutes de l'information ? lança Kivistik.

Cette remarque profonde fut accueillie par des hochements de tête pensifs autour de la table.

Jon se tortilla sur sa chaise comme si Kivistik venait de lui lâcher un glaçon dans le cou.

— Et ça veut dire quoi ? demanda-t-il.

Jon souriait, en essayant de ne pas jouer les hégémonistes patriarcaux et conflictuels. En réponse, Kivistik haussa un sourcil et jeta un regard circulaire, l'air de dire : *qui a invité ce pauvre médiocre ?* Jon essaya de se tirer de son erreur tactique, tandis que Randy fermait les yeux en essayant de ne pas grimacer. Kivistik avait passé plus d'années à croiser le fer avec des intellectuels de pointe à la table des professeurs d'Oxford que ce pauvre Jon n'en avait vécu depuis sa naissance.

— Vous n'avez pas besoin de raser quoi que ce soit au bulldozer. Il n'y a rien à raser, plaida Jon.

— Fort bien, alors laissez-moi présenter les choses ainsi, fit Kivistik, magnanime — il n'était pas opposé à un peu de vulgarisation pour Jon et ses semblables. Combien de bretelles d'accès vont connecter les ghettos de la planète aux autoroutes de l'information ?

Oh, voilà qui est bien plus clair, sembla penser l'assistance. Un point pour GEB ! Personne ne daigna regarder Jon, ce paria ergoteur. Lequel adressa un regard désespéré à Randy, quêtant son aide.

Jon était un Hobbit qui était récemment sorti du Shire et savait donc que Randy était un Nain. Et voilà qu'il foutait sa vie en l'air en lui demandant de sauter sur la table, de jeter sa cape filée à la maison et de brandir sa hache à deux mains.

Les mots jaillirent de la bouche de Randy avant même qu'il ait eu le temps de se raviser.

— Les autoroutes de l'information ne sont qu'une putain de métaphore ! Lâchez-nous un peu les baskets !

Silence de mort autour de la table et grimace générale. Le dîner venait officiellement de s'abattre en flammes. Tout ce qu'ils pouvaient faire, désormais, c'était se pencher, tenir leurs chevilles, mettre la tête entre leurs genoux et attendre que l'épave finisse par s'immobiliser au bout de sa glissade.

— Ça ne m'avance guère, observa Kivistik. Tout est une métaphore. Le mot « fourchette » est une métaphore pour cet objet. (Il brandit une fourchette.) Tout discours est bâti sur des métaphores.

— Ce n'est pas une excuse pour en choisir de mauvaises, lâcha Randy.

— Mauvaises ? Mauvaises ? Qui décrète ce qui est bon ou mauvais ? fit Kivistik en faisant son imitation mortelle d'étudiant lippu et bas du bulbe.

Il y eut quelques ricanements nerveux chez certains, à tout prix désireux de détendre l'atmosphère.

Randy voyait bien où tout cela allait mener. Kivistik avait sorti de sa manche l'as imparable et classique du discours universitaire : tout est relatif, ce n'est qu'une question de différences de point de vue. Les gens avaient déjà commencé à reprendre leurs petites conversations particulières, pensant le conflit terminé, quand Randy les fit tous sursauter en lançant :

— Qui décrète ce qui est bon ou mauvais ? Moi.

Même le Dr G.E.B. en resta baba. Il ne savait trop si Randy plaisantait.

— Je vous demande pardon ?

Randy n'était pas vraiment pressé de répondre à la question. Il saisit l'occasion pour se caler confortablement dans son siège, s'étirer, boire une gorgée de vin. Il se sentait bien.

— C'est comme ça. J'ai lu votre bouquin. Je vous ai vu à la télé. Je vous ai entendu ce soir. J'ai moi-même dactylographié la liste de vos titres et publications quand je préparais le dossier de presse pour ce séminaire. Je sais donc que vous n'êtes pas qualifié pour avoir une opinion sur des problèmes techniques.

— Oh, fit Kivistik, faussement confus, j'ignorais qu'il fallait avoir des qualifications.

— Je pense qu'il est clair, reprit Randy, que si vous êtes ignorant d'un sujet précis, votre opinion sur celui-ci est absolument dénuée de valeur. Si je suis malade, je ne vais pas consulter un plombier. Je vais voir un médecin. De même, si j'ai des questions sur l'Internet, j'irai demander l'avis des gens qui s'y connaissent.

— Il est amusant de voir combien les technocrates semblent être favorables à l'Internet, lança gaiement Kivistik, suscitant à nouveau quelques rires.

— Vous venez à l'instant d'émettre une opinion manifestement erronée, rétorqua Randy sur le même ton plaisant. Bon nombre d'experts de l'Internet ont écrit des livres fort argumentés extrêmement critiques sur celui-ci.

Cette fois, Kivistik en avait par-dessus la tête. Ce n'était plus le moment de badiner.

— Donc, poursuivit Randy, pour revenir au début de notre conversation, les autoroutes de l'information sont une mauvaise métaphore pour décrire Internet, parce que je le dis. Il y a peut-être un millier d'individus sur cette planète à être aussi versés que moi sur l'Internet. J'en connais la plupart. Aucune ne prend au sérieux cette métaphore. CQFD.

— Oh, je vois, fit Kivistik, un rien violemment. (Il avait vu une ouverture.) Donc, nous devrions nous fier aux technocrates pour nous dire quoi penser, et sous quelles modalités, de cette technologie.

Les expressions des autres semblaient indiquer qu'il s'agissait là d'un coup bien porté, lancé à bon escient.

— Je ne suis pas sûr de savoir ce qu'est un technocrate, observa Randy. Suis-je un technocrate ? Je ne suis qu'un gars qui est entré un jour dans une librairie et s'est acheté deux manuels techniques sur TCP/IP, qui est le protocole de communication sous-jacent à Internet, et qui les a lus. Puis, je me suis assis devant un ordinateur, ce qui est à la portée de tout un chacun de nos jours, j'ai bidouillé dessus pendant quelques années, et maintenant je sais tout ce qu'il y a à savoir dessus. Est-ce que cela fait de moi un technocrate ?

— Vous apparteniez à l'élite technocratique avant même de saisir ce livre, dit Kivistik. L'aptitude à sinuer dans les arcanes d'un texte technique et à le maîtriser est un privilège. C'est un privilège conféré par une éducation délivrée seulement aux membres d'une élite. C'est ce que j'entends par technocrate.

— Je suis allé à l'école publique, dit Randy. Puis j'ai fréquenté une université d'État. À partir de là, je suis un autodidacte.

Charlene intervint. Elle n'avait cessé de jeter des regards noirs à Randy depuis le début, regards qu'il avait ignorés. Il allait devoir le payer.

— Et ta famille ? lança-t-elle, glaciale.

Randy inspira un grand coup, retint une envie de soupirer.

— Mon père est ingénieur. Il enseigne dans un collège d'État.

— Et son père ?

— Mathématicien.

Charlene haussa les sourcils. Comme du reste quasiment le reste de l'assistance. Affaire réglée.

— Je m'oppose vigoureusement à être étiqueté,

catégorisé et stéréotypé comme un technocrate, protesta Randy, adoptant délibérément le vocabulaire des opprimés, peut-être dans une tentative pour retourner leurs propres armes contre eux mais plus certainement (pense-t-il alors qu'il est étendu au lit à trois heures du matin dans son hôtel à Manille), par besoin irrépressible de faire le con.

Certains, par habitude, le considèrent sobrement; l'étiquette dicte qu'on manifeste toute sa sympathie aux opprimés. D'autres restent bouche bée, scandalisés d'entendre de telles paroles dans la bouche d'un technocrate mâle, blanc, reconnu et déclaré.

— Personne dans ma famille n'a jamais eu beaucoup d'argent ou de pouvoir, précise-t-il.

— Je pense que le point que soulève Charlene est celui-ci, intervient Tomas, un de leurs invités venu de Prague avec sa femme Nina. (Il s'est désormais bombardé conciliateur. Il observe un silence assez long pour échanger avec Charlene un regard chaleureux.) Par la seule vertu d'être issu d'une famille de scientifiques, vous êtes un membre de l'élite privilégiée. Vous n'en avez pas conscience... mais les membres des élites privilégiées sont rarement conscients de leurs privilèges.

Randy finit pour lui :

— Jusqu'à ce que des gens comme vous viennent nous expliquer à quel point nous sommes stupides, pour ne pas dire dépourvus de scrupules.

— La fausse bonne conscience dont parle Tomas est exactement ce qui rend les élites sclérosées du pouvoir à ce point sclérosées, note Charlene.

— Eh bien, je ne me sens pas vraiment sclérosé, objecte Randy. Je me suis cassé le cul pour parvenir là où je suis.

— Des tas de gens se décarcassent toute leur vie pour aboutir nulle part, lance quelqu'un, d'un ton accusateur.

Gaffe! Les tireurs embusqués sont passés à l'action!

— Ma foi, je suis désolé de n'avoir pas eu la bonne

grâce d'arriver nulle part, rétorque Randy qui pour la première fois commence à se sentir un poil énervé ; mais j'ai découvert qu'en bossant dur, en se cultivant, et en gardant son esprit critique, on peut trouver sa voie dans cette société.

— Mais voilà qui est droit sorti d'un bouquin dix-neuvième d'Horatio Alger, crache alors Tomas.

— Et alors ? Le fait que ce soit une vieille idée n'implique pas nécessairement qu'elle soit fausse.

Un petit commando de serveurs s'était formée aux abords de la table, les bras chargés d'assiettes, échangeant des regards pour tenter de décider si le moment était venu de rompre le combat et de servir le dîner. L'un d'eux gratifia Randy d'un plateau portant un wigwam composé de tranches de thon presque cru. Les éléments pro-consensus et anti-clash prirent alors le contrôle de la conversation et la firent éclater en de multiples groupuscules d'individus tous vigoureusement en accord les uns avec les autres. Jon lança un regard mouillé à Randy comme pour dire : c'était bon pour toi aussi ? Charlene les ignorait royalement ; elle était absorbée dans un groupe consensuel avec Tomas, dont la petite amie ne cessait de lancer des œillades à Randy, mais ce dernier s'efforçait de ne pas y répondre, redoutant qu'elle désire de lui une faveur, avec ses regards d'allumeuse enfiévrée, alors que tout ce qu'il cherchait pour l'heure, c'était à éteindre les braises. Dix minutes plus tard, son messager de poche se déclencha et lorsqu'il en consulta l'écran, il y vit affiché le numéro d'Avi.

## *COMBUSTION*

La base américaine de Cavite, sur la côte de la baie de Manille, se consume allégrement une fois que les Nips y ont mis le feu. Bobby Shaftoe et le reste du 4e de Marines ont tout le temps de contempler le spectacle en passant au large dans leur tentative pour quitter nuitamment le poste, comme des voleurs. Jamais de sa vie il ne s'est senti aussi honteux, et le sentiment est partagé par ses compagnons. Les Nips ont déjà débarqué en Malaisie et foncent vers Singapour comme un train emballé, ils assiègent Guam, Wake, Hongkong et Dieu sait quoi d'autre, et il devrait être évident pour tout le monde que le tour des Philippines est pour très bientôt. Il semble qu'un régiment de Marines chinois endurcis pourrait avoir son rôle à jouer sur place.

Mais MacArthur semble penser qu'il peut défendre Luçon tout seul comme un grand, debout sur les murailles d'Intramuros, son Colt. 45 dans la main. Et donc, ils lèvent l'ancre. Ils n'ont aucune idée de leur destination. La plupart préféreraient encore débarquer directement sur les plages de Nippon que rester ici sur les terres de l'armée.

La nuit où la guerre a commencé, Bobby Shaftoe a d'abord ramené Glory au sein de sa famille.

Les Altamira vivent dans le faubourg de Malate, à trois petits kilomètres au sud d'Intramuros, pas très loin de l'endroit où Shaftoe vient de connaître sa demi-heure de gloire au pied de la digue. La folie s'est emparée de la ville : impossible de trouver une voiture. Bars, boîtes et bals dégorgent matelots, fusiliers et fantassins qui réquisitionnent des taxis par groupes de cinq ou six — l'ambiance est aussi dingue qu'à Shanghai le samedi soir — comme si la guerre était déjà là. À mi-chemin, Shaftoe finit par porter Glory dans ses bras parce que ses chaussures ne sont pas faites pour la marche.

La famille Altamira est assez vaste pour constituer un groupe ethnique à elle toute seule; tous habitent le même immeuble — quasiment dans la même pièce. Une ou deux fois, Glory a voulu expliquer à Bobby Shaftoe leurs liens parentaux. Certes, il y a également pas mal de Shaftoe — la plupart dans le Tennessee — mais l'arbre généalogique de la famille Shaftoe tiendrait sur un napperon au point de croix. La famille Shaftoe est au clan Altamira ce qu'un arbrisseau isolé est à une jungle luxuriante. Les familles philippines, outre le fait qu'elles sont gigantesques et catholiques, sont étroitement imbriquées par des relations parrains-filleuls, pareilles à des lianes tendues de branche en branche et d'un arbre à l'autre. Si on lui demande, Glory est ravie (et même avide) de passer six heures d'affilée à s'étendre sur les liens de parenté entre les divers Altamira, et encore ne s'agit-il là que d'un survol global. En général, le cerveau de Shaftoe se ferme au bout des trente premières secondes.

Il la conduit à son appartement, où règne déjà d'ordinaire une effervescence hystérique, même quand le pays n'est pas assailli par les armées de l'Empire nippon. Malgré cela, l'apparition de Glory, peu après l'éclatement de la guerre, portée dans les bras puissants d'un Marine américain, est vécue par les Altamira à peu près comme si le Christ venait de se matérialiser au milieu du salon avec la Vierge Marie en travers des épaules. Tout autour de lui, des femmes d'âge mûr tombent à genoux, comme si la pièce avait été gazée. Mais c'est uniquement pour crier Alléluia ! Glory atterrit avec agilité sur ses talons hauts, tandis que des larmes explorent l'exceptionnelle géométrie de ses joues, et elle se met à embrasser chacun des membres du clan. Tous les enfants sont réveillés, bien qu'il soit trois heures du matin. Shaftoe surprend le regard d'une escouade de garçons, entre trois et dix ans, qui tous brandissent fusils et sabres de bois. Ils lorgnent Bobby Shaftoe, resplendissant dans son uniforme, et ils sont totalement abasourdis : de là où il est, il pourrait sans peine lancer une balle de base-ball dans toutes ces bouches béantes. Du coin de l'œil, il note une femme d'âge mûr liée à Glory par une chaîne complexe de parenté, la joue déjà marquée par son rouge à lèvres, qui l'approche selon une trajectoire de collision, visiblement résolue à l'embrasser. Il sait qu'il doit décamper tout de suite, sinon il ne repartira plus. Aussi, ignorant la parente éloignée et sans quitter du regard les gamins ébaubis, il se met au garde-à-vous et leur adresse un salut impeccable.

Les gamins saluent à leur tour, en désordre, mais avec une bravoure fantastique. Bobby Shaftoe tourne les talons et quitte la pièce, raide comme un piquet. Il compte revenir à Malate le lendemain, quand les choses se seront un peu tassées, pour prendre des nouvelles de Glory et du reste de la famille.

Il ne la reverra plus.

Il rejoint son navire et on ne lui accorde plus aucune permission de descendre à terre. Il réussit à avoir une conversation avec l'oncle Jack venu aborder dans un petit canot à moteur juste assez longtemps pour échanger quelques phrases à tue-tête. L'oncle Jack est le dernier des Shaftoe de Manille, une branche de la famille issue du Nimrod Shaftoe des Volontaires du Tennessee. Nimrod a pris une balle dans le bras droit quelque part du côté de Quingua, cadeau de fantassins philippins rebelles. Soigné à l'hôpital, le vieux Nimrod, alias « le Gaucher », comme on l'appelait désormais, décida qu'il aimait bien le cran de ces Philippins; d'ailleurs, pour les tuer, il avait fallu inventer une nouvelle catégorie d'armes de poing d'une puissance parfaitement ridicule (le Colt. 45). Non seulement cela, mais il aimait la dégaine de leurs femmes. Prestement libéré de l'armée, il s'avisa que sa pension d'invalidité lui durerait un bout de temps dans les conditions économiques locales. Il fonda donc une entreprise d'import-export sur les rives de la Pasig, épousa une demi-Espagnole et engendra un fils (Jack) et deux filles. Ces dernières retournèrent en Amérique, dans ces montagnes du Tennessee qui ont été le berceau des Shaftoe depuis qu'ils ont rompu leur contrat de servitude dans les années 1700. Jack est resté à Manille où il a hérité de l'affaire paternelle, mais il ne s'est jamais marié. D'après les critères locaux, il gagne plutôt bien sa vie. Il a toujours été un mélange curieux de négociant roué et de dandy parfumé. M. Pascual et lui sont en affaires depuis toujours, ce qui explique comment Bobby Shaftoe a connu M. Pascual et a par la suite rencontré Glory.

Quand Bobby Shaftoe lui transmet les dernières rumeurs, le visage de l'onde Jack se décompose. Nul ici n'a envie d'admettre qu'ils sont sur le point d'être assiégés par les Nips. Sa réaction devrait être : « Fichtre, je me tire d'ici en vitesse, je t'enverrai une carte postale d'Australie. » Mais au lieu de cela, il lui répond quelque chose du genre : « Je repasserai dans quelques jours prendre de tes nouvelles. »

Bobby Shaftoe se mord la langue et ne dit pas ce qu'il pense, à savoir qu'il cst un Marine, qu'il est sur un bateau, et que c'est la guerre, et que les Marines sur les bateaux en temps de guerre ne sont pas censés rester à quai. Mais il reste impassible et regarde l'oncle Jack qui s'éloigne *(rac pout-pout)* dans son petit canot, et se retourne de temps en temps pour le saluer en agitant son beau panama. Les marins autour de Bobby Shaftoe contemplent la scène avec amusement et une certaine admiration. Le front de mer est en proie à une grande effervescence, comme chaque pièce d'artillerie qui n'est pas encastrée dans le béton est embarquée sur les navires pour être acheminée vers Bata'an ou Corregidor, et l'oncle Jack, debout dans son petit bateau, avec son beau complet crème et son panama, sinue avec aplomb dans tout ce trafic. Bobby Shaftoe le regarde jusqu'à ce qu'il ait disparu derrière le coude du fleuve Pasig, conscient d'être sans doute le dernier membre de sa famille à voir l'oncle Jack en vie.

Malgré toutes ces sombres prémonitions, il est surpris quand ils appareillent après seulement quelques jours de guerre, quittant leur mouillage en pleine nuit sans la moindre cérémonie d'adieu traditionnelle. Manille est censée être infestée d'espions nips et rien ne ferait plus plaisir aux Nips que de couler un transport de troupes bourré de Marines aguerris.

Manille disparaît derrière eux dans le noir. La conscience de ne plus avoir revu Glory depuis cette nuit s'insinue brûlante en lui comme une lente fraise de dentiste. Il se demande comment elle va. Peut-être, si la guerre s'apaise un peu et que la ligne de front se stabilise, pourra-t-il trouver un moyen de se faire affecter dans cette partie du monde. MacArthur est un sacré dur à cuire qui va tout faire péter quand les Nips se pointeront. Et même si les Philippines devaient tomber, Roosevelt ne les laissera pas longtemps aux mains de l'ennemi. Avec un peu de chance, dans moins de six mois, Bobby Shaftoe défilera sur l'avenue Taft, en grand uniforme, derrière une fanfare de marins, avec peut-être une ou deux petites blessures de guerre. Le défilé passera sur une section de l'avenue bordée, sur une longueur d'un bon kilomètre, d'Altamira. Peut-être, à mi-parcours, la foule s'entrouvrira-t-elle pour laisser passage à Glory qui courra se jeter dans ses bras et le couvrir de baisers. Alors il l'emporte en haut de l'escalier d'une jolie petite église où un prêtre en soutane blanche les attend, affichant un grand sourire...

L'image onirique se dissout dans le champignon

de flammes orangées qui s'élèvent de la base américaine de Cavite. Les installations ont brûlé toute la journée et une autre cuve vient encore de sauter. Il en sent la chaleur contre son visage à plusieurs kilomètres de distance. Bobby Shaftoe est sur le pont, engoncé dans un gilet de sauvetage, au cas où ils se feraient torpiller. L'éclat de la lumière lui permet de reluquer une longue rangée d'autres Marines en gilet de sauvetage qui eux aussi contemplent les flammes, une expression abasourdie sur leur visage las et couvert de sueur.

Manille n'est qu'à une demi-heure derrière lui, mais elle pourrait aussi bien être à un million de kilomètres.

Jadis, il y a bien longtemps, existait une ville appelée Manille. Une fille y vivait. Mieux vaut à présent oublier son visage et son nom. Bobby Shaftoe décide de s'y employer au plus vite.

## PIÉTON

RESPECTEZ LES PIÉTONS, disent les pancartes dans les rues du centre-ville. Dès la première qu'il a vue, Randy a compris qu'il était mal barré.

Les deux premières semaines de son séjour à Manille, son travail a consisté à marcher. Il a parcouru la ville à pied, tenant en main un récepteur GPS, relevant latitudes et longitudes. Il a crypté les données dans sa chambre d'hôtel et les a mailées à Avi. C'est devenu une partie de la propriété intellectuelle d'Épiphyte. C'est devenu sa contribution.

Ils ont réussi à trouver des bureaux. Randy s'obstine à s'y rendre à pied. Il sait que du jour où il montera dans un taxi, il abandonnera la marche.

RESPECTEZ LES PIÉTONS, disent les pancartes, mais les chauffeurs, l'environnement matériel, les usages locaux d'appropriation de l'espace et la disposition même des lieux conspirent pour traiter le piéton avec le mépris qu'il mérite amplement. Randy serait plus respecté s'il se baladait juché sur un bâton sauteur et coiffé d'un chapeau pointu à hélice. Chaque matin, le chasseur lui demande s'il veut un taxi, et manque quasiment défaillir quand il lui répond que non. Chaque matin, les chauffeurs de taxi dans la file devant l'hôtel, appuyés à leur véhicule, la cigarette au bec, lui lancent des : « Taxi ? Taxi ? » Quand il rejette leur offre, ils échangent des remarques spirituelles en tagalog avant de s'esclaffer.

Au cas où Randy n'aurait pas encore saisi le message, un hélico rouge et blanc flambant neuf survole à basse altitude le parc Rizal, tourne en rond comme un chien avant de se coucher, et se pose enfin, non loin de quelques palmiers, juste devant l'hôtel.

Randy a pris l'habitude de gagner Intramuros en coupant par le parc. Ce n'est pas le chemin le plus direct. Le chemin le plus direct traverse un *no-man's land,* une vaste et dangereuse intersection bordée de cabanes de squatteurs (elle est dangereuse à cause des voitures, pas des squatteurs). D'un autre côté, quand on traverse le parc, on doit éconduire des hordes de putes. Mais Randy a pris le coup. Les putes ont du mal à imaginer un homme assez riche pour séjourner à l'hôtel Manille et qui parcourt volontairement à pied la ville chaque jour, aussi l'ont-elles classé parmi les doux dingues. Il est passé dans l'univers de ces choses irrationnelles qu'on n'a d'autre choix que d'accepter et ici, aux Philippines, c'est un domaine quasiment infini.

Randy n'a jamais pu comprendre pourquoi tout le monde puait autant jusqu'au jour où il tombe sur une large découpe rectangulaire dans le trottoir, et voit filer sous ses pieds un fleuve grondant d'eaux usées. Les trottoirs ne sont rien d'autre qu'un couvercle d'égouts. On accède aux profondeurs par des dalles de béton qu'on soulève par l'anneau encastré en leur centre. Les squatteurs ont confectionné des crochets en fil de fer qu'ils glissent dedans pour bénéficier ainsi de latrines publiques instantanées. Ces dalles sont souvent recouvertes de graffitis, initiales, noms de bande ou signature de l'auteur du tag, et si la compétence et le soin du détail varient, l'esprit de corps demeure toujours à un niveau fort élevé.

Il n'y a qu'un nombre limité de portes conduisant à Intramuros. Randy doit s'exposer chaque jour à une cohorte de taxis hippomobiles dont certains n'ont rien de mieux à faire que de le suivre, parfois un quart d'heure durant, en marmonnant des « M'sieur? M'sieur? Taxi? Taxi? » L'un d'eux, en particulier, est le capitaliste le plus tenace que Randy ait jamais vu. Chaque fois qu'il se porte à sa hauteur, un filet d'urine se dévide du ventre de son cheval et vient crépiter sur le pavé, siffle et mousse. D'infimes comètes de pisse éclaboussent les jambes de pantalon de Randy. Randy porte toujours des pantalons longs, nonobstant la chaleur.

Intramuros est un quartier étrangement calme et tranquille. C'est en grande partie parce qu'il a été détruit durant la guerre et n'a pas été dé-détruit depuis. On y trouve encore de vastes terrains vagues, ce qui est fort incongru au milieu d'une immense métropole encombrée.

Plusieurs kilomètres au sud, vers l'aéroport, entouré de jolis lotissements de banlieue : Makiti. Ce serait l'endroit logique pour installer le siège d'Épiphyte SA. On y trouve deux immenses palaces cinq étoiles pour chaque pâté de maison, des tours de bureaux d'aspect propre et engageant, ainsi que des immeubles d'habitation modernes. Mais Avi, avec son sens perverti de l'immobilier, a décidé de tirer un trait sur tout ça en faveur de ce qu'il a décrit au téléphone comme de la *texture.* « Je n'aime pas acheter ou louer quand l'immobilier flambe », explique-t-il.

Comprendre les motivations d'Avi est assimilable à peler un oignon armé d'une paire de baguettes. Randy sait qu'il y a autre chose derrière : peut-être une faveur à recevoir d'un propriétaire, ou au contraire une dette à rembourser. Peut-être a-t-il lu un gourou de la gestion qui conseille les jeunes entrepreneurs désireux de s'impliquer dans la culture d'un pays. Même si jusqu'ici Avi n'a jamais été trop porté sur les gourous. L'ultime hypothèse de Randy est que cela doit avoir un rapport avec les lignes de mire — les latitudes et longitudes.

Parfois, Randy arpente la promenade sur les

murailles espagnoles. Aux alentours de la calle Victoria, là où MacArthur avait installé son QG avant la guerre, le mur est aussi large qu'une artère à quatre voies. Les amants se nichent dans les courtines trapézoïdales en ouvrant des ombrelles pour voler un peu d'intimité. En dessous de lui, sur la gauche, il découvre les douves, larges comme presque deux pâtés de maison, presque à sec. Des squatteurs y ont édifié leurs cabanes. Dans les parties encore submergées, ils creusent pour déterrer les crabes de vase ou jettent des filets improvisés entre les fleurs de lotus violettes et magenta.

Sur sa droite, Intramuros. Quelques édifices dépassent de cet amas confus de pierres éparses. D'antiques canons espagnols parsèment les lieux, à demi enfouis. Les champs de ruines ont été colonisés par la végétation tropicale et les squatteurs. Leurs cordes à linge et leurs antennes de télévision se mêlent aux lianes et aux lignes électriques de fortune. Des poteaux se dressent de guingois dans les airs, comme des souches dans une forêt incendiée, certains sont presque enfouis sous les bulles de verre de compteurs électriques. Tous les dix ou douze mètres, sans raison bien apparente, un tas de détritus se consume.

Alors qu'il longe la cathédrale, des enfants le talonnent, geignant et mendiant, l'air piteux, jusqu'à ce qu'il leur distribue quelques pesos. Alors, ils deviennent radieux et certains lui lancent un « Merci ! » retentissant, dans un anglais aux impeccables relents d'américain de galerie marchande. Les mendiants de Manille ne semblent jamais prendre leur travail vraiment au sérieux, car même eux ont été infectés par le mildiou culturel de l'ironie et paraissent toujours devoir réprimer un sourire, comme s'ils avaient du mal à croire qu'ils puissent faire un truc aussi nul.

Ils ne comprennent pas qu'il travaille. C'est parfait.

Les idées lui sont toujours venues plus vite qu'il ne pouvait les exploiter. Il a passé les trente premières années de sa vie à traquer l'idée qui l'attirait sur le moment, pour l'écarter aussitôt que s'en présentait une meilleure.

Il travaille à nouveau pour une entreprise et a plus ou moins la responsabilité d'employer son temps de manière productive. Les bonnes idées lui arrivent aussi vite et en aussi grand nombre qu'auparavant, mais il doit garder l'œil sur le ballon. Si l'idée n'est pas pertinente pour Épiphyte, il doit la rejeter et ne plus y penser. Si elle l'est, il doit se retenir de plonger dessus et réfléchir : quelqu'un d'autre l'a-t-il eue avant lui ? Ne serait-il pas plutôt possible de se procurer simplement ailleurs cette technologie ? Peut-il déléguer la tâche à un programmeur engagé aux États-Unis ?

Il marche à pas lents, parce que sinon, il risque de faire un infarctus et de tomber raide mort dans le caniveau. Pis encore, il pourrait choir par une trappe ouverte dans un torrent d'eaux usées, ou toucher dans sa chute un des fils électriques des squatteurs qui pendent partout, tels des aspics patients. Le danger permanent de l'électrocution qui plane sur sa tête, ou de la noyade dans le purin qui menace sous ses pieds, l'oblige à regarder en haut ou en bas et pas seulement sur les côtés. Randy ne s'est jamais senti à ce point coincé entre un paradis aussi dangereux que capricieux et des abysses infernaux. Cet endroit est aussi imprégné de religion que l'Inde, mais ici, elle est intégralement catholique.

Tout au nord d'Intramuros se trouve un petit quartier des affaires. Il est pris en sandwich entre la cathédrale et le fort Santiago construit par les Espagnols pour verrouiller l'embouchure du fleuve Pasig. On remarque que c'est un quartier des affaires à cause des poteaux téléphoniques. Comme dans toutes les économies asiatiques en développement rapide, il est difficile de dire s'il s'agit de lignes pirates ou de lignes officielles incroyablement mal installées. Elles sont un cas d'école des méfaits de l'incrémentation. Les grappes de câbles sont par endroit si denses que Randy ne pourrait sans doute pas les tenir à deux bras. Le poids et la tension ont commencé à faire basculer les poteaux, surtout dans les virages, quand les câbles changent de direction et exercent une force latérale résultante.

Tous ces bâtiments sont construits de la manière la plus économique possible : du béton versé dans des coffrages en bois, sur des ferraillages attachés à la main. Ils sont trapus, gris, et parfaitement interchangeables. Deux édifices bien plus grands, de vingt ou trente étages, dominent le quartier, dressés sur un grand carrefour proche. Le vent et les oiseaux circulent entre leurs vitres brisées. Ils ont été sérieusement ébranlés lors d'un séisme dans les années quatre-vingts et n'ont pas été réhabilités depuis.

Randy passe devant un restaurant devant lequel se dresse une espèce de casemate en béton dont les ouvertures sont couvertes de plaques de tôle noire et du sommet de laquelle s'échappent des tuyaux d'échappement rouillés pour évacuer les gaz de combustion du générateur Diesel abrité à l'intérieur. On lit des NON AUX RESTRICTIONS ! fièrement graffités un peu partout dessus. Plus loin, c'est un immeuble de bureau d'après-guerre, de trois étages, dans lequel s'introduit une perruque de fils téléphoniques particulièrement fournie. Le sigle d'une banque est boulonné sur la façade, en dessous. Des places de stationnement en épi sont disposées devant. L'accès aux deux espaces libres devant l'entrée principale est barré par des pancartes rédigées à la main : RÉSERVÉ AU FOURGON BLINDÉ et RÉSERVÉ AU DIRECTEUR. Deux vigiles montent la garde devant la porte, serrant la crosse épaisse de leur fusil à pompe, des armes qui ont la silhouette massive et bédéesque d'accessoires pour figurines guerrières. L'un des vigiles se tient derrière un comptoir à l'épreuve des balles qui porte l'inscription : VEUILLEZ DÉPOSER À LA CONSIGNE VOS PISTOLETS/ARMES À FEU.

Randy échange un signe de tête avec les vigiles et

pénètre dans le hall du bâtiment, où règne une température aussi torride qu'à l'extérieur. Passant devant les guichets, ignorant les ascenseurs peu fiables, il franchit une porte d'acier qui donne sur une étroite cage d'escalier. Aujourd'hui, il y fait noir. Le réseau électrique de l'immeuble est un patchwork — plusieurs systèmes différents coexistent aux mêmes endroits, contrôlés par des tableaux différents, certains raccordés sur le groupe électrogène, d'autres pas. Aussi les coupures se produisent-elles par phases successives. Quelque part vers le haut de la cage, on entend pépier des petits oiseaux qui font concurrence au bruit des alarmes de voiture qui se déclenchent à l'extérieur.

Épiphyte SA loue tout le dernier étage du bâtiment, même si jusqu'ici Randy est la seule personne à travailler là-haut. Il déverrouille la porte. Dieu soit loué, la clim n'est pas tombée en panne. L'argent qu'il a investi pour disposer de son propre groupe électrogène n'a pas été dépensé en vain. Il coupe les systèmes d'alarme, ouvre le frigo, en sort deux bouteilles d'un litre d'eau minérale. Sa règle de base, après toute marche à pied, est de boire jusqu'à ce qu'il se remette à uriner. Alors seulement peut-il envisager d'autres activités.

Il est trop en nage pour s'asseoir. Il doit continuer de bouger pour permettre la circulation de l'air froid et sec autour de son corps. D'un geste, il chasse de sa barbe les gouttes de sueur et parcourt la pièce d'un regard circulaire, observant par les fenêtres, vérifiant les alignements. Il sort de son pantalon la banane en nylon contenant ses papiers et la laisse pendre, accrochée à sa ceinture, pour que la peau en dessous puisse respirer. La pochette contient son passeport, une carte de crédit vierge, dix billets de cent dollars tout neufs, et une disquette contenant sa clé de cryptage sur 4 096 bits.

Vers le nord, son point de vue embrasse les espaces verts et les remparts du fort Santiago, où des phalanges de touristes nippons s'échinent à enregistrer leur bonheur avec une détermination d'enquêteurs policiers. Derrière coule le fleuve Pasig, charriant des masses de débris flottants. Sur l'autre rive s'étend Quiapo, une zone urbanisée : des tours d'appartements et de bureaux avec des noms de firmes qui s'étalent sur leurs derniers étages et des toits encombrés de paraboles-satellite.

Répugnant à s'immobiliser encore, Randy continue de tourner dans le sens des aiguilles d'une montre. Intramuros est entouré d'une ceinture verte, les anciennes douves. Il vient d'en longer la lisière ouest. La partie orientale est hérissée de lourdes bâtisses néoclassiques abritant plusieurs ministères. L'Autorité des Postes et télécommunications se dresse sur les rives de la Pasig, à un point nodal du fleuve où trois ponts rapprochés desservent Quiapo. Derrière les grands immeubles neufs dominant le fleuve, Quiapo et le faubourg voisin de San Miguel sont une mosaïque de bâtiments administratifs et de services : une gare, une vieille prison, de nombreuses universités, et le palais de Malacanang, un peu plus haut en amont.

Sur la rive proche, Intramuros s'étale à l'avant-plan : églises et cathédrales entourées de parcelles inutilisées, institutions gouvernementales, collèges et facultés au milieu, et au-delà, l'étendue apparemment infinie de la ville basse et enfumée. À quelques kilomètres au sud s'élève, resplendissant, le centre d'affaires de Makati, bâti autour d'une place où deux grandes artères se croisent à angle droit, reflet du dessin des pistes de l'aéroport, encore plus au sud. Une cité d'émeraude formée de résidences cossues trônant au milieu de vastes pelouses s'étend après Makati : c'est là que vivent diplomates et chefs d'entreprise. Poursuivant sa balade toujours dans le même sens, il peut suivre le tracé du boulevard Roxas qui se dirige vers lui en remontant la digue, marqué par un alignement de hauts palmiers. La baie de Manille est encombrée de navires, de gros cargos amassés comme des rondins contre une estacade. Le port à conteneurs est juste en dessous de lui vers l'ouest : un quadrillage d'entrepôts bâtis sur des terrains gagnés sur la mer, aussi plats (et aussi naturels) qu'une plaque d'aggloméré.

S'il regarde par-delà les grues, portiques et conteneurs, plein ouest de l'autre côté de la baie, il entrevoit vaguement le contour montagneux de la péninsule de Bata'an, distante d'une soixantaine de kilomètres. S'il suit la ligne de crête vers le sud — retraçant l'itinéraire emprunté par les Nippons en 1942 — il pourrait presque distinguer une masse détachée de son extrémité méridionale : ce doit être l'île de Corregidor. C'est la première fois qu'il arrive à la repérer; l'air est d'une limpidité inhabituelle aujourd'hui.

Des fragments de détails historiques remontent à la surface de son cerveau fondu : le galion d'Acapulco. Le feu allumé par les vigies à Corregidor.

Il compose le numéro de mobile d'Avi. Celui-ci, quelque part sur la planète, y répond. Au bruit environnant, on dirait qu'il est dans un taxi, dans un de ces pays où actionner l'avertisseur sonore reste encore un droit inaliénable.

— Qu'est-ce que t'as en tête, Randy?

— Des lignes de mire, répond Randy.

— Ouch! lâche Avi, comme si un médecine-ball venait de lui atterrir dans le bide. T'as fini par piger.

## *GUADALCANAL*

Les corps des membres du commando de Marines ne sont plus pressurisés par l'air et le sang. Le poids de leur barda les écrase dans le sable. Le ressac de plus en plus insistant a déjà commencé de les recouvrir de vase; des queues de comètes sanguinolentes retournent se diluer dans l'océan, tapis rouges pour d'éventuels requins venus longer le rivage. Mis à part un lézard géant, tous les autres ont la même silhouette générale : renflée au milieu et fuselée aux extrémités, profilée par les vagues.

Un petit convoi de bateaux nips s'est engagé dans l'ouverture, remorquant des barges chargées d'approvisionnements rangés dans des fûts d'acier. Shaftoe et son peloton devraient à l'heure qu'il est les pilonner au mortier. Quand enfin l'aviation américaine va se pointer et leur foutre une dégelée, les Nips balanceront les fûts par-dessus bord avant de s'enfuir, avec l'espoir que certains seront drossés jusqu'au rivage de Guadalcanal.

La guerre est finie pour Bobby Shaftoe et c'est loin d'être la première ou la dernière fois. Il erre d'un pas lourd au milieu du peloton. Les vagues lui frappent les genoux, avant de s'étaler en tapis magiques de mousse et de matière végétale qui ruissellent sur la plage, lui donnant l'impression que ses pas se dérobent sous lui. Il n'arrête pas de se retourner sans raison et finit par se retrouver le cul dans la flotte.

Finalement, il atteint le corps de leur infirmier et lui ôte tout ce qui porte une croix rouge. Il tourne le dos au convoi de Nips et contemple le long glacis qui descend jusqu'à la ligne d'estran. Ce pourrait aussi bien être l'Everest vu d'un des premiers camps de base. Shaftoe décide de relever le défi à quatre pattes. De temps en temps, une grosse vague lui fouette le cul, se glisse orgasmiquement entre ses jambes et vient lui arroser le visage. Ça fait du bien et surtout, ça l'empêche de piquer du nez et de s'endormir dans le sable avant la limite des hautes eaux.

Les deux jours qui suivent sont une poignée d'instantanés en noir et blanc, sales et délavés, battus et distribués cent fois : la plage sous les eaux, la position des corps marquée par le contour des vagues. La plage découverte. La plage à nouveau recouverte. La plage jonchée de masses noires, comme une tranche du pain aux raisins de mamie Shaftoe. Un flacon de morphine à demi enfoui dans le sable. Des petits bonshommes noirs, presque nus, qui sillonnent la plage à marée basse et détroussent les cadavres.

Eh, minute! Sans trop savoir comment, Shaftoe est debout et empoigne sa Springfield. La jungle ne veut pas le lâcher; des lianes ont réussi à s'enrouler autour de ses membres durant le temps où il est resté étendu. Quand il émerge, traînant ce feuillage derrière lui, tel un char des cotillons lors d'une parade, le soleil lui coule dessus, sirop d'ipéca brûlant. Il voit le sol se précipiter vers lui. Il tombe en tournoyant — juste le temps d'entrevoir un grand type avec un fusil — et puis son visage se retrouve plaqué contre le sable frais. Le ressac rugit dans son crâne : une ovation debout par le public du studio; sympa mais normal, ce sont des anges : étant tous passés par là, ils savent reconnaître une belle mort quand ils en voient une.

De petites mains le roulent sur le dos. Une de ses paupières est givrée par le sable. D'un œil, il avise un type avec un fusil passé à l'épaule qui le domine de toute sa masse. Le mec a une barbe rousse, ce qui rend pour le moins improbable son appartenance à l'armée nippone. Mais alors, qui est-il ?

Il le tâte comme un toubib et prie comme un prêtre — en latin, même. Duvet argenté ras sur son crâne bronzé. Shaftoe reluque ses fringues, cherchant un insigne quelconque. Il espère voir *Semper Fidelis,* la devise du corps des Marines, mais au lieu de cela, il lit : *Societas Eruditorum* et *Ignoti et quasi occulti.*

— Ignoti et... putain, qu'est-ce que ça veut dire ?

— Cachés et inconnus — plus ou moins, lui répond l'homme.

Il a un drôle d'accent, mi-australien, mi-allemand. À son tour d'examiner l'insigne de Shaftoe.

— C'est quoi un Commando de Marines ? Une nouvelle unité ?

— Comme un Marine, juste en mieux, répond Shaftoe.

Ce qui pourrait passer pour de la vantardise. C'est en partie le cas. Mais la remarque est aussi chargée d'ironie que les vêtements de Shaftoe sont lestés de sable, car, à cet instant précis de l'histoire, un Marine n'est jamais qu'un sacré fils de pute. Il est un sacré F.D.P. perdu au milieu de nulle part (Guadalcanal) sans armes ni vivres (en raison, n'importe quel Marine vous le dira, d'un sinistre complot entre le général MacArthur et les Nips), contraint d'improviser à mesure, de se bricoler des munitions avec des objets trouvés, l'esprit brouillé la moitié du temps par les fièvres et les médicaments destinés à repousser les fièvres. De sorte qu'au plein sens de tous ces termes, un Commando de Marines est (comme dit Shaftoe) comme un Marine, juste en mieux.

— Vous aussi, vous êtes dans un commando ? demande Shaftoe, interrompant les messes basses du rouquin.

— Non, je vis sur la montagne.

— Oh, pas possible ? Et t'y fais quoi, Red ?

— J'observe. Et je cause dans la radio, en code.

Et il repart à marmonner.

— À qui tu causes, Red ?

— Vous voulez dire, en ce moment, en latin, ou en code à la radio ?

— Les deux, m'est avis.

— En code à la radio, aux bons.

— C'est qui, les bons ?

— C'est une longue histoire. Si vous survivez, je pourrai vous en présenter certains, répond Red.

— Et en ce moment, en latin ?

— Je parle à Dieu, répond Red. Les derniers sacrements, au cas où vous ne survivriez pas.

Ce qui lui fait penser aux autres. Il se rappelle enfin pourquoi il a pris cette décision idiote de se redresser.

— Eh ! Eh ! (Il veut se rasseoir, découvre que c'est impossible, se tortille au sol.) Ces salopards détroussent les corps !

Ses yeux n'y voient pas clair et il doit essuyer le sable qui lui colle une paupière.

En fait, il voit parfaitement clair : ce qui ressemblait à des fûts d'acier échoués sur la plage se révèle être... des fûts d'acier échoués sur la plage. Les autochtones les déterrent à la main, en creusant comme des chiens, avant de les rouler jusqu'en haut de la dune et de disparaître avec dans la jungle.

Shaftoe perd conscience.

Quand il reprend ses esprits, il découvre une rangée de croix sur la plage — des bouts de bois attachés avec des lianes et décorés de fleurs sauvages. Red les enfonce dans le sable à coups de crosse. Tous les fûts d'acier et la majorité des autochtones ont disparu. Shaftoe a besoin de morphine. Il s'en ouvre à Red.

— Si vous estimez en avoir besoin maintenant, lui répond celui-ci, vous n'avez qu'à attendre.

Il lance son fusil à un indigène, rejoint Shaftoe à grands pas, le soulève et le hisse sur ses épaules, comme un pompier. Shaftoe hurle. Deux Mitsubishi Zero les survolent, filant vers la jungle.

— Je m'appelle Enoch Root, dit Red, mais vous pouvez m'appeler Frère.

# GALION

Un matin, Randy Waterhouse se lève tôt, s'attarde sous la douche brûlante, se plante devant la glace de sa suite à l'hôtel Manille et se rase jusqu'au sang. Il avait songé confier cette tâche à un spécialiste : le coiffeur qui officie dans le hall de l'hôtel. Mais c'est la première fois depuis dix ans que son visage sera visible, et Randy veut s'en garder l'exclusivité. Du reste, il a le cœur qui bat à tout rompre, en partie à cause d'une terreur primitive de la lame, en partie à cause de la curiosité et de l'excitation. C'est comme la scène fameuse dans ces vieux films ringards où l'on ôte enfin les pansements du visage du patient et qu'on lui présente un miroir.

L'effet initial est celui d'un intense sentiment de déjà vu, comme si les dernières années de son existence n'avaient été qu'un rêve qu'il va désormais devoir revivre.

Puis il commence à relever les changements subtils qu'a connus son visage depuis la dernière fois qu'il a été exposé à l'air et à la lumière. Il est assez surpris de constater que ceux-ci ne sont pas entièrement négatifs. Randy ne s'est jamais considéré comme particulièrement beau, et ne s'en est d'ailleurs pas vraiment soucié. Pourtant, le visage maculé de sang dans la glace est sans doute plutôt mieux que celui peu à peu mangé par la barbe, dix jours plus tôt. Il ressemble à un visage d'adulte.

Cela fait une semaine qu'Avi et lui ont préparé leur plan à destination des hauts fonctionnaires des Télécoms. Télécoms est un terme générique que les hommes d'affaires de la branche collent, comme un Post-it jaune, sur tout service officiel chargé des postes et télécommunications, quel que soit le pays où ils sont de passage. Aux Philippines, l'intitulé exact est tout autre.

Les Américains ont conduit, ou à tout le moins accompagné, les Philippines dans le XX^e siècle et mis en place l'appareil de son gouvernement central. Intramuros, le cœur défunt de Manille, est entouré d'un anneau lâche de tours néoclassiques, très inspirées de celles du District fédéral, qui abritent divers services de cet appareil. Les Télécoms ont leur siège dans un de ces immeubles, juste au sud du fleuve Pasig.

Randy et Avi s'y rendent tôt parce que Randy, habitué à la circulation locale, a prévu une bonne heure de taxi pour couvrir les deux ou trois kilomètres depuis leur hôtel. Mais la circulation, perversité du destin, est clairsemée aujourd'hui, et ils se retrouvent avec vingt bonnes minutes à tuer. Ils errent autour du bâtiment et montent sur la digue engazonnée. Avi en profite pour repérer le bâtiment d'Épiphyte SA, juste pour s'assurer que leur ligne de visée est dégagée. Randy a déjà vérifié ce point et se contente d'attendre, les bras croisés, à contempler le fleuve. D'une rive à l'autre, il est obstrué par des débris flottants : débris végétaux, mais surtout vieux matelas, coussins, fragments d'emballages divers, plaques de mousse et, par-dessus tout, des sacs en plastique de toutes les couleurs. Le fleuve a la consistance du vomi.

Avi fronce le nez.

— Qu'est-ce que c'est ?

Randy hume l'air et sent, couvrant toutes les autres, une odeur de plastique brûlé. Il indique l'aval.

— Le camp de squatteurs sur l'autre rive de fort

Santiago, explique-t-il. Ils tamisent l'eau pour récupérer le plastique et le brûlent comme carburant.

— J'étais à Mexico il y a quinze jours, dit Avi. Là-bas, ils ont de véritables forêts de plastique!

— Comment cela?

— Sous le vent de l'agglomération, les arbres servent en quelque sorte de filtre et récupèrent ainsi les sacs en plastique envolés. Ils se retrouvent entièrement recouverts. Ils finissent par mourir, l'air et la lumière ne parvenant plus jusqu'au feuillage. Mais ils restent debout, engoncés dans cet amas de lambeaux de plastique multicolores.

Randy se débarrasse de son blazer, retrousse ses manches de chemise; Avi ne semble pas remarquer la chaleur.

— Alors, c'est le fort Santiago... dit-il et il s'avance dans cette direction.

— T'en as entendu parler?

Randy le suit, avec un soupir. L'air est si torride que lorsqu'il quitte vos poumons, il s'est rafraîchi de plusieurs degrés.

— On en parle dans la vidéo, explique Avi en brandissant une cassette.

— Oh, vu!

Ils se retrouvent bientôt devant l'entrée du fort qui est flanquée de deux statues en pierre volcanique : des Espagnols armés d'une hallebarde, en culotte bouffante et casque de conquistador. Ils montent ainsi la garde depuis près d'un demi-millénaire, et cent mille orages tropicaux ont lissé leurs corps et poli leurs traits.

Avi travaille à un horizon temporel bien plus rapproché : il n'a d'yeux que pour les impacts de balles qui ont défiguré ces soldats bien plus que les siècles et la pluie. Il y met les doigts, dubitatif comme saint Thomas. Puis il recule et se met à marmonner en hébreu. Deux touristes allemands à queue de cheval franchissent la porte, chaussés de sandales rustiques.

— On a cinq minutes, indique Randy.
— D'accord, on reviendra plus tard.

Charlene n'avait pas entièrement tort. Le sang suinte des minuscules coupures invisibles et indolores à son visage et son cou dix minutes à un quart d'heure après qu'il s'est rasé. Quelques instants plus tôt, ce sang traversait ses ventricules ou s'infiltrait dans les parties du cerveau qui font de lui une entité consciente. Désormais, ce même liquide est exposé à l'air; il n'a qu'à lever la main pour l'essuyer. La frontière entre Randy et son environnement a été effacée.

Il sort un gros tube d'écran total résistant à l'eau et s'en tartine le visage, le cou, les bras et la petite zone au sommet du crâne qui commence à se dégarnir. Puis il enfile son pantalon kaki, ses chaussures de bateau, passe une chemisette de coton et s'attache la banane contenant son récepteur GPS et deux ou trois autres articles indispensables comme un rouleau de papier toilette et un appareil photo jetable. Il lâche ses clés sur le comptoir de la réception et tous les employés le regardent interloqués puis sourient. Les chasseurs semblent particulièrement ravis de sa métamorphose. Ou peut-être est-ce juste parce que, pour une fois, il a mis des souliers en cuir : des mocassins, qu'il a toujours considérés comme mollement BCBG mais qui s'avèrent en fait un choix raisonnable pour une journée comme celle-ci. Les chasseurs s'apprêtent à lui ouvrir en grand la porte principale, mais plutôt que de s'y diriger, Randy oblique vers l'arrière de l'hôtel, contourne la piscine et traverse une rangée de palmiers pour gagner la balustrade qui domine la digue. En dessous de lui, l'appontement privé de l'établissement, qui donne sur une petite anse ouverte sur la baie de Manille.

Son pilote n'est pas encore arrivé et il reste une minute accoudé à la balustrade. Un côté de l'anse est accessible depuis le parc. Quelques vieux Philippins noueux lézardent sur les bancs et le dévisagent. En bas, sous le brise-lames, un homme d'âge mûr, vêtu d'un simple caleçon, dans l'eau jusqu'aux genoux, tient un bâton pointu en fixant avec une intensité de félin les vaguelettes. Un hélicoptère noir décrit lentement des cercles dans un ciel blanc comme sucre. C'est un Huey datant du Vietnam, une antiquité crépitante qui émet en outre force sifflements reptiliens lorsqu'il glisse au-dessus de lui.

Une embarcation se matérialise dans la brume qui s'élève de la baie, coupe son moteur et accoste dans l'anse, chassant devant elle une vague d'étrave, comme une ride sur un gros tapis. Une femme grande et mince se tient à l'avant, telle une figure de proue vivante, tenant en main un rouleau de cordage.

Les grandes paraboles-satellite sur le toit de l'immeuble des Télécoms sont pointées presque à la verticale, comme des vasques pour oiseaux, car Manille est tout près de l'équateur. Sur les murs de pierre, le mortier avec lequel on a rebouché après-guerre les trous de projectiles et d'éclats d'obus se détache par plaques. Les climatiseurs de fenêtres installés au milieu des arcatures romanes gouttent sur les balustrades en grès et l'eau les dissout graduellement.

Dans une salle de conférences couverte de boiseries, une douzaine de personnes attendent, réparties également entre gros bonnets installés à la table et sous-fifres alignés contre le mur. Quand Avi et Randy pénètrent dans la salle, il se produit un grand mouvement de poignées de mains et d'échange de cartes, même si la plupart de ces présentations traversent la mémoire à court terme de Randy à la vitesse d'un chasseur supersonique. Ne lui reste qu'une petite pile de cartes de visite. Il les étale sur son coin de table comme un vieux prospecteur gâteux jouant au chercheur d'or avec son plateau-repas. Comme de juste, Avi connaît déjà presque tous ces gens — il semble même être à tu et à toi avec la plupart, connaissant le prénom et l'âge de leurs enfants, leurs dadas, leur groupe sanguin, leurs affections chroniques, leurs lectures préférées, les soirées auxquelles ils ont assisté. Tous en sont de toute évidence ravis et tous, Dieu soit loué, ignorent royalement Randy.

Sur la demi-douzaine de pontes présents dans la pièce, trois sont des Philippins d'âge mûr. L'un d'eux est un haut fonctionnaire des Télécoms. Le deuxième est le président d'une toute nouvelle entreprise de télécommunications baptisée FiliTel, qui essaye de rivaliser avec le monopole établi. Le troisième enfin est le président d'une société du nom de 24-Jam qui possède près de la moitié des boutiques d'épicerie du pays, ainsi que plusieurs en Malaisie. Randy a du mal à mettre un nom sur tous ces visages, mais en les regardant converser avec Avi et en recourant à la logique inductive, il parvient bientôt à associer cartes de visite et visages.

Pour les trois autres, c'est facile : deux ressortissants américains et un Nippon, et sur les deux Américains, il y a une femme. Elle porte des chaussures à talon bleu lavande coordonnées à un joli petit ensemble à minijupe. Ses ongles sont de la même couleur. On la dirait droit sortie d'un publi-reportage télévisé pour les faux ongles et les permanentes à domicile. Sa carte l'identifie comme Mary Ann Carson et indique qu'elle est vice-présidente d'AVCLA, Asia Venture Capital Los Angeles ; Randy sait vaguement qu'il s'agit d'une société de capital-risque qui investit dans les pays d'Asie en plein boum économique. Son compatriote est blond, la mâchoire carrée, avec une allure quasi militaire. Il semble alerte, discipliné, impassible, ce que les amis de Charlene interpréteraient comme de l'hostilité née de la répression d'un profond désordre mental sous-jacent. Il représente le Port autonome de la baie de Subic. Quant au Nippon, c'est le vice-président exécutif de la filiale d'une entreprise d'électronique grand public d'une dimension ridiculement colossale. Il mesure près d'un mètre quatre-vingts. Il a un corps étroit et une grosse tête en forme de poire renversée, une épaisse touffe de cheveux bordés de gris et des lunettes à monture en fil. Il sourit tout le temps et il émane de lui la confiance sereine d'un homme qui a mémorisé les deux mille pages d'un manuel de savoir-vivre en affaires.

Avi s'empresse de lancer la vidéocassette qui, pour l'heure, représente 75 % de l'actif d'Épiphyte SA. Avi l'a fait réaliser par une jeune boîte de prod multimédia à San Francisco, et le contrat de production a représenté 100 % des revenus de la jeune boîte cette année. « Les gâteaux s'émiettent si on les découpe en tranches trop fines », se plaît à répéter Avi.

La vidéo commence par une séquence — piquée d'un vieux téléfilm oublié — montrant un galion espagnol dans une mer déchaînée. En surimpression, ce titre : MER DE CHINE MÉRIDIONALE — 1699. La bande-son a été remastérisée et réencodée en Dolby à partir de la version mono d'origine. Elle est assez impressionnante.

(« La moitié des investisseurs de l'AVCLA sont des plaisanciers », a expliqué Avi.)

Plan (produit par la boîte de multimédia et inséré sans raccord visible) d'une vigie efflanquée, épuisée, dans son nid-de-pie, tenant une lunette en laiton et hurlant en espagnol l'équivalent de : « Terre ! »

Plan sur le capitaine du galion, un rude barbu qui émerge de sa cabine pour examiner l'horizon avec une perplexité très keatsienne. « Corregidor ! » s'exclame-t-il.

Plan de coupe sur une tour de pierre au sommet d'une île tropicale verdoyante d'où une vigie aperçoit le galion (inséré par trucage numérique) à l'horizon. La vigie met ses mains en cornet autour de la bouche et hurle, en espagnol : « C'est le galion ! Allumez les feux ! »

(« La famille du mec qui dirige les Télécoms est très branchée histoire locale, a expliqué Avi. Ils s'occupent du musée historique des Philippines. »)

Avec force cris vigoureux, les Espagnols (en vérité des acteurs américains d'origine mexicaine), coiffés de casques de conquistadors, plongent des tisons ardents dans une haute pile de bois sec qui aussitôt se transforme en pyramide de flammes assez intenses pour rôtir un bœuf sur pied.

Plan de coupe sur les remparts du fort Santiago de Manille (avant-plan : polystyrène expansé sculpté ; arrière-plan : paysage recréé par trucage numérique), où un autre conquistador avise une lumière jaillissant à l'horizon. « *Mira! El galleon!* » s'écrie-t-il.

Plans successifs d'habitants de Manille se précipitant vers la digue pour adorer le signal lumineux, y compris un moine augustin qui noue ses mains tenant un chapelet et se met sur-le-champ à déclamer en latin (« la famille qui dirige FiliTel fait des dons à l'une des chapelles de la cathédrale de Manille »), mais aussi une famille soignée de commerçants chinois en train de décharger d'une jonque des balles de soie (« 24-Jam, la chaîne d'épiceries, est dirigée par des métis chinois »).

Début d'un commentaire hors-champ, récité d'une voix profonde et autoritaire, anglaise mais avec un accent philippin (« le comédien est le frère du parrain du petit-fils du patron des Télécoms »). Des sous-titres en tagalog apparaissent au bas de l'écran (« le personnel des Télécoms est politiquement très attaché à la langue locale »).

« Durant l'âge d'or de l'Empire espagnol, l'événement le plus important de l'année était l'arrivée du galion d'Acapulco, chargé d'argent des riches mines d'Amérique — de l'argent pour acheter la soie et les épices d'Asie, de l'argent qui faisait des Philippines la source de la prospérité économique de la région. L'arrivée du galion était annoncée par un signal lumineux allumé sur l'île de Corregidor, à l'entrée de la baie de Manille. »

Enchaînement (enfin!) sur les visages illuminés et radieux des habitants de Manille sur fond de graphique en rendu 3D de la baie de Manille, de la péninsule de Bata'an et des petites îles à sa pointe, dont Corregidor. Le point de vue balaie le paysage pour zoomer sur cette dernière île où flamboie un bûcher rendu de manière approximative. Un trait de lumière jaune, genre tir de phaser dans *Star Trek*, traverse la baie. La caméra le suit. Il s'écrase sur les murailles du fort Santiago.

« Les feux de signalisation sont une technologie simple qui remonte à l'Antiquité. Traduit dans le langage de la science moderne, leur lumière est une forme de *rayonnement électromagnétique* qui se propage en ligne droite à travers la baie de Manille en transportant un bit unique d'information. Mais à une époque où les gens en étaient privés, ce bit unique signifiait tout pour les habitants de Manille. »

Enchaînement sur un thème funky. Plan sur une vue de la Manille d'aujourd'hui, grouillante d'activité. Plans de galeries marchandes et d'hôtels de luxe à Makati. D'usines d'électronique, d'écoliers assis devant des écrans d'ordinateurs. De paraboles-satellite. De cargos déchargeant dans l'immense port autonome de la baie de Subic. Succession de sourires et de pouces levés.

« Les Philippines d'aujourd'hui sont une dynamo économique émergente. Avec la croissance économique croît la faim d'information — et il ne s'agit plus désormais de bits isolés mais de centaines de milliards de bits. Néanmoins, la technologie pour transmettre cette quantité de données n'a pas changé autant qu'on pourrait le croire. »

Retour au rendu 3D de la baie de Manille. Cette fois, au lieu du brasier de Corregidor, c'est le cône d'une antenne à micro-ondes sur une tour au point culminant de l'île, qui émet des rafales d'ondes sinusoïdales bleu électrique en direction de l'agglomération de Manille.

« Les rayonnements électromagnétiques — en l'espèce, des faisceaux micro-ondes — se propageant en ligne droite, en vue directe, peuvent transmettre rapidement d'énormes quantités d'information. Les technologies modernes de cryptographie mettent ces signaux à l'abri d'éventuelles oreilles indiscrètes. »

Retour sur la séquence du galion et de la vigie. « Autrefois, la situation de Corregidor, à l'entrée de la baie de Manille, en faisait une vigie naturelle — un endroit où l'on pouvait recueillir des informations sur les vaisseaux à l'approche. »

Plan sur une barge, dans une anse, quelque part, en train de dévider d'épais câbles goudronnés, de plongeurs en train de manipuler de longues chaînes de bouées orange. « De nos jours, la situation géographique de Corregidor en fait le site idéal d'arrivée de câbles intercontinentaux à fibres optiques. L'information qui transite par ces câbles — venue de Taïwan, d'Hongkong, de Malaisie, de Nippon et des États-Unis — peut, de là, être retransmise directement jusqu'au cœur de Manille. *À la vitesse de la lumière !* »

Nouveaux graphiques en 3D. Cette fois, c'est un rendu détaillé du paysage urbain de Manille. Randy le connaît par cœur parce que c'est lui qui a recueilli les données pour cette foutue séquence en sillonnant la ville avec son récepteur GPS. Le faisceau de bits en provenance de Corregidor traverse droit la baie et vient pile frapper l'antenne située sur le toit d'un bâtiment anonyme de trois étages situé entre le fort Santiago et la cathédrale. C'est le siège d'Épiphyte et l'antenne porte discrètement le nom et le sigle d'Épiphyte SA. D'autres antennes retransmettent ensuite l'information vers l'immeuble des Télécoms et d'autres sites proches : des gratte-ciel de Makati, des ministères à Quezon, et une base aérienne au sud de la capitale.

Des employés de l'hôtel déploient une passerelle recouverte de moquette entre la digue et le bateau. Dès que Randy pose le pied dessus, la femme lui tend la main. Il s'avance pour la lui serrer. Il se présente :

— Randy Waterhouse.

Elle saisit sa main et l'attire à bord — moins pour le saluer que pour s'assurer qu'il ne tombe pas à l'eau.

— Salut ! Moi, c'est Ami Shaftoe. Bienvenue sur la *Glory*.

— Pardon ?

— Glory. Cette jonque s'appelle *Glory*, explique-t-elle.

Elle parle en articulant, comme si elle communiquait avec un talkie-walkie au milieu des parasites.

— En fait, c'est la *Glory IV*, poursuit-elle.

Son accent est nettement du Midwest, avec un petit côté sudiste, et un rien de philippin aussi. Si vous la croisiez dans les rues d'une ville du Middle-West, vous remarqueriez peut-être les traces d'ancêtres asiatiques autour de ses yeux. Dans ses cheveux brun foncé, des mèches sont éclaircies par le soleil, et ils sont juste assez longs pour lui permettre de les attacher en queue de cheval, pas plus.

— Une seconde... fait-elle et elle glisse la tête dans la cabine pour s'adresser au pilote dans un mélange de tagalog et d'anglais.

Le pilote acquiesce, regarde alentour et entreprend de manipuler ses commandes. Les employés de l'hôtel commencent à retirer la passerelle.

— Eh ! lance Amy d'une voix tranquille et elle lance à chacun, tour à tour, un paquet de Marlboro. Ils les interceptent, sourient, la remercient. La *Glory IV* fait machine arrière et s'éloigne du quai.

Amy passe les minutes qui suivent à parcourir le pont, révisant mentalement une espèce de liste de contrôle. Randy compte quatre hommes d'équipage en sus du pilote — deux Blancs et deux Philippins. Tous bidouillent des moteurs ou du matériel de plongée d'une façon qu'il identifie aussitôt, malgré les multiples barrières culturelles et technologiques, comme du débogage. Amy lui passe devant à deux reprises, mais chaque fois elle évite de croiser son regard. Ce n'est pas de la discrétion. Son langage corporel est éloquent : « Je sais que les hommes ont la manie de reluquer le moindre jupon qui passe, avec l'espoir de tirer du plaisir de leur beauté physique, de leur chevelure, de leur maquillage, de leur parfum et de leur mise. Je m'en vais ignorer tout ça, avec patience et courtoisie, jusqu'à ce que tu aies surmonté ce stade. » Amy est une fille aux longues jambes vêtue d'un jean taché de peinture, d'un débardeur, de sandales high-tech, et elle a manifestement le pied marin. Finalement, elle s'approche de lui, le regarde dans les yeux l'espace d'une seconde, puis détourne la tête, comme ennuyée.

— Merci de me conduire, dit Randy.

— De rien, fait-elle.

— Je suis gêné de ne pas avoir donné de pourboire aux mecs sur le quai. Puis-je vous rembourser ?

— Vous pouvez me rembourser avec des renseignements, dit-elle sans hésiter.

D'une main, elle se masse la nuque. Son coude s'élève dans les airs. Randy note la présence d'un mois de duvet à son aisselle puis il entrevoit l'angle d'un tatouage qui dépasse de sous le débardeur.

— Vous êtes dans le renseignement, pas vrai ?

Elle observe son visage, espérant qu'il saisira le mot d'esprit et rira, ou du moins sourira. Mais il est trop préoccupé pour relever. Elle détourne les yeux, cette fois avec un regard entendu, sardonique — *tu ne m'as pas pigée, Randy, ce qui est absolument typique, et je ne vais pas m'en formaliser.* Elle lui fait penser à ces femmes d'affaires lesbiennes qu'il a connues, des gouines urbaines sèches comme un coup de trique, amatrices de chat et de ski de fond.

Elle le mène dans une cabine climatisée aux baies panoramiques et dotée d'une machine à café. Elle est décorée de frisette comme une cave de pavillon de banlieue avec tout un tas de documents accrochés dans des cadres aux parois : des trucs genre licences et agréments divers, plus des agrandissements de photos en noir et blanc de personnages et de bateaux. Ça sent le café, le savon et l'huile de machine. Il y a un gros radiocassette maintenu par des cordes de saut à l'élastique, et une boîte à chaussures contenant une douzaine de CD, pour l'essentiel de chanteuses-compositrices américaines du style décalé, incompris, très intello mais bourré d'émotion, qui fourguent de la musique léchée à des consommateurs qui comprennent ce que c'est que d'être incompris [1]. Amy leur remplit deux gobelets de café et les pose sur la table boulonnée au milieu de la cabine, puis elle fouille dans les poches de son jean étroit, en sort un portefeuille étanche en nylon, d'où elle extrait deux cartes de visite qu'elle lance à Randy par-dessus la table, l'une après l'autre. Elle semble y prendre plaisir : un petit sourire intime effleure ses lèvres puis disparaît à l'instant où Randy le remarque. Les cartes portent le sigle de Semper Marine Services et le nom d'America Shaftoe.

— Vous vous prénommez America ?

Amy regarde par la baie, l'air las, redoutant qu'il en fasse tout un plat.

— Ouais.

— Où avez-vous grandi ?

Elle semble fascinée par le paysage extérieur : d'énormes cargos à perte de vue dans toute la baie de Manille, des navires venus d'Athènes, de Shanghai, de Vladivostok, du Cap, de Monrovia. Randy en infère que contempler une vieille coque rouillée est plus intéressant que parler avec lui.

— Eh bien, ça ne vous dérange pas de me dire ce qui se passe ? demande-t-elle.

Elle se tourne vers lui, porte la tasse à ses lèvres et daigne enfin le regarder droit dans les yeux.

Randy est un rien perplexe. Venant d'America Shaftoe, la question est pour le moins impertinente.

1. Un paradoxe évident mais qui n'a rien d'inhabituel : se retrouver hors d'Amérique a simplement permis à Randy d'en prendre mieux conscience.

Sa société, Semper Marine Services, n'est qu'un infime sous-traitant dans l'organigramme virtuel d'Avi — ce n'est qu'une parmi la douzaine d'entreprises de plongée qu'ils auraient pu engager — aussi est-ce un peu comme de se faire interroger par son concierge ou son chauffeur de taxi.

Mais c'est une fille intelligente et originale et, à cause justement de ses efforts pour ne pas l'être, elle est maligne. En temps que femme attirante et que compatriote, elle tient à mettre les choses au clair et à ne pas se laisser marcher sur les pieds. Randy préfère la jouer prudente.

— Quelque chose vous tracasse ? s'enquiert-il.

Elle détourne les yeux. Elle craint de lui avoir donné mauvaise impression.

— Pas particulièrement, fait-elle. Simple curiosité de ma part. J'adore entendre des histoires. Les plongeurs se retrouvent toujours pour se raconter entre eux des anecdotes.

Randy boit une gorgée de café. America poursuit :

— Dans ce métier, on ne sait jamais d'où vous arrivera le prochain boulot. Il y a des gens qui ont des raisons vraiment tordues de vous demander d'aller leur faire des trucs sous l'eau et j'adore écouter leurs explications.

Et de conclure :

— C'est toujours marrant !

À l'évidence, cette seule motivation lui suffit.

Randy pour sa part, voit tout ceci comme une corvée cent pour cent professionnelle. Il décide de ne fournir à la jeune femme que le laïus du communiqué de presse officiel :

— Tous les Philippins sont à Manille. C'est là que l'information doit arriver. Ce qui pose un certain nombre de problèmes parce que Manille est coincée entre des montagnes, derrière, et la baie, devant. Et y déployer des câbles sous-marins, c'est un vrai cauchemar...

Elle hoche la tête. Évidemment, elle doit déjà savoir tout ça. Randy appuie sur la touche avance rapide.

— Corregidor est en revanche un site intéressant. De Corregidor, on peut envoyer en ligne directe un faisceau micro-ondes par-dessus la baie jusqu'au centre-ville de Manille.

— Bref, vous prolongez la guirlande côtière qui court au nord de Luçon de la baie de Subic jusqu'à Corregidor, enchaîne-t-elle.

— Euh... deux précisions sur ce que je viens de dire, indique Randy, avant de marquer une pause pour ranger la réponse dans la queue de son tampon de sortie. Un, vous devez manier les pronoms avec précaution — qu'entendez-vous quand vous dites « vous » ? Je travaille pour Épiphyte SA, qui a été conçue d'emblée pour fonctionner non pas isolément mais intégrée à une société virtuelle, un peu comme...

— Je sais ce qu'est une plante épiphyte, le coupe-t-elle. Quel est le deux ?

— Bon, très bien, fait Randy, un peu désarçonné. Le deux est que l'extension de la guirlande du nord de Luçon n'est que le premier pas, nous l'espérons, vers un ensemble de liaisons. Nous voulons déployer en définitive tout un réseau de câbles jusqu'à Corregidor.

Une sorte de machinerie se met alors en branle derrière les yeux d'Ami. Le message est parfaitement clair : il va y avoir des masses de boulot pour Semper Marine, s'ils s'acquittent correctement de cette première tâche.

— Dans ce cas précis, l'entité qui se charge du travail est une joint-venture formée de nous, FiliTel, 24-Jam, et une grosse boîte nippone d'électronique, entre autres.

— Qu'est-ce que 24-Jam vient faire là-dedans ? C'est une chaîne d'épiceries...

— Ils sont les détaillants — le réseau de distribution — pour les produits d'Épiphyte.

— Qui sont ?

— Des Pinoy-grammes.

Randy réussit à réfréner l'envie de lui préciser que le nom est une marque déposée.

— Des Pinoy-grammes ? ?

— Voilà comment ça marche : vous êtes un travailleur émigré. Avant de quitter le domicile familial pour aller chez les Saoudiens, à Singapour, Seattle ou Dieu sait où, vous nous achetez ou nous louez ce petit bidule. C'est à peu près de la taille d'un livre de poche et ça comprend une caméra vidéo ultra-miniaturisée, un minuscule écran à cristaux liquides, et plein de puces-mémoire. Les composants viennent de partout — ils sont expédiés au port autonome de Subic et assemblés là-bas par une usine nippone. Résultat : ça ne coûte presque rien. Bref, vous emportez ce bidule outremer avec vous. Chaque fois que vous prend l'envie de communiquer avec la famille, vous allumez le truc, tournez la caméra vers vous et enregistrez une petite carte de vœu vidéo. Tout est enregistré sur la puce-mémoire. Le signal est fortement compressé. Ensuite, vous n'avez plus qu'à brancher l'appareil sur un téléphone et laisser la magie opérer.

— Quelle magie ? Envoyez des signaux vidéo sur une ligne téléphonique ?

— Tout juste.

— Ça fait pas déjà un bail que les gens s'amusent avec des visiophones ?

— Oui, mais la différence ici est notre logiciel. Pas question de transmettre la vidéo en temps réel : trop coûteux. On stocke donc les données dans des serveurs centraux et on tire parti des temps morts, quand le trafic par les câbles sous-marins est faible, pour envoyer ces données par salves, dans les moments où on peut louer du temps à bas prix. En bout de ligne, les données aboutissent aux installations d'Épiphyte à Intramuros. De là, on peut passer à la transmission par faisceau micro-ondes pour envoyer les messages vers tous les magasins 24-Jam de l'agglomération de Manille. Les boutiques n'ont qu'à installer une petite parabole sur le toit, un décodeur et un banal magnétoscope derrière le comptoir. Le Pinoy-gramme est enregistré sur une simple VHS.

Dès lors, quand maman vient acheter des œufs ou papa ses cigarettes, le commerçant annonce : « Eh, vous avez eu un Pinoy-gramme, aujourd'hui », et leur tend la cassette. Ils peuvent la ramener chez eux et avoir ainsi les dernières nouvelles de leurs enfants au-delà des mers. Quand ils l'ont visionnée, ils rapportent la cassette à l'épicerie pour qu'elle soit réutilisée.

À peu près à mi-parcours de cet exposé, Amy a déjà saisi en gros l'idée et se remet à regarder le paysage tout en agitant le bout de la langue pour ôter un bout de viande coincé entre ses dents. Elle le fait en gardant avec tact la bouche fermée, mais cette activité semble accaparer ses pensées plus que les explications sur les Pinoy-grammes.

Randy est saisi par un désir fou, irraisonné, de ne pas lasser son auditrice. Ce n'est pas qu'il ait le béguin pour elle, vu qu'il la donne lesbienne à cinquante pour cent, et qu'il n'est pas idiot. Mais elle est si franche, si candide, qu'il a l'impression qu'il pourrait lui confier n'importe quoi, comme à une égale.

C'est pour cela qu'il abhorre les affaires. Il a toujours envie de tout raconter à tout le monde. Il voudrait toujours se faire des amis.

— Attendez, laissez-moi deviner... c'est vous qui écrivez le logiciel.

— Ouais, admet-il, un brin sur la défensive, mais le logiciel est le seul truc intéressant de tout le projet. Tout le reste, ça revient à embosser des plaques minéralogiques.

Ça la secoue un peu.

— Embosser des plaques minéralogiques ?

— C'est une expression qu'on utilise, mon partenaire et moi, explique Randy. Dans tous les boulots, il y a une partie de travail créatif indispensable — une nouvelle technologie à mettre au point, ce que je sais, moi... Tout le reste — 99 % — se résume à passer des marchés, lever des capitaux, assister à des réunions, faire du marketing et de la vente. On appelle ça embosser des plaques minéralogiques.

Elle hoche la tête, regarde à nouveau dehors. Randy est à deux doigts de lui dire que les Pinoygrammes ne sont rien de plus qu'un moyen de créer du cash-flow, une marge d'autofinancement pour passer à la phase deux de leur plan commercial. Il n'a aucun doute que cela redorerait son terne blason d'ennuyeux bidouilleur de programmes. Mais Amy souffle vigoureusement au-dessus de sa tasse, comme si elle éteignait une chandelle et dit :

— D'accord. Merci. J'imagine que ça valait bien les trois paquets de clopes.

## *CAUCHEMAR*

Bobby Shaftoe est devenu un connaisseur en matière de cauchemars. Comme un pilote de chasse s'éjectant de son appareil en flammes, il vient de se faire catapulter d'un vieux cauchemar récurrent pour se retrouver dans un autre tout neuf, encore meilleur. Celui-ci est sinistre et sobre ; pas de lézards géants ce coup-ci.

Ça commence par de la chaleur sur son visage. Quand on embarque assez de mazout sur un bâtiment de cinquante mille tonnes pour lui faire traverser le Pacifique à vingt-cinq nœuds, qu'on le stocke dans un seul réservoir que les Nips survolent et incendient en quelques secondes, et qu'en plus on se trouve assez près pour distinguer le sourire de triomphe des pilotes, alors on peut effectivement sentir aussi la chaleur sur son visage.

Bobby Shaftoe ouvre les yeux et s'attend ce faisant à lever le rideau sur un putain de sacré cauchemar, peut-être les dernières scènes de *Lance-torpilles à deux heures !* (son favori toutes catégories) ou le début surprise de *Mitraillé par les Jaunes XVII.* Mais la bande-son de ce cauchemar-ci semble avoir une panne. Il règne un silence d'embuscade. Il est assis sur un lit d'hôpital, entouré par un peloton d'exécution de scialytiques qui l'empêchent de voir grand-chose d'autre. Shaftoe plisse les paupières, se concentre sur un ruban de fumée de cigarette qui flotte dans l'air, comme une traînée de mazout maculant une anse tropicale. Sûr que ça sent rudement bon.

Un jeune homme est assis près de son lit. Tout ce que Shaftoe peut en voir est le halo dissymétrique de la lumière filtrant à contre-jour à travers son toupet. Et l'éclat rouge du bout de sa cigarette. En regardant plus attentivement, il réussit à distinguer le contour d'un uniforme. Pas un uniforme de Marine. Des épaulettes de lieutenant scintillent sur ses épaules, éclat de lumière filtrant à travers une double porte.

— Vous voulez une autre cigarette ? demande le lieutenant.

Sa voix est rauque mais étrangement douce. Shaftoe baisse les yeux vers sa propre main et y découvre l'ultime centimètre d'une Lucky Strike coincée entre ses doigts.

— Posez-moi une colle, réussit-il à articuler.

Sa propre voix est sourde et empâtée, ambiance phono en bout de course.

Le mégot est prestement échangé contre une cigarette neuve. Shaftoe la porte à ses lèvres. Il y a des pansements sur ce bras et, en dessous, il sent de graves blessures cherchant à lui infliger de la douleur. Mais quelque chose bloque les signaux.

Ah, la morphine. Ça peut pas vraiment être un cauchemar s'il y a de la morphine, non ?

— Z'êtes prêt ? dit la voix.

Bon Dieu, cette voix est familière.

— Posez-moi une colle, mon lieutenant ! lance Shaftoe.

— Vous l'avez déjà dit.

— Mon lieutenant, si vous demandez à un Marine s'il veut une autre cigarette, ou s'il est prêt, la réponse est toujours la même, mon lieutenant !

— C'est bon, ça ! dit la voix. Moteur !

Un cliquetis s'élève des ténèbres par-delà le firmament des scialytiques.

— Ça tourne ! dit une voix.

Un truc énorme dégringole vers Shaftoe. Qui

s'aplatit sur le lit parce que ça ressemble exactement aux sinistres œufs pondus par les bombardiers nips. Mais l'engin s'immobilise et reste là en suspens.

— Bon pour le son, dit une autre voix.

Shaftoe regarde plus attentivement et s'aperçoit que ce n'est pas une bombe mais un gros micro en forme d'obus monté au bout d'une perche.

Le lieutenant à toupet se penche à présent, cherchant d'instinct la lumière, comme un voyageur par une froide nuit d'hiver.

C'est cet acteur... C'est quoi, son nom, déjà ? Ah, ouais !

Ronald Reagan a une pile de fiches cartonnées sur les genoux. Il en fait glisser une nouvelle sur le dessus :

— Quel conseil, vous qui êtes le plus jeune combattant d'Amérique à avoir reçu à la fois la Croix de la marine et l'Étoile d'argent, donneriez-vous à tous ces jeunes Marines en route pour Guadalcanal ?

Shaftoe n'a pas à réfléchir bien longtemps. Les souvenirs sont encore aussi vivaces que le onzième cauchemar de la veille : dix valeureux Nips dans *La Charge suicide !*

— Commencer par descendre celui qui porte un sabre.

— Ah, fait Reagan, qui hausse ses sourcils épilés et maquillés, et il incline son toupet vers Shaftoe. *Paas bêêête...* vous les prenez pour cible parce que ce sont les officiers, c'est ça ?

— Non, connard ! beugle Shaftoe. Tu les descends parce qu'ils ont ce putain de sabre ! T'as déjà eu quelqu'un qui te court après en brandissant une putain d'arme blanche ?

Reagan bat en retraite. Il est effrayé, maintenant, la sueur macule en partie son maquillage, malgré la brise fraîche de la baie entrant par la fenêtre.

Reagan a envie de tourner casaque, de rentrer fissa à Hollywood et de s'envoyer vite fait une starlette. Mais il est coincé ici à Oakland, à interviewer un héros de la guerre. Il feuillette sa pile de fiches, en élimine une vingtaine d'un coup. Shaftoe n'est pas pressé, il est en gros parti pour passer le restant de ses jours étendu sur ce lit d'hôpital. Il incinère la moitié de sa clope dans une longue inspiration, qu'il retient avant de souffler un rond de fumée.

Quand ils se battaient la nuit, les gros canons de marine produisaient des anneaux de gaz incandescents. Pas de gros beignets mais de minces disques qui se tortillaient comme des lassos. Le corps de Shaftoe est saturé de morphine. Ses paupières lui tombent en avalanche sur les yeux, bienfait pour ces orbes brûlés et gonflés par les sunlights et la fumée de cigarettes. Lui et son peloton, rattrapés par la marée montante, essayent de rejoindre un promontoire. Ils sont les Commandos de Marines chargés depuis quinze jours de traquer d'un bout à l'autre de Guadalcanal une unité spécifique de Nips et de les terrasser. Tant que l'ennemi est dans les parages, ils ont ordre de gagner un point précis du promontoire d'où ils devraient pouvoir balancer des obus de mortier sur l'express de Tokyo qui s'annonce. C'est une tactique pour le moins intrépide et farfelue, mais ce n'est pas pour rien qu'ils l'ont baptisée opération Système-D ; c'est du bricolage et de l'improvisation de bout en bout. Ils ont pris du retard sur le programme parce que cette dérisoire poignée de Nips s'est montrée bougrement tenace, dressant des embuscades derrière chaque souche abattue, les tirant à vue chaque fois qu'ils contournent un de ces promontoires...

Un truc collant le touche au front : c'est la maquilleuse qui l'essuie. Shaftoe se retrouve dans le cauchemar au sein duquel nichait le cauchemar du lézard.

— Je vous ai déjà parlé du lézard ? demande Shaftoe.

— Plusieurs fois, répond son interrogateur. Ça ne prendra qu'une minute.

Ronald Reagan saisit une fiche entre pouce et index, cherche à se raccrocher à quelque chose d'un peu moins intense :

— Qu'est-ce que vous faisiez, vous et vos camarades, le soir, une fois les combats terminés ?

— Empiler les cadavres de Nips avec un bulldozer, répond Shaftoe, et y foutre le feu. Ensuite, descendre sur la plage avec un bidon de gnôle et regarder notre rafiot se faire torpiller.

Grimace de Reagan.

— Coupez ! lance-t-il d'une voix calme mais sans réplique.

Le cliquetis de la caméra s'arrête.

— Alors, je m'en suis tiré comment ? s'enquiert Bobby Shaftoe tandis qu'ils le démaquillent et que les techniciens remballent leur matériel.

Les sunlights ont été éteints, le clair soleil du nord de la Californie entre à flots par les fenêtres. Toute la scène paraît presque réelle, comme s'il ne s'agissait absolument pas d'un cauchemar.

— Vous avez été formidable, dit le lieutenant Reagan, sans le regarder. Parfait pour gonfler le moral des troupes. (Il allume une cigarette.) Vous pouvez vous rendormir, à présent.

— Bah, fait Shaftoe. De toute façon, j'ai roupillé de bout en bout, non ?

Il se sent nettement mieux une fois sorti de l'hôpital. On lui accorde deux semaines de permission, et il file direct à la gare d'Oakland pour sauter dans le premier train pour Chicago. Ses compagnons de voyage le reconnaissent d'après les photos des journaux, lui paient le coup, posent avec lui pour des photos souvenirs. Il passe des heures à regarder l'Amérique défiler derrière la fenêtre, et il constate qu'elle est toute belle et propre. Il peut bien y avoir ici des contrées sauvages, des forêts profondes et même des grizzlis ou des lions des montagnes, tout est bien rangé, et les règles (ne pas déranger les oursons, la nuit, accrocher ses vivres à un arbre) sont bien connues et publiées dans le Manuel du scout. Dans ces îles du Pacifique, il y a trop de créatures vivantes, toutes occupées en permanence à dévorer et se faire dévorer par autre chose, et une fois qu'on y a posé le pied, on entre dans la danse. Le seul fait de passer deux jours assis dans ce train, les pieds dans des chaussettes de coton blanches toutes propres, sans se faire bouffer tout cru par quoi que ce soit, contribue grandement à lui éclaircir les idées. Une seule fois (ou peut-être deux, voire trois), il éprouve réellement le besoin d'aller s'enfermer dans les chiottes pour s'injecter dans le bras un shoot de morphine.

Mais quand il ferme les yeux, il se retrouve à Guadalcanal, pataugeant vers le dernier promontoire, rattrapé par la marée montante. Les grandes vagues leur déboulent maintenant dessus, roulant les hommes contre les rochers.

Finalement, ils doublent la pointe et découvrent l'anse : une infime entaille dans la côte de Guadalcanal. Cent mètres de marécages au pied d'une falaise. Ils vont devoir les traverser pour aller établir une tête de pont sur la partie inférieure de celle-ci s'ils ne veulent pas que la marée les emporte...

Les Shaftoe sont des montagnards du Tennessee — des mineurs, entre autres. À peu près à l'époque où Nimrod Shaftoe se rendait aux Philippines, deux de ses frères avaient gagné l'ouest du Wisconsin pour travailler dans les mines de plomb. L'un d'eux — le grand-père de Bobby — y devint contremaître. Parfois, il se rendait à Oconomowoc pour rendre visite au propriétaire de la mine, qui avait un pavillon d'été au bord d'un des lacs. Ils prenaient une barque et allaient à la pêche au brochet. Souvent, les voisins du propriétaire de la mine — des banquiers et des brasseurs — les accompagnaient. C'est ainsi que les Shaftoe sont allés s'installer à Oconomowoc et ont quitté la mine pour devenir garde-chasse ou garde-pêche. La famille a pris soin de garder l'accent nasillard de ses ancêtres et d'entretenir certaines autres traditions comme le métier des armes. Une de ses sœurs et ses deux frères aînés sont dans l'armée. Bobby n'est pas le seul à avoir reçu l'Étoile d'argent, même s'il est le premier en revanche à s'être vu décerner la Croix de la marine.

Bobby s'adresse à la patrouille de scouts d'Oconomowoc. Il se retrouve héros de la parade municipale. En dehors de ça, il bouge à peine de chez lui pendant quinze jours. Parfois, il met le nez dans la cour et fait des matchs de catch avec ses petits frères. Il aide papa à réparer un appontement pourri. Des lycéens et des lycéennes défilent pour lui rendre visite et Bobby a tôt fait d'apprendre le truc que son père, ses oncles et grands-oncles ont toujours su, qui est de ne jamais s'appesantir en détail sur ce qui s'est passé là-bas. Personne n'a envie d'entendre comment vous avez ôté de votre jambe la moitié des molaires de votre pote à la pointe de la baïonnette. Tous ces gamins lui paraissent à présent stupides et médiocres. La seule personne qu'il arrive à supporter est l'arrière-grand-père Shaftoe, quatre-vingt-quatorze ans et frais comme un gardon, qui était à Petersburg quand Burnside a fait une grande brèche dans les lignes sudistes grâce à des explosifs enterrés avant d'envoyer ses hommes dans le cratère où ils se firent massacrer. Il n'en parle jamais, bien sûr, tout comme Bobby Shaftoe ne parle jamais du lézard.

Mais bientôt sa permission se termine, alors il a droit à des adieux vibrants à la gare de Milwaukee, il fait la bise à maman, à sœurette, serre la main de papa et des frangins, une dernière bise à maman, et le voilà parti.

Bobby Shaftoe ne sait rien de son avenir. Tout ce qu'il sait, c'est qu'il a été promu sergent, détaché de son unité antérieure (rajustement minime, vu qu'il est le seul survivant de son peloton), et réaffecté à quelque mystérieuse section du Corps, à Washington.

La capitale fédérale grouille d'activité mais la dernière fois que Bobby Shaftoe a consulté les journaux, il ne s'y déroulait aucun combat, il est donc manifeste qu'on ne va pas lui assigner un poste de combattant. De toute manière, il a eu sa dose, tué bien plus que son content de Nips, gagné des médailles, souffert de ses blessures. Vu son manque de formation aux tâches administratives, il s'attend à ce que sa nouvelle affectation consiste à parcourir le pays au titre de héros de guerre, chargé de relever le moral et d'embobiner les jeunes gens pour les attirer sous les drapeaux.

Il rejoint, selon ses instructions, la caserne centrale des Marines, à Washington. C'est le plus ancien poste du Corps, situé à mi-chemin du Capitole et de l'Arsenal, un carré de verdure où la fanfare des Marines défile et les pelotons à l'exercice s'exercent. Il s'attendrait presque à voir des réserves stratégiques d'huile de coude stockées dans des cuves géantes à proximité.

Deux Marines sont dans le bureau : un commandant, qui sera désormais son nouveau supérieur hiérarchique, et un colonel qui, par sa dégaine et son comportement, semble né dans les murs. Il est outrageusement scandaleux que deux personnages de cette envergure soient là pour accueillir un simple sergent. Ce doit être la Croix de la marine qui a attiré leur attention. Mais ces Marines en arborent eux aussi — deux ou trois chacun.

Le commandant présente le colonel d'une façon pas vraiment explicite pour Shaftoe. Le colonel reste quasiment bouche cousue ; il est là pour observer. Le commandant passe un certain temps à feuilleter des documents écrits.

— Je lis ici que vous êtes un véritable *gung-ho*.

— Affirmatif, mon commandant !

— Et qu'est-ce que ça veut dire, bon Dieu ?

— C'est un mot chinois, mon commandant. Il y a là-bas un communiste, un certain Mao, et il a une armée. On a eu plus d'une fois l'occasion de se frotter à eux, mon commandant. *Gung-ho*, c'est leur cri de guerre, ça veut dire « tous ensemble » ou quelque chose comme ça, aussi, une fois qu'on leur a eu flanqué la pâtée, on le leur a piqué, mon commandant !

— Êtes-vous en train de me dire que vous avez

viré asiatique comme tous ces Marines de Chine, Shaftoe ?

— Négatif, mon commandant ! C'est tout le contraire, comme je pense que le prouvent mes états de service, mon commandant !

— C'est vraiment ce que vous croyez ? remarque l'officier, incrédule. Nous avons là un rapport intéressant sur un entretien cinématographique que vous avez effectué avec un soldat [1], un certain lieutenant Reagan.

— Mon commandant ! Le Marine ici présent s'excuse pour son comportement scandaleux durant cet entretien, mon commandant ! Le Marine ici présent s'est montré indigne de lui et de ses camarades, mon commandant !

— Vous n'allez quand même pas nous présenter vos excuses. Vous étiez blessé. En état de choc. Drogué. Souffrant de malaria.

— Mon commandant, ce n'est pas une excuse, mon commandant !

Les deux officiers se regardent, l'air approbateur.

Cette multiplication de « mon commandant », qui paraîtrait sans doute parfaitement stupide à n'importe quel civil sain d'esprit, a pour Shaftoe et les officiers un sens profond, essentiel. Comme bien d'autres, Shaftoe a connu au début quelques difficultés avec l'étiquette militaire. Il s'en était certes quelque peu imprégné, ayant grandi dans une famille de soldats, mais la vivre est une autre affaire. À présent qu'il a fait l'expérience de tous les stades de la vie de soldat hormis les stades terminaux (mort violente, cour martiale, retraite), il a fini par appréhender cette culture pour ce qu'elle est : un système d'étiquette grâce auquel il devient possible à des groupes d'hommes de vivre ensemble durant des années, de voyager jusqu'au bout du monde, et de faire toutes sortes de trucs incroyablement bizar-

1. Terme péjoratif pour qualifier un combattant indigne d'intégrer le corps des Marines.

roïdes sans pour autant s'entretuer ou finir totalement zinzins. Le formalisme extrême avec lequel il s'adresse à ces officiers véhicule un non-dit important : votre problème, monsieur, est de décider ce que vous voulez me voir faire, et mon problème, monsieur, est de le faire. Ma posture de va-t-en-guerre sert à vous dire qu'une fois que vous aurez donné un ordre, je ne vais pas vous embêter avec des détails pratiques — et réciproquement, votre part du marché est que vous avez tout intérêt à rester de votre côté de la ligne et à ne pas venir m'embêter avec ces histoires de politique à la noix qui sont votre lot quotidien. La responsabilité implicite placée sur ses épaules par la volonté spontanée du subordonné à suivre ses instructions est un fardeau qui ronge tout officier doté d'un minimum de cervelle, et Shaftoe a plus d'une fois vu des sous-offs aguerris réduire des lieutenants naïfs à l'état de loques humaines agitées de spasmes rien qu'en se tenant au garde-à-vous et en acceptant avec entrain d'obéir aux ordres.

— Ce lieutenant Reagan s'est plaint que vous n'arrêtiez pas de le bassiner avec une histoire de lézard, note le commandant.

— Affirmatif, mon commandant ! Un lézard géant, mon commandant ! Une histoire intéressante, mon commandant ! dit Shaftoe.

— Rien à foutre, répond le commandant. La question est : la situation exigeait-elle que vous racontiez cette histoire ?

— Mon commandant ! On était en train de contourner la côte de cette île, pour tenter de s'interposer entre ces Nips et un site de débarquement de l'express de Tokyo, mon commandant... commence Shaftoe.

— La ferme !

— À vos ordres, mon commandant !

Il se fait un silence moite, finalement rompu par le colonel.

— Les psys sont en train d'éplucher votre déclaration, sergent Shaftoe.

— Bien compris, mon colonel !

— Ils sont d'avis que toute cette histoire de lézard géant est un cas classique de projection.

— Mon colonel ! Est-ce que vous pouvez m'expliquer ce que ça peut bien vouloir dire, mon colonel ?

Le colonel rougit, tourne le dos, entrouvre les stores vénitiens pour regarder les rares voitures dans la rue.

— Eh bien, ce qu'ils disent, c'est qu'il n'y avait pas vraiment de lézard géant. Que vous avez tué ce Jap [1] dans un combat à mains nues. Et que votre souvenir d'un lézard géant est en définitive une émanation de votre ça.

— Ça, mon colonel ?

— Qu'il y a ce truc appelé ça dans votre cerveau et qu'il a pris le dessus et vous a poussé à tuer ce Jap à mains nues. Et qu'ensuite, votre imagination aura élaboré ce tissu de conneries sur un lézard géant pour expliquer votre geste.

— Mon colonel ! Bref, vous dites que le lézard n'était qu'une métaphore, mon colonel !

— Affirmatif !

— Mon colonel ! Dans ce cas, je me permets respectueusement de demander comment ce Nip s'est retrouvé à moitié boulotté, mon colonel !

Le colonel écarte l'objection avec une grimace.

— Eh bien, quand vous avez été récupéré par ce garde-côte, sergent, cela faisait déjà trois jours que vous étiez dans cette anse en compagnie de tous ces cadavres. Et dans cette chaleur tropicale, avec toute cette vermine et ces charognards, il n'était pas évident de décider, vu son état, si votre Jap s'était fait boulotter par un lézard géant ou grignoter au hachoir à persil, si vous voyez ce que je veux dire.

— Affirmatif ! Je vois, mon colonel !

Le commandant revient au rapport.

1. Les hommes qui ont servi en Asie emploient le terme « Nip ». Le fait que le colonel use du mot « Jap » suggère que sa carrière s'est déroulée dans l'Atlantique et/ou les Antilles.

— Ce Reagan affirme également que vous n'avez cessé d'émettre des commentaires désobligeants sur le général MacArthur.

— Affirmatif, mon commandant ! C'est un fils de pute qui déteste le Corps, mon commandant ! Il s'échine à tous nous faire tuer, mon commandant !

Le colonel et le commandant se dévisagent. Il est clair qu'ils sont, sans se concerter, parvenus à la même décision.

— Puisque vous insistez pour vous réengager, la réaction normale serait de vous trimbaler dans tout le pays pour exhiber vos médailles et recruter de jeunes gens dans le Corps. Mais cette histoire de lézard écarte cette éventualité.

— Mon commandant ! Je ne comprends pas, mon commandant !

— Nous ne pouvons quand même pas vous expédier à Trou-perdu, Arkansas, pour y mener le défilé du Jour du Souvenir dans votre bel uniforme d'apparat, alors que vous pourriez vous mettre à débiter des fadaises sur des lézards, foutre la trouille à tout le monde et compromettre ainsi notre effort de guerre !

— Mon commandant ! Je me permets respectueusement...

— Permission de parler refusée, coupe le commandant. Je ne veux même pas en savoir plus sur votre obsession à l'égard du général MacArthur.

— Mon commandant ! Le général est un crimin...

— La ferme !

— À vos ordres, mon commandant !

— Nous avons un autre boulot pour vous, Marine !

— À vos ordres, mon commandant !

— Vous allez faire partie d'une mission très spéciale.

— Mon commandant ! Les Commandos de Marines sont déjà une partie très spéciale d'un corps très spécial, mon commandant !

— Ce n'est pas ce que je veux dire. Ce que je veux dire, c'est que votre mission est... inhabituelle.

Le commandant lorgne le colonel. Il ne sait pas trop par quel bout commencer.

Le colonel fourre la main dans sa poche, fait tinter des pièces de monnaie, puis la ressort et caresse ses joues rasées.

— Ce n'est pas exactement une mission pour le Corps des Marines, dit-il enfin. Vous allez faire partie d'un détachement international spécial. Un peloton de Commandos de Marines américains et un escadron du Special Air Service britannique, opérant conjointement sous commandement unique. Un groupe de durs-à-cuire qui ont prouvé qu'ils savaient s'acquitter de n'importe quelle mission, dans n'importe quelles circonstances. Est-ce que vous vous reconnaissez dans cette description, Marine ?

— Affirmatif, mon colonel !

— C'est un arrangement fort inhabituel, poursuit le colonel, songeur, pas vraiment le genre de chose qui pourrait venir à l'esprit de militaires. Si vous voyez ce que je veux dire, Shaftoe ?

— Négatif, mon colonel ! Mais je décèle à présent dans cette pièce une forte odeur de politique, mon colonel !

L'œil du colonel se met à pétiller comme son regard se tourne, derrière la fenêtre, vers le dôme du Capitole.

— Ces politiciens peuvent se montrer extrêmement pinailleurs sur la façon de faire les choses. Ça doit être comme ça et pas autrement. Ils n'aiment pas les excuses. Est-ce que vous me suivez, Shaftoe ?

— Affirmatif, mon colonel !

— Le Corps a dû se battre pour décrocher ça. Ils voulaient le confier à l'armée. On a dû tirer quelques ficelles auprès d'anciens de la navale haut placés. Désormais, la mission nous incombe. Certains diraient, c'est à nous de la faire foirer.

— Négatif, mon colonel ! On ne fera pas foirer la mission, mon colonel !

— La raison pour laquelle ce fils de pute de MacArthur fait tomber les Marines comme des mouches dans le Pacifique sud est que, parfois, on ne joue pas si bien que ça le jeu politique. Si vous et votre nouvelle unité vous ne vous comportez pas avec brio, cette situation ne fera qu'empirer.

— Mon colonel ! Vous pouvez compter sur le Marine ici présent, mon colonel !

— Votre officier commandant sera le lieutenant Ethridge. Il sort d'Annapolis. Guère d'expérience au combat, mais il sait évoluer dans les cercles qui comptent. Il pourra intercéder pour vous au niveau politique. La responsabilité de l'action sur le terrain reposera entièrement sur vous, sergent Shaftoe.

— À vos ordrcs, mon colonel !

— Vous travaillerez en étroite collaboration avec le SAS britannique. Des hommes excellents. Mais je veux que vous et vos hommes les surpassiez.

— Affirmatif, mon colonel ! Vous pouvez compter sur nous, mon colonel !

— Eh bien, dans ce cas, soyez prêt à larguer les amarres, intervient le commandant. Destination l'Afrique du Nord, sergent Shaftoe.

## *LONDINIUM*

Les lourdes pièces de monnaie britannique cliquètent dans sa poche comme des assiettes en étain. Lawrence Pritchard Waterhouse arpente une rue en tenue de commandant de la marine des États-Unis. Ce qui implique qu'il est réellement commandant — à tout le moins qu'il est dans la marine — ce qui est et n'est pas le cas. La partie sur les États-Unis est toutefois la plus crédible vu que chaque fois qu'il arrive à une intersection, il hésite. C'est qu'ici, on roule à gauche.

Il le savait bien sûr avant d'arriver. Il a vu des films. Et Alan s'en était plaint à Princeton, manquant chaque fois se faire écraser quand, perdu dans ses réflexions, il descendait du trottoir en regardant du mauvais côté.

Les bordures sont perpendiculaires, avec des arêtes vives, pas adoucies avec une section sigmoïde comme leurs homologues américaines. La transition entre chaussée et trottoir est une verticale abrupte. Si l'on plaçait une ampoule verte sur la tête de Waterhouse, puis qu'on le regardait de côté durant une période de black-out, sa trajectoire ressemblerait exactement à l'affichage d'un signal carré sur un oscilloscope simple trace : haut, bas, haut, bas. Si l'expérience se déroulait chez lui, les bordures de trottoirs seraient également espacées, environ huit au kilomètre, parce que le plan de sa ville natale suit une trame régulière.

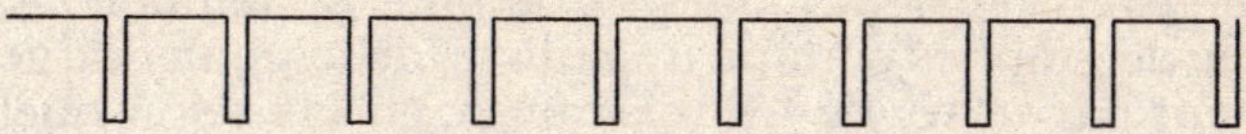

Ici, à Londres, le plan des rues est irrégulier de sorte que les transitions du signal carré interviennent à des intervalles de temps aléatoires, parfois fort proches, parfois fort éloignés :

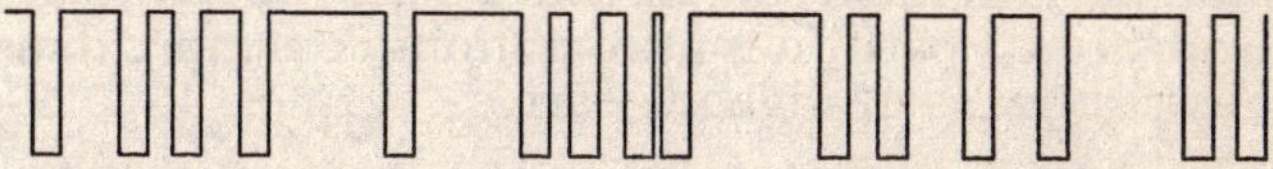

Un scientifique qui observerait une telle onde désespérerait sans doute d'y trouver un motif quelconque; elle aurait toutes les caractéristiques d'un bruit aléatoire émis peut-être par l'arrivée de rayons cosmiques venus de l'espace lointain ou par la désintégration d'isotopes radioactifs.

Mais s'il avait de la profondeur et de l'astuce, ce serait une autre histoire.

La profondeur pourrait être obtenue en plaçant une ampoule verte sur la tête de chaque Londonien, puis en enregistrant leurs parcours durant plusieurs nuits. Le résultat serait une épaisse liasse de papiers graphiques portant des tracés apparemment tous plus aléatoires les uns que les autres. Plus épaisse serait la liasse, plus grande serait la profondeur.

L'astuce, c'est encore autre chose. Il n'y a pas de méthode systématique. Un individu pourra contempler une pile de tracés de signaux carrés sans jamais y voir autre chose que du bruit. Un autre pourra y trouver un motif de fascination, un sentiment irrationnel impossible à expliquer à qui n'a pas eu l'occasion de le partager. La part enfouie de l'esprit apte à relever des motifs (ou l'existence d'un motif) va se réveiller et signaler frénétiquement à la partie train-train du cerveau qu'il aurait tout intérêt à continuer d'examiner cette pile de papier graphique. Le signal est faible et pas toujours écouté, mais il va néanmoins continuer d'enjoindre son destinataire de persister, plusieurs jours s'il le faut, de feuilleter sa pile de graphes comme un autiste, de les étaler largement par terre, de les réarranger en tas selon quelque ordonnancement insondable, de crayonner dans les coins des nombres et des lettres d'alphabets disparus, puis de les comparer deux à deux pour y discerner des motifs, et de vérifier ceux-ci par recoupement.

Un jour, cet individu pourrait se relever muni d'un plan parfaitement détaillé des rues de Londres, reconstruit à partir des informations contenues dans tous ces tracés de signaux carrés.

Lawrence Pritchard Waterhouse est un de ces individus.

En conséquence, les autorités de son pays, les États-Unis d'Amérique, lui ont fait jurer le secret absolu, n'ont cessé de lui fournir toute une panoplie d'uniformes des armes et des grades les plus variés, et l'ont à présent expédié à Londres.

Il descend du trottoir, jetant machinalement un coup d'œil à gauche. Un tintement retentit à son oreille droite, accompagné d'un crissement de freins de vélo. Ce n'est qu'un fusilier marin (Waterhouse commence à reconnaître les uniformes) qui joue les coursiers ; mais il a derrière lui des renforts, sous la forme d'un autobus camouflé en vert olive et recouvert de numéros de code indéchiffrables.

— Faites excuses, capitaine ! lance le fusilier marin sur un ton enjoué, estimant sans doute que le bus peut se charger d'achever la besogne.

Waterhouse bondit, ce qui l'amène pile sur la trajectoire d'un taxi noir qui déboule de la direction opposée.

Après avoir malgré tout réussi à traverser cette rue, il parvient à sa destination à Westminster, sans autre incident périlleux pour sa vie, si l'on omet de compter les quelques minutes de raid aérien d'une horde organisée d'Allemands assassins dotés du meilleur armement du monde. Il s'est retrouvé dans une partie de la ville qui lui évoquerait presque certains coins sombres et encaissés de Manhattan : des rues étroites bordées d'immeubles d'une dizaine d'étages. La vision fugitive d'antiques et fort imposantes colonnes gothiques au débouché de certaines rues lui suggère toutefois qu'il est proche de Sa Majesté. Comme à Manhattan, les passants marchent vite, chacun avec sa petite idée en tête.

Les talons rafistolés des souliers de temps de guerre émettent leur cliquetis métallique. Chaque piéton a sa démarche spécifique à peu près régulière et cliquète avec une précision digne d'un métronome. Un micro encastré dans le trottoir offrirait pour une oreille distraite une cacophonie de cliquetis, en apparence aussi aléatoires que ceux issus d'un compteur Geiger. Mais un individu bien choisi saura extraire le signal du bruit et fournir un décompte du nombre de piétons, une ventilation par sexe et un histogramme de répartition des longueurs de jambes...

Il faut qu'il arrête. Il aimerait bien se concentrer sur l'affaire en cours mais elle demeure toujours un mystère.

Une sculpture moderne et très mastoc trône au-dessus du portail de la station de métro de St James's Park, surveillant vingt-quatre heures sur vingt-quatre les Broadway Buildings, qui malgré leur nom consistent en fait en un seul et unique bâtiment. À l'instar de tous les autres quartiers généraux de services de renseignements qu'il a déjà pu contempler, l'édifice est pour Waterhouse une grosse déception.

Ce n'est somme toute qu'un immeuble de brique orange, d'une dizaine d'étages, avec un toit mansardé d'une épaisseur déraisonnable pour accueillir les trois derniers, et un soupçon d'ornementation classique au-dessus des fenêtres qui, comme toutes les fenêtres de Londres, sont divisées en huit triangles rectangles par des croisillons de ruban adhésif. Waterhouse trouve que cela s'harmonise mieux avec l'architecture classique que, mettons, avec le style gothique.

Il a quelques notions de physique et juge peu plausible que, lorsque quelques centaines de kilos de trinitrotoluène détonent dans le voisinage et que l'onde de choc concomitante se propage à travers de grandes baies vitrées, les gens placés de l'autre côté puissent tirer un quelconque avantage d'un astérisque de ruban adhésif. C'est un geste superstitieux, un peu comme les talismans accrochés aux frontons des fermes hollandaises de Pennsylvanie. Leur vue aide sans doute les gens à ne pas oublier qu'ils sont en guerre.

Ce qui ne semble pas marcher avec Waterhouse. Il traverse la rue avec un luxe de précaution, réfléchissant intensément au sens de la circulation, car il imagine que quelqu'un à l'intérieur doit l'observer. Il entre dans l'immeuble, s'efface pour laisser passer une jeune femme redoutablement vive en tenue paramilitaire — qui lui fait bien comprendre qu'il a intérêt à ne pas se faire d'idées sous prétexte qu'il lui a tenu la porte — puis un gentleman septuagénaire à moustache blanche.

Le hall est sévèrement gardé et ses pièces d'identité comme son ordre de mission font l'objet d'un épluchage minutieux. Puis il commet l'erreur obligée de se retrouver au mauvais étage parce qu'on les numérote différemment de ce côté-ci de l'Atlantique. Ce serait beaucoup plus drôle s'il ne se trouvait pas au quartier général du renseignement militaire au plus fort de la plus grande guerre que le monde ait connue.

Quand il parvient enfin au bon niveau, toutefois, il constate qu'il est un poil plus chic que l'autre. Certes, la structure sous-jacente à tout ce qu'on trouve en Angleterre est toujours chic. Avec ces gens, il n'y a pas de milieu. Il faut marcher un kilomètre pour trouver une cabine téléphonique, mais quand enfin on en trouve une, elle est construite comme si le dynamitage gratuit des taxiphones avait été un problème par le passé. Et une boîte aux lettres britannique peut sans doute arrêter un char allemand. Aucun de ces gens n'a de voiture, mais quand ils en ont, ce sont des monstres de trois tonnes fabriqués à la pièce. L'idée même de sortir en série des tripotées de voitures est impensable — il y a un certain nombre de procédures à respecter, monsieur Ford, comme le brasage à la main des radiateurs ou la découpe traditionnelle des pneus dans des blocs de caoutchouc massif.

Pareil pour les réunions. Waterhouse est toujours l'Invité ; il n'a jamais lui-même organisé une réunion. L'Invité arrive dans un bâtiment inconnu, s'assied dans une salle d'attente et décline les offres de boissons caféinées proposées par une personne de sexe féminin accorte mais chaste, et, en temps voulu, on l'introduit dans la Salle, où l'attendent le Grand Manitou et ses Acolytes. Il y a tout un système de présentations dont l'Invité n'a pas à se soucier parce qu'il fonctionne sur un mode passif et n'a donc besoin que de réagir aux stimuli, serrer toutes les mains qu'on lui présente, décliner toute nouvelle offre de boissons caféinées et (à présent) alcooliques, s'asseoir où et quand on l'y invite. En l'espèce, le Grand Manitou et tous les Acolytes sauf un se trouvent être britanniques, le choix des boissons est légèrement différent, la pièce, étant britannique, est constituée de blocs de pierre évoquant une tombe pharaonique, et les fenêtres sont revêtues des sempiternels rubans adhésifs toujours aussi peu convaincants. La phase d'humour prévisible est bien plus brève qu'en Amérique, la phase de bavardages, prolongée.

Waterhouse a oublié tous leurs noms. Il oublie toujours aussitôt les noms. Même s'il s'en souvenait, leur importance lui échapperait, étant donné qu'il n'a pas les organigrammes du ministère des Affaires étrangères (qui a la responsabilité du renseignement) et de l'armée étalés sous les yeux. Tous n'arrêtent pas de répéter « Wouah, t'es rousse ! » mais juste comme il commence à trouver la remarque pour le moins déplacée, qui que puisse être cette personne, il s'avise que c'est en fait leur manière de prononcer « Waterhouse ». En dehors de cela, la seule remarque qui parvient à pénétrer son cerveau est quand l'un des Acolytes émet un commentaire sur le Premier ministre qui sous-entend une extrême familiarité. Et ce n'est même pas le Grand Manitou. Le Grand Manitou est bien plus âgé et plus distingué. De sorte qu'il semble pour Waterhouse (même s'il a définitivement cessé d'écouter ce que tous ces gens lui racontent) qu'une bonne moitié des individus présents dans cette pièce ont eu dernièrement un entretien avec Winston Churchill.

Puis, soudain, certains termes se font jour dans la conversation. Waterhouse n'y prêtait pas garde, mais il est à peu près certain qu'au cours des dix dernières secondes, le mot Ultra a été prononcé. Il plisse les paupières et se redresse sur sa chaise.

Le Grand Manitou a l'air perplexe. Les Acolytes sont ébahis.

— Quelqu'un aurait-il évoqué, il y a quelques minutes, la possibilité d'avoir du café ? dit Waterhouse.

— Miss Stanhope, du café pour le capitaine Wouah t'es rousse, dit le Grand Manitou dans un interphone électrique.

C'est l'un parmi la petite demi-douzaine d'interphones en service dans l'Empire britannique. Il est toutefois moulé dans un lingot de cinquante kilos d'acier massif et alimenté par des câbles de 380 volts épais comme l'index de Waterhouse.

— Et si vous voulez bien avoir l'obligeance de nous apporter également du thé.

De sorte que Waterhouse connaît à présent le nom de la secrétaire du Grand Manitou. C'est un début. Partant de là, avec un minimum de recherche, il devrait être en mesure de retrouver le souvenir du nom du Grand Manitou.

Cela semble les avoir fait régresser au stade bavardage, et même si dans des circonstances analogues, des pontes américains enrageraient de frustration, les Rosbifs paraissent énormément soulagés. On commande à miss Stanhope une nouvelle tournée.

— Avez-vous vu récemment le Dr Schehrrn ? s'enquiert le Grand Manitou en se tournant vers Waterhouse.

Il y a dans sa voix un soupçon d'inquiétude.

— Qui ça ?

Puis Waterhouse se rend compte que la personne en question est le commandant Schoen, et qu'ici à Londres, on a tendance à prononcer le nom correctement, à savoir *Schehrrn* et non pas *Shane*.

— Commandant Waterhouse ? hasarde le Grand Manitou, quelques minutes plus tard.

Sur sa lancée, Waterhouse s'est mis à essayer d'inventer un nouveau cryptosystème basé sur les diverses possibilités de prononcer les mots et il n'a plus rien dit depuis un certain temps.

— Oh, ouais ! Ma foi, j'ai juste pris le temps de passer saluer Schoen avant d'embarquer. Bien sûr, quand il, euh, ne se sent pas trop bien, chacun reçoit l'ordre strict de ne pas discuter cryptologie avec lui.

— Bien entendu.

— Le problème, c'est que quand l'essentiel de vos relations avec le bonhomme est bâti sur la cryptologie, vous ne pouvez même pas passer la tête à la porte sans contrevenir à cet ordre.

— Certes, c'est pour le moins délicat.

— J'espère que ça ira mieux.

Waterhouse n'a pas l'air trop convaincu et un silence de circonstance tombe autour de la table.

— Quand il était dans de meilleures dispositions, il a écrit le plus grand bien de vos travaux sur le *Cryptonomicon,* remarque un des Acolytes qui n'a pas dit grand-chose jusqu'à présent.

Waterhouse le catalogue comme une vague espèce d'homme d'action dans l'univers de la cryptologie mécanique.

— C'est un sacré bonhomme, observe Waterhouse.

Le Grand Manitou y voit aussitôt une ouverture :

— Grâce à votre travail sur la machine Indigo du D^r^ Schoen, vous êtes, par définition, sur la liste Magic. Maintenant que notre pays et le vôtre se sont mis d'accord — tout du moins en principe — pour coopérer dans le domaine de la cryptanalyse, cela vous place automatiquement sur la liste Ultra.

— Je comprends, monsieur, dit Waterhouse.

— Ultra et Magic sont plus symétriques qu'ils n'en ont l'air. Dans l'un et l'autre cas, une puissance en guerre a mis au point un système de codage mécanique qu'elle juge parfaitement indéchiffrable. Dans l'un et l'autre cas, une puissance alliée a finalement cassé ce code. En Amérique, le Dr Schoen et son équipe ont cassé Indigo et conçu la machine Magic. Ici, c'est le Dr Knox qui a cassé Enigma et conçu la Bombe. De ce côté, le principal instigateur semble avoir été le Dr Turing. Pour vous, c'était le Dr Schoen qui, comme vous l'avez dit, n'est pas trop bien. Mais il vous tient pour largement comparable au Dr Turing, commandant Waterhouse.

— C'est bougrement généreux de sa part, commente Waterhouse.

— Mais vous avez étudié à Princeton avec Turing, n'est-ce pas ?

— Nous y étions au même moment, si c'est ce que vous voulez dire. On faisait du vélo ensemble. Son travail était bien plus avancé.

— Mais Turing faisait un doctorat. Vous n'étiez qu'en licence.

— Certes. Mais même en tenant compte de ça, il est infiniment plus intelligent que moi.

— Vous êtes bien trop modeste, capitaine Waterhouse. Combien d'étudiants en licence ont publié des articles dans des revues scientifiques internationales ?

— On faisait juste du vélo, insiste Waterhouse. Einstein ne me dirait même pas bonjour.

— Le Dr Turing s'est révélé bien utile pour ses lumières en théorie de l'information, observe un type prématurément exténué, aux longs cheveux filasse grisonnants. (Waterhouse le catalogue aussitôt comme un de ces professeurs d'Oxford ou Cambridge.) Vous devez en avoir discuté avec lui.

Le professeur se tourne alors vers les autres et lance, professoral :

— La théorie de l'information informerait un calculateur mécanique en gros de la même façon que, disons, la mécanique des fluides la coque d'un navire.

Puis il se retourne vers Waterhouse et poursuit, sur un ton un rien moins emphatique :

— Le D$^{r}$ Turing a continué d'approfondir ses travaux sur le sujet depuis sa disparition, pour vous, dans les limbes du Confidentiel Défense. Un sujet d'un intérêt tout particulier a été celui de la quantité d'information qu'il est possible d'extraire de données apparemment aléatoires.

Brusquement, tous les autres se remettent à échanger ces mêmes regards amusés.

— Je déduis de votre réaction, intervient le Grand Manitou, que le sujet n'a pas non plus cessé de vous passionner.

Waterhouse se demande bien quelle a été sa réaction. Lui est-il poussé des crocs ? A-t-il bavé dans son café ?

— C'est bien, poursuit le Grand Manitou avant que Waterhouse ait pu répondre, parce que c'est également du plus haut intérêt pour nous. Voyez-vous, maintenant que nous faisons des efforts — et je dois souligner le niveau préliminaire et guère satisfaisant desdits efforts jusqu'ici — pour coordonner le renseignement entre Américains et Britanniques, nous nous trouvons dans la situation la plus bizarre à laquelle aient pu être confrontés deux alliés dans un conflit. Nous savons tout, commandant Waterhouse. Nous recevons les messages personnels d'Hitler adressés à ses commandants sur le théâtre des opérations, bien souvent avant même ces derniers ! Cette connaissance est de toute évidence un outil puissant. Mais il est tout aussi évident qu'elle ne pourra nous aider à gagner la guerre que si nous infléchissons notre plan d'action. À savoir que si, par le truchement d'Ultra, nous avons connaissance de l'existence d'un convoi maritime parti de Tarente pour approvisionner Rommel en Afrique du Nord, cette information ne nous aura servi à rien tant que nous ne serons pas allés couler ce convoi.

— C'est évident, dit Waterhouse.

— À présent, si dix convois sont envoyés et si tous sont coulés, même ceux naviguant de nuit ou sous une couverture de nuages, les Allemands se demanderont comment il se fait que nous ayons su où les trouver. Ils se rendront compte alors que nous avons pénétré le code Enigma et le changeront, et cet instrument ne nous sera plus désormais d'aucune utilité. On peut, sans trop s'avancer, dire que M. Churchill ne sera pas ravi d'une telle issue.

Le Grand Manitou considère tous les autres, qui hochent la tête d'un air approbateur. Waterhouse en déduit que M. Churchill a dû lourdement insister sur ce point particulier.

— Reformulons ceci en termes de théorie de l'information, dit le professeur. L'information circule d'Allemagne jusqu'à nous, via le système Ultra, à Bletchley Park. Cette information nous parvient sous la forme de transmissions sans fil, en code morse apparemment aléatoire. Mais parce que nous avons des gens très intelligents qui savent découvrir l'ordre caché dans ce qui est apparemment aléatoire, nous pouvons en extraire une information cruciale pour nos projets. À présent, les Allemands n'ont pas réussi à casser nos codes importants. Mais ils peuvent observer nos actions — le trajet de nos convois en Atlantique nord, le déploiement de notre aviation. Si les convois évitent toujours les U-Boote, si l'aviation se dirige toujours droit vers les convois allemands, alors il sera manifeste pour ces derniers — je songe ici à un Allemand très intelligent, de type professoral — qu'il y a là quelque chose de non aléatoire. Cet Allemand saura trouver des corrélations. Il saura voir que nous en savons plus qu'il ne faudrait. En d'autres termes, il existe un point où l'information commence à refluer de chez nous vers les Allemands.

— Nous devons savoir où se trouve ce point, intervient le Grand Manitou. Avec précision. Pour rester dès lors toujours en deçà. Et mettre en œuvre toutes les apparences de l'aléatoire.

— Oui, dit Waterhouse, et ce doit être un aléatoire capable de convaincre quelqu'un comme Rudolf von Hacklheber.

— Précisément l'homme auquel nous pensions, dit le professeur. Le *Doktor* Hacklheber, depuis l'an dernier.

— Oh ! fait Waterhouse. Rudy a décroché son doctorat ?

Depuis que Rudy a été rappelé dans le giron du Reich de Mille Ans, Waterhouse a envisagé le pire : il l'a imaginé parti sur le front, en manteau, dormant par à-coups, assiégeant Leningrad. Mais apparemment, les nazis, qui ont toujours eu le nez pour repérer les talents (pourvu qu'il ne s'agisse pas de talent juif), lui ont assigné un travail de bureau.

Malgré tout, l'ambiance demeure un rien tendue quelques instants après que Waterhouse a manifesté sa satisfaction de savoir Rudy en bonne santé. Cherchant à briser la glace, un des Acolytes fait remarquer plaisamment que si quelqu'un avait eu la prévoyance d'assigner Rudy à résidence dans le New Jersey, on n'aurait pas besoin d'une nouvelle catégorie de secret baptisée Ultra Méga. Personne ne semble trouver ça drôle, aussi Waterhouse en déduit-il que ce doit être vrai.

On lui présente l'organigramme du détachement spécial 2701 de la RAF, qui contient les noms des vingt-quatre personnes seulement sur la planète à être dans le secret d'Ultra Méga. Le haut est encombré de noms tels que Winston Churchill et Franklin Delano Roosevelt. Suivent d'autres qui semblent étrangement familiers à Waterhouse — peut-être justement ceux des messieurs présents dans cette pièce. En dessous, un certain Chattan, jeune colonel de la RAF qui (assure-t-on à Waterhouse) a accompli des exploits durant la bataille d'Angleterre.

Dans la rangée suivante du graphique apparaît le nom de Lawrence Pritchard Waterhouse. Deux autres sont inscrits à côté du sien : celui d'un capitaine de la RAF et celui d'un capitaine du Corps des Marines des États-Unis. Il y a également une ligne pointillée qui mène au nom du Dr Alan Matheson Turing. Dans l'ensemble, cet organigramme a tout de la plus irrégulière et de la plus bizarre improvisocratie jamais greffée sur une organisation militaire.

Dans la rangée inférieure apparaissent deux groupes d'une demi-douzaine de noms, réunis sous ceux des deux officiers, américain et britannique. Ce sont les escouades qui représentent le bras armé de l'organisation : pour reprendre l'expression d'un des présents, « ceux qui vont au charbon », ou, tel que traduit par un des Acolytes américains « ceux qui se collent le sale boulot ».

— Avez-vous des questions ? s'enquiert le Grand Manitou.

— Est-ce Alan qui a choisi le numéro ?

— Vous voulez dire le Dr Turing ?

— Oui. A-t-il choisi le numéro 2701 ?

Ce niveau de détail se situe à l'évidence plusieurs échelons en dessous du poste hiérarchique des hommes de Broadway Buildings. Ils ont l'air surpris et presque vexés, comme si Waterhouse venait de leur demander de prendre des notes.

— C'est possible, répond le Grand Manitou. Pourquoi cette question ?

— Parce que, répond Waterhouse, le chiffre 2701 est le produit de deux nombres premiers et que ces nombres, 37 et 73, exprimés en notation décimale, sont, comme vous pouvez le constater, l'inverse l'un de l'autre.

Toutes les têtes se tournent vers le professeur, qui paraît désarçonné.

— Nous ferions mieux de changer ça, observe-t-il aussitôt. C'est le genre de chose que le D[r] von Hacklheber ne manquerait pas de relever.

Il se lève, sort de sa poche un stylo Mont Blanc, et rectifie l'organigramme pour qu'on y lise désormais 2702 au lieu de 2701. Pendant qu'il s'exécute, Waterhouse regarde les autres hommes dans la pièce et il en retire l'impression qu'ils sont satisfaits. De toute évidence, c'est le genre de numéro de salon pour lequel ils l'ont engagé.

## CORREGIDOR

Il n'y a pas de limite définie entre les eaux de la baie de Manille et l'air humide qui les surmonte, juste un linceul gris-bleu en suspension à trois kilomètres de distance. La *Glory IV* manœuvre avec précaution au milieu d'un vaste éparpillement de cargos à l'ancre, durant près d'une demi-heure, puis elle prend de la vitesse et met le cap vers le centre de la baie. L'air se dégage un peu, permettant à Randy d'avoir une bonne vue sur Bata'an, loin à tribord : des montagnes noires presque entièrement drapées de brume et mouchetées de nuages en chapeau de champignon trahissant des ascendances thermiques. Quasiment pas de plages, juste des falaises rouges tombant à pic sur les derniers mètres dans l'océan. Mais à mesure qu'ils progressent vers l'extrémité de la péninsule, le terrain s'aplanit légèrement et laisse apparaître quelques champs vert pâle. Tout à la pointe de Bata'an se dressent deux escarpements calcaires que Randy reconnaît d'emblée d'après la vidéo d'Avi. Mais déjà, il n'a plus d'yeux que pour Corregidor proprement dite, qui s'étend à quelques milles au large de l'extrémité de la péninsule.

America Shaftoe, ou Amy comme elle aime à se faire appeler, passe la plus grande partie du voyage à s'affairer partout, s'engager dans de brèves conversations fort sérieuses avec les plongeurs philippins et américains, ou parfois s'asseoir en tailleur à même le pont pour examiner des papiers ou des cartes marines. Elle a coiffé un chapeau de cow-boy cabossé pour se protéger la tête du rayonnement solaire. Randy n'est pas pressé de s'exposer. Il fait les cent pas dans la cabine climatisée, sirotant son café tout en examinant les photos aux murs.

Il s'attend, naïvement, à découvrir des plongeurs en train de tirer des câbles sous-marins jusqu'au rivage. Semper Marine Services travaille pas mal dans ce domaine — et travaille fort bien, il a consulté leurs références avant de les engager —, mais il semblerait qu'ils ne jugent pas ce genre boulot digne d'être immortalisé en photo. La plupart sont en fait des vues d'opérations de récupération d'épaves : des plongeurs brandissant, avec un large sourire sur leur visage tanné, des vases incrustés de bernacles, tels des joueurs de hockey la Coupe Stanley.

De loin, Corregidor est une lentille de jungle en saillie à l'horizon, avec une corniche plate s'étendant d'un côté. D'après les cartes, il sait qu'elle affecte en réalité une forme de spermatozoïde. Ce qui évoque une corniche, vu sous cet angle, est en fait sa queue qui s'éloigne en sinuant vers l'est, comme si le spermatozoïde en question essayait de sortir de la baie de Manille pour aller féconder l'Asie.

Amy entre en coup de vent, repoussant la porte de la cabine.

— Venez sur le pont, lance-t-elle. Il faut que vous voyiez ça.

Randy la suit.

— C'est qui, le type sur presque toutes ces photos ?

— L'air inquiétant, la tête en brosse ?

— Ouais.

— C'est mon père, répond-elle. Doug.

— Serait-ce Douglas MacArthur Shaftoe ? demande Randy.

Il a vu le nom sur des documents échangés avec Semper Marine.

— Lui-même.

— L'ex-SEAL ?

— Ouais. Mais il n'aime pas être catalogué de la sorte. Ça fait tellement cliché.

— Pourquoi sa tête me dit-elle quelque chose ?

Soupir d'Amy.

— Il a eu son quart d'heure de gloire en 1975.

— Ma mémoire me joue des tours...

— Vous connaissez Comstock ?

— Paul Comstock, le ministre de la Justice ? Celui qui déteste le chiffrement ?

— Je parle de son père. Earl Comstock.

— L'apôtre de la guerre froide — l'éminence grise de la guerre du Vietnam ? C'est ça ?

— Je ne l'ai jamais entendu qualifier ainsi mais, ouais, on cause du même. Vous devez vous rappeler qu'en 1975, Earl Comstock est tombé — ou plutôt a été poussé — d'une remontée mécanique, dans le Colorado, se brisant les deux bras.

— Ah ouais, maintenant, ça me revient plus ou moins.

— Eh bien, mon père... (Amy fait mine d'indiquer de la tête un des clichés.) Il se trouve que mon père était à ce moment assis juste à côté de lui.

— Par accident ou bien...

— Pur hasard. Rien de prémédité.

— C'est une façon de voir les choses, constate Randy, mais d'un autre côté, si Earl Comstock avait l'habitude de faire du ski, il avait une assez forte probabilité de se retrouver tôt ou tard assis, à quinze mètres du sol, à côté d'un ancien combattant de la guerre du Vietnam...

— Si vous y tenez. Tout ce que je peux en dire... c'est que je préfère ne pas en parler, en fait.

— Suis-je appelé à rencontrer ce personnage ? s'enquiert Randy en contemplant la photo.

Amy pince les lèvres et, plissant les yeux, fixe l'horizon.

— Quatre-vingt-dix pour cent du temps, sa présence est le signe qu'il se passe quelque chose de vraiment bizarre.

Elle ouvre l'écoutille menant au pont et la lui tient, tout en lui faisant signe d'enjamber le seuil.

— Et les autres dix pour cent?

— Il s'emmerde ou il est brouillé avec sa petite amie.

Le pilote de la *Glory* est intensément concentré et les ignore, ce que Randy considère comme un signe de professionnalisme. La passerelle est dotée d'une multitude de tablettes bricolées avec des portes ou des feuilles de contreplaqué épais, et tout l'espace disponible est encombré d'appareils électroniques : un fax, une machine plus petite qui crache des bulletins météo, trois ordinateurs, un téléphone-satellite, plusieurs téléphones mobiles posés sur leur chargeur, du matériel sonar. Amy le conduit jusqu'à une machine équipée d'un grand écran. L'image affichée évoque la photo en noir et blanc d'un terrain rocailleux.

— Sonar à balayage latéral, explique-t-elle, un de nos meilleurs outils pour ce genre de boulot. Ça nous montre ce qu'il y a au fond.

Elle vérifie leurs coordonnées sur l'écran d'un des ordinateurs, puis effectue un rapide calcul mental.

— Ernesto, infléchissez notre route de cinq degrés sur tribord, voulez-vous.

— Oui, m'dame, répond Ernesto et il s'exécute.

— Qu'est-ce que vous cherchez?

— C'est un bonus... comme les cigarettes à l'hôtel, explique Amy. Juste un petit plus pour vous remercier de faire affaire avec nous. Parfois, on aime bien jouer les guides pour touristes. Tenez... visez plutôt ça.

Du petit doigt, elle indique un contour qui vient d'apparaître à l'écran. Randy se penche vers le moniteur, regarde. À l'évidence, l'artefact est d'origine humaine : un fouillis de traits rectilignes et d'angles droits.

— On dirait un tas de débris, commente-t-il.

— C'en est un, à présent, confirme Amy, mais c'était jadis une bonne partie du trésor philippin.

— Quoi ?

— Durant la guerre, après Pearl Harbor mais avant que les Japonais ne s'emparent de Manille, le gouvernement a vidé ses coffres. Ils ont mis tout l'or et l'argent dans des caisses et expédié le tout à Corregidor, dans l'intention de le planquer en lieu sûr. Soi-disant.

— Comment ça, soi-disant ?

Elle hausse les épaules.

— C'est les Philippines. J'ai comme l'impression que l'essentiel a fini ailleurs. En revanche, une bonne partie de l'argent a abouti là.

Elle se redresse et, de la tête en direction de la baie vitrée, indique l'île.

— À cette époque, ils pensaient que Corregidor était imprenable.

— Et ça c'est passé quand, en gros ?

— Décembre 41 ou janvier 42. Toujours est-il qu'il devint évident que Corregidor était sur le point de tomber. Un sous-marin est venu récupérer l'or au début de février. Puis un autre submersible est venu évacuer les types qu'on ne pouvait se permettre de laisser capturer, comme les déchiffreurs. Mais ils n'avaient pas assez de bateaux pour emporter tout cet argent. MacArthur est parti en mars. Ils ont commencé à embarquer le métal précieux dans des caisses, en pleine nuit, pour le jeter à la mer.

— C'est une blague !

— Ils pourraient toujours revenir plus tard tenter de le récupérer. Mieux valait tout perdre que laisser les Japs mettre la main dessus, pas vrai ?

— Je suppose.

— Les Japonais ont récupéré une bonne partie de cet argent — ils ont capturé pas mal de plongeurs américains à Bata'an et Corregidor et les ont forcés à descendre le repêcher, sous l'endroit même où nous nous trouvons en ce moment. Mais ces mêmes plongeurs ont réussi à en détourner un joli stock au nez et à la barbe de leurs gardes et à le faire parvenir aux Philippins, qui l'ont fait entrer en contrebande à

Manille, où il est devenu si commun qu'il a totalement déprécié la monnaie d'occupation japonaise.

— Alors, c'est quoi, ce qu'on voit, à présent ?

— Les restes des vieilles caisses qui ont éclaté en touchant le fond.

— Est-ce qu'il restait encore de l'argent, après la fin de la guerre ?

— Oh, bien sûr, fait Amy, désinvolte. La majeure partie a échoué ici et ces fameux plongeurs l'ont remontée mais ils en avaient également largué ailleurs. Mon père a pu encore en récupérer pas mal à la fin des années soixante-dix.

— Wouah ! Ça ne tient pas debout !

— Pourquoi cela ?

— J'arrive pas à croire que des monceaux de métal précieux soient restés ainsi au fond de la mer pendant trente ans, n'attendant qu'à être ramassés.

— Je vois que vous ne connaissez pas bien les Philippines.

— Je sais que c'est un pays pauvre. Pourquoi personne n'est venu récupérer cet argent ?

— La majorité des chasseurs de trésor dans cette partie du monde sont à la recherche d'un butin plus gros... ou plus facile, explique Amy.

Randy est malgré tout perplexe.

— Un gros tas d'argent au fond de la baie, ça me paraît gros et facile.

— Faux. L'argent ne vaut pas tant que ça. Un vase de la dynastie Sung, une fois nettoyé, peut valoir bien plus que son poids en or. En or ! Et il est plus facile de trouver le vase : il suffit de balayer le fond, à la recherche d'un objet en forme de jonque. Une épave de jonque renvoie une image caractéristique au sonar. Alors qu'une vieille caisse, tout éclatée et recouverte de corail et de coquillages, tend à ressembler à un rocher.

Comme ils approchent de Corregidor, Randy note que la queue de l'île est bosselée, avec de gros amas rocheux en saillie çà et là. Le terrain se décolore graduellement, du vert sombre de la jungle au vert pâle, puis à un morne brun roux à mesure que la queue s'écarte du centre ventru de l'île pour gagner son extrémité et que le sol en devient plus aride. Le regard de Randy s'attarde sur un de ces éperons rocheux qui est surmonté d'une tour d'acier toute neuve. Au sommet de celle-ci, le cornet d'une antenne micro-ondes est braqué vers l'est en direction du siège d'Épiphyte à Intramuros.

— Vous voyez ces grottes, au ras de l'eau ? dit Amy.

Elle semble déjà regretter d'avoir commencé par évoquer des trésors engloutis et désire à présent changer de sujet.

Randy s'arrache à l'admiration de cette antenne dont il est en partie propriétaire pour regarder dans la direction indiquée par la jeune femme. Le flanc calcaire de l'île qui plonge à la verticale sur les derniers mètres au-dessus des vagues est effectivement criblé de trous.

— Ouais.

— Creusées par les Américains pour abriter des canons de défense de la plage. Puis agrandies par les Japonais pour y installer les sites de lancement de leurs bateaux-suicides.

— Waouh.

Randy entend résonner un gargouillis sourd et, se penchant, note qu'une embarcation est venue se porter à leur hauteur. C'est une espèce de canoë long d'une douzaine de mètres, doté de flotteurs de chaque côté. Deux drapeaux déchiquetés sont accrochés à un mât court et du linge bariolé claque allègrement sur des cordes tendues çà et là. Un gros moteur Diesel décapoté trône au milieu de la coque, empestant l'atmosphère d'une épaisse fumée noire. Devant, plusieurs Philippins, dont des femmes et des enfants, réunis sous l'ombre d'une bâche bleu vif, sont en train de manger. À l'arrière, deux hommes bricolent un équipement de plongée. L'un d'eux porte un objet à sa bouche : un micro. De la radio de la *Glory* se déverse une voix parlant tagalog. Ernesto réprime un rire, saisit le micro et répond brièvement. Randy ne sait pas ce qu'ils racontent mais soupçonne que ce doit être du genre :

— On discutera plus tard, pour l'instant, notre client est sur le pont.

— Des associés d'affaires, explique Amy, sèchement.

Son expression corporelle trahit qu'elle voudrait laisser Randy pour retourner à son boulot.

— Merci pour la visite, dit Randy. Encore une question...

Amy hausse un sourcil, essaie d'avoir l'air patient.

— Quelle proportion de ses recettes Semper Marine tire-t-il de la chasse aux trésors ?

— Ce mois-ci ? Cette année ? Les dix dernières années ? Sur toute la durée de vie de l'entreprise ?

— Peu importe.

— Ce genre de revenu est sporadique, explique Amy. La *Glory* a été payée, en partie, par des poteries récupérées dans l'épave d'une jonque. Mais certaines années, l'intégralité de notre revenu provient de boulots comme celui-ci.

— En d'autres termes, des boulots chiants et ennuyeux ? rétorque Randy.

Il n'a pas pu se retenir. En temps normal, il sait mieux tenir sa langue. Mais se raser la barbe a dû brouiller les limites de son moi. Sans doute.

Il s'attend à la voir rire ou du moins lui adresser un clin d'œil, mais elle prend cela tout à fait au sérieux. Elle lui lance un regard qui se veut impénétrable.

— Voyez ça comme notre façon à nous d'embosser des plaques minéralogiques.

— Bref, vos gars sont fondamentalement une bande de chasseurs de trésors, note Randy. Vous fabriquez des plaques juste pour stabiliser votre marge d'autofinancement.

— Vous pouvez les baptiser chasseurs de trésors si ça vous chante, rétorque Amy. Et vous, pourquoi êtes-vous dans les affaires, Randy ?

Elle lui tourne le dos et s'éloigne.

Randy la regarde encore quand il entend Ernesto jurer dans sa barbe, moins de colère que d'étonnement. La *Glory* vient de doubler la queue de Corregidor et toute la partie méridionale de l'île est enfin visible pour la première fois. Le dernier mille de terre s'incurve pour former une baie en hémicycle. Ancré au centre, un bateau blanc que Randy identifie d'emblée comme un petit paquebot aux lignes désinvoltes et spectaculaires. Puis il avise le nom peint à la proue : RUI FALEIRO — SANTA MONICA, CALIFORNIE.

Randy s'approche d'Ernesto et ils restent tous deux un moment à contempler le navire. Randy en a entendu parler et Ernesto, comme tout le monde aux Philippines, connaît son existence. Mais le voir est une autre paire de manches. Posé sur le pont arrière, un hélicoptère ressemble à un jouet. Un puissant canot effilé comme une dague est accroché à un bossoir, prêt à servir de vedette. On aperçoit un homme à la peau brune, vêtu d'un uniforme blanc resplendissant, affairé à astiquer le cuivre d'un bastingage.

— Rui Faleiro était le cosmographe de Magellan, note Randy.

— Cosmographe ?

— Le cerveau de l'expédition, explique Randy en se tapotant la tempe.

— Il est venu ici avec Magellan ? s'enquiert Ernesto.

Presque partout, on considère Magellan comme le premier homme à avoir accompli le tour du monde. Ici, tout le monde sait bien qu'il n'est pas allé plus loin que l'île de Mactan, où il s'est fait tuer par des Philippins.

— Quand Magellan a appareillé avec son navire, Faleiro est resté à terre, à Séville, dit Randy. Il est devenu fou.

— Vous connaissez bien Magallanes, hein ? remarque Ernesto.

— Non, répond Randy. Je connais bien le Dentiste.

— Ne parle pas au Dentiste. Jamais. De quoi que ce soit. Pas même de trucs techniques. Toute question technique qu'il pourra te poser ne serait que le cheval de Troie d'une tactique commerciale qui dépasse ton entendement dans les mêmes proportions que la preuve de Gödel dépasse celui de Daffy Duck.

Avi lui a dit cela un soir, spontanément, alors qu'ils attaquaient leur dîner dans un restaurant du centre de Makati. Avi se refuse à discuter de quelque sujet important que ce soit à moins d'un kilomètre de l'hôtel Manille parce qu'il croit que chaque chambre, chaque table est sous surveillance.

— Merci pour cette motion de confiance, observe Randy.

— Eh, j'essaye juste de baliser mon terrain — justifier mon existence dans ce projet. Je me chargerai des questions commerciales.

— Tu crois pas que tu deviens un peu parano ?

— Écoute. Le Dentiste a au moins un milliard de dollars en propre et il en gère dix de plus — la moitié des putains d'orthodontistes de Californie du Sud ont pris leur retraite à quarante balais parce qu'il a décuplé leur plan de retraite complémentaire en l'espace de deux ou trois ans. On ne parvient pas à ce genre de résultat en jouant les types sympas.

— Peut-être qu'il a juste eu du bol.

— Il a effectivement eu du bol. Mais ça ne veut pas dire qu'il est sympa. Mon opinion est qu'il a placé cet argent dans des affaires extrêmement risquées. Il a joué à la roulette russe avec les économies de ses investisseurs, en les laissant dans le noir. Je veux dire, ce mec investirait dans un réseau de kidnappeurs chinois si ça lui procurait un taux de retour intéressant.

— Je me demande s'il est conscient d'avoir eu du pot.

— C'est bien ma question. Je pense que non. Je crois qu'il se considère comme un instrument de la divine providence, comme Douglas MacArthur.

Le *Rui Faleiro* est l'orgueil des chantiers navals de Seattle qui, depuis quelques années, se sont lancés (quoique discrètement) dans la plaisance de luxe. Randy a glané quelques chiffres dans une brochure commerciale publiée peu avant que le Dentiste n'achète le bateau. Ainsi sait-il que l'hélicoptère et la vedette rapide étaient compris dans le prix, qui n'a jamais été divulgué. On trouve à bord, entre autres, dix tonnes de marbre. La chambre principale est dotée d'une salle de bains pour monsieur et d'une pour madame, décorées de marbre noir et rose, respectivement, ce qui évite au Dentiste et à la Diva de se battre pour avoir le lavabo quand ils se bichonnent avant une soirée de gala dans la grande salle de bal du yacht.

— Le Dentiste ? interroge Ernesto.

— Kepler. Le docteur Kepler, explique Randy. Aux États-Unis, certains l'ont baptisé le Dentiste.

Les gens dans l'industrie de haute technologie.

Ernesto acquiesce d'un air entendu.

— Un homme comme lui pourrait avoir n'importe quelle femme sur la planète, remarque-t-il. Pourtant, il a choisi une Philippine.

— Oui, fait Randy, prudent.

— Est-ce qu'aux États-Unis, les gens connaissent l'histoire de Victoria Vigo ?

— Je dois vous avouer qu'elle n'est pas aussi célèbre là-bas qu'ici.

— Évidemment.

— Mais certaines de ses chansons sont très connues. Beaucoup de gens savent qu'elle est issue d'un milieu très pauvre.

— Les gens aux États-Unis connaissent-ils la Montagne qui fume ? La décharge de Tondo, où les enfants se battent pour manger ?

— Certains, oui. Elle deviendra célèbre quand le film sur la vie de Victoria Vigo passera à la télé.

Ernesto hoche la tête, apparemment satisfait. Tout le monde sait ici qu'on est en train de tourner une biographie de la Diva, où elle apparaît en vedette dans son propre rôle. Ce que les gens ignorent, en général, c'est qu'il s'agit d'un projet réalisé à compte d'auteur, financé par le Dentiste, et qu'il ne sera diffusé que sur les réseaux câblés à une heure avancée de la nuit.

Ce qu'ils savent sans doute, en revanche, c'est qu'il omettra les passages les plus croustillants.

— En ce qui concerne le Dentiste, poursuit Avi, notre avantage est que, pour tout ce qui aura trait aux Philippines, il va se montrer prévisible. Dressé. Voire docile.

Il a un sourire énigmatique.

— Comment ça ?

— C'est grâce à son cul que Victoria Vigo s'est sortie de la Montagne qui fume, n'est-ce pas ?

— Ma foi, tout le monde se pousse du coude et cligne de l'œil quand on évoque le sujet, mais j'avoue que je n'ai jamais entendu personne oser le dire ouvertement, constate Randy, avec un regard circulaire inquiet.

— Crois-moi, c'était la seule façon pour elle de s'en sortir. Ses maquereaux étaient les Bolobolos. Un groupe originaire du nord de Luçon qui est venu au pouvoir en même temps que Marcos. Ils ont la haute main sur ce quartier — la police, la mafia, la politique locale, tout ce que tu veux. En conséquence, ils la tiennent — ils ont des photos, des vidéos, du temps où elle était une mineure prostituée et une starlette de films X.

Rand hoche la tête, entre dégoût et stupéfaction.

— Merde, comment t'as obtenu ce genre d'info ?

— T'occupe. Crois-moi, dans certains cercles, c'est aussi connu que la valeur de pi.

— Pas dans les miens.

— Quoi qu'il en soit, le fait est que ses intérêts se confondent et se confondront toujours avec ceux des Bolobolos. Et que le Dentiste obéira toujours docilement à tout ce que pourra lui demander sa femme.

— Est-ce que tu peux vraiment en être si sûr ?

interroge Randy. C'est un type coriace. Il a sans doute bien plus d'argent et de pouvoir que les Bolobolos. Il peut faire ce qu'il veut.

— Mais il n'en fera rien, rétorque Avi, exhibant à nouveau son petit sourire. Il fera ce que sa femme lui dira.

— Qu'en sais-tu ?

— Écoute, Kepler est un obsédé du pouvoir — comme tous les types riches et puissants. D'accord ?

— D'accord.

— Quand on est à ce point obsédé du pouvoir, ça se traduit comment en termes de préférences sexuelles ?

— J'espère ne jamais le savoir. J'imagine qu'on a envie de dominer une femme.

— Faux ! Le sexe, c'est plus compliqué que ça, Randy. Le sexe est le lieu où s'expriment les désirs refoulés des gens. Ce qui les excite le plus, c'est de voir démasquer leurs secrets les plus intimes...

— Merde. Tu veux dire que Kepler est un masochiste ?

— C'est un tel putain de masochiste qu'il en est devenu célèbre. Du moins dans les milieux de l'industrie du sexe en Asie du Sud-Est. Maquereaux et maquerelles à Hongkong, Bangkok, Chenjen, Manille, tous avaient des dossiers sur lui... ils connaissaient précisément ses moindres désirs. Et c'est de cette façon qu'il a connu Victoria Vigo. Il était à Manille, vois-tu, pour le contrat avec FiliTel. Il y passait pas mal de temps. Il était descendu dans un hôtel appartenant aux Bolobolos et truffé par eux de micros et de caméras. Ils ont étudié ses habitudes d'accouplement avec la précision d'entomologistes observant les mœurs reproductrices de fourmis. Ils ont alors préparé Victoria Vigo — leur as, leur bombe, leur Terminator sexuel — à fournir à Kepler exactement ce qu'il voulait. Puis ils l'ont fait entrer dans sa vie comme un putain de missile guidé et paf ! Le coup de foudre !

— On aurait pu imaginer qu'il ait des soupçons,

non ? Je suis surpris qu'il se soit fait embobiner par une pute.

— Mais il ignorait que c'était une pute ! C'est ça, le plus beau dans leur plan ! Les Bolobolos lui avaient donné l'identité bidon de concierge de son hôtel ! Une jeune fille sage et modeste éduquée dans une école catholique ! Il commence par lui offrir des billets de théâtre et, en moins d'un an, il se retrouve enchaîné sur son lit à bord de ce putain de méga-yacht, avec des marques de ceinture sur le cul, et elle juchée sur lui, une alliance au doigt de la taille d'une lampe de chevet, la cent trente-huitième femme la plus riche du monde.

— Cent vingt-huitième, rectifie Randy. Le titre FiliTel a profité de la hausse du marché.

Randy passe les journées suivantes à éviter de tomber sur le Dentiste. Il est descendu dans une petite auberge tranquille tout en haut de l'île et déguste chaque matin des petits déjeuners continentaux en compagnie d'une brochette d'anciens combattants américains et nippons venus ici avec leurs épouses pour (imagine Randy) régler des problèmes affectifs un million de fois plus profonds que tout ceux que Randy a jamais pu affronter. Le *Rui Faleiro* est tout sauf discret et Randy n'a aucun mal à savoir si le Dentiste est à bord rien qu'en observant les allées et venues de l'hélicoptère ou de la vedette rapide.

Quand il se croit en sécurité, il descend jusqu'à la plage au pied de l'antenne micro-ondes et observe les plongeurs d'Amy occupés à déployer le câble. Certains travaillent au bord, dans les vagues, et boulonnent autour de celui-ci des tronçons de tube en fonte. D'autres, à deux milles au large, travaillent en coordination avec une barge qui introduit le câble directement dans le fond vaseux de la mer à l'aide d'un appendice géant en forme de soc.

Du côté du rivage, le câble pénètre dans un bâtiment neuf en béton renforcé édifié à cent mètres en retrait des plus hautes eaux. Il s'agit en fait d'une simple grande salle bourrée de batteries d'accumulateurs, de groupes électrogènes, de climatiseurs et de baies d'équipement électronique. Le logiciel qui tourne sur cet équipement est la responsabilité de Randy, aussi passe-t-il le plus clair de son temps dans cette bâtisse, à surveiller un moniteur et à taper au clavier. De là, les lignes de transmission remontent la colline jusqu'à la tour émettrice.

L'autre bout du câble se déploie en direction d'une bouée qui flotte en mer de Chine méridionale, à quelques kilomètres de là. Fixée à cette bouée se trouve l'extrémité de la Guirlande côtière de Luçon nord, un câble, propriété de FiliTel, qui remonte la côte. Si on le suit assez loin, on tombe sur un bâtiment situé à la pointe nord de l'île, où aboutit un autre câble venu de Taiwan. De son côté, Taiwan est étroitement imbriquée au réseau international de câbles sous-marins ; faire transiter des données par Taiwan est aisé et peu coûteux.

Il ne reste qu'un hiatus dans cette chaîne privée de transmissions qu'Épiphyte et FiliTel cherchent à établir entre Taiwan et le centre de Manille, et ce hiatus se réduit un peu plus chaque jour, à mesure que le navire câblier progresse lentement vers la bouée.

Quand enfin il touche au but, le *Rui Faleiro* lève l'ancre et court à sa rencontre. L'hélicoptère et la vedette, ainsi qu'une armada de navires loués se mettent en branle pour acheminer officiels et journalistes depuis Manille. Avi se pointe avec deux smokings neufs d'un tailleur de Shanghai (« les plus grands tailleurs de Hongkong étaient des réfugiés venus de Shanghai »). Randy et lui arrachent les emballages en papier de soie et les enfilent avant de descendre la colline, à bord d'un jeepney non climatisé pour rejoindre le quai où les attend la *Glory*.

Deux heures plus tard, Randy a pour la première fois l'occasion de poser les yeux sur le Dentiste et la Diva, dans la grande salle de bal du *Rui Faleiro*. Pour

Randy, c'est une soirée comme une autre : il serre les mains de plusieurs personnes, oublie leur nom, se trouve un coin où s'asseoir, et déguste le vin et les plats dans une bienheureuse solitude.

Le seul point particulier est que deux câbles goudronnés, chacun de l'épaisseur approximative d'une batte de base-ball, montent jusqu'à la plage arrière. Si on s'approche du bastingage et qu'on regarde vers le bas, on peut les voir disparaître dans l'écume. Les câbles se rejoignent sur une table au milieu du pont où un technicien, amené en avion de Hongkong, attifé d'un smoking et muni d'une caisse à outils, est en train de procéder à leur épissure. Il est également en train de se payer une belle cuite, mais Randy ne s'en inquiète pas, sachant que tout ceci est bidonné : les câbles ne sont que des tronçons dont les extrémités traînent sous l'eau près de la coque. Le véritable raccordement a été effectué la veille, et le vrai câble repose déjà sur le fond, transmettant ses bits de données.

Il y a un autre homme sur la plage arrière ; la plupart du temps, il contemple Bata'an et Corregidor mais il lorgne également du côté de Randy. Dès que celui-ci le remarque, l'homme secoue la tête, comme s'il le cochait mentalement sur une liste, il se lève, s'approche, le rejoint. Il porte un uniforme très décoré, l'équivalent, dans la marine américaine, d'une tenue de soirée. Il est presque chauve et ce qui lui reste de cheveux est d'un gris arsenal, rasé à une longueur d'environ cinq millimètres. Alors qu'il se dirige vers Randy, plusieurs Philippins l'observent avec une curiosité manifeste.

— Randy, dit-il.

Ses médailles cliquètent quand il empoigne la main droite de Randy pour la serrer. Il semble avoir la cinquantaine mais il a la peau d'un bédouin octogénaire. Il arbore sur la poitrine toute une brochette de rubans, dont bon nombre sont rouge et jaune, des couleurs que Randy associe plus ou moins au Vietnam. Au-dessus de sa poche, une petite plaque d'identité en plastique indique SHAFTOE.

— Ne vous méprenez pas, Randy, l'informe Douglas MacArthur Shaftoe, je ne suis pas en service actif. J'ai pris ma retraite il y a belle lurette. Mais j'ai toujours le droit de porter cet uniforme. Et c'est bougrement plus facile que d'essayer de trouver un smoking à ma taille.

— Ravi de faire votre connaissance.

— Tout le plaisir est pour moi. Où avez-vous déniché le vôtre, au fait ?

— De smoking ?

— Ouais.

— C'est une de mes relations qui l'a fait faire.

— Relation d'affaires ou intime ?

— D'affaires. Pour l'instant, je vis seul.

Doug Shaftoe hoche la tête, impassible.

— C'est révélateur, quand on vit à Manille. Contrairement à notre hôte, par exemple.

Randy se tourne vers la salle de bal et contemple Victoria Vigo qui, si elle devait être plus radieuse, ferait cloquer les peintures et fondre les hublots comme du caramel.

— Je suppose que c'est par timidité, sans doute, observe Randy.

— Êtes-vous trop timide pour prêter l'oreille à une proposition commerciale ?

— Pas du tout.

— Ma fille prétend que vous et notre hôte, vous pourriez poser encore quelques câbles dans le secteur au cours des prochaines années.

— En affaires, on envisage rarement de ne faire une chose qu'une seule fois, observe Randy. Ça gâche les feuilles de tableur.

— Vous n'êtes donc pas sans savoir qu'il y a beaucoup de hauts-fonds dans ces eaux.

— Ouais.

— Vous savez également qu'on ne peut pas poser de câbles en eaux peu profondes sans recourir à des relevés détaillés effectués à l'aide d'un sonar à balayage latéral à haute résolution.

— Certes.

— J'aimerais effectuer ces relevés pour vous, Randy.

— Je vois.

— Non, je ne pense pas que vous voyiez. Mais je veux que vous voyiez et c'est pour ça que je m'en vais vous l'expliquer.

— D'accord, dit Randy. Est-ce que je dois aller chercher mon partenaire ?

— Le concept que je m'apprête à vous exposer est fort simple et ne requiert pas deux esprits de première grandeur pour être assimilé, répond Doug Shaftoe.

— D'accord. Quel est le concept ?

— Le relevé détaillé sera une mine d'informations sur tout ce qui traîne au fond de l'océan dans cette partie du monde. Une partie de ces informations pourrait être de grande valeur. Bien plus que vous ne l'imaginez.

— Ah, fait Randy. Vous voulez dire que ce pourrait être le type de renseignement sur lequel votre entreprise sait capitaliser ?

— C'est exact, confirme Doug Shaftoe. À présent, si vous engagez l'un ou l'autre de mes concurrents pour effectuer votre relevé, et qu'ils tombent sur une information de cette sorte, ils se garderont bien de vous en parler. Ils l'exploiteront pour leur propre compte. Vous ne saurez pas qu'ils ont trouvé quelque chose et vous n'en tirerez aucun profit. En revanche, si vous engagez Semper Marine Services, je vous signalerai tout ce que nous aurons pu découvrir, et je vous intéresserai, vous et votre société, à une part des bénéfices éventuels.

— Hmmm, fait Randy.

Il fait de son mieux pour prendre un air impassible mais sait bien que Shaftoe voit clair dans son jeu.

— À une seule condition, dit Doug Shaftoe.

— Je me doutais bien qu'il y aurait une condition.

— Tout hameçon digne de ce nom a un crochet. Voici le crochet.

— Oui ? fait Randy.

— On garde le secret vis-à-vis de ce fils de pute (et Doug Shaftoe d'indiquer du pouce Hubert Kepler). Parce que si jamais le Dentiste le découvre, lui et les Bolobolos s'empresseront de partager le gâteau et on n'en verra jamais la couleur. Il y a même un risque qu'on finisse morts.

— Ma foi, finir mort est certes un élément à ne pas négliger, convient Randy, mais je m'en vais néanmoins transmettre votre proposition à mon partenaire.

## *LE TUBE*

Waterhouse et quelques dizaines d'inconnus sont debout ou assis dans une salle extraordinairement longue et étroite qui oscille d'un côté à l'autre. La salle est bordée de fenêtres mais aucune lumière n'en provient, juste du son : une cacophonie de grondements, cliquetis et grincements. Chacun est pensif et silencieux, comme s'il était assis dans une église à attendre le début de l'office.

Waterhouse se tient à une protubérance fixée au plafond qui l'empêche de se retrouver sur le cul. Depuis maintenant deux minutes, il fixe une affiche proche qui donne des instructions sur la façon d'enfiler un masque à gaz. Waterhouse, comme tout un chacun, porte sur lui ce genre d'accessoire dans un petit sac beige passé à l'épaule. Le sien diffère de tous les autres parce qu'il est américain et militaire. Cela lui a du reste valu deux ou trois regards.

Sur l'affiche, on voit une charmante jeune femme très stylée, la peau blanche, des cheveux auburn qui donnent l'impression d'avoir été fondus chimiquement et modelés à leur forme présente dans un salon de coiffure huppé. Elle se tient bien droite, le dos raide comme un mât, le menton relevé, les épaules en arrière, les mains dans une pose rituelle : doigts étendus, pouces relevés devant son visage. Une masse sinistre pendouille entre ses mains, retenue dans une litière de sangles kaki. Ses pouces sont les chevilles ouvrières retenant cet écheveau complexe.

Waterhouse est à Londres depuis maintenant quarante-huit heures, aussi connaît-il le reste de l'histoire. Il reconnaîtrait n'importe où cette attitude. Cette femme s'apprête à avancer le menton. Si jamais les gaz tombent sur la capitale, l'alerte au gaz retentira et les couvercles des grosses boîtes aux lettres, qui toutes ont été badigeonnés d'une peinture spéciale, vireront au noir. Vingt millions de pouces pointeront alors vers le ciel verdâtre et empoisonné, retenant dix millions de masques à gaz, et dix millions de mentons se projetteront en avant. Il imagine déjà le bruit sec et lascif quand cette femme forcera sa peau blanche et douce à s'introduire dans cette étroite gangue de caoutchouc noir.

Une fois accomplie la projection du menton, tout va bien. Il ne reste plus qu'à disposer avec soin les sangles sur sa permanente auburn et à rentrer s'abriter, mais le plus dur est fait. Les masques à gaz britanniques sont équipés sur le devant d'une cartouche ronde permettant d'expirer, qui ressemble tout à fait à un groin de cochon, et pas une femme ne voudrait être retrouvée morte attifée de la sorte si les modèles sur les affiches pour les masques à gaz n'étaient de tels parangons de beauté raffinée.

Un détail attire soudain son regard vers les ténèbres derrière la fenêtre. La rame vient d'aborder un de ces tronçons du métro où l'éclairage des pâles lampes couleur canon de fusil se tamise et trahit les secrets stygiens du tube. Chacun dans la voiture cligne des yeux, échange des regards, soupire. L'univers vient fugitivement de se rematérialiser autour d'eux. Des bouts de mur, des poutrelles encastrées, des paquets de câbles qui pendent dans le vide et tournent lentement, tels des corps astronomiques, devant le train qui passe.

Les câbles surtout mobilisent l'attention de Waterhouse : accrochés avec soin à la paroi, en lignes parallèles. On dirait les treilles de quelque lierre plutonien qui envahit les ténèbres du métropolitain dès que le personnel d'entretien a le dos tourné, cherchant une faille où s'introduire pour regagner la lumière du jour.

Quand on marche dans la rue, là-haut, dans la métropole, on aperçoit les premières vrilles qui grimpent le long des murs antiques des immeubles. Des lianes gansées de néoprène montent à la verticale sur la pierre nue et le crépi pour s'introduire par des trous dans les encadrements de fenêtres, en choisissant de préférence les bureaux. Parfois, elles sont gainées de tubes métalliques. Parfois, les propriétaires les ont repeintes. Mais toutes partagent un réseau commun de racines qui s'épanouissent dans les crevasses et chenaux inutilisés du métro, pour converger vers des centraux géants installés dans des caves profondes à l'épreuve des bombes.

La rame pénètre dans une cathédrale de lumière jaune vacillante et s'arrête en gémissant, monopolisant le quai. De criardes icônes de la paranoïa nationale resplendissent dans les niches et les recoins. Une femme au port de menton angélique trône à une extrémité du continuum moral. À l'autre, nous avons un succube en robe fourreau, vautré sur un canapé-lit au cours d'une soirée, petit sourire satisfait derrière ses faux cils, qui ne manque rien des confidences que jacasse tout à côté le jeune conscrit naïf.

Des signes au mur annoncent la correspondance d'Euston, en élégants caractères antiques hurlant de crédibilité officielle. Waterhouse et la plupart des autres voyageurs descendent. Après avoir passé un bon quart d'heure à ricocher d'un couloir à l'autre, demander son chemin et déchiffrer des horaires, Waterhouse se retrouve installé à bord d'un train de banlieue à destination de Birmingham. En chemin, lui promet-on, il doit desservir un endroit baptisé Bletchley.

Sa confusion vient en partie du fait qu'une autre rame s'apprête à partir d'une voie de garage proche, lequel train est direct pour Bletchley, son terminus, sans arrêt intermédiaire. Chaque voyageur de cette rame semble être une femme en tenue paramilitaire.

Les hommes de la RAF armé de mitraillettes qui montent la garde devant chaque portière du train, pour vérifier papiers et laissez-passer, n'ont pas voulu le laisser monter. Waterhouse regarde, derrière le voile jaunissant des fenêtres les filles de Bletchley à bord de ce train, assises face à face par groupes de quatre ou cinq, sortant de leur sac leur tricot, transformant des pelotes de laine d'Ecosse en moufles et en passe-montagnes pour les équipages de convois sur l'Atlantique nord, écrivant des lettres à leurs frères sous les drapeaux et à leurs parents restés à la maison. Les hommes armés de la RAF se tiennent devant les portes jusqu'à ce qu'elles soient toutes verrouillées et que la rame ait commencé de s'ébranler. À mesure qu'elle prend de la vitesse, les rangées successives de jeunes filles qui tricotent, écrivent ou jacassent se mêlent en un brouillard qui doit sans doute ressembler fort à ce que tous les soldats et marins de par le monde voient d'habitude dans leurs rêves. Waterhouse ne sera jamais un de ces soldats, là-bas en première ligne, au contact de l'ennemi. Il a goûté au fruit du savoir défendu. Il lui est interdit de se rendre partout où il serait susceptible d'être capturé par l'ennemi.

Le train monte et sort des ténèbres pour s'engager dans un défilé rouge brique qui s'étire vers le nord jusqu'aux confins de la ville. Il est aux alentours de trois heures de l'après-midi ; l'autre train direct pour Bletchley Park devait emporter les filles de la relève de mi-journée.

Waterhouse a le pressentiment que son activité n'aura pas grand-chose à voir avec un travail posté. Son sac en toile — qu'on lui a préparé — est gros de possibilités vestimentaires : d'épais chandails en laine huilée, de légers uniformes tropicaux de la marine et de l'armée de terre, un passe-montagne noir, des préservatifs.

Le train se dégage lentement du centre urbain pour s'engager dans un territoire ponctué de petites villes résidentielles. Waterhouse se sent peser dans son siège et soupçonne un trajet en légère rampe. On franchit un sillon creusé dans une série de collines basses, comme une entaille sur le dessus d'un pain, pour pénétrer dans un charmant territoire discrètement vallonné de prairies vert émeraude piquetées de manière aléatoire de petites capsules blanches qu'il suppose être des moutons.

Bien sûr, leur distribution n'a probablement rien d'aléatoire, sans doute est-elle le reflet de variations locales dans la chimie du sol pour produire une herbe que les moutons trouvent plus ou moins à leur goût. Par reconnaissance aérienne, les Allemands pourraient dresser une carte de la composition chimique du sol britannique fondée sur l'analyse de la répartition ovine.

Les prés sont endos de vieilles haies, de murets de pierre ou, surtout dans les hautes terres, de longues bandes de forêt. Au bout d'une heure environ, la forêt vient longer le bord gauche du train, couvrant un talus qui s'élève en pente douce depuis la plateforme de la voie. Les freins émettent un chuintement gazeux et la rame s'immobilise en maugréant à un arrêt facultatif. La ligne s'est toutefois ramifiée en une multitude de voies de débord, bien plus nombreuses que ne le permet la taille de l'établissement. Waterhouse se lève, écarte bien les jambes et s'accroupit dans une posture de sumo pour enfiler son sac en toile. Lequel sac semble prendre le dessus quand il finit par propulser Waterhouse hors du wagon et sur le quai.

L'odeur de charbon est plus intense que d'ordinaire et on entend pas mal de bruit venant des environs. Waterhouse regarde vers le bout de la ligne et découvre des installations d'industrie lourde déployées le long des nombreux embranchements particuliers. Il reste là plusieurs minutes à les contempler tandis que le convoi redémarre vers les aiguillages au nord de la gare, et s'aperçoit que ces installations sont dévolues à l'entretien de locomotives à vapeur, au dépôt de Bletchley. Waterhouse aime les trains.

Mais ce n'est pas pour cette raison qu'on lui a fourni gratis une garde-robe et un billet pour Bletchley, aussi, une fois encore, Waterhouse se bat avec Sac à dos pour lui faire gravir les marches de la passerelle couverte qui survole le faisceau de voies. En se tournant vers la gare, il découvre d'autres filles de Bletchley, des WAAF et des WREN, volontaires féminines de l'armée et de la marine royale britanniques qui se dirigent vers lui : l'équipe de jour, ayant terminé son travail qui consiste à traiter des lettres et des chiffres apparemment aléatoires sur une échelle proprement industrielle. Ne voulant pas paraître ridicule devant elles, il finit tant bien que mal par hisser Sac à dos sur ses épaules, glisse les bras dans les bretelles et se laisse emporter par son poids sur la passerelle.

Les WAAF et les WREN ne sont que modérément intéressées par le spectacle d'un officier américain tout juste débarqué. Ou peut-être sont-elles simplement discrètes. Quoi qu'il en soit, Waterhouse est conscient d'être un des élus, mais pas le premier. Sac à dos lui fait traverser, titubant, la salle unique de la gare, comme un gros flic pousse devant lui un ivrogne, le bras retourné, à travers le hall d'un hôtel deux étoiles. Waterhouse se retrouve éjecté sur un bout de terrain nu qui longe une route orientée nord-sud. Juste en face de lui se dressent les bois. L'idée qu'il puisse s'agir de bois accueillants est aussitôt diluée par l'épaisse couche de lumière gélatineuse qui suinte de leur lisière lorsque les rayons du soleil bas révèlent que l'endroit est intensément garni de métal pointu. Il y a une trouée qui dégorge des flots de WAAF et de WREN comme l'orifice étroit d'un nid de guêpes géantes.

Waterhouse doit soit avancer soit se retrouver couché par Sac à dos, gisant désemparé sur le parking tel un scarabée retourné, aussi progresse-t-il en titubant pour traverser la rue et s'engager dans le large sentier qui s'enfonce sous les arbres. Les filles de Bletchley l'entourent. Elles ont fêté la fin de leur service en se mettant du rouge à lèvres. En temps de guerre, le rouge à lèvres est forcément concocté avec ce qui reste de résidus de graisse et de gélatine une fois que toute la bonne marchandise a servi à badigeonner les axes d'hélice. Il faut un parfum tenace et mielleux pour en dissimuler les innommables origines minérales ou animales.

C'est l'odeur de la Guerre avec un grand G.

Waterhouse n'a pas encore eu droit à la visite guidée de BP, mais il en connaît déjà l'essentiel. Il sait que ces jeunes filles sages et réservées, qui brassent docilement des rames entières de sabir pour en alimenter leurs machines, poste après poste, jour après jour, ont tué plus d'hommes que Napoléon.

Il progresse avec lenteur et moult excuses à contre-courant de l'équipe de jour qui s'en va. À un moment, il finit par renoncer, s'écarte, aplatit Sac à dos dans le lierre, allume une cigarette et attend que soit passée une salve d'une bonne centaines de filles. Quelque chose lui titille la cheville : une tige de framboisier sauvage, tout hérissée d'épines. Elle soutient une toile incroyablement fine et régulière dont les filaments géodésiques scintillent aux derniers rayons de l'après-midi. L'araignée en son centre est du genre britannique imperturbable, que laissent parfaitement de glace ses gauches pitreries de Yankee.

Waterhouse tend la main pour intercepter une feuille d'orme brun-jaune qui se trouve tomber devant lui. Il se penche, plante sa cigarette dans sa bouche et, travaillant à deux mains pour ne pas trembler, frotte le bord crénelé de la feuille sur un des filaments radiaux qui, il le sait, ne doit pas être recouvert de substance adhésive. Comme un archet sur une corde de violon, la feuille transmet une vibration régulière sur la toile. L'araignée pivote aussitôt pour y faire face, brusquement, tel un personnage dans un film mal monté. Waterhouse est tellement surpris par la promptitude de sa réaction qu'il a un bref mouvement de recul avant de repasser la feuille sur la toile. L'araignée se crispe, ayant détecté les vibrations.

À la longue, elle reprend sa position originelle et se remet comme devant à ignorer royalement Waterhouse.

Les araignées savent discerner aux vibrations quel genre d'insecte elles ont capturé avant de fondre dessus. Il y a une explication à la forme rayonnante de la toile et au fait que l'araignée se poste au point de convergence des rayons : les brins sont une extension de son système nerveux. L'information se propage au long de la soie et pénètre dans l'animal où elle est traitée par une sorte de machine de Turing interne. Waterhouse a déjà tenté bien des tours, mais il n'a jamais réussi à tromper une araignée. Pas bon signe !

L'heure de pointe semble être passée durant son expérimentation scientifique. Il reprend le combat avec Sac à dos. La lutte les amène une centaine de mètres plus loin, où finalement l'adversaire se répand sur la route à l'endroit précis où celle-ci est barrée par une grille de fer dressée entre deux stupides obélisques de brique rouge. Ici aussi, les gardes sont des hommes de la RAF armés de mitraillettes Sten, et pour l'heure, ils examinent les papiers d'un type en manteau de toile chaussé de lunettes, qui vient d'arriver au guidon d'une moto verte de l'armée portant des sacoches de part et d'autre de la roue arrière. Les sacoches ne sont pas spécialement remplies mais elles ont été fixées avec soin ; elles contiennent les munitions que les filles jettent entre les dents cliquetantes de leurs armes voraces.

On fait signe au motocycliste de passer et celui-ci vire aussitôt à gauche pour emprunter une allée étroite. L'attention se reporte sur Lawrence Pritchard Waterhouse qui, après un échange de salutations convenu, présente ses papiers.

Il doit choisir entre plusieurs jeux, ce qu'il ne parvient pas à dissimuler aux gardes. Mais ceux-ci ne paraissent pas s'en inquiéter ou même s'en formaliser, ce qui les classe résolument à part de la plupart de ceux qu'a déjà pu rencontrer Waterhouse. Naturellement, ces hommes ne sont pas sur la liste Ultra Méga, aussi serait-ce une grave infraction à la sécurité que de leur dire qu'il est ici pour travailler sur Ultra Méga. Ils semblent toutefois avoir accueilli bien d'autres individus qui n'étaient pas non plus à même d'indiquer leur travail exact, et ils ne sourcillent pas le moins du monde quand Lawrence se fait passer pour un des agents de liaison du renseignement de la marine affectés au baraquement 4 ou 8.

Le baraquement 8 est celui où s'effectue le décryptage des transmissions navales d'Enigma. Le baraquement 4 reçoit les décryptages du 8 et procède à leur analyse. Si Waterhouse se fait passer pour un homme du baraquement 4, sa couverture ne tiendra pas longtemps, car ces gars doivent quand même avoir un minimum de connaissances maritimes. En revanche, il colle parfaitement au profil d'un homme du baraquement 8, qui n'a pas besoin de connaître autre chose que les mathématiques pures.

Un des gars de la RAF épluche ses papiers, puis s'introduit dans une petite guérite et tourne la manivelle d'un téléphone. Waterhouse reste planté là, l'air godiche, reluquant les armes que les aviateurs portent en bandoulière. Ce n'est, pour autant qu'il puisse en juger, jamais qu'un tube d'acier muni d'une gâchette à un bout. Une petite fenêtre découpée dans le tube permet de voir le mécanisme à ressort niché à l'intérieur. Quelques poignées et protubérances boulonnées çà et là ne rendent pas la Sten bien différente d'un projet mal foutu en classe de travaux manuels au lycée.

— Capitaine Waterhouse ? Vous devez vous rendre au manoir, dit le garde qui s'est entretenu au téléphone. Vous ne pouvez pas le rater.

Waterhouse parcourt une quinzaine de mètres et découvre qu'en effet le manoir est tragiquement inratable. Il reste une bonne minute à le contempler, cherchant à discerner quelle a bien pu être l'intention de son architecte. C'est un ouvrage contourné, au nombre de pignons excessifs. Il ne peut que supposer que le concepteur voulait édifier une vaste demeure d'un seul corps mais aura cherché à la camoufler sous la forme d'une rangée d'au moins une demi-douzaine de pavillons adjacents parfaitement disparates, entassés au beau milieu de ces trois cents hectares de prairie du Buckinghamshire.

L'endroit est bien entretenu mais à mesure qu'il s'en approche, Waterhouse avise des lianes noires qui escaladent les façades de brique. Le système racinaire déjà entrevu dans les souterrains du métro londonien s'est donc étendu jusqu'ici, par-delà forêts et pâturages, pour faire jaillir du sol ses treilles de néoprène. Mais cet organisme n'est pas phototropique : il ne grimpe pas vers la lumière, dans une quête perpétuelle du soleil. Il est infotropique. Et s'il s'est étendu jusqu'en ce lieu, c'est pour la même raison qui y a attiré les individus infotropiques comme Lawrence Pritchard Waterhouse et le D^r^ Alan Matheson Turing : parce que Bletchley Park occupe en gros la même position dans le monde de l'information que l'astre du jour dans le système solaire. Armées, nations, premiers ministres, présidents et génies y sont irrésistiblement attirés, non pas en suivant un parcours régulier évoquant l'orbite de planètes, mais plutôt selon les ellipses ou les hyperboles virevoltantes de comètes ou d'astéroïdes errants.

Le D^r^ Rudolf von Hacklheber ne peut pas voir Bletchley Park parce que c'est le second secret le mieux gardé de la planète, après Ultra Méga. Mais de son bureau à Berlin, quand il parcourt les dépêches du *Beobachtung Dienst*, le service de renseignement, il peut entrevoir des fragments de ces trajectoires et échafauder des hypothèses pour expliquer pourquoi elles se dessinent ainsi. Si la seule hypothèse logique est que les Alliés ont cassé le code Enigma, alors le détachement 2702 aura échoué.

Lawrence exhibe d'autres papiers et pénètre dans le bâtiment entre deux griffons érodés. Le manoir est plus agréable une fois qu'on ne peut plus en voir l'extérieur. Son architecture en faux alignement de pavillons est le prétexte à multiplier les baies vitrées, procurant un éclairage bien nécessaire. Le hall d'entrée est soutenu par des voûtes gothiques et des colonnes de marbre brun d'une qualité si remarquablement médiocre qu'il évoque du purin vitrifié.

L'endroit est incroyablement bruyant ; un cliquetis précipité, pareil à des applaudissements frénétiques, traverse portes et cloisons, amené par un courant d'air chaud lourd d'une odeur huileuse et picotante. C'est l'odeur spécifique des Télétype électriques — ou des téléscripteurs, comme les appellent les Rosbifs. Bruit et chaleur suggèrent qu'il doit il y en avoir des dizaines, installés dans les sous-sols du manoir.

Waterhouse grimpe un escalier caissonné pour gagner le premier étage, qu'il découvre plus calme et plus frais. Les huiles de Bletchley y ont leurs bureaux. Si l'organisation suit la règle bureaucratique, Waterhouse ne reverra plus cet endroit une fois terminé son entretien initial. Il trouve le bureau du colonel Chattan qui (sa mémoire s'éveille à la vue du nom sur la porte) est le type au sommet de l'organigramme du détachement 2702.

Chattan se lève pour lui serrer la main. Blond-roux, les yeux bleus, et sans doute les joues roses si le rose n'était pas caché par ce bronzage intense obtenu dans le désert. Il est en grand uniforme ; les officiers britanniques se les font faire par des tailleurs, c'est le seul moyen d'en avoir. Sans être un spécialiste, Waterhouse se rend compte au premier coup d'œil que l'uniforme de Chattan n'a pas été cousu par sa maman lors de quelques veillées devant un poêle à charbon vacillant. Non, Chattan doit avoir quelque part un excellent tailleur personnel. Pourtant, quand il prononce le nom de Waterhouse, il ne dit pas « Wouah, t'es rousse » comme là-bas, aux Broadway Buildings. Le R claque et crépite tandis que le « house » s'attarde en une espèce de « hooos ». Pas de doute, il a un drôle d'accent, ce Chattan.

Chattan est flanqué d'un homme de plus petite taille en treillis britannique — serré aux poignets et aux chevilles, blousant partout ailleurs, taillé dans une épaisse flanelle kaki qui serait d'une chaleur intolérable si ces gens ne pouvaient compter sur une température régulière, dedans comme dehors, de douze degrés cinq. L'individu est un certain lieutenant (prononcer « Leftenant », à l'anglaise) Robson et c'est le chef d'une des deux escouades du 2702 — celle de la RAF. Il arbore une moustache drue, au poil taillé ras, couleur auburn marqué d'argent. Il a l'air jovial, du moins en présence de supérieurs, et sourit souvent. Ses dents s'écartent radicalement des gencives de sorte que chaque mandibule évoque une cafetière dans laquelle on aurait fait détoner une petite grenade.

— C'est le gars qu'on attendait, indique Chattan à Robson. Celui qu'on aurait pu utiliser à Alger.

— Ah oui ! fait Robson. Bienvenue au détachement 2701, capitaine Waterhouse !

— 2702, rectifie Waterhouse.

Les deux hommes paraissent légèrement surpris.

— On ne peut pas utiliser le chiffre 2701 parce que c'est le produit de deux nombres premiers.

— Je vous demande pardon ? fait Robson.

Un truc que Waterhouse apprécie chez ces Rosbifs, c'est que lorsqu'ils ne savent pas de quoi diantre vous voulez parler, ils sont à tout le moins ouverts à la possibilité que ce pourrait être de leur faute. Robson a la tête d'un type sorti du rang. Dans la même situation, un Yankee se serait déjà montré méprisant et vantard.

— Lesquels ? s'enquiert Chattan.

C'est encourageant : au moins sait-il déjà ce qu'est un nombre premier.

— 73 et 37, répond Waterhouse.

Grosse impression sur Chattan.

— Ah, oui, je vois. Il hoche la tête. Il va falloir que j'aille sonner les cloches au Prof.

Robson a tellement incliné la tête qu'elle repose presque sur l'épais béret de laine glissé dans son épaulette. Il plisse les yeux, l'air hagard. Son hypothétique homologue yankee aurait sans doute exigé, à ce stade, une explication complète de la théorie des nombres premiers et, une fois celle-ci achevée, l'aurait dénoncée comme pure foutaise. Mais Robson se contente de laisser passer.

— Dois-je comprendre que nous allons modifier le matricule de notre détachement ?

Waterhouse déglutit. Il semble clair, de par la réaction de Robson, que cela risque d'impliquer un surcroît de travail pour Robson et ses hommes : des semaines à repeindre, manier le pochoir et tenter de propager ce nouveau matricule à travers le dédale de la bureaucratie militaire. Bref, des emmerdements à n'en plus finir.

— Ce sera le 2702, conclut Chattan, désinvolte.

À la différence de Waterhouse, il n'a aucun mal à émettre des ordres impopulaires et difficiles.

— Pour l'heure, je dois veiller à certains détails. Ravi d'avoir fait votre connaissance, capitaine Waterhouse.

— Tout le plaisir était pour moi.

Robson lui sert à nouveau la main et s'excuse.

— Nous avons un billet pour vous dans un des baraquements, au sud de la cantine, dit Chattan. Bletchley Park est notre QG officiel mais nous escomptons passer l'essentiel de notre temps sur ces théâtres où l'on fait un usage intensif d'Ultra.

— J'ai cru comprendre que vous êtes allé en Afrique du Nord, observe Waterhouse.

— Oui. (Chattan hausse un sourcil, ou plutôt les crêtes de peau où ceux-ci se situent sans doute : les poils sont incolores et transparents, comme des filaments de nylon.) C'était plus que tangent, j'en ai peur.

— Vous voulez dire que vous l'avez échappé belle ?

— Oh, je ne parle pas pour nous, précise Chattan. Mais de la préservation du secret d'Ultra. Nous ne sommes toujours pas sûrs d'y avoir survécu. Mais le Prof a effectué certains calculs qui suggèrent que nous devrions être sortis du bois.

— Le Prof, c'est ainsi que vous appelez le D$^{r}$ Turing ?

— Oui. Il vous a recommandé personnellement, vous savez.

— Quand l'ordre m'est parvenu, je m'en suis douté.

— Turing est actuellement engagé sur au moins deux autres fronts dans la guerre de l'information, et il n'a pas pu faire partie de notre petite troupe d'heureux élus.

— Que s'est-il passé en Afrique du Nord, colonel Chattan ?

— Cela continue, note Chattan, perplexe. Notre escadron d'infanterie de marine est toujours sur le théâtre, pour élargir la courbe en cloche.

— Élargir la courbe en cloche ?

— Eh bien, vous devez savoir mieux que moi que les événements aléatoires ont typiquement une distribution en cloche. Les altitudes, par exemple. Approchez de cette fenêtre, capitaine Waterhouse.

Waterhouse rejoint Chattan devant une baie vitrée qui donne sur des hectares d'anciens pâturages en molles ondulations. Quand il regarde par-delà la ceinture boisée vers les collines, à l'horizon, il peut voir à quoi devait ressembler naguère Bletchley Park : des prés verdoyants piquetés de groupes de petites bâtisses.

Mais ce n'est plus ainsi désormais. Il ne reste pas un bout de terrain à un kilomètre à la ronde qui n'ait pas été récemment revêtu ou construit. Une fois passé le Manoir et ses drôles de petites dépendances, le parc consiste en une série de bâtisses en briques d'un seul niveau, tout au plus de longues coursives dotées de transepts multiples : + + + + + + +

+ + + + + avec de nouvelles + rajoutées aussi vite que les maçons peuvent coller des briques sur le mortier (Waterhouse se demande, vaguement, si Rudy a vu des photos aériennes de ce site et déduit de tous ces + la nature mathématique de l'entreprise). Les cheminements tortueux entre les constructions sont étroits, réduits encore de moitié par les deux mètres quarante de mur antidéflagration qui court dans leur sens de la longueur, afin d'obliger les Boches à utiliser au moins une bombe par bâtiment.

— Dans ce bâtiment, là, dit Chattan qui indique une petite construction proche — un tas de briques pas franchement engageant — sont installées les *bombes* de Turing. Ce sont les machines à calculer inventées par votre ami le Prof.

— S'agit-il d'authentiques machines de Turing universelles ? laisse échapper Waterhouse.

Il est assailli par la vision stupéfiante de ce que Bletchley Park pourrait en fait devenir : un royaume secret au sein duquel Alan serait parvenu à mobiliser les ressources nécessaires à la réalisation de son grand dessein. Un royaume régi non par les hommes mais par l'information, où d'humbles bâtisses faites d'une succession de + abriteraient des machines universelles pouvant être configurées pour réaliser n'importe quelle opération calculable.

— Non, répond Chattan avec un doux sourire triste.

Waterhouse pousse un long soupir.

— Ah.

— Peut-être l'an prochain, ou dans deux ans.

— Peut-être.

— Les bombes ont été adaptées, par Turing, Welchman et d'autres, à partir d'un plan conçu par les cryptanalystes polonais. Elles consistent en une succession de tambours rotatifs qui testent à grande vitesse des masses de clés Enigma. Mais je suis sûr que le Prof saura mieux vous l'expliquer. Toujours est-il qu'elles sont dotées à l'arrière d'imposants tableaux de commutation, un peu comme des centraux téléphoniques, et que certaines de nos jeunes filles ont pour tâche d'introduire les bonnes fiches dans les bons trous pour recâbler ces trucs chaque jour. Ça exige une bonne vue, une attention de tous les instants, et la bonne hauteur.

— La bonne hauteur ?

— Vous aurez noté que toutes les filles affectées à cette tâche particulière sont d'une taille inhabituelle. Si les Allemands parvenaient à mettre la main sur le dossier personnel de tous les employés de Bletchley Park et qu'ils inscrivaient leur taille sur un histogramme, ils verraient apparaître une courbe en cloche classique, représentant la majorité des employés, avec une bosse anormale — due à la population inhabituelle de filles de grande taille que nous avons engagées pour travailler sur les tableaux de commutation.

— Oui, je vois, fait Waterhouse, et quelqu'un comme Rudy — le Dr von Hacklheber — relèverait cette anomalie et s'interrogerait.

— Précisément, confirme Chattan. Et ce serait alors la tâche du détachement 2702 — le groupe Ultra Méga — de donner de faux indices pour détourner Rudy de la piste.

Chattan quitte alors la fenêtre, gagne son bureau et ouvre une grande boîte à cigarettes, garnie de munitions rangées en bon ordre. D'un geste élégant et preste, il en offre une à Waterhouse, que celui-ci accepte, par simple politesse. Tout en lui présentant son briquet, Chattan le regarde dans les yeux derrière la flamme et remarque :

— Je vous pose maintenant la question. Comment feriez-vous pour dissimuler à Rudy que nous avons ici une telle proportion de filles de grande taille ?

— En supposant que leurs dossiers personnels soient déjà en sa possession ?

— Oui.

— Alors, il serait trop tard pour dissimuler quoi que ce soit.

— Certes. Alors supposons plutôt qu'il dispose d'un quelconque canal d'information qui lui procure ces dossiers, par bribes. Que ce canal est toujours ouvert et fonctionnel. Et qu'il nous soit impossible de l'interrompre. Ou peut-être que nous avons choisi de ne pas l'interrompre, parce que même son absence serait révélatrice pour Rudy.

— Eh bien, nous y voilà, dit Waterhouse. Dans ce cas, on concocte quelques dossiers bidonnés qu'on introduit dans le canal.

Un petit tableau noir est accroché au mur du bureau de Chattan. C'est un palimpseste, pas trop bien effacé ; le personnel d'entretien a dû avoir instruction de ne jamais le nettoyer, de peur de faire disparaître quelque élément important. Lorsque Waterhouse s'en approche, il distingue des calculs plus anciens, en strates empilées, se fondant peu à peu dans le noir comme des transmissions de lumière blanche dans les profondeurs du cosmos.

Partout, il reconnaît l'écriture d'Alan. Il doit prendre sur lui pour ne pas se planter là et tenter de reconstruire les calculs d'Alan à partir des spectres gisant sur l'ardoise. Son regard ne les passe qu'avec réticence.

En deux coups de craie, Waterhouse inscrit au tableau une abscisse et une ordonnée, puis il dessine une courbe en cloche. Au sommet de celle-ci, à droite du point culminant, il ajoute une petite bosse.

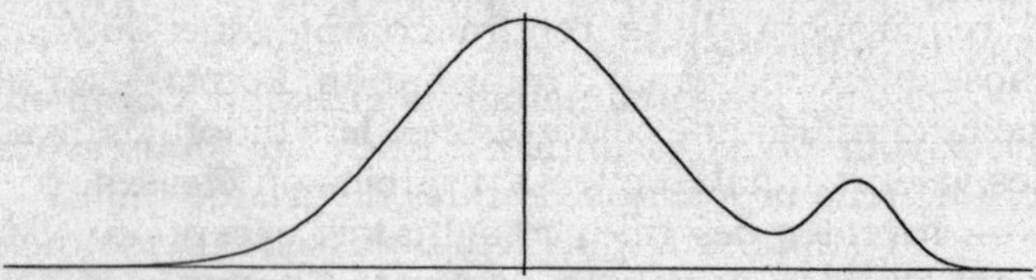

— Les filles de grande taille, explique-t-il. Le problème est cette encoche.

Il indique la vallée entre le pic principal et la bosse. Puis il dessine un nouveau pic, assez haut et large pour recouvrir les deux :

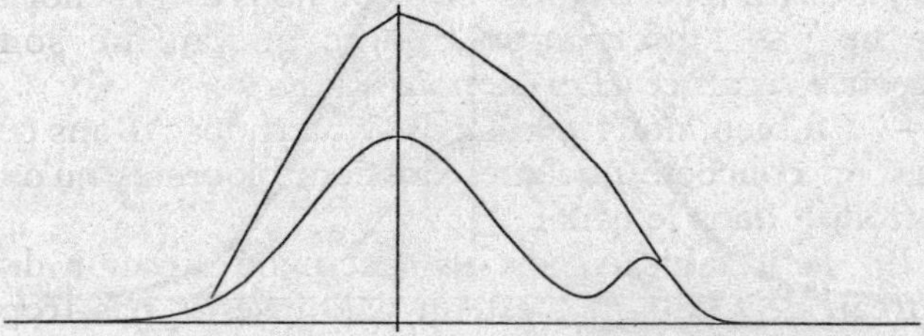

— On peut y parvenir en introduisant de faux dossiers personnels dans le canal d'information de Rudy, avec des tailles plus élevées que la moyenne, mais moins que celles des filles travaillant sur les bombes.

— Mais à présent, vous vous êtes creusé un nouveau trou, observe Chattan.

Il s'est calé dans son fauteuil pivotant et, la cigarette levée devant son visage, il contemple Waterhouse derrière un nuage de fumée immobile.

Waterhouse répond :

— La nouvelle courbe a meilleure allure parce qu'elle a comblé la lacune mais elle n'est pas vraiment en cloche. Elle ne redescend pas de manière régulière, à chaque extrémité. Le Dr von Hacklheber le remarquera. Il se rendra compte que quelque chose altère son canal d'information. Pour l'éviter, il me faudrait rajouter d'autres dossiers bidonnés, avec des valeurs inhabituellement faibles ou élevées.

— Inventer des filles imaginaires exceptionnellement grandes ou petites, confirme Chattan.

— Oui. Cela permettrait de lisser les deux extrémités de la courbe.

Chattan continue de l'observer, dans l'expectative.

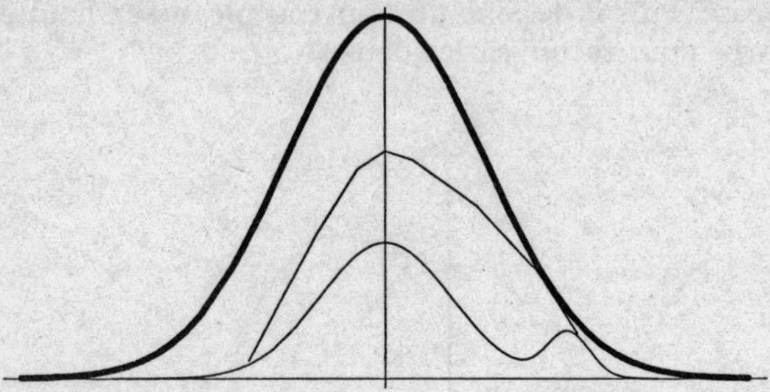

Waterhouse poursuit :

— De sorte que l'addition en petite quantité de ce qui serait par ailleurs des anomalies bizarres concoure à rendre l'ensemble parfaitement normal.

— Comme je l'ai dit, reprend Chattan, notre escouade en Afrique du Nord — à l'heure même où je vous parle — travaille à élargir la courbe en cloche. À lui redonner un aspect parfaitement normal.

## *BIDOCHE*

Bon, d'accord, le soldat de première classe Gerald Hott, originaire de Chicago, Illinois, n'a pas vraiment fait d'éclat durant ses quinze ans de service dans l'armée des États-Unis. Il s'est en revanche taillé une belle réputation dans le contre-filet. Il était aussi habile au couteau à découper que Bobby Shaftoe à la baïonnette. Et qui dira qu'un boucher militaire, en sachant exploiter les ressources limitées d'une carcasse de bouvillon et se conformer à la lettre aux règlements sanitaires obligatoires, ne pourrait pas sauver autant de vies humaines qu'un guerrier à l'œil d'acier ? Être militaire ne se résume pas à tuer des Nips, des Boches et des métèques. Cela consiste aussi à tuer du bétail — et à le manger. Gerald Hott était un combattant de première ligne qui gardait son congélateur dans le même état de propreté qu'un bloc opératoire, aussi n'est-ce que justice qu'il ait échoué ici.

Bobby Shaftoe se brode mentalement ce petit éloge funèbre alors qu'il grelotte dans la température subarctique d'un entrepôt frigorifique naguère français, récupéré depuis par l'armée américaine, aussi grand et froid que le Groenland, avec pour seule compagnie les dépouilles mortelles d'un bon nombre de têtes de bétail et d'un seul et unique boucher. Il a déjà assisté à pas mal de cérémonies d'obsèques militaires dans le bref laps de temps qu'il a passé sous les drapeaux, et chaque fois, il a été stupéfié par le talent des aumôniers à concocter d'émouvants éloges pour les disparus. Il a entendu des rumeurs prétendant que lorsque l'armée tombe sur des conscrits qui se trouvent avoir une cervelle, elle leur apprend à taper à la machine et les installe derrière un bureau pour pondre ce genre de truc, chaque jour que Dieu fait. Un chouette boulot, si on arrive à le décrocher.

Les carcasses congelées ballottent en longues files, pendues à des crochets de boucher. La tension de Bobby Shaftoe grandit à mesure qu'il parcourt les rangées, s'armant de courage pour la vision terrible qui s'annonce. Il vaudrait presque mieux voir la tête de votre meilleur pote exploser tout d'un coup au moment où il allume sa clope — ce genre de plan peut vous rendre cinglé.

Finalement, il débouche du bout d'une rangée et découvre un homme étendu à terre, étreignant une carcasse de porc qu'il s'apprêtait apparemment à découper au moment du décès. Il est là depuis douze heures maintenant et sa température corporelle tourne autour de moins vingt-quatre.

Bobby Shaftoe se prépare à faire face au corps et prend une grande goulée de cet air glacial qui sent la viande. Il croise ses mains cyanosées sur sa poitrine, dans une attitude propice aussi bien à prier qu'à les réchauffer.

— Dieu tout-puissant commence-t-il. (Sa voix ne fait retentir aucun écho; les carcasses l'absorbent.) Pardonnez à ce Marine pour le devoir qu'il s'apprête à accomplir, et, tant que Vous y êtes, pardonnez aux supérieurs hiérarchiques que, dans Votre Infinie Sagesse, Vous avez jugé bon de lui attribuer, et pardonnez également à leurs propres supérieurs hiérarchiques d'avoir concocté tout ce bazar.

Il envisage de poursuivre sur cette voie mais décide en fin de compte que ce n'est pas pire que de trucider des Nips à la baïonnette, aussi décide-t-il de s'acquitter de sa tâche. Il s'approche des corps enlancés du première classe Gerald Hott et de Glacial le Cochon et tente en vain de les séparer. Il s'accroupit auprès d'eux et examine attentivement le premier. Hott est blond. Il a les yeux mi-clos et quand Shaftoe braque sur la fente sa lampe torche, il aperçoit une lueur de bleu. Hott est un beau gabarit, deux cent vingt-cinq livres, facile, comme poids de forme, et sans doute pas loin de deux cent cinquante à présent. La vie dans une cuisine militaire n'aide pas à conserver la ligne ou (malheureusement pour Hott) un système cardio-vasculaire en bon état de marche.

Hott et son uniforme étaient tous les deux secs quand l'infarctus s'est produit, aussi, Dieu merci, l'étoffe n'a-t-elle pas gelé sur la peau. Shaftoe parvient à en découper une bonne partie en quelques longues estafilades de son couteau V-44 « Gung-Ho » parfaitement affûté. Mais les vingt-deux centimètres de lame en forme de machette du V-44 sont parfaitement inadaptés à ce genre de corps à corps — à savoir, dénuder les aisselles et le bas-ventre — et on lui a bien dit de veiller à ne pas écorcher la dépouille, si bien qu'il est obligé de se rabattre sur son coutelas de Marine, un Raider dont la fine lame à double tranchant de dix-huit centimètres et demi semble avoir été conçue tout exprès pour ce genre de procédure, même si au bout d'un moment la poignée oblongue en métal massif commence à geler au contact de la paume moite de Shaftoe.

Le lieutenant Ethridge est posté devant la porte de la chambre froide, comme au sortir d'un tombeau. Shaftoe lui passe sous le nez et file droit vers la sortie du bâtiment, ignorant les questions de l'officier :

— Shaftoe ? Alors, il était comment ?

Il ne s'arrête qu'une fois sorti de l'ombre du bâtiment. Le soleil d'Afrique du Nord lui dégringole dessus comme une bassine de morphine. Il ferme les yeux et tourne le visage vers ses rayons, tenant levées ses mains gelées pour recueillir sa chaleur et la laisser dégouliner sur ses avant-bras et goutter de ses coudes.

— Alors, il était comment ? insiste Ethridge.

Shaftoe ouvre les yeux et regarde alentour.

Le port est un croissant bleu avec des kilomètres de jetées qui sinuent les unes autour des autres comme des diagrammes de pas de danse. L'une d'elles est recouverte de moignons usés d'antiques bastions et tout à côté, un bâtiment de guerre français gît, à moitié coulé, crachant encore dans les airs filets de vapeur et de fumée. Tout autour, les bâtiments de l'opération Torche débarquent leur cargaison à une vitesse époustouflante. De lourds filets montent des cales des navires de transport et se répandent sur les quais comme des méduses géantes. Les dockers déchargent, les camions emportent, les troupes marchent, les Françaises fument des américaines, les Algériens proposent des plans joints.

Entre ces bateaux et l'opération découpage de l'armée, étagée sur ce rocher, se trouve ce que Bobby Shaftoe croit être la ville d'Alger. Sous son œil critique de natif du Wisconsin, elle semble moins avoir été bâtie que rejetée sur ce flanc de colline par un raz-de-marée. Une bonne partie de la surface est consacrée à s'abriter de ce putain de soleil, de sorte que vue de dessus, elle a quelque chose de renfermé : masse compacte de tuile rouge, décorée de fleurs et d'arabesques. De part en part, il semble que quelques structures modernes en béton (par exemple, cet entrepôt frigorifique) aient été jetées par les Français dans le sillage de quelques opérations de réhabilitation musclée. Pourtant, il reste encore pas mal de taudis à supprimer — la cible numéro un étant cette ruche ou cette fourmilière humaine sur la gauche de Shaftoe, la Casbah, comme on l'appelle ici. Peut-être s'agit-il d'un quartier. Peut-être d'un seul et unique bâtiment mal distribué. En tout cas, il faut le voir pour le croire. Les Arabes s'y entassent comme des étudiants bizutés dans une cabine téléphonique.

Shaftoe se retourne pour contempler de nouveau l'entrepôt à viande, dangereusement exposé à un raid aérien ennemi, vu sa situation, mais enfin, tout le monde s'en fout, après tout, qu'est-ce que ça peut faire que les Boches fassent sauter un tas de barbaque ?

Le lieutenant Ethridge, presque aussi désespérément brûlé par le soleil que Bobby Shaftoe, plisse les yeux.

— Blond, répond Shaftoe.

— Bien.

— Yeux bleus.

— Bien.

— Tamanoir, pas amanite.

— Hein ?

— Il n'est pas circoncis, mon lieutenant !

— À la bonne heure ! Et pour le reste ?

— Un seul tatouage, mon lieutenant !

Shaftoe se délecte de la lente montée de la tension dans la voix d'Ethridge.

— Décrivez le tatouage, sergent !

— À vos ordres, mon lieutenant. C'est un motif couramment répandu chez les militaires, mon lieutenant ! Formé d'un cœur avec un nom féminin au milieu.

— Quel est ce nom, sergent ?

Ethridge est à deux doigts de mouiller son froc.

— À vos ordres, mon lieutenant ! Le nom inscrit sur le tatouage est le suivant : Griselda, mon lieutenant !

— Aaaah !

Le lieutenant Ethridge laisse échapper un soupir qui vient des tréfonds du diaphragme. Des femmes voilées se retournent pour regarder. Là-bas dans la Casbah, des enturbannés mal rasés à l'air défoncé se penchent du haut de tours grêles en iodlant faux.

Ethridge la ferme et se contente de serrer les poings jusqu'à ce que les phalanges blanchissent. Quand il reparle, c'est d'une voix assourdie par l'émotion.

— Des batailles se sont jouées sur des coups de chance plus infimes que celui-ci, sergent !

— À qui le dites-vous ! s'exclame Shaftoe. Quand j'étais à Guadalcanal, mon lieutenant, on s'est retrouvés piégés dans cette petite anse et bloqués par...

— Arrêtez de me bassiner avec votre histoire de lézard, sergent !

— À vos ordres, mon lieutenant !

Un jour, quand il était encore à Oconomowoc, Bobby Shaftoe a dû aider son frère à monter un matelas à l'étage et il en a conçu un respect tout neuf devant la tâche qui consiste à manipuler des objets pesants mais mous. Hott, que Dieu ait pitié de son âme, est un sacré pesant fils de pute, aussi est-ce une excellente nouvelle qu'il soit raide congelé. Une fois qu'il aura pris le soleil méditerranéen, sûr qu'il va ramollir. Pour ne pas dire plus.

Tous les hommes de Shaftoe sont descendus rejoindre la zone de transit du détachement. Une grotte artificielle dans une falaise qui domine la Méditerranée, juste au-dessus des entrepôts. Ces cavernes s'étendent sur des kilomètres et un boulevard court en surface au-dessus. Mais même les abords de cette grotte particulière ont été dissimulés sous des tentes et des bâches afin que personne, pas même les troupes alliées, ne puisse voir ce qu'on y fabrique : essentiellement, rechercher tout équipement portant le matricule 2701 peint dessus, pour recouvrir le dernier chiffre et peindre un 2 à la place. La première opération est dévolue à des hommes maniant la peinture verte, la seconde à des hommes maniant de la peinture blanche ou noire.

Shaftoe choisit un soldat dans chaque groupe de couleur afin de ne pas perturber le déroulement des opérations. Le soleil dans ce pays est incroyablement intense mais ici, dans cette caverne, avec la fraîcheur de la brise de mer, ce n'est somme toute pas aussi insupportable. Une odeur âcre de distillais de pétrole émane de toutes ces surfaces chaudes qui viennent d'être peintes. Pour Bobby Shaftoe, c'est une odeur réconfortante, parce qu'on ne repeint jamais des trucs quand on est au combat. Mais l'odeur le rend aussi un peu nerveux, parce qu'il arrive fréquemment qu'on repeigne des trucs *juste avant* de partir au combat.

Shaftoe s'apprête à briefer les trois Marines sélectionnés sur la tâche qui les attend quand Daniels, le soldat aux mains tachées de peinture noire, lorgne derrière lui avec un sourire en coin.

— À votre avis, qu'est-ce que le lieutenant est encore en train de chercher, sergent ?

Shaftoe et les soldats Nathan (peinture verte) et Branph (blanche) se retournent pour constater qu'Ethridge est reparti à la dérive. Une fois encore, le voilà qui fait les poubelles.

— Nous avons tous pu remarquer que le lieutenant Ethridge semblait considérer comme une mission vitale de fouiller les poubelles, répond le sergent Shaftoe d'une voix basse et autoritaire. Il est diplômé d'Annapolis !

Ethridge se redresse et, de la manière la plus accusatrice possible, brandit une poignée de plaques en tôle, percées et perforées.

— Sergent ! Voulez-vous, je vous prie, m'identifier ce matériel ?

— À vos ordres, mon lieutenant ! Ce sont des pochoirs fournis par l'armée, mon lieutenant !

— Sergent ! Combien de lettres y a-t-il dans l'alphabet ?

— Vingt-six, mon lieutenant ! répond Shaftoe d'une voix sèche.

Les soldats Daniels, Nathan et Branph échangent des sifflements — pas à dire, ce sergent Shaftoe est un futé.

— Bien. Et combien de chiffres ?

— Dix, mon lieutenant !

— Et sur les trente-six lettres et chiffres, combien dans cette poubelle sont représentés par des pochoirs inutilisés ?

— Trente-cinq, mon lieutenant ! Tous, excepté le chiffre 2, qui est celui dont on a besoin pour obéir à vos instructions, mon lieutenant !

— Auriez-vous oublié la seconde partie de mes instructions, sergent ?

— Affirmatif, mon lieutenant. J'ai oublié, mon lieutenant.

Inutile de mentir. De fait, les officiers aiment bien quand on oublie leurs ordres parce que ça leur rappelle à quel point ils sont plus intelligents que vous. Ça leur donne l'impression d'être indispensables.

— La seconde partie de mes instructions était de prendre des mesures strictes pour ne laisser derrière aucune trace du changement !

— Affirmatif, mon lieutenant ! Ça me revient, à présent, mon lieutenant !

Le lieutenant Ethridge, qui était juste un poil vexé, s'est désormais un peu calmé, ce qu'il faut mettre à son crédit et ce que relèvent sans mot dire tous ces hommes, qui le connaissent depuis moins de six heures. Il s'exprime à présent sur le ton tranquille de la conversation, comme un professeur de collège plutôt amical. Il porte ces lunettes militaires à l'épaisse monture noire connues dans le métier sous le nom de LAV, lunettes antiviol. Elles sont retenues par un bout d'élastique noir. Elles lui donnent l'air d'un attardé mental.

— Si d'aventure un agent ennemi venait à fouiller le contenu de cette poubelle, comme on a vu des agents ennemis le faire, que trouverait-il ?

— Des pochoirs, mon lieutenant !

— Et s'il devait compter les chiffres et les lettres, relèverait-il quelque détail inhabituel ?

— Affirmatif, mon lieutenant ! Tous seraient propres, excepté les chiffres deux qui seraient manquants ou barbouillés de peinture, mon lieutenant !

Le lieutenant Ethridge reste plusieurs minutes sans rien dire, pour laisser son message pénétrer. En réalité, personne ne sait à quoi il veut en venir, ce con. L'atmosphère devient électrique jusqu'à ce que, finalement, le sergent Shaftoe lance une initiative désespérée. Tournant le dos à Ethridge, il affronte les hommes et aboie :

— Marines, je veux que vous me badigeonniez de peinture tous ces putains de pochoir !

Les Marines fondent sur les poubelles comme s'il s'agissait de casemates nippones et le lieutenant Ethridge paraît se radoucir. Bobby Shaftoe, ayant ainsi capitalisé un nombre considérable de points, conduit sans tarder les soldats Daniels, Ethan et Branph dehors dans la rue, avant que le lieutenant Ethridge s'aperçoive qu'il a répondu au pif. Ils filent au pas de charge sur la corniche, vers l'entrepôt frigorifique.

Ces Marines sont tous des survivants de combats à mort ou sinon ils ne se seraient jamais foutus dans un merdier pareil — se retrouver piégés sur un continent gratuitement dangereux (l'Afrique), cernés par l'ennemi (les troupes de l'armée américaine). Toutefois, quand ils pénètrent dans cet entrepôt et découvrent pour la première fois la première classe Hott, ils restent cois.

Le soldat Branph joint les mains, les frottant l'une contre l'autre discrètement.

— Dieu tout-puissant...

— La ferme, soldat ! dit Shaftoe. Je l'ai déjà fait.

— D'accord, chef !

— Allez me chercher une scie à découper ! dit Shaftoe au soldat Nathan.

Tous les troufions en restent bouche bée.

— Pour ce putain de cochon ! met au point Shaftoe. Puis il se tourne vers le soldat Daniels, qui porte un colis informe et lui dit : Ouvrez-moi ça !

Le colis (transmis par Ethridge à Shaftoe) se révèle contenir une combinaison de plongée de couleur noire. Pas un truc de GI ; une espèce de modèle européen. Shaftoe la déplie et en examine les éléments tandis que les soldats Nathan et Branph démembrent Glacial le Cochon à l'aide d'une énorme scie à dos qu'ils manient avec vigueur.

Ils s'échinent tous en silence quand une nouvelle voix vient les interrompre.

— Dieu tout-puissant... commence-t-elle et tous

relèvent la tête pour découvrir un homme debout à leurs côtés, les mains jointes en un geste de prière. Ses mots, rituellement condensés en un nuage de vapeur bien apparent, lui voilent la face. Son uniforme et son grade sont dissimulés par la couverture militaire jetée sur ses épaules. Il ressemblerait à un prophète de la Terre promise traînant son chameau s'il n'était pas rasé de près et chaussé de lunettes antiviol.

— Sacré nom de Dieu, dit Shaftoe, j'ai déjà dit une putain de prière !

— Mais prions-nous pour le soldat Hott ou bien pour nous-mêmes ? dit l'homme.

C'est une colle. Tout le monde se tait tandis que la scie interrompt son mouvement. Shaftoe lâche la tenue de plongée et se relève. L'homme au poncho a des cheveux très courts et grisonnants, ou peut-être est-ce le givre sur son crâne. Ses yeux bleu glacier croisent le regard de Shaftoe à travers le kilomètre d'épaisseur de verre de ses LAV, comme s'il escomptait vraiment une réponse. Shaftoe approche d'un pas et se rend compte que l'homme porte un col d'ecclésiastique.

— À vous de me dire, révérend.

C'est alors qu'il reconnaît l'homme au poncho. Il est sur le point de lâcher un *Putain, mais qu'est-ce que vous venez foutre ici ?* mais quelque chose le retient. Les yeux de l'aumônier lui lancent en coin un trait si bref et si rapide que seul Shaftoe, qui se trouve quasiment nez à nez avec lui, a sans doute pu le voir. Le message étant : *La ferme, Bobby, on causera plus tard.*

— Le soldat Hott a désormais rejoint le royaume du Seigneur — enfin, où que puissent aller les gens quand ils meurent, dit Enoch « Vous pouvez m'appeler Frère » Root.

À ces mots, Shaftoe se souvient qu'ils étaient au milieu d'une dispute théologique.

— C'est quoi, ce genre d'attitude ? Bien sûr qu'il est auprès du Seigneur. Dieu tout-puissant ! « où que puissent aller les gens quand ils meurent ». Quel genre d'aumônier faites-vous ?

— Je suppose un aumônier genre détachement 2702, dit l'aumônier.

Le lieutenant Enoch Root finit par quitter des yeux Shaftoe pour reporter son regard vers l'endroit où se joue l'action.

— Comme vous tous, compagnons, ajoute-t-il. Dites, on n'a pas l'air de faire maigre, ce soir, hein ?

Les hommes étouffent un rire nerveux et se remettent à scier.

Une fois Hott dégagé de l'étreinte de la carcasse de porc, chaque Marine saisit un membre. Ils traînent le cadavre dans la boucherie, qu'on a temporairement fait évacuer pour les besoins de l'opération, afin d'éviter que les camarades louchebems du défunt ne propagent des rumeurs.

L'évacuation précipitée d'une boucherie après qu'un de ses employés eut été trouvé gisant mort suffirait en soi à propager pas mal de rumeurs. Aussi la couverture du jour, fraîchement concoctée par le lieutenant Ethridge, est-elle que le détachement 2702 est (contrairement aux apparences manifestes) un corps d'élite spécialisé en médecine de pointe, inquiet que Hott ait été la victime d'une forme rare et inédite d'intoxication alimentaire nord-africaine. Peut-être un truc laissé délibérément par les Français qui sont, en toute hypothèse, assez remontés d'avoir vu leur flotte envoyée par le fond. Toujours est-il qu'on a dû (telle est la version officielle) fermer la boutique pour la journée et la passer au peigne fin. La dépouille de Hott sera incinérée avant d'être restituée à sa famille, juste pour garantir que l'affection redoutée n'ira pas se répandre à Chicago — la capitale planétaire des abattoirs — où ses conséquences incalculables pourraient modifier l'issue de la guerre.

Il y a par terre un cercueil de GI, juste pour entretenir la fiction. Shaftoe et ses hommes le dédaignent complètement et se mettent à habiller le corps, d'abord d'un maillot de bain d'un goût navrant, puis des divers composants de la tenue de plongée.

— Eh ! fait Ethridge. Je pensais que vous enfileriez les gants en dernier.

— Mon lieutenant, on commence par eux, sauf votre respect, mon lieutenant ! répond Bobby Shaftoe. Vu que se doigts vont dégeler en premier et qu'une fois que ça va arriver, on sera pas dans la merde, mon lieutenant !

— Dans ce cas, passez-lui d'abord ça, dit Ethridge et il lui tend un bracelet-montre.

Shaftoe le soupèse avec un sifflement. Il est de toute beauté : c'est un chronomètre suisse en uranium massif, dont le mouvement truffé de rubis bat comme le cœur d'un petit mammifère. Il le fait tourner au bout de son bracelet fait de plaques de blindage assemblées avec art. Il est assez lourd pour estourbir un maskinongé [1].

— Chouette, commente Shaftoe, mais pas terrible, comme précision.

— Pour le fuseau horaire où nous nous rendons, si, répond Ethridge.

Mouché, Shaftoe se remet au travail. Entre-temps, les lieutenants Ethridge et Root se rendent utiles. Ils transportent dans la boucherie les restes grossièrement découpés de Glacial le Cochon et les déposent sur une bascule. Ils représentent une trentaine de kilogrammes en tout, quoi que cette valeur puisse bien signifier. Enoch Root, dénotant un goût pour l'effort physique qui est dûment et silencieusement remarqué par les hommes, traîne alors une autre carcasse de porc, elle aussi raide comme la justice, et la jette sur la bascule, portant maintenant le total à soixante-dix kilos. Ethridge fait la brasse au milieu des nuages de mouches pour récupérer tous les morceaux de viande restés sur la planche à découper lorsqu'on a fait évacuer les lieux. Il les jette sur la bascule et l'aiguille bondit pour frôler le chiffre cent.

1. Qui est un poisson des rivières du Québec, si, si. *(N.d.T.)*

Dès lors, ils parviennent à la faire grimper jusqu'à cent trente en rajoutant jambons et rôtis récupérés dans la chambre froide. Enoch Root, qui semble familiarisé avec les systèmes métriques exotiques, a fait un calcul, qu'il a vérifié par deux fois, établissant que le poids de Gerald Hott, converti en kilos, était de cent trente.

Toute cette barbaque va dans le cercueil. Ethridge en rabat le couvercle, piégeant au passage quelques mouches qui ne se doutent pas de leur sort. Muni d'un marteau à panne fendue, Root y plante alors des clous de seize avec la force et la sûreté de geste d'un charpentier de Nazareth. Pendant ce temps, Ethridge a sorti de sa mallette un manuel du GI. Shaftoe est assez près pour en déchiffrer le titre, imprimé en lettres noires sur la sinistre couverture vert olive :

PROCÉDURES DE PLOMBAGE DES CERCUEILS
III^e PARTIE : CLIMATS TROPICAUX
VOL. II : SITUATIONS DE RISQUE DE MALADIE GRAVE
(PESTE BUBONIQUE, ETC.)

Les deux lieutenants consacrent une bonne heure à suivre les instructions du manuel. Ce n'est pas qu'elles soient compliquées, mais Enoch Root ne cesse de relever des ambiguïtés syntactiques dont il veut explorer les ramifications. Au début, ça énerve Ethridge, puis ses émotions tournent à l'impatience et finalement, à l'extrême pragmatisme. Pour que l'aumônier la boucle, Ethridge lui confisque le manuel et ordonne à Root d'inscrire au pochoir le nom de Hott sur le cercueil, puis de le recouvrir d'étiquettes autocollantes rouges portant des mises en garde médicales si terrifiantes que leur seule lecture induit un début de nausée. Une fois que Root se sera acquitté de sa tâche, la seule personne à pouvoir légalement ouvrir ce cercueil sera le général George C. Marshall en personne, et même lui devra auparavant obtenir une autorisation spéciale du ministre de la Santé des États-Unis et avoir procédé au préalable à l'évacuation de tous les êtres vivants dans un rayon de cent soixante kilomètres.

— L'aumônier cause drôlement, observe à un moment donné le soldat Nathan qui écoute, bouche bée, l'un des multiples débats entre les deux officiers.

— Ouais! s'exclame le soldat Branph, comme s'il fallait vraiment une oreille attentive pour le relever. Merde, c'est quoi comme accent, d'ailleurs?

Tous les regards se tournent vers Bobby Shaftoe qui fait mine d'écouter quelques instants avant de répondre :

— Eh bien, les mecs, je parierais que cet Enoch Root est le descendant d'une longue lignée de missionnaires hollandais et peut-être allemands installés dans les îles des mers du Sud, croisé avec du sang australien. Et j'ajouterai — sachant qu'il a grandi dans des territoires contrôlés par les Anglais — qu'il doit détenir un passeport britannique et a dû se faire enrôler au début de la guerre, ce qui l'intègre de ce fait au bataillon de soldats australiens et néo-zélandais.

— Waouh, fait le soldat Daniels, ben, si t'as tout bon, je te file cinq sacs!

— Marché conclu! dit Shaftoe.

Ethridge et Root achèvent de plomber le cercueil à peu près au moment où les Marines finissent de se battre pour mettre en place les derniers éléments de la tenue de plongée. Il aura fallu un tombereau de talc, mais c'est fait. Ethridge leur a fourni celui-ci, qui n'est pas du talc pour GI mais vient de quelque part en Europe. Certaines des lettres inscrites sur l'étiquette sont surmontées d'un tréma, ce que Shaftoe sait être une caractéristique de la langue allemande.

Un camion vient se mettre à cul contre le quai de chargement. Il sent la peinture fraîche (c'est un véhicule du détachement 2702). Et hop, on y charge le cercueil plombé avec le défunt boucher désormais vulcanisé.

— Je m'en vais rester pour inspecter les poubelles, annonce à Shaftoe le lieutenant Ethridge. Je vous retrouve dans une heure à l'aérodrome.

Shaftoe imagine une heure à l'arrière torride d'un camion en compagnie d'un tel chargement.

— Vous voulez que je le maintienne congelé, mon lieutenant ?

Ethridge doit ruminer quelques instants la question. Il pince les lèvres, regarde sa montre, tournicote, hésite. Mais quand il se décide à parler, la réponse est sans appel :

— Négatif. Il est impératif, pour la réussite de cette mission, que nous le placions désormais en mode dégel.

Le soldat de première classe Gerald Hott et son cercueil rempli de viande occupent le milieu du plateau. Les Marines s'installent sur les côtés, comme s'ils tenaient les cordons du poêle. Shaftoe se voit contempler, par-delà le carnage, les traits d'Enoch Root, qui arbore une expression de nonchalance forcée.

Il sait qu'il devrait attendre, mais il n'y tient plus :

— Merde, mais qu'est-ce que vous foutez donc ici ?

— Le détachement est transféré, répond l'aumônier. Plus près du front.

— On vient de débarquer de ce foutu rafiot, dit Shaftoe. Évidemment qu'on se rapproche de ce putain de front... pour être plus près, faudrait y aller à la nage.

— Aussi longtemps qu'il faudra larguer les amarres, répond tranquillement Root, je serai du voyage.

— C'est pas ce que je voulais dire. Ce que je veux dire, c'est pourquoi le détachement devrait-il avoir un aumônier ?

— Vous connaissez les militaires. Toute unité doit en avoir un.

— Ça porte la poisse.

— Ça porte la poisse d'avoir un aumônier ? Et pourquoi ça ?

— Ça veut dire que les galonnés escomptent une tripotée d'enterrements, voilà pourquoi.

— Donc, pour vous, la seule chose que puisse faire un homme d'église est de présider à des funérailles ? Intéressant.

— Et à des mariages et des baptêmes, ajoute Shaftoe.

Gloussements du reste de la troupe.

— Se pourrait-il que vous soyez quelque peu inquiet devant le caractère inhabituel de la première mission du détachement 2702 ? s'enquiert Root, jetant un regard éloquent à feu le soldat Hott avant de fixer Shaftoe droit dans les yeux.

— Inquiet ? Écoutez, l'aumônier, à Guadalcanal, j'ai fait certaines choses à côté desquelles votre truc paraît sorti du putain de manuel d'Emily Post [1].

Tous les Marines jugent la réplique bien envoyée mais Root demeure imperturbable.

— Savez-vous pourquoi vous avez fait ces choses à Guadalcanal ?

— Bien sûr. Pour rester en vie.

— Et savez-vous pourquoi vous faites celle-ci ?

— Fichtre non.

— Ça ne vous irriterait pas un brin ? Ou seriez-vous trop obtus pour vous en soucier ?

— Là, je dois dire que vous m'avez comme qui dirait coincé, l'aumônier, admet Shaftoe.

Après un silence, il enchaîne :

— J'avoue que vous avez titillé ma curiosité.

— S'il devait y avoir quelqu'un au détachement 2702 qui soit capable de répondre au pourquoi de vos questions, cela vous satisferait-il ?

— J'imagine, bougonne Shaftoe. C'est juste que ça paraît bizarre d'avoir un aumônier.

1. Célèbre romancière et journaliste américaine (1873-1960) connue surtout pour avoir rédigé en 1922, sur la demande de son éditeur, un manuel de savoir-vivre, rapidement devenu un best-seller, qui a fait d'elle, pendant plus de trente ans, l'arbitre des bonnes manières aux États-Unis. *(N.d.T.)*

— Et pourquoi cela paraît-il bizarre ?

— Vu le type d'unité dont il s'agit.

— Et de quel type d'unité s'agit-il ? insiste Root. Non sans un certain plaisir sadique.

— Nous ne sommes pas censés en parler, dit Shaftoe. Et de toute façon, on n'en sait rien.

Au pied de la colline, d'immenses rampes en zigzag descendent en grande pompe sur des rangées d'arches zébrées vers le faisceau de voies de chemin de fer qui desservent le port, venant du sud.

— On se croirait en bas du plateau d'un putain de flipper, constate Shaftoe, levant les yeux vers le chemin d'où ils viennent de déboucher et songeant à ce qui pourrait leur dévaler dessus depuis la Casbah.

Ils longent en direction du sud ces voies de chemin de fer pour aboutir dans une zone encombrée de tas de minerai, de charbon et de cheminées d'usine que Bobby Shaftoe, de la patrouille des Aigles des Grands Lacs, identifie sans hésiter mais qui semble ici gérée par un complexe ensemble de rouages multiculturels d'une profondeur insondable. Ils s'immobilisent devant la Société algérienne d'Éclairage et de Force, un monstre surmonté d'une paire de cheminées près duquel s'élève le plus gros des tas de charbon. Ils sont au milieu de nulle part, mais il est manifeste qu'ils sont attendus. Comme partout où se rend le détachement 2702, il se produit un étrange effet d'inflation hiérarchique. Le cercueil est emporté à l'intérieur de la SAEF par deux lieutenants, un capitaine et un commandant, sous la supervision d'un colonel ! Pas le moindre conscrit en vue, et Bobby Shaftoe, simple sergent, commence à s'inquiéter du genre de tâche qu'on va pouvoir lui trouver. Il faut également noter l'existence notable d'un effet « négation de la paperasse » ; chaque fois que Shaftoe s'attend à être bloqué par l'habituelle demi-heure de bureaucratie, un officier inquiet se précipite pour lui faire signe frénétiquement d'avancer et il peut passer sans encombre.

Un Arabe, apparemment coiffé d'une cafetière

rouge, tire une lourde porte métallique ; des flammes l'agressent aussitôt, qu'il chasse avec une tige de fer noircie. Les porteurs placent le cercueil dans l'axe de l'ouverture puis le poussent à travers, comme on charge une grosse cartouche dans un fusil de calibre seize ; l'homme à la cafetière sur la tête referme la porte avec bruit, le pompon sur la cafetière s'agite furieusement. Avant même qu'il ait verrouillé la porte, il se met à iodler comme ces autres types là-haut dans la Casbah. Les officiers se congratulent avant d'apposer leur signature au bas de calepins.

Aussi, avec une absence de complications pour le moins étrange pour un ancien combattant comme Bobby Shaftoe, le camion quitte-t-il la Société algérienne d'Éclairage et de Force et retourne escalader ces satanées rampes derrière le port pour regagner Alger. La pente est rude — première imposée de bout en bout. Des vendeurs ambulants poussant des charrettes remplies d'huile bouillante arrivent non seulement à rester à leur hauteur mais préparent leur friture en même temps. Des cabots éclopés se poursuivent et se battent directement sous les essieux du camion. Le détachement 2702 est également harcelé par des autochtones coiffés de cafetières menaçant de leur donner la sérénade sur des guitares confectionnées avec des bidons vides, par des vendeurs d'oranges et des charmeurs de serpent, ainsi que par un certain nombre de créatures aux yeux bleus et vêtues de burnous, brandissant des masses informes d'une substance brune indéterminée. À l'instar des grêlons, celles-ci pourraient être classées par analogie avec divers types d'œufs ou d'articles de sport. En gros, elles vont de l'œuf de caille à la balle de base-ball. À un moment, sur une impulsion, l'aumônier échange une barre Hershey contre une balle de golf de la substance.

— C'est quoi, ce truc ? s'enquiert Bobby Shaftoe. Du chocolat ?

— Si c'était du chocolat, observe Root, ce type ne l'aurait pas échangé contre une barre chocolatée.

Shaftoe hausse les épaules.
— Sauf s'il est merdique, son chocolat.
— Ou si c'est du shit ! lâche le soldat Nathan, provoquant une incroyable hilarité.
— Déjà entendu parler de Marie-Jeanne ? demande Root.
Shaftoe — exemple et leader pour ses hommes — se retient de lancer : *Eh, vous la connaissez ? Je l'ai sautée !*
— Eh bien, c'est de la résine concentrée, répond Enoch Root.
— Comment vous savez ça, l'aumônier ? s'étonne le soldat Daniels.
L'aumônier ne se démonte pas.
— C'est moi l'homme de Dieu ici, pas vrai ? Je connais l'aspect religieux des choses ?
— Oui, mon lieutenant !
— Eh bien, autrefois, il existait un groupe de musulmans, appelés les Haschischins, qui mangeaient cette substance puis allaient tuer les gens. Ils savaient si bien s'y prendre qu'ils sont devenus célèbres. Tristement célèbres. Avec le temps, la prononciation du nom a changé — on les connaît aujourd'hui sous celui d'Assassins.
Tombe un silence respectueux de circonstance. Que le sergent Shaftoe se décide finalement à rompre :
— Alors merde, qu'est-ce qu'on attend ?
Ils en mangent un peu. Shaftoe, étant le plus haut gradé de la troupe, s'en prend une part plus grande. Rien ne se passe.
« Le seul type que j'aurais envie d'assassiner, c'est le mec qui nous a fourgué cette merde », conclut-il.

L'aérodrome, à seize kilomètres de la ville, connaît une activité pour lequel il n'a jamais été prévu. Le terrain alentour est agréable, avec ses vignes et ses oliviers, mais des montagnes rocailleuses sont visibles un peu plus loin vers le continent et juste derrière s'étend une bande de sable à peu près grande comme les États-Unis — sable dont la majeure partie semble être dans les airs et se diriger vers eux. Un nombre incalculable d'avions — pour l'essentiel des cargos Dakota également surnommés Gooney Birds — soulèvent de vastes nuages de poussière qui vous colle au palais. Shaftoe ne s'avise pas tout de suite que la sécheresse qui affecte sa bouche et ses yeux n'est peut-être pas entièrement due à la poussière en suspension. Sa salive a une consistance de colle à carrelage.

Leur détachement est si foutrement secret que personne sur le terrain ne connaît même leur existence. Il y a là des tas de Rosbifs, et dans le désert, les Rosbifs se baladent en short, ce qui donne à Shaftoe l'envie de leur flanquer son poing sur le nez. Il se maîtrise. Mais son hostilité manifeste à l'égard des hommes en culottes courtes, combinée au fait qu'il exige qu'on lui indique la direction d'une unité si secrète qu'il ne peut en spécifier le nom ou même la décrire vaguement, aboutit à une perplexité extrême, une grande incrédulité, et pour tout dire, place l'alliance anglo-américaine sur un très mauvais pied.

Le sergent Shaftoe comprend toutefois que tout ce qui peut avoir un rapport avec ce détachement est susceptible d'être complètement à part, tapi sous des bâches et des couvertures. Comme toute autre unité militaire, le détachement 2702 est bien doté en certains domaines, moins en d'autres, mais il semble disposer d'environ 50 % de la production américaine de bâches au cours de l'année écoulée. Quand Shaftoe mentionne la chose et s'en ouvre en détail auprès de ses camarades, certains d'entre eux le regardent d'un drôle d'air. Il revient à Enoch Root de remarquer :

— Entre les lézards géants et les bâches noires, certains pourraient juger votre comportement un rien parano.

— Parano ? Parlons-en !

Et Shaftoe s'exécute, n'omettant pas d'évoquer le lieutenant Ethridge et ses poubelles. Le temps qu'il ait vidé son sac, l'ensemble du détachement s'est rassemblé au bout de ces fameuses bâches et tout le monde est visiblement tendu, à l'exception de leur toute dernière recrue qui, Shaftoe le note avec approbation, commence à se relaxer. Étendu sur le plateau du camion dans sa combinaison de plongée, il *s'adapte,* au lieu de rebondir, quand ils passent sur des nids-de-poule.

Malgré tout, il est encore assez raide pour simplifier le problème de son déchargement et de son transfert dans le Gooney Bird qu'on leur a assigné : une variante simplifiée du DC-3, militarisée et (note Shaftoe d'un œil sceptique) passablement affaiblie par l'ouverture dans son flanc de deux immenses baies de chargement, qui découpent quasiment la carlingue en deux. Ce type particulier de Dakota sillonne ce foutu désert depuis tellement longtemps que le sable a décapé toute la peinture sur les pales d'hélices, les carénages de moteurs et le bord d'attaque des ailes, l'éclat argenté de la tôle ainsi mise à nue devenant une véritable invitation pour tout pilote de la Luftwaffe dans un rayon de cinq cents kilomètres. Pire : toutes sortes d'antennes hérissent le fuselage, la plupart aux alentours du cockpit. Pas seulement des antennes-fouets mais des espèces d'énormes grilles de barbecue qui font regretter à Shaftoe de ne pas avoir de scie à métaux. Elles lui évoquent furieusement celles qu'il a dû trimballer dans l'escalier de la station Alpha à Shanghai (mais trop de choses doivent éveiller ses souvenirs en cet instant précis parce que tout cela commence à s'emmêler dans sa tête).

Même s'ils se trouvent dans l'enceinte d'un aérodrome surchargé, Ethridge refuse de voir cette opération se poursuivre tant qu'il reste encore un seul avion dans les airs. Enfin, il lance : « Okay, MAINTENANT ! » Dans le camion, les hommes soulèvent le corps, juste à temps pour entendre le lieutenant s'exclamer : « Non, ATTENDEZ ! ». Sur quoi, ils le reposent aussitôt. Bien après qu'il a cessé d'être un sujet d'humour noir, ils jettent une bâche sur Gerald Hott et l'embarquent enfin à bord ; peu après, ils sont dans les airs. Le détachement 2702 fonce pour un rendez-vous avec Rommel.

# *CYCLES*

On est au début novembre 1942 et une quantité proprement incroyable d'emmerdes est en train de surgir tout d'un coup, en même temps, et partout. Zeus lui-même ne serait pas foutu d'en faire le tri, pas même après avoir mobilisé les cariatides — en leur disant : oubliez ce qu'on vous a dit, et laissez tout tomber. Résultat, des temples s'effondrent partout, pendant qu'il enverrait ces cariatides — et toutes les naïades et dryades qu'il aurait pu mobiliser — se recycler à la bibliothèque, avant de leur refiler des visières vertes, de strictes tenues asexuées, uniformes du SGAPO — Service de gestion des archives dans une perspective olympienne —, et de leur assigner la tâche de remplir des fiches cartonnées vingt-quatre heures sur vingt-quatre. En les incitant à faire montre de leur si fameuse ténacité cariatide pour se charger des machines d'Hollerith et autres lecteurs de cartes ETC. Eh bien, malgré tout cela, Zeus aurait sans doute encore bien du mal à maîtriser la situation. Il serait dans une telle rogne qu'il ne saurait plus sur lequel de ces mortels prétentieux balancer sa foudre, ni quelles pin-up ou mâles troufions molester.

Pour l'heure, Lawrence Pritchard Waterhouse se sent aussi olympien que ses congénères. Roosevelt, Churchill et les quelques autres sur la liste Ultra Méga ont le même accès aux données mais ils ont d'autres chats à fouetter. Ils ne peuvent pas se permettre de parcourir les flots de données qui sillonnent la planète, regarder par-dessus l'épaule des traducteurs et relire les messages déchiffrés à mesure qu'ils sortent — *cliquetis-clik* — des Télétype. Ils ne peuvent pas remonter à leur guise le fil individuel de chaque récit planétaire, courir de baraquement en baraquement pour vérifier les connexions, tandis que les auxiliaires féminines du baraquement 11 s'affairent à brancher leurs câbles de commutation d'une prise à une autre de la bombe, façonnant ainsi la toile qui interceptera les messages du Führer au moment où ils jaillissent dans l'éther.

Voici déjà une partie de ce que Waterhouse sait : la bataille d'El Alamein est gagnée, Montgomery poursuit Rommel à travers le désert de Cyrénaïque, lancé vers l'ouest apparemment à toute vitesse, le repoussant vers le lointain fief de l'Axe à Tunis. Mais la déroute n'est pas aussi manifeste qu'elle en a l'air : si Monty voulait bien prêter attention aux renseignements qui parviennent *via* Ultra, il serait en mesure de progresser de manière décisive, d'encercler et de capturer de vastes poches de soldats allemands et italiens. Mais il n'en fait rien, aussi Rommel peut-il procéder à une retraite en bon ordre, se préparant aux combats du lendemain, et le laborieux Monty se fait vertement maudire dans les salles de guet de Bletchley Park pour son incapacité à exploiter leurs inestimables mais périssables joyaux d'information.

Le plus grand débarquement maritime de l'histoire vient de toucher les côtes d'Afrique du Nord. Il s'appelle Opération Torche et va prendre à revers Rommel, jouant l'enclume pour le marteau de Montgomery ou peut-être l'inverse, si Monty ne presse pas un peu l'allure. Tout cela paraît brillamment organisé mais ce n'est pas vraiment le cas : c'est la première fois que l'Amérique traverse l'Atlantique à vraiment grande échelle, aussi toute une tripotée de trucs se retrouvent-ils du voyage — y compris un certain nombre de tarés de l'analyse de signaux qui débarquent théâtralement sur les plages africaines en se prenant pour des Marines. Est également de la partie le contingent américain du détachement 2702 — une dangereuse bande de casseurs, vétérans endurcis au combat triés sur le volet.

Certains de ces Marines ont fait leurs classes à Guadalcanal, une île fondamentalement inutile du sud-ouest du Pacifique où l'Empire du Japon et les États-Unis d'Amérique se disputent — l'arme à la main — le droit de construire une base aérienne. Les premiers comptes rendus suggèrent que l'armée japonaise, durant sa tournée prolongée de l'Est asiatique, aurait perdu son avantage. Il semblerait que violer l'ensemble de la population féminine de Nankin et transpercer à la baïonnette de malheureux villageois philippins ne se traduit pas obligatoirement en compétence militaire. L'armée japonaise en est encore à chercher le moyen de tuer, disons, cent Marines américains sans perdre, disons, cinq cents de ses hommes.

Pour la marine japonaise, c'est encore une autre histoire — eux, ils savent ce qu'ils font. Ils ont Yamamoto. Ils ont des torpilles qui, elles, explosent en atteignant leur cible, flagrant contraste avec les modèles américains qui se contentent d'érafler la peinture des bâtiments nippons avant de sombrer dans la confusion. Yamamoto vient tout juste de faire une tentative pour chasser la flotte américaine des îles Santa Cruz, couler le *Hornet* et faire un joli trou dans l'*Enterprise.* Mais il a perdu le tiers de ses avions. Quand il regarde les Japonais compter leurs pertes, Waterhouse se demande si quelqu'un a Tokyo a pensé à sortir le boulier pour mettre à jour les chiffres concernant cette histoire de Seconde Guerre mondiale.

Les Alliés font des calculs de leur côté, et ça leur flanque une frousse du diable. Il y a désormais cent U-Boote allemands dans l'Atlantique, basés pour l'essentiel à La Rochelle et à Lorient, et ils massacrent les convois dans l'Atlantique nord avec une telle efficacité qu'à cette échelle, ce n'est même plus du combat naval, c'est de la folie meurtrière à l'échelle du Lusitania. Rien que ce mois-ci, ils sont en passe d'envoyer par le fond quelque chose comme un million de tonnes de marchandises, un chiffre qui dépasse l'entendement de Waterhouse. Il essaye de se figurer une tonne comme en gros l'équivalent d'une voiture, puis tente d'imaginer l'Amérique et le Canada s'aventurant au milieu de l'Atlantique pour y balancer tout bonnement un million de voitures par-dessus bord — et tout ça, rien qu'en novembre. Bigre !

Le problème est Requin.

Les Allemands l'appellent Triton. Il s'agit d'un nouveau système de codage, utilisé exclusivement par la marine. C'est une machine Enigma, sauf que ce n'est pas le modèle habituel à trois tambours. Les Polonais ont appris à craquer cette vieillerie depuis déjà deux ans, et Bletchley Park a industrialisé le processus. Mais il y un peu plus d'un an, un U-Boot allemand s'est échoué, intact, sur la côte sud de l'Islande et a été fouillé minutieusement par des hommes de Bletchley. Ils y ont découvert le boîtier d'une Enigma avec des logements pour quatre — et non pas trois — tambours.

Quand l'Enigma à quatre tambours est entrée en service le 1er février, tout l'Atlantique est passé dans le noir. Depuis, Alan et les autres s'escriment sur le problème. Qui est qu'ils ignorent comment est câblé ce quatrième tambour.

Mais quelques jours plus tôt, un autre U-Boot a été capturé, plus ou moins intact, en Méditerranée orientale. Le colonel Chattan, qui se trouvait dans les parages, s'est rendu sur place avec une hâte insupportable, accompagné de quelques spécimens de la faune de Bletchley. Ils ont récupéré une Enigma à quatre tambours et si cela ne leur permet pas de casser le code, cela leur fournit du moins les données nécessaires pour y parvenir.

En tout cas, Hitler doit se sentir bougrement sûr

de lui, car il est en voyage en ce moment, en préalable à des vacances studieuses dans sa retraite alpine. Cela ne l'a pas empêché de s'emparer de ce qu'il reste de la France — il semblerait que quelque chose dans l'Opération Torche l'ait mis en boule, aussi occupe-t-il désormais l'ensemble de la France de Vichy avant de dépêcher des troupes fraîches, jusqu'à cent mille hommes, avec la stupéfiante quantité de matériel correspondante, jusque vers l'autre rive de la Méditerranée, en Tunisie. Waterhouse imagine qu'on doit pouvoir désormais passer de Sicile à Tunisie à pied sec, rien qu'en sautant du pont d'un transport de troupe allemand à un autre.

Bien entendu, si c'était vrai, la tâche de Waterhouse serait bien plus facile. Les Alliés pourraient couler autant de navires qu'ils le veulent sans faire hausser un seul blond sourcil teuton sur le front de la théorie de l'information. Mais la vérité est que les convois sont rares et espacés. À quel point au juste rares, et à quel point au juste espacés, tels sont les paramètres qui entrent dans les équations qu'Alan Matheson Turing et lui passent toute la nuit à griffonner au tableau noir.

Après dix à douze heures de ce régime, quand le soleil finit par se relever, rien ne vaut une bonne balade dans la fraîcheur de la campagne du Buckinghamshire.

S'étendant devant eux alors qu'ils viennent de passer le sommet d'une côte, ils découvrent un bois qui s'est paré de toutes les couleurs des flammes. La couronne hémisphérique des érables contribue même à donner une impression de volutes au-dessus. Lawrence ressent l'envie bizarre de lâcher le guidon pour plaquer les mains sur ses oreilles. Lorsqu'ils abordent les arbres, toutefois, l'air reste d'une fraîcheur délicieuse, le ciel bleu au-dessus d'eux n'est pas maculé par des colonnes de fumée noire, et le calme paisible de ces lieux ne pourrait être plus différent des souvenirs qui assaillent Lawrence.

— Tu causes, tu causes, tu causes ! s'exclame Alan Turing en imitant le caquètement de poules furieuses. (Le bruit est rendu plus étrange par le fait qu'il porte un masque à gaz, jusqu'à ce que, pris d'impatience, il le relève sur son front.) Ils adorent s'entendre causer. (Il fait allusion à Winston Churchill et Franklin Roosevelt.) Et ça ne les dérange pas d'écouter l'autre — jusqu'à un certain point, s'entend. Mais la voix est un canal d'information terriblement redondant, comparé au texte imprimé. Si tu prends du texte et que tu le passes dans une Enigma — ce qui n'est vraiment pas si compliqué — les motifs familiers, comme la prépondérance de la voyelle E, deviennent presque indétectables.

Puis il remet le masque sur son visage pour souligner le point suivant :

— Alors que tu peux déformer et permuter la voix de toutes les façons les plus diaboliques imaginables, elle restera parfaitement intelligible pour un auditeur.

Alan est pris alors d'une crise d'éternuement qui menace de faire péter les sangles kaki qui lui enserrent la tête.

— Notre oreille sait retrouver les motifs familiers, suggère Lawrence.

Il ne porte pas de masque à gaz parce que (a) il n'y a pas d'attaque nazie en cours et (b) contrairement à Alan, il n'est pas sujet au rhume des foins.

— Excuse-moi.

Alan freine soudain et bondit de sa machine. Il soulève la roue arrière, d'un geste de sa main libre, la met en rotation, puis se penche pour écarter momentanément la chaîne. Il observe le mécanisme avec attention, interrompu par quelques reliquats d'éternuements.

— La chaîne du vélo de Turing a un maillon faible. La roue arrière a un rayon tordu. Quand maillon et rayon entrent en contact l'un avec l'autre, la chaîne saute et traîne sur la route. Cela ne se produit pas à chaque rotation de la roue — sinon le vélo serait totalement inutilisable. Cela ne se produit que quand la chaîne et la roue sont dans une certaine position respective.

En se fondant sur des suppositions raisonnables quant à la vélocité que peut maintenir le Dr Turing, cycliste énergique (disons, 25 km/h), et quant au rayon de sa roue arrière (un tiers de mètre), si le maillon faible touchait le rayon tordu à chaque révolution, la chaîne sauterait tous les tiers de seconde.

En fait, la chaîne ne saute que lorsque rayon tordu et maillon faible se trouvent en coïncidence. À présent, supposons que l'on décrive la position de la roue arrière par le traditionnel θ. Dans un simple but de simplification, nous dirons que lorsque la roue démarre dans la position où le rayon tordu est capable de toucher le maillon faible (quoique seulement si le maillon faible se trouve bien là pour être touché), alors $\theta = 0$. Si l'on prend pour unité des degrés d'angle, alors durant une seule révolution de la roue, θ montera jusqu'à 359 degrés avant de repartir pour un tour au point 0, où il se retrouvera en position pour faire sauter la chaîne. Et maintenant, supposons que l'on décrive la position de la chaîne à l'aide de la variable *C*, de la manière suivante, fort simple : on assigne un numéro à chaque maillon de la chaîne. Le maillon faible a le numéro 0, le suivant est le 1, et ainsi de suite, jusqu'à $l$-1 où $l$ représente le nombre total de maillons. Et une fois encore, dans un but de simplification, on dit que lorsque la chaîne est dans la position où le maillon faible est susceptible d'être touché par le rayon tordu (quoique seulement si le rayon tordu se trouve bien là pour le touché), alors $C = 0$.

Dès lors, si l'on veut calculer quand la chaîne de la bicyclette du Dr Turing va sauter, tout ce qu'on a besoin de savoir est contenu dans les valeurs de θ et de *C*. Ce couple de nombres définit l'état de la bicyclette. La bicyclette possède autant d'états qu'il y a de valeurs différentes de (θ, *C*) mais un seul de ces états, à savoir (0,0) va entraîner le saut de chaîne.

Supposons que nous partions de cet état, à savoir :

$$(\theta = 0, C = 0)$$

mais que la chaîne n'a pas sauté parce que le D^r^ Turing (qui connaît parfaitement l'état de sa machine à un moment donné) s'est arrêté au milieu de la route (manquant de peu provoquer une collision avec son ami et collègue Lawrence Pritchard Waterhouse, parce que son masque à gaz bloque sa vision périphérique). Le D^r^ Turing a donné une pichenette à la chaîne tout en la faisant légèrement progresser, lui évitant ainsi d'être touchée par le rayon tordu. Il enfourche à présent de nouveau son vélo et se remet à pédaler. La circonférence de sa roue arrière est d'environ deux mètres, de sorte que lorsqu'il a parcouru deux mètres sur la route, la roue a effectué un tour complet et atteint la position où de nouveau $\theta = 0$ — position qui est celle, ne l'oublions pas, où son rayon tordu est à même de toucher le maillon faible.

Quid de la chaîne ? Sa position, définie par $C$, part de 0 et atteint 1 quand le rayon suivant parvient à la position critique, puis 2 et ainsi de suite. La chaîne doit progresser en synchronisme avec les dents du pignon fixé dans l'axe de la roue arrière, et ce pignon a $n$ dents, de sorte qu'après un tour complet de ladite roue, quand $\theta$ est de nouveau égal à 0, $C = n$. Après un deuxième tour complet de la roue arrière, on retrouve de nouveau $\theta = 0$, mais cette fois $C = 2n$. Au tour suivant, $C = 3n$ et ainsi de suite. Mais souvenons-nous que la chaîne n'est pas un objet linéaire infini mais une boucle au nombre de positions limité ; parvenue à $C = l$, elle revient à $C = 0$ et répète le cycle. De sorte que pour calculer la valeur de $C$, il convient de recourir à l'arithmétique modulaire : à savoir, si la chaîne possède cent maillons ($l = 100$) et que le nombre total de maillons qui ont avancé est de 135, alors la valeur de $C$ n'est pas de 135 mais de 35. Chaque fois qu'on a un nombre supérieur ou égal à $l$ il suffit d'en soustraire $l$ autant de fois que nécessaire pour obtenir un nombre inférieur à $l$. Les mathématiciens symbolisent cette opération par mod ($l$) qui se lit « modulo $l$ ». De sorte que les valeurs successives de $C$ chaque fois que la roue arrière fait un tour complet pour revenir à $\theta = 0$, sont :

$C_i = n$ mod ($l$), $2n$ mod ($l$), $3n$ mod ($l$),... $in$ mod ($l$) avec $i = (1, 2, 3...)$

plus ou moins, selon la disposition de Turing à s'approcher d'un temps de pédalage infiniment long. Au bout d'un moment, Waterhouse trouve en effet que tout ça lui paraît infiniment long.

La chaîne de Turing sautera quand son vélo aura atteint l'état ($\theta = 0$, $C = 0$) et à la lumière de ce qui est écrit plus haut, cela se produira quand $i$ (qui n'est qu'un compteur indiquant combien de tours la roue arrière a effectués) atteindra une valeur hypothétique telle que :

$$i.n \text{ mod } (l) = 0$$

ou, pour parler clair, cela se produira s'il existe un multiple de $n$ (tel que, disons, $2n$, $3n$, $395n$ ou 109, 948, 368, $443n$) qui se trouve être également un multiple exact de $l$. À vrai dire, il pourrait exister plusieurs de ces communs multiples, mais d'un point de vue pratique, le seul qui importe est le premier — également connu sous le nom de plus petit commun multiple, ou PPCM —, puisque c'est le premier qui sera atteint et qui provoquera le saut de chaîne.

Si, mettons, le pignon a vingt dents ($n = 20$) et la chaîne cent maillons ($l = 100$), alors, après un tour de roue, nous aurons $C = 20$, après deux tours $C = 40$, puis 60, 80, 100. Mais puisque nous travaillons en arithmétique modulo 100, cette valeur doit être ramenée à 0. De sorte qu'après cinq tours de la roue arrière, nous sommes revenus à l'état :

$$(\theta = 0, C = 0)$$

et la chaîne de Turing saute. Cinq tours de roue arrière ne lui ont fait parcourir que dix mètres sur la route, de sorte qu'avec de telles valeurs de $l$ et $n$, le vélo est à peu près inutilisable. Bien sûr, ceci n'est vrai que si Turing est assez stupide pour se mettre à pédaler quand sa machine est dans l'état de saut de chaîne. Si en revanche, au moment où il commence à pédaler, elle est dans l'état ($\theta = 0, C = 1$), alors, les valeurs successives seront $C = 21, 41, 61, 81, 1, 21...$ et ainsi de suite indéfiniment — et la chaîne ne sautera jamais. Mais ceci est un cas dégénéré, où « dégénéré » est un terme qui pour un mathématicien signifie « prodigieusement ennuyeux ». Donc en théorie, pourvu que Turing place son vélo dans l'état convenable avant de le garer devant un bâtiment, personne ne pourra jamais le lui voler — la chaîne sautant après que l'indélicat aura parcouru au maximum dix mètres.

Mais si la chaîne de Turing a cent un maillons ($l = 101$), alors, après cinq tours de roue, nous avons $C = 100$, et après six, nous avons $C = 19$, puis :

**$C$ = 39, 59, 79, 99, 18, 38, 58, 78, 98, 17, 37, 57, 77, 97, 16, 36, 56, 76, 96, 15, 35, 55, 75, 95, 14, 34, 54, 74, 94, 13, 33, 53, 73, 93, 12, 32, 52, 72, 92, 11, 31, 51, 71, 91, 10, 30, 50, 70, 90, 29, 49, 69, 89, 8, 28, 48, 68, 88, 7, 27, 47, 67, 87, 6, 26, 46, 66, 86, 5, 25, 45, 65, 85, 4, 24, 44, 64, 84, 3, 23, 43, 63, 83, 2, 22, 42, 62, 82, 1, 21, 41, 61, 81, 0**

Tant et si bien que ce n'est pas avant le 101e tour de la roue arrière que le vélo revient à l'état ($\theta = 0, C = 0$), où la chaîne se décroche. Durant ces cent un tours, le vélo de Turing aura parcouru une distance de 200 mètres sur la route, ce qui n'est pas si mal. Donc, le vélo est utilisable. Toutefois, contrairement à ce qu'on a vu avec le cas dégénéré, il n'est *pas* possible de le placer dans un état où la chaîne ne tombe jamais. On peut le démontrer en examinant la liste de valeurs de $C$ donnée ci-dessus et en notant que chaque valeur possible — chaque chiffre de 0 à 100 — s'y trouve. Ce qui signifie que, peu importe la valeur de $C$ quand Turing commence à pédaler, tôt ou tard, il retombera sur le fatal $C = 0$ et la chaîne sautera. Donc, Turing peut laisser son vélo n'importe où et être assuré qu'en cas de vol, le voleur ne parcourra pas plus de deux cents mètres avant que la chaîne ne se décroche.

La différence entre les cas dégénéré et non dégénéré tient aux propriétés des nombres qui sont en jeu. La combinaison de ($n = 20, l = 100$) a des propriétés radicalement différentes de celles du couple ($n = 20, l = 101$). La différence essentielle est que 20 et 101 sont des nombres « premiers relatifs », ce qui veut dire qu'ils n'ont pas de facteur commun. Ce qui veut dire que leur plus petit commun multiple, leur PPCM, est un chiffre assez grand — en fait, il est égal à : $l \times n = 20 \times 101 = 2020$. Alors que le PPCM de 20 et 100 n'est que de 200. Le vélo $l = 101$ a une *longue période* — il passe par un grand nombre d'états différents avant de revenir au début — tandis que le vélo $l = 100$ a une période de quelques états seulement.

Supposons à présent que le vélo de Turing soit une machine à coder qui fonctionne par substitution alphabétique, ce qui veut dire qu'elle remplace chacune des 26 lettres de l'alphabet par une autre lettre quelconque. Un A en clair pourrait ainsi devenir un T en code, B devenir F, C devenir M et ainsi de suite jusqu'à Z. En soi, cela donnerait un code ridiculement facile à déchiffrer — un jeu de boy-scout. Mais supposons que le schéma de substitution change d'une lettre à la suivante. À savoir qu'après que la première lettre en clair a été changée en utilisant un alphabet de substitution bien précis, la deuxième lettre du message en clair soit codée en recourant à un alphabet de substitution entièrement différent, de même pour la troisième lettre, et ainsi de suite. On appelle cela un chiffrement polyalphabétique.

Supposons que le vélo de Turing soit capable de générer un alphabet différent pour chacun de ses états spécifiques. Ainsi, l'état ($\theta = 0, C = 0$) correspondrait, mettons, à l'alphabet de substitution suivant :

**ABCDEFGHIJKLMNOPQRSTUVWXYZ**
**QGUWBIYTFKVNDOHEPXLZRCASJM**

mais que l'état (θ = 180, *C* = 15) corresponde à celui-ci (différent du précédent) :

**ABCDEFGHIJKLMNOPQRSTUVWXYZ**
**BORIXVGYPFJMTCQNHAZUKLDSEW**

Il n'y aurait pas deux lettres à être codées avec le même alphabet de substitution — en tout cas, tant que le vélo n'aurait pas retrouvé son état initial (θ = 0, *C* = 0) et commencé à répéter le cycle. Ce qui veut dire qu'on a là un système polyalphabétique *périodique*. À présent, si cette machine a une période courte, le cycle va se répéter souvent, et ne sera par conséquent utile, comme système de cryptage, une fois encore que pour des boy-scouts. Plus longue sera la période (plus élevée sera la primalité relative des couples de nombres utilisés), moins vite se rebouclera le cycle pour revenir au même alphabet de substitution, et plus le système sera sûr.

L'Enigma à trois tambours relève précisément de ce dispositif (à savoir polyalphabétique périodique). Ses tambours, comme la transmission du vélo de Turing, composent des cycles enchâssés. Leur période est de 17 576, ce qui veut dire que l'alphabet de substitution qui code la première lettre du message ne sera pas réutilisé avant qu'on soit parvenu à la 17 577e lettre. Mais avec Requin, les Allemands ont ajouté un quatrième tambour, propulsant d'un coup la période à 456 976. Les tambours sont replacés dans une position de départ différente, choisie de manière aléatoire, au début de chaque message. Comme les messages allemands n'atteignent jamais une longueur de 450 000 signes, la machine ne réutilise jamais le même alphabet de substitution dans le cadre d'un message donné, raison pour laquelle les Allemands l'estiment si bonne.

Une escadrille d'avions de transport passe au-dessus d'eux, elle se dirige sans doute vers l'aérodrome de Bedford. Les cargos émettent un curieux bourdonnement musical diatonique, comme des cornemuses jouant deux bourdons à la fois. Cela rappelle à Lawrence un autre phénomène relié à la roue de bicyclette et à la machine Enigma.

— Sais-tu pourquoi les avions font ce bruit ?

— Non, maintenant que tu m'y fais penser.

Turing ôte à nouveau son masque. Il est légèrement interloqué et lui décoche un regard en coin. Lawrence l'a pris de court.

— Je l'ai remarqué à Pearl. La plupart des moteurs d'aviation sont disposés en étoile, explique Lawrence. Par conséquent, ils doivent avoir un nombre impair de cylindres.

— Comment cela ?

— Si leur nombre était pair, ils seraient directement opposés, à cent quatre-vingts degrés deux à deux, et mécaniquement, ça ne marcherait pas.

— Pourquoi pas ?

— J'ai oublié. En tout cas, ça marcherait pas.

Alan hausse les sourcils, manifestement pas convaincu.

— Une histoire de bielles et de vilebrequins, hasarde Waterhouse, un rien sur la défensive.

— Je ne sais pas si je dois être d'accord.

— Fais comme si — imagine que c'est une condition aux limites, dit Waterhouse.

Mais il soupçonne Alan d'être déjà à l'œuvre, pour se représenter mentalement un moteur d'aviation rotatif doté d'un nombre pair de cylindres.

— Toujours est-il que lorsque tu les regardes, ils ont tous un nombre impair de cylindres, poursuit Lawrence. De sorte que le bruit d'échappement se combine avec celui de l'hélice pour produire ce battement à deux temps.

Alan remonte sur son vélo et ils roulent ainsi dans les bois pendant un certain temps sans plus rien dire. En fait, ils ont moins parlé qu'évoqué chacun des idées en laissant à l'autre le soin d'en déduire les implications. C'est une façon de communiquer prodigieusement efficace ; elle élimine une bonne partie de cette redondance dont Alan se plaignait amèrement dans le cas de FDR et de Churchill.

Waterhouse réfléchit à ces cycles enchâssés. Il a déjà décidé que la société humaine fonctionnait selon ce principe [1] et il essaye à présent de voir si elle suit un enchaînement de cycles comme le vélo de Turing (ça marche bien pendant un moment, puis soudain, la chaîne saute ; d'où guerres mondiales épisodiques), ou bien comme une machine Enigma (ça mouline de manière incompréhensible durant un temps interminable, et puis soudain les tambours s'alignent comme ceux d'une machine à sous et tout devient parfaitement clair lors d'une sorte d'épiphanie générale ou, si l'on préfère, d'apocalypse) ou encore comme un banal moteur d'aviation en étoile (ça tourne et ça tourne et ça tourne ; il ne se passe rien de spécial ; juste beaucoup de bruit).

— C'est quelque part dans le coin... ici ! s'exclame Alan qui freine brutalement, juste pour faire une blague à Lawrence qui est obligé de faire demi-tour, un exploit sur cette route étroite, pour revenir vers lui.

Ils posent leurs vélos contre des arbres et retirent des paniers divers articles : piles sèches, plaques à circuits électroniques, fiches, une pince coupante, des rouleaux de câbles. Alan regarde alentour, un rien hésitant, puis s'engage dans le sous-bois.

— Je pars bientôt en Amérique travailler sur ce problème de cryptage de la voix, aux laboratoires Bell, annonce-t-il.

Lawrence a un petit rire triste.

— On est des vaisseaux de passage dans la nuit, toi et moi.

— On est des passagers à bord de vaisseaux passant dans la nuit, rectifie Alan. Ce n'est pas un accident. S'ils ont besoin de toi, c'est justement parce que je m'en vais. C'est moi qui ai fait jusqu'ici tout le boulot du 2701.

— C'est devenu désormais le détachement 2702, indique Lawrence.

1. Il n'a aucune donnée concrète pour étayer cette thèse ; ça lui paraît juste une chouette idée.

— Oh, fait Alan, déconfit. T'as remarqué...

— C'était imprudent de ta part, Alan.

— Au contraire ! Qu'est-ce que Rudy va penser s'il relève que parmi toutes les unités, divisions et détachements engagés par les Alliés, pas un seul n'a un matricule qui se trouve être le produit de deux nombres premiers ?

— Ma foi, tout dépend de la fréquence de tels nombres comparés à tous les autres, et de la proportion de ceux-ci qui restent inutilisés... dit Lawrence avant de se mettre aussitôt à travailler sur la première moitié du problème. Encore une fois la fonction zêta de Riemann. On la retrouve partout.

— C'est ça ! C'est ça ! Toujours aborder les choses sous un jour rationnel et de bon sens. Eux, ils sont vraiment pathétiques.

— Qui ça, eux ?

— Là ! fait Alan, qui ralentit, s'arrête, regarde autour de lui les arbres, qui pour Lawrence ressemblent à n'importe quels autres. Ce coin m'a l'air familier.

Il s'assoit sur un tronc abattu par une tempête et entreprend de déballer tout son barda électrique. Lawrence s'accroupit à proximité et fait de même. Lawrence ne sait pas comment fonctionne l'appareil — c'est l'invention d'Alan — aussi joue-t-il les assistants du chirurgien, passant instruments et fournitures au toubib qui assemble la machine. Le toubib parle tout du long, aussi réclame-t-il les divers instruments en les regardant fixement, le front plissé.

— Eux ? À ton avis ? Mais les crétins qui exploitent toutes les informations qui émanent de Bletchley Park !

— Alan !

— Enfin, c'est absurde ! Comme cette affaire de Midway. C'est le parfait exemple, non ?

— Ma foi, j'ai été content qu'on gagne la bataille, note Lawrence, circonspect.

— Et ça t'a pas paru un rien bizarre, un rien frappant, un rien remarquable, qu'après toutes ces brillantes feintes, tromperies et ruses de Yamamoto, ce Nimitz sache précisément où se rendre pour le coincer ? Dans toute la vaste étendue de l'océan Pacifique ?

— D'accord, concède Lawrence. J'ai été horrifié. J'ai même écrit un article là-dessus. C'est sans doute cet article qui m'a foutu dans ce merdier avec toi.

— Eh bien, c'est pas mieux de ce côté-ci de l'Atlantique.

— Vraiment ?

— Tu serais horrifié si tu savais ce qu'on machine en Méditerranée. C'est un scandale. Un crime.

— Qu'est-ce qu'on machine ? demande Lawrence. Je dis « on » plutôt que « vous » parce que nous sommes alliés, dorénavant.

— Oui, oui, s'impatiente Alan. C'est ce qu'ils prétendent.

Il marque un temps, dessinant du bout des doigts un circuit électrique, calculant mentalement des inductances. Finalement, il poursuit :

— Eh bien, on coule des convois, voilà ce qu'on fait. Des convois allemands. On les coule en veux-tu en voilà.

— Des convois pour Rommel ?

— Tout juste. Les Allemands chargent du carburant, des chars et des munitions sur des bateaux qui partent de Naples en direction du sud. Et nous, on va les envoyer par le fond. On les coule quasiment tous, parce qu'on a cassé le code italien C38m et qu'on sait à quel moment ils appareillent. Et depuis quelque temps, on coule uniquement et précisément ceux qui sont les plus cruciaux pour Rommel, parce qu'on a également cassé le code Chaffinch et qu'on sait donc quels sont les approvisionnements dont il déplore le plus le manque.

Turing bascule un interrupteur sur son invention et un étrange couinement en boucle jaillit du cône de papier noir poussiéreux fixé à la plaquette par un bout de fil. Le cône est un haut-parleur, apparemment récupéré sur un poste de TSF. Il y a un manche à balai avec un anneau de fil rigide qui pend à un bout et un fil électrique part de cet anneau, remonte le long du manche et rejoint le circuit. Turing fait pivoter le manche à balai jusqu'à ce que la boucle pende, comme un lasso, devant le torse de Lawrence. Le haut-parleur mugit.

— Parfait. Il détecte ta boucle de ceinture, indique Alan.

Il dépose son bidule sur le tapis de feuilles, fouille dans ses poches et finit par en sortir un bout de papier sur lequel ont été inscrites plusieurs lignes de texte en lettres capitales. Lawrence la reconnaîtrait à cent kilomètres : c'est une grille de décodage.

— C'est quoi, Alan ?

— J'ai rédigé un jeu complet d'instructions que j'ai codées, avant de les planquer sous un pont, dans un bidon de benzédrine, explique Alan. La semaine dernière, je suis allé le récupérer et j'ai déchiffré les instructions.

Il agite son papier dans les airs.

— Quel schéma de codage as-tu employé ?

— Un de mon cru. Tu peux t'essayer à le craquer, si ça te chante...

— Qu'est-ce qui t'a décidé à penser que le moment était venu de déterrer tout ça ?

— Ce n'était jamais qu'un garde-fou contre une invasion. Il est manifeste qu'on ne risque plus d'être envahis, désormais, maintenant que vous êtes entrés en guerre, les gars.

— Et t'avais enfoui combien ?

— Deux lingots d'argent, Lawrence, d'une valeur chacun d'environ cent vingt-cinq livres. L'un des deux devrait être tout près de nous...

Alan se relève, sort de sa poche une boussole, se tourne pour faire face au nord magnétique, redresse les épaules. Puis il opère une rotation de quelques degrés. Il grommelle :

— Impossible de me rappeler si j'ai tenu compte de la déclinaison magnétique... Par là ! De toute façon. Cent pas vers le nord.

Et il s'engage à travers bois, suivi par Lawrence, chargé de transporter le détecteur de métaux.

Tout comme le Dr Alan Turing est capable de faire du vélo et de poursuivre une conversation tout en comptant dans sa tête les tours de pédalier, il peut de même compter ses pas tout en causant simultanément. À moins qu'il se soit complètement emmêlé les pinceaux, ce qui, à tout prendre, serait tout aussi possible.

— Si ce que tu racontes est vrai, observe Lawrence, notre truc est éventé. Rudy a dû se douter qu'on a déchiffré leurs codes.

— Ils ont instauré un système tout simple, qu'on pourrait voir comme le précurseur du détachement 2701, ou 2702 ou je ne sais trop quoi, dit Alan. Quand on veut couler un convoi, on envoie d'abord un avion de reconnaissance. C'est très ostensiblement un appareil d'observation. Bien sûr, observer n'est pas vraiment sa mission — on sait déjà avec précision où se trouve la cible. Sa véritable mission est en réalité d'être observé — c'est à dire de voler assez près du convoi pour se faire repérer par les vigies à bord des navires. Ceux-ci enverront alors un message radio pour signaler qu'ils ont été repérés par un appareil de reconnaissance allié. Ensuite, quand on viendra les couler, les Allemands n'y trouveront rien de suspect — du moins ils ne trouveront pas si monstrueusement suspect qu'on ait su où aller.

Alan s'interrompt, consulte sa boussole, vire de quatre-vingt-dix degrés et se met à compter les pas en direction de l'ouest.

— Tout ça me paraît un peu trop cousu de fil blanc, observe Lawrence. Combien de chances y a-t-il que des avions de reconnaissance alliés, censément envoyés en mission au hasard, tombent pile sur chacun des convois de l'Axe ?

— J'ai déjà calculé la probabilité, et je te parie un de mes lingots d'argent que Rudy l'a fait aussi, répond Turing. Elle est très faible.

— Donc, j'avais raison. On doit supposer que notre truc est éventé.

— Peut-être pas encore, rétorque Alan. Mais ça a été plus que tangent : la semaine dernière, on a coulé un convoi en plein brouillard.

— En plein brouillard ?

— Toute la zone était dans la purée de pois. Il aurait été matériellement impossible de repérer le convoi par simple observation. Ces imbéciles l'ont coulé malgré tout. Kesselring est devenu soupçonneux, on le serait à moins. Alors, on a concocté un message bidon — avec un code dont on sait que les nazis l'ont décrypté adressé à un espion imaginaire en poste à Naples. Pour le féliciter de nous avoir balancé le convoi. Depuis, les quais napolitains grouillent d'agents de la Gestapo à la recherche du mec.

— Je dirais qu'on a senti le vent du boulet.

— Tout à fait.

Alan s'arrête brusquement, prend des mains de Lawrence le détecteur de métaux et l'allume. Il se met à arpenter lentement une clairière, la balayant avec sa boucle de fil au ras du sol. Le bidule n'arrête pas de se prendre dans les branches et de se tordre, nécessitant d'incessantes interventions, mais garde obstinément le silence de bout en bout, sauf quand Alan, soupçonnant un dysfonctionnement, le teste sur la boucle de ceinture de son ami.

— Toute cette affaire est délicate, observe Alan, songeur. Certaines de nos USL en Afrique du Nord...

— USL ?

— Les unités spéciales de liaison. Les gars du renseignement qui reçoivent de nous les informations sur Ultra, les transmettent aux agents sur le terrain, puis s'assurent qu'elles sont détruites. Certains ont appris, *via* Ultra, qu'il devait y avoir un raid aérien allemand durant l'heure du déjeuner, alors voilà qu'ils emmènent leur casque au réfectoire. Quand le raid s'est produit à l'heure dite, tout le monde a voulu savoir pourquoi ces USL avaient eu l'idée de prendre leur casque.

— Toute cette affaire paraît sans espoir, constate Lawrence. Comment les Allemands ne s'en rendent-ils pas compte ?

— C'est l'impression qu'on a parce que nous savons tout et que nos canaux de communication ne sont pas bruités, explique Alan. Les Allemands ont moins de canaux, et avec plus de bruit. À moins qu'on s'entête à faire des trucs idiots du genre couler des convois dans le brouillard, ils n'auront jamais d'indication claire et nette que nous avons cassé Enigma.

— C'est drôle que tu mentionnes Enigma, note Lawrence, vu que c'est un canal extrêmement bruité d'où nous parvenons à extraire des monceaux de renseignements utiles.

— Précisément. C'est précisément ce qui me chagrine.

— Enfin, je ferai de mon mieux pour brouiller Rudy.

— Je suis sûr que tu te débrouilleras comme un chef. Non, ce qui me tracasse, c'est les hommes chargés de mener à bien les opérations.

— Le colonel Chattan me semble un type de confiance, note Waterhouse même s'il est sans doute vain de chercher à rassurer Alan.

Ce dernier est dans une passe inquiète. Tous les deux ou trois ans, Waterhouse sait se montrer habile dans ses relations personnelles, et le moment semble venu : il change de sujet.

— Et toi, pendant ce temps, t'essaieras de mettre au point un truc pour offrir à Churchill et Roosevelt le moyen d'avoir des conversations téléphoniques secrètes ?

— En théorie. Je doute en fait que ce soit réalisable en pratique. Les labos Bell ont un système qui fonctionne en divisant les formes d'ondes en plusieurs blocs de...

Et voilà Alan embarqué sur le sujet des compagnies de téléphone. Il se lance dans une dissertation complète sur le thème de la théorie de l'information appliquée à la voix humaine, et son influence sur le fonctionnement des réseaux téléphoniques. C'est un bon point que Turing ait un sujet aussi vaste sur lequel s'étendre, car ces bois sont étendus et pour Lawrence, il est devenu de plus en plus manifeste que son ami n'a aucune idée de l'endroit où sont enfouis les lingots d'argent.

Et c'est sans être lestés de métal précieux que les deux amis s'en retournent dans l'obscurité, qui tombe étonnamment tôt en cette saison. Ils ne parlent guère car Lawrence n'a pas fini d'absorber et de digérer tout ce qu'Alan lui a dégorgé sur le détachement 2702, les convois, les labos Bell et la redondance de signaux vocaux. Toutes les deux ou trois minutes, un motard les dépasse en trombe, ses sacoches bourrées de bouts de messages cryptés.

## *DANS LES AIRS*

Toutes les façons de voyager offertes au bétail, Bobby Shaftoe a dû se les taper lui aussi : wagon de marchandises, bétaillère, marche forcée en rase campagne. Et voilà que les militaires ont inventé leur équivalent aérien sous la forme de l'avion aux mille dénominations : DC-3, Skytrain, C-47, Dakota, Gooney Bird. Il survivra. Les membrures en aluminium nu du fuselage essaient bien de le tabasser, mais tant qu'il reste éveillé, il parvient à esquiver leurs attaques.

Les conscrits sont entassés dans l'autre appareil. Les lieutenants Ethridge et Root sont dans celui-ci, avec le soldat de première classe Gerald Hott et le sergent Bobby Shaftoe. Le lieutenant Ethridge s'est accaparé tous les objets mous existant à bord et les a disposés en forme de nid, à l'avant, près du poste de pilotage, avant de s'y harnacher. Pendant un moment, il fait mine de remplir de la paperasse. Puis il essaie de regarder par les hublots. À présent, il s'est assoupi et ronfle si fort que, sans exagérer, il couvre le bruit des moteurs.

Enoch Root est allé se nicher à l'arrière du fuselage, là où celui-ci se rétrécit, et il passe en revue deux livres à la fois. Attitude typique aux yeux de Shaftoe : il suppose que les deux bouquins exposent des thèses complètement différentes et que l'aumônier tire un plaisir extrême à les opposer, comme ces types qui placent un échiquier sur un plateau de tourne-disque pour pouvoir jouer contre eux-mêmes. Il suppose que lorsqu'on vit dans une cabane sur une montagne au milieu d'une bande d'indigènes qui ne parlent pas une seule de la demi-douzaine de langues qu'on maîtrise, on doit apprendre à débattre avec soi-même.

Il y a une rangée de petits hublots carrés de chaque côté de la carlingue. Shaftoe regarde sur sa droite et avise des montagnes couvertes de neige, oui, de neige : une panique soudaine l'envahit, il croit un instant qu'ils ont dérivé jusqu'au-dessus des Alpes. Mais tout là-bas sur la gauche, ça ressemble toujours à la Méditerranée et finalement, le paysage laisse place à des éminences tabulaires se dressant sur une steppe caillouteuse, et puis bientôt, ce ne sont plus que des rochers et du sable, ou juste du sable sans les rochers. Du sable qui par-ci par-là se plisse, sans raison particulière, en formant des cordons de dunes. Nom de Dieu, ils sont bien toujours en Afrique ! Normalement, on devrait apercevoir des lions, des girafes et des rhinos ! Shaftoe se dirige vers la cabine pour aller se plaindre au pilote et au copilote. Peut-être qu'ils pourraient faire une partie de cartes ensemble. Peut-être que la vue depuis l'avant du zinc est un spectacle qui vaut le détour.

Il essuie en définitive une cuisante défaite. Il constate aussitôt que son projet de découvrir une meilleure vue est voué à l'échec. Ils semblent vouloir survoler la Tunisie, ce qui est plutôt drôle, parce que jusqu'à plus ample informé, la Tunisie est en territoire nazi — c'est en fait la tête de pont de la présence de l'Axe sur le continent africain. Aujourd'hui, le plan de vol général semble être de traverser directement le détroit entre Bizerte et la Sicile, puis de mettre le cap à l'est vers Malte.

Tous les renforts, tous les approvisionnements de Rommel transitent par ce même détroit depuis l'Italie, pour débarquer à Tunis ou à Bizerte. De là, Rommel peut lancer son attaque soit vers l'est et l'Égypte, soit vers l'ouest en direction du Maroc. Durant les semaines qui ont suivi la déculottée que la 8e armée britannique lui a infligée à El Alamein (qui se trouve très, très loin, là-bas en Égypte), Rommel a battu en retraite vers l'ouest et Tunis. Depuis quelques semaines que les Américains ont débarqué en Afrique du Nord, il a dû ouvrir un second front à l'ouest. Et il s'en tire plutôt bien, autant que Shaftoe puisse en juger d'après les commentaires énoncés d'une voix de stentor par le speaker des actualités Movietone, toujours chargées d'une sinistre allégresse, d'où il a tiré les faits mentionnés plus haut.

Tout ceci veut dire que là-bas, en dessous, de vastes forces devraient être essaimées sur tout le Sahara, prêtes à se battre. Peut-être même qu'une bataille se livre en ce moment même. Mais Shaftoe ne voit rien. Juste, parfois, la traînée de poussière jaune soulevée par un convoi, mèche de dynamite crachotant dans le désert.

Alors, il s'en ouvre à ces aviateurs. Ce n'est qu'après avoir noté leur échange de regards éloquents qu'il s'avise qu'il cause tout seul. Ces Assassins dans le temps devaient achever leurs victimes en les saoulant de paroles.

Il se rend compte également que l'idée d'une partie de cartes est totalement exclue. Ces aviateurs refusent d'ouvrir la bouche. Il doit quasiment plonger et saisir le manche pour les forcer à dire quelque chose. Et quand ils se décident, c'est avec un drôle d'accent et il s'aperçoit que ces mecs ne sont pas des mecs ou des potes. Ce sont des types, des gars, des amis. Bref, des Rosbifs.

Le seul autre détail qu'il remarque à leur sujet, avant de renoncer et de battre en retraite dans la soute, c'est qu'ils sont armés jusqu'aux dents, ces cons. Comme s'ils s'attendaient à devoir tuer vingt ou trente bonshommes en descendant du zinc pour aller aux tinettes. Bobby Shaftoe a déjà rencontré des paranoïaques dans leur genre durant son service, et il ne les aime pas trop. Cet état d'esprit lui rappelle un peu trop Guadalcanal.

Il se trouve un coin sur le plancher près du corps du soldat de première classe Gerald Hott et s'allonge. Le minuscule revolver glissé à sa ceinture l'empêche de s'étendre sur le dos, aussi l'enlève-t-il pour le mettre dans sa poche. Cela ne fait que transférer le centre d'inconfort à son poignard de Marine planqué dans son étui entre ses omoplates. Il se rend compte alors qu'il va devoir se blottir en chien de fusil, ce qui ne marche pas non plus parce que d'un côté, il a un Colt semi-automatique d'ordonnance, auquel il ne se fie pas, et de l'autre, son six-coups personnel, auquel il se fie. C'est qu'il lui faut bien trouver la place de ranger tout ça, plus les divers types de chargeurs, munitions et kit de nettoyage qui vont avec. Le couteau V-44 « Gung-Ho », pour s'ouvrir un passage dans la jungle, fendre les noix de coco et décapiter les Nips, fixé à l'extérieur de sa jambe gauche, doit également être ôté, de même que le Derringer qu'il conserve contre l'autre jambe, pour l'équilibre. Les seules armes qu'il garde sur lui sont les grenades dans ses poches de devant, puisqu'il ne compte pas dormir sur le ventre.

Ils contournent l'éperon rocheux juste à temps pour éviter de se faire emporter par la marée implacable. Devant eux s'étend une zone envasée qui tapisse le fond d'une anse. Les bords sont formés par les talus qu'ils viennent de contourner, avec encore et toujours la même avancée rocheuse quelques centaines de mètres plus loin sur la plage, puis une falaise qui se dresse à la verticale au milieu des vasières. Même si elle n'était pas recouverte par une jungle tropicale hostile et implacable, cette falaise leur barrerait l'accès à l'intérieur de Guadalcanal tant elle est escarpée. Les Marines se retrouvent piégés dans cette petite anse jusqu'à ce que la mer se retire.

Ce qui laisse tout le temps au mitrailleur Nip pour les liquider tous.

Tous reconnaissent à présent le bruit de l'arme, aussi se jettent-ils aussitôt dans la boue. Shaftoe lance un rapide coup d'œil alentour. Les Marines qui gisent sur le dos ou sur le flanc sont sans doute morts, ceux qui sont à plat ventre, sans doute vivants. La majorité est à plat ventre. Le sergent est manifestement mort ; le mitrailleur l'a visé en premier.

Le ou les Nips n'ont qu'une seule mitrailleuse, mais ils semblent disposer de toutes les munitions du monde — fruits de l'express de Tokyo, qui a continué à dévaler jusqu'ici en toute impunité, et ce malgré le débarquement de Shaftoe et de son contingent de Marines, début août. Le mitrailleur ratisse tranquillement la vasière, visant prestement tout Marine qui fait mine de bouger.

Shaftoe se lève et court vers le pied de la falaise.

Finalement, il aperçoit les éclairs sortant de la bouche du canon. Cela lui indique vers où il pointe : quand les éclairs sont allongés, c'est qu'il en vise un autre, et il peut se lever et courir sans risque. Quand ils raccourcissent, c'est que l'arme pivote pour viser Bobby Shaftoe...

Trop juste. Il ressent une terrible douleur au bas du ventre, à droite. Son cri est étouffé par la boue et la vase quand le poids du casque et du filet qu'il porte le fait basculer la tête la première.

Il perd conscience pendant un moment, peut-être. Mais ça n'a pas dû être si long. La fusillade continue, ce qui laisse supposer que tous les Marines ne sont pas encore morts. Shaftoe relève la tête avec difficulté, luttant contre le poids du casque, et il voit un rondin entre lui et la mitrailleuse — un bout de bois flotté blanchi par les vagues et rejeté par une tempête tout en haut de la plage.

Il peut courir s'y réfugier. Ou non. Il décide de courir. Il n'y a que quelques pas. Il se rend compte, à mi-parcours, qu'il va y arriver. L'adrénaline se décide à couler ; il plonge avec vigueur et s'effondre à l'abri du gros rondin. Une demi-douzaine de balles criblent l'autre côté, et il reçoit une pluie d'échardes humides et fibreuses : le bois est pourri.

Shaftoe s'est fait une espèce de trou et il ne peut pas voir devant ou derrière lui sans s'exposer. Il ne voit plus ses camarades, il en entend juste certains crier.

Il risque un coup d'œil vers le nid de mitrailleuse. Il est bien planqué dans la végétation tropicale, mais il est à l'évidence installé dans une anfractuosité rocheuse à sept ou huit mètres au-dessus de la vase. Lui-même n'est pas si loin du pied de la falaise — un autre sprint pourrait l'y amener. Mais l'escalader ensuite serait du suicide. La mitrailleuse ne peut sans doute pas s'incliner assez pour le viser directement, mais ils peuvent lui balancer des grenades jusqu'à la saint-glinglin ou se contenter de le dégommer à l'arme légère pendant qu'il cherchera des prises.

Bref, c'est l'heure de passer au lance-grenades. Shaftoe roule sur le dos, extrait de son filet un tube métallique cannelé, qu'il fixe au bout de son 0.3. Il essaie de le verrouiller, mais ses doigts glissent sur l'écrou à ailettes couvert de sang. Quel connard de rond-de-cuir a décidé d'employer un putain d'écrou à ailettes dans un contexte pareil ? Enfin, ce n'est ni le lieu ni l'heure de râler. Il y a effectivement du sang partout mais il ne souffre pas. Il passe ses doigts dans le sable, les ramène tout collés, réussit à serrer l'écrou à ailettes.

De sa pochette, il sort une grenade à fragmentation Mark II, ou si l'on préfère un ananas, et après de nouveaux tâtonnements, il récupère l'adaptateur pour lance-grenades M1. Il engage la première dans le second, ôte la goupille, la laisse tomber, puis introduit l'adaptateur M1 armé et préparé avec sa charge utile et bucolique dans le tube du lance-grenades. Dernière étape : il ouvre un étui à cartouches portant une marque spécifique, farfouille au milieu de Lucky Strike tordues et cassées, trouve un cylindre de laiton, une balle sans charge explosive, pincée à son extrémité mais ouverte à l'autre bout. Il l'introduit dans la culasse de la Springfield.

Il rampe le long du rondin de bois afin de jaillir et de tirer d'un emplacement imprévu et peut-être éviter ainsi de se faire emporter la tête par une rafale de mitrailleuse. Finalement, il lève le bidule à la Rube Goldberg [1] qu'est devenue sa carabine Springfield, cale la crosse dans le sable (en mode lance-grenades, le recul peut vous péter la clavicule), pointe le canon vers l'ennemi, presse la détente. L'adaptateur pour lance-grenades M1 file avec un *pof* assourdissant, semant derrière lui un sacré lot de pièces désormais superflues, telle une âme se débarrassant de sa dépouille. L'ananas s'élève à présent vers les cieux, même la goupille et la sécurité sont parties, l'amorce chimique flambe, lui donnant comme qui dirait une lumière intérieure. Shaftoe a visé juste et la grenade se dirige là où il voulait. Il se trouve sacrément futé — jusqu'à ce que la grenade ricoche, redégringole le long de la falaise et aille faire sauter une autre souche pourrie. Les Nips ont anticipé le petit plan de Bobby Shaftoe et placé des filets ou du grillage ou Dieu sait quoi à l'entrée de la grotte.

Allongé sur le dos dans la boue, il lève les yeux au ciel et répète cent fois « bordel de merde ». Tout le rondin vibre et un truc comme du lichen lui arrose la figure tandis que les balles hachent menu le bois pourri. Bobby Shaftoe adresse une prière au Tout-Puissant et se prépare à lancer une charge de samouraï.

Et puis le fracas assourdissant de la mitrailleuse s'arrête, remplacé par un hurlement. La voix lui paraît étrange. Shaftoe se relève sur un coude et réalise que le cri vient de la grotte.

Il lève la tête et tombe sur les grands yeux couleur de ciel d'Enoch Root.

1. Auteur américain de bandes dessinées, fameux entre autres pour sa série *Lucifer Butts.* Ce pendant américain du savant Cosinus est l'inventeur de machines aussi délirantes que compliquées pour accomplir des tâches dérisoires telles qu'ouvrir une porte, arroser des plantes vertes ou décapsuler une bière. *(N.d.T.)*

L'aumônier a quitté son antre au fond de la carlingue et il est accroupi près d'un des petits hublots, se raccrochant à ce qu'il peut. Bobby Shaftoe, qui a roulé tant bien mal sur le ventre, regarde par le hublot du côté opposé. Il devrait apercevoir le ciel mais à la place, il voit filer une dune. La vision lui flanque aussitôt la nausée. Il ne songe même pas à se rasseoir.

Des points de lumière brillants zèbrent en tous sens l'intérieur de la carlingue, pareils à des décharges de foudre en boule mais — et c'est loin d'être évident au début — ils sont en fait projetés sur la paroi de l'appareil, comme des faisceaux de lampe torche. Bobby remonte à leur source, tirant parti du léger brouillard de fluide hydraulique qui a commencé à s'amasser dans l'atmosphère, et il découvre que les points lumineux ont leur origine dans une série de petits trous circulaires qu'un vague connard a percés dans la carlingue pendant son sommeil. Le soleil filtre par ces trous, toujours dans la même direction, bien entendu ; c'est l'avion qui va dans tous les sens.

Il se rend compte alors que depuis son réveil, il est en fait couché au plafond du zinc, ce qui explique pourquoi il s'est retrouvé sur le ventre. Quand il en prend conscience, il vomit.

Tous les points brillants disparaissent. Avec la plus extrême réticence, Shaftoe risque un œil par le hublot et ne voit que du gris.

Il pense qu'il est sur le plancher à présent. Il est à côté d'un cadavre, en tout cas, et ce cadavre était harnaché au sol.

Il reste étendu là durant plusieurs minutes, se contentant de respirer et de réfléchir. L'air entre en sifflant par les trous dans le fuselage, le bruit est assez fort pour lui casser la tête.

Quelqu'un — un fou ! — est debout et se déplace dans la carlingue. Ce n'est pas Root, qui est retourné dans son petit coin soigner les multiples lacérations faciales qu'il s'est prises durant leur séance d'acrobaties. Shaftoe lève les yeux et constate que l'homme qui se déplace est un des aviateurs britanniques.

Le Rosbif a arraché son casque, révélant des cheveux bruns et des yeux verts. Il a entre trente et quarante, un vieillard. Il a un visage bosselé, utilitaire, dans lequel toutes les bosses, tavelures et orifices semblent avoir été placés là pour une raison précise, un visage conçu par les mêmes types qui dessinent les lance-grenades. C'est un visage simple et qui inspire confiance, tout sauf beau. L'aviateur anglais s'agenouille près du cadavre de Gerald Hott et l'examine minutieusement avec une lampe torche. Il est l'image même de l'inquiétude; ses manières dans l'intimité sont sans reproche.

Finalement, il se laisse aller contre les membrures du fuselage.

— Dieu soit loué, lâche-t-il, il n'a pas été touché.

— Qui n'a pas été touché? s'enquiert Shaftoe.

— Ce gars, répond l'aviateur en flanquant une claque au cadavre.

— Et moi, vous n'allez pas m'examiner?

— Non, inutile.

— Pourquoi pas? Je suis encore vivant, moi!

— Vous n'avez pas été touché, rétorque l'aviateur, avec assurance. Sinon, vous ressembleriez au lieutenant Ethridge.

Pour la première fois, Shaftoe risque un mouvement. Il se redresse sur un coude, et s'aperçoit que le plancher de l'appareil est maculé d'une lisse pellicule de fluide rouge.

Il avait déjà remarqué un brouillard rose dans la cabine et supposé qu'il était provoqué par une fuite de liquide hydraulique. Mais le système hydraulique semble à présent fonctionner au poil et le truc par terre n'est pas un dérivé pétrolier. C'est le même fluide rouge qui figure avec tant d'insistance dans le cauchemar de Shaftoe. Il ruisselle depuis l'emplacement du nid douillet du lieutenant Ethridge, et le lieutenant a cessé de ronfler.

Shaftoe contemple ce qui reste d'Ethridge et qui

affecte une ressemblance frappante avec ce qui traînait aux alentours de la boucherie un peu plus tôt dans la journée. Il aimerait mieux ne pas perdre contenance en présence du pilote britannique et, de fait, il se sent étrangement calme. C'est peut-être les nuages ; les journées couvertes ont toujours eu sur lui un effet apaisant.

— Foutredieu, dit-il enfin, cette 20 mm boche, c'est quand même autre chose.

— Exact, concède l'aviateur, il faut qu'on arrive à se faire repérer par un convoi, et à ce moment, on pourra procéder à la livraison.

Si énigmatique soit-elle, cette phrase est la plus instructive que Bobby ait entendue jusqu'ici concernant les intentions du détachement 2702. Il se lève et retourne avec le pilote dans la cabine, esquivant en chemin avec précaution les quelques abats tremblotants sans doute éjectés d'Ethridge.

— Vous voulez vous faire repérer par un convoi allié ? s'enquiert Shaftoe.

— Et où en trouverait-on, selon vous ? On est au-dessus de la Tunisie.

— Ben, qu'est-ce que ça signifie, il faut qu'on se fasse repérer par un convoi ? Vous voulez dire il faut qu'on repère un convoi, c'est ça ?

— Je suis absolument désolé, rétorque l'aviateur. J'ai du boulot.

Quand Bobby retourne en cabine, il découvre le lieutenant Enoch Root agenouillé près d'un fragment relativement important d'Ethridge, en train de fouiller dans sa mallette. Shaftoe prend une mine exagérément outrée et tend un doigt accusateur.

— Bon, écoutez, Shaftoe, s'écrie Root, je ne fais que suivre les ordres. Je prends le relais.

Il sort de la mallette un petit paquet, emballé dans une épaisse poche de plastique jaunâtre. Il l'examine, puis lorgne à nouveau Shaftoe d'un air réprobateur.

— Merde, c'était une putain de blague ! rétorque Shaftoe. Vous vous rappelez pas ? Quand j'avais pris ces mecs pour des pilleurs de cadavres. Sur la plage ?

Ça ne fait pas rire Root. Soit il est en rogne parce que Shaftoe a réussi à l'avoir, soit il apprécie modérément l'humour noir. Root ramène le paquet emballé vers l'autre cadavre, celui en combinaison de plongée. Et le fourre à l'intérieur de celle-ci.

Puis il s'accroupit à côté du corps, méditatif. Il reste méditatif un bon moment. Shaftoe prend une espèce de plaisir pervers à regarder Enoch méditer, ça lui donne l'impression de regarder une danseuse exotique agiter ses loloches.

La lumière change à nouveau lorsqu'ils débouchent de sous les nuages. Le soleil couchant rougeoie à travers la brume saharienne. Shaftoe regarde par le hublot et découvre avec surprise qu'ils survolent la mer, à présent. En dessous d'eux, un convoi de bateaux, chacun dessine un impeccable V blanc dans l'eau sombre, chacun a le flanc illuminé par le soleil rouge.

L'avion vire sur l'aile et décrit une lente boucle autour du convoi. Shaftoe entend des crépitements lointains. Des fleurs noires s'épanouissent avant de s'évanouir dans le ciel autour d'eux. Il se rend compte que les bateaux essayent de les tirer au canon antiaérien. Puis l'avion remonte se réfugier sous l'abri des nuages, et l'obscurité retombe, presque totale.

Il regarde Enoch Root pour la première fois depuis un bout de temps. Root est retourné s'asseoir dans son cagibi et lit à la lueur d'une torche. Il a une liasse de papiers posée sur les genoux. Le contenu du paquet emballé de plastique récupéré dans la mallette d'Ethridge.

Root lève les yeux et soutient le regard de Shaftoe. Il ne paraît ni nerveux ni coupable. Son regard est étonnamment calme et froid.

Shaftoe soutient ce regard un bon moment. S'il y lisait la moindre trace de culpabilité ou de nervosité, il dénoncerait sur-le-champ l'aumônier comme espion allemand. Mais non... Enoch Root ne travaille pas pour l'Allemagne. Il ne travaille pas non plus pour les Alliés. Il travaille pour une Puissance supérieure. Shaftoe hoche imperceptiblement la tête et le regard de Root s'adoucit.

— Ils sont tous morts, Bobby, s'écrie-t-il.

— Qui ça ?

— Ces insulaires. Ceux que vous avez vus sur la plage de Guadalcanal.

C'est donc ce qui explique pourquoi Root prend si mal les blagues sur les détrousseurs de cadavres.

— Désolé, dit Shaftoe qui se rapproche de l'arrière pour leur éviter d'avoir à crier. Comment est-ce arrivé ?

— Après vous avoir ramené à ma cabane, j'ai transmis un message à mes autorités de tutelle à Brisbane, explique Root. Chiffré avec un code spécial. Pour leur annoncer que j'avais ramassé un membre des Commandos de Marines qui semblait devoir survivre et demander si quelqu'un pouvait éventuellement venir le récupérer.

Shaftoe hoche la tête. Il se souvient d'avoir entendu une succession de traits et de points, mais il était H.S. à cause des fièvres, de la morphine et autres improbables remèdes maison sortis par Root de sa boîte à cigares.

— Eh bien, ils ont répondu, poursuit Root, et annoncé : « Comme nous ne pouvons pas venir, pouvez-vous, s'il vous plaît, l'emmener à tel ou tel endroit et y retrouver tel ou tel commando de Marines. » Ce qui est, si vous vous souvenez bien, précisément ce que nous avons fait.

— Ouais, confirme Shaftoe.

— Jusqu'ici, pas de problème. Mais quand je suis revenu à ma cabane après vous avoir confié aux autres, les Nippons étaient passés par là. Tuant tous les insulaires sur qui ils avaient pu tomber. Brûlant la cabane. Brûlant tout. Posant des pièges qui ont bien failli me tuer. C'est un miracle si je m'en suis sorti vivant.

Shaftoe acquiesce, comme seul peut acquiescer un homme qui a eu l'occasion de voir à l'œuvre les Nips.

— Bref, on m'évacue sur Brisbane où je commence à faire du barouf au sujet des codes. C'était leur seul moyen de m'avoir repéré — il était évident que nos codes avaient été éventés. Et après que j'eus fait suffisamment de barouf, quelqu'un a dû dire : « T'es anglais, t'es prêtre, t'es médecin, tu sais te servir d'un fusil, tu connais le morse, et surtout, surtout, t'es un emmerdeur de première... alors, tu dégages ! » Résultat, ni une, ni deux, je me retrouve dans cet entrepôt frigorifique à Alger.

Shaftoe détourne les yeux et hoche la tête. Root semble avoir saisi le message qui est que Shaftoe n'en sait pas plus que lui.

Finalement, Enoch Root remballe le fourbi, referme le paquet. Mais il ne le remet pas dans la mallette. Il le fourre dans la combinaison de Gerald Hott.

Plus tard, ils émergent à nouveau des nuages, près d'un port au clair de lune, et plongent au ras de l'océan, volant si lentement que même Shaftoe, qui n'y connaît rien en aviation, sent qu'ils sont à deux doigts de décrocher. Ils ouvrent la porte latérale du Dakota et, un-deux-trois-MAINTENANT, balancent dans la mer le corps du soldat de première classe Gerald Hott. Il fait ce qui serait un énorme plouf dans la piscine municipale d'Oconomowoc, mais dans la Méditerranée, ça se remarque à peine.

Peut-être une heure plus tard, ils posent leur appareil sur un aérodrome au beau milieu d'un incroyable raid aérien. Ils abandonnent le Skytrain en bout de piste, à côté de l'autre C-47, et courent dans le noir, guidés par les pilotes britanniques. Puis ils dévalent un escalier et se retrouvent sous terre — dans un abri antiaérien, pour être précis. Ils peuvent sentir à présent les bombes mais sans les entendre.

— Bienvenu à Malte, dit quelqu'un.

Shaftoe se retourne et découvre qu'il est entouré d'hommes portant des uniformes américains et britanniques. Les Américains lui sont familiers : c'est l'escouade du commando de Marines d'Alger, transféré ici à bord de l'autre Dakota. Il ne connaît pas les Rosbifs, mais se doute qu'il doit s'agir des gars du SAS dont lui ont parlé ces types à Washington. Le seul point qu'ils aient en commun est que chaque homme, quelque part sur son uniforme, porte le matricule 2702.

## CONFIDENTIALITÉ

Avi se pointe à l'heure, conduisant avec précaution son coupé sport nippon de bonne qualité sans être d'une ostentation répugnante, pour gravir au ralenti la route abrupte transformée en mosaïque décousue de plaques d'asphalte. Randy, qui l'observe depuis le balcon du premier, a une vue plongeante directe de quinze mètres de haut à travers le toit ouvrant vitré. Avi porte un pantalon de complet tropical de bonne coupe, une chemise en coton blanche griffée Sea Island, des lunettes de ski et un chapeau de toile à large bord.

La maison est une haute structure isolée, perchée au milieu d'une prairie californienne qui grimpe en pente douce depuis le Pacifique, à quelques kilomètres de là. L'air frisquet remonte également la pente, par lentes bouffées, comme les vagues sur une plage. Quand Avi descend de voiture, son premier geste est d'enfiler son veston.

Il sort deux énormes sacoches d'ordinateur du petit compartiment à bagages logé sous le capot avant, entre dans la maison sans frapper (c'est la première fois qu'il vient mais il a déjà effectué ce genre de course selon des principes analogues), trouve Eb et Randy qui l'attendent dans une des nombreuses pièces, et sort des sacs pour quinze mille dollars d'ordinateurs portables. Il installe le tout sur une table. Avi met en route les deux machines et, tandis qu'elles entament leur laborieuse procédure de démarrage, il les branche sur secteur pour économiser les batteries. Un rail électrique, doté tous les soixante centimètres de prises deux pôles plus terre, a été vissé sans arrière-pensée le long de toutes les plinthes et court sur les cloisons, recouvrant le plâtre, les trous, le Vénilia kitsch, l'adhésif faux bois, les posters déteints du Grateful Dead et même le chambranle de la porte.

L'un des ordinateurs est connecté à une minuscule imprimante portative, qu'Avi charge de quelques feuilles. L'autre machine affiche quelques lignes à l'écran avant de s'interrompre avec un bip. Randy s'en approche et regarde, curieux. L'écran affiche cette invite :

FILO

Randy reconnaît l'acronyme de Finux Loader, un programme permettant de choisir le système d'exploitation sur lequel on veut fonctionner.

— Finux, marmonne Avi, en réponse à la question muette de Randy.

Randy tape Finux puis presse la touche Entrée.

— T'as installé combien de systèmes d'exploitation sur cette bécane ?

— Windows 95 pour les jeux et quand je dois prêter temporairement ma machine à des béberts. Windows NT pour le travail de bureau. BeOS pour la bidouille et le multimédia. Finux pour l'élaboration de produits technologiques.

— Lequel tu veux, maintenant ?

— BeOS. J'ai des images JPEG à afficher. Je suppose qu'il y a un rétroprojecteur dans cette baraque ?

Randy se tourne vers Eb, la seule personne présente à loger effectivement ici. Eb semble plus grand que nature et c'est peut-être à cause de sa chevelure détonnante : soixante centimètres de crinière blonde aux vagues reflets roux, aux boucles épaisses qui ont tendance à se figer en mèches crades. Aucune queue de cheval ne pourrait maîtriser cette tignasse : quand il prend la peine de l'attacher, il se sert d'un bout de ficelle. Eb est en train de gribouiller sur un de ces petits assistants personnels qui recourent à un stylet pour écrire sur leur écran. Pas franchement le genre d'outil favori des bidouilleurs informatiques, mais Eb (ou plutôt l'une de ses défuntes sociétés) a écrit le logiciel de pilotage de ce modèle, raison pour laquelle il en a des flopées dans tous les coins. Il semble absorbé par sa tâche mais sitôt que Randy se tourne vers lui, il sent son regard au bout de deux secondes et lève la tête. Il a des yeux vert pâle, arbore une barbe luxuriante — sauf que là, il sort d'une de ses phases de rasage, signe en général d'un béguin sérieux. Pour l'heure, sa barbe fait toutefois un centimètre, indice d'une rupture récente et du désir associé de se lancer dans de nouvelles aventures.

— Un rétroprojecteur ? répète Randy.

Eb ferme les yeux, dénotant un accès mémoire, puis il se lève et quitte la pièce.

La minuscule imprimante se met à cracher du papier. La première ligne de texte, centrée au sommet de la feuille est : ENGAGEMENT DE CONFIDENTIALITÉ. Suivent d'autres lignes. Randy les a vues, ou l'équivalent, tant de fois que son regard devient vitreux avant de se détourner. Le seul élément qui change est le nom de la société ; en l'occurrence : ÉPIPHYTE (2) SA.

— Chouettes lunettes.

— Si tu les trouves bizarres, attends de voir celles que je vais chausser quand le soleil se couche, répond Avi.

Il farfouille dans son sac et en sort un bidule qui ressemble à une monture sans verres, surmontée d'un projecteur taille maison de poupée fixé au-dessus de chaque œil. Un fil relie le tout à une boîtier à piles muni de passants pour le fixer à la ceinture. Avi fait coulisser un mini-interrupteur sur le boîtier et les lampes s'allument : des halogènes blanc bleuté, très chic.

Randy hausse un sourcil.

— C'est juste pour éviter le décalage horaire, explique Avi. Je suis calé sur l'heure d'Asie. J'y retourne après-demain. Je n'ai pas envie que mon organisme revienne à l'heure de la côte Ouest durant mon séjour.

— D'où le chapeau et les lunettes noires...

— Pour simuler la nuit. Ce truc-ci simule le jour. Tu piges : l'organisme recale son horloge interne en fonction de la lumière ambiante. Justement... ça ne te dérangerait pas de fermer les stores ?

La pièce a des fenêtres qui donnent sur l'ouest, avec vue sur la pente herbeuse jusqu'à la baie. On est en fin d'après-midi et le soleil s'y déverse à flots. Randy savoure quelques instants le panorama puis fait descendre les stores.

Eb revient, tenant un projecteur à bout de bras ; un moment, on pourrait le prendre pour Beowulf brandissant le bras coupé d'un monstre. Il pose l'appareil sur la table et le braque vers le mur. Inutile de déployer un écran : outre les multiples prises de courant, tous les murs de la maison sont couverts de tableaux. Lesquels sont bien souvent recouverts d'incantations énigmatiques, écrites en couleurs vives. Certaines sont cernées de bordures irrégulières assorties de mentions : NE PAS EFFACER ! ou simplement NPE, voire N !

Face à l'emplacement où Eb a posé le rétroprojecteur, il y a une liste de courses, un bout d'organigramme à demi effacé, un numéro de fax en Russie, deux rectangles pointillés entourant des adresses Internet — et quelques mots d'allemand, de la main même d'Eb, sans doute. Le D^r^ Eberhard Föhr embrasse le tout du regard, s'avise qu'aucun élément n'est enfermé dans une frontière NPE et nettoie le tout avec une éponge.

Deux autres individus entrent dans la pièce ; ils sont plongés dans une grande conversation sur quelque société exaspérante à Burlingame. L'un des hommes est noir, mince, avec des allures de guerrier. Il porte même un chapeau noir de cow-boy. L'autre est blond, grassouillet et semble tout droit sorti d'une réunion du Rotary. Ils ont un seul détail en commun : un bracelet d'argent.

Randy sort les EdC de l'imprimante et les distribue ; deux exemplaires chacun, chaque paire portant déjà un nom : Randy Waterhouse, Eberhard Föhr, John Cantrell (le type au chapeau noir de cow-boy) et Tom Howard (l'Américain moyen blond). Quand John et Tom saisissent les feuillets, les bracelets d'argent interceptent des rayons de soleil qui ont réussi à filtrer par les stores. Chaque bracelet porte gravés un caducée rouge et plusieurs lignes de texte.

— Tiens, ils m'ont l'air nouveaux, observe Randy. Ils ont encore changé le libellé ?

— Ouais, confirme John Cantrell. C'est la version 6.0 — elle date tout juste d'une semaine.

Partout ailleurs, ces bracelets suggéreraient que John et Tom souffrent de quelque grave problème de santé, tel qu'une allergie à des antibiotiques répandus. Un secouriste les extrayant de l'épave d'une voiture accidentée verrait aussitôt le bracelet et suivrait les instructions. Mais on est dans la Silicon Valley et ici d'autres règles s'appliquent. Les bracelets indiquent, d'un côté :

EN CAS DE DÉCÈS VOIR AU DOS
POUR LE PROTOCOLE DE BIOSTASE
SUIVRE LES INSTRUCTIONS
RÉCOMPENSE $ 100 000

et de l'autre :

POUR INSTRUCTIONS
APPELER IMMÉDIATEMENT LE
1-800-533-0532
INJECTER 50 000 U D'HÉPARINE EN I.-V.
PUIS PROCÉDER À RCP [1]
TOUT EN REFROIDISSANT À 10° C AVEC DE LA GLACE
MAINTENIR LE pH À 7,5
NI AUTOPSIE NI EMBAUMEMENT

1. RCP : Réanimation cardio-pulmonaire, par respiration artificielle et/ou massage cardiaque. *(N.d.T.)*.

C'est une recette pour congeler un mort, ou un mourant. Ceux qui portent ce bracelet croient qu'à condition de la suivre, le cerveau et les autres tissus fragiles peuvent être congelés sans être détruits. D'ici quelques dizaines d'années, quand la nanotechnologie autorisera l'immortalité, ils espèrent qu'on les décongèlera. John Cantrell et Tom Howard pensent avoir une chance raisonnable de pouvoir poursuivre leurs conversations dans un million d'années.

Le silence se fait tandis que chacun examine les formulaires, y relevant au détour d'une ligne quelque clause familière. À eux tous, ils ont déjà dû en signer une centaine du même tonneau. Dans leur milieu, c'est aussi commun que de proposer une tasse de café.

Une femme entre dans la pièce, lestée de sacs fourre-tout, et, radieuse, demande qu'on l'excuse pour son retard. Béryl Hagen ressemble à ces tantes gâteau en tablier peintes par Norman Rockwell. En vingt ans, elle a été directrice financière de douze petites sociétés de haute technologie. Dix d'entre elles ont fait faillite. Sauf pour la deuxième, Béryl n'y est pour rien. La sixième était la seconde incursion de Randy dans le monde des affaires. Une des boîtes a été absorbée par Microsoft, une autre a gardé son indépendance pour devenir une entreprise florissante. Les deux dernières ont rapporté suffisamment à Béryl pour qu'elle prenne sa retraite. Elle partage désormais son temps entre le conseil et l'écriture, tout en guettant une occasion suffisamment intéressante pour se remettre en selle, et sa présence dans cette pièce suggère qu'Épiphyte (2) SA ne doit pas être totalement bidon. Ou peut-être est-ce simple politesse vis-à-vis d'Avi. Randy la serre dans ses bras, la soulevant du sol, avant de lui tendre deux exemplaires de l'EdC portant son nom.

Avi a détaché l'écran de son gros portable pour le poser sur la dalle du rétroprojecteur. La lumière traverse l'afficheur à cristaux liquides et projette l'image agrandie au tableau. Celle d'un bureau Unix typique : deux fenêtres de terminal et une horloge. Avi fait le tour des présents pour récupérer les engagements signés, les parcourt du regard, rend à chacun un exemplaire, range le reste dans la pochette extérieure d'une des sacoches. Il se met alors à taper sur le clavier et les lettres se répandent sur l'une des fenêtres.

— Juste pour vous informer, marmonne-t-il, Épiphyte SA, que j'appellerai Épiphyte (1) pour plus de clarté, est une société créée dans le Delaware, il y a maintenant dix-huit mois. Les actionnaires sont moi-même, Randy et Springboard Capital. Nous sommes dans les télécoms aux Philippines. Je pourrai vous fournir plus tard des détails si ça vous intéresse. Notre travail là-bas nous a permis d'avoir vent de certaines perspectives dans cette partie du monde. Épiphyte (2) est une société californienne, âgée de trois semaines. Si les choses se passent comme nous l'espérons, elle absorbera Épiphyte (1) aux termes d'une procédure de cession de parts dont les détails sont trop ennuyeux pour être exposés maintenant.

Avi presse la touche Entrée. Une nouvelle fenêtre s'ouvre sur le bureau. C'est une carte en couleur scannée sur un atlas, étroite et allongée. L'essentiel de la surface est bleu, représentant l'océan. Une côte découpée déborde de la lisière supérieure, avec inscrits les noms de quelques villes : Nagasaki, Tokyo. Shanghai apparaît juste à l'angle supérieur gauche. L'archipel philippin se trouve pile au centre. Taiwan est tout au nord, et vers le sud s'étend un archipel formant une barrière poreuse entre l'Asie et une vaste masse continentale qui porte des noms anglais comme Darwin et Great Sandy Desert — « Grand Désert de sable ».

— Tout ceci doit vous paraître bien étrange, poursuit Avi. D'ordinaire, ce genre de présentation débute par un diagramme de réseau informatique, un organigramme ou une arborescence quelconque. D'ordinaire, on ne s'occupe pas de cartographie. On est tous tellement habitués à évoluer dans un domaine purement abstrait qu'il semble presque incongru de sortir dans le monde réel et d'agir physiquement. Mais j'aime bien les cartes. J'en ai plein chez moi. Ce que je vais vous suggérer, c'est que les talents et les connaissances que nous mettons tous en œuvre dans notre travail — en particulier pour ce qui concerne l'Internet — ont des applications ici. (Il tapote l'écran.) Dans le monde réel. Vous savez, cette grosse boule humide et ronde où vivent des milliards de gens.

Ricanements polis tandis qu'Avi passe la main sur la boule de commande de sa machine tout en cliquant du pouce. Une nouvelle image apparaît : la même carte, mais avec des lignes multicolores qui zèbrent l'océan, sautant d'une ville à l'autre en suivant approximativement le contour du rivage.

— Les câbles sous-marins existants. Plus le trait est large, plus gros est le tuyau, commente Avi. Bien. À présent, que notez-vous d'anormal sur cette image ?

Il y a plusieurs traits épais qui partent d'endroits comme Tokyo, Hongkong, l'Australie pour filer vers l'est et sans doute les relier aux États-Unis. De l'autre côté de la mer de Chine méridionale qui s'étend entre les Philippines et le Vietnam, un autre trait épais suit en gros une direction nord-sud mais sans pour autant relier ces deux pays : il descend droit vers Hongkong, puis se poursuit en remontant la côte chinoise pour rallier Shanghai, la Corée et Tokyo.

— Les Philippines se trouvant au centre de la carte, observe John Cantrell, je parie que tu vas faire remarquer que quasiment aucun trait épais ne dessert les Philippines.

— Quasiment aucun trait épais ne dessert les Philippines ! s'écrie alors Avi. (Il signale l'unique exception, qui relie le sud de Taïwan au nord de Luçon, puis contourne la côte en direction de Corregidor.) Excepté celui-ci, pour lequel Épiphyte (1) est partie prenante. Mais il n'y a pas que ça. On constate une pénurie générale de traits épais dans l'axe nord-sud, pour connecter l'Asie et l'Australie. L'essentiel des paquets de données échangés entre Sydney et Tokyo doit transiter par la Californie. Il y a là un marché à saisir.

Béryl intervient.

— Avi, avant que vous ne vous lanciez là-dessus, objecte-t-elle d'une voix sage et chargée de regrets, je dois vous prévenir que la pose de câbles transocéaniques est une activité où il est difficile de percer.

— Béryl a tout à fait raison ! renchérit Avi. Les seuls qui ont les moyens de poser ces fameux câbles sont AT & T, Cable & Wireless et Kokusai Denshin Denwa. C'est un boulot délicat. Coûteux. Qui exige d'énormes INR.

Entendez des investissements non récupérables — genre dépenses pour travaux d'ingénierie nécessaires à une étude de faisabilité, qui seront de l'argent dépensé en pure perte si le projet ne se concrétise pas.

— Alors, qu'avez-vous en tête ? insiste Béryl.

D'un clic, Avi affiche une autre carte. C'est la même que les précédentes, excepté que de nouveaux traits ont été dessinés : toute une série de liaisons courtes d'île à île. Une chaîne incroyablement dense de sauts de puce couvrant l'archipel philippin sur toute sa longueur.

— Tu veux câbler les Philippines et les relier au Net *via* ta liaison avec Taiwan, intervient Tom Howard dans une héroïque tentative pour court-circuiter ce qui, pressent-il, s'annonce comme une longueur dans l'exposé d'Avi.

— Les Philippines vont d'ici peu avoir de gros besoins en matière d'information, explique ce dernier. Le gouvernement a ses défauts, mais fondamentalement il s'agit d'une démocratie élaborée sur le modèle des institutions occidentales. À la différence de la majorité des pays asiatiques, ils utilisent les caractères ASCII [1]. La plupart parlent anglais. Entretiennent de longue date des relations avec les États-Unis. Ces gars-là vont, tôt ou tard, devenir des acteurs de poids dans l'économie de l'information.

C'est au tour de Randy d'intervenir :

— On a déjà établi une tête de pont. On connaît le milieu des affaires local. Et on a des liquidités.

D'un clic, Avi affiche encore une nouvelle carte. Celle-ci est plus délicate à déchiffrer. On dirait la vue en relief d'une vaste région de montagnes élevées, interrompues par quelques rares plateaux. Son apparition soudaine au milieu de cette présentation, sans la moindre légende ou explication de la part d'Avi, en fait un défi implicite à la sagacité de ses auditeurs.

Mais aucun ne veut donner sa langue au chat. Randy les regarde loucher et pencher la tête. Eberhard Föhr, qui est habile à résoudre les puzzles bizarres, est le premier à deviner.

— L'Asie du Sud-Est, une fois vidée de ses océans. Cette haute crête, sur la droite, c'est la Nouvelle-Guinée. Ces excroissances, les volcans de Bornéo.

— Pas mal chouette, non ? fait Avi. C'est une carte radar. Des satellites militaires américains ont collecté toutes ces données. On peut les récupérer pour trois fois rien.

Sur cette carte, les Philippines n'apparaissent plus comme un archipel d'îles isolées mais comme la ligne de crête d'un immense plateau oblong entouré de failles profondes dans la croûte terrestre. Pour rallier Taiwan depuis Luçon en suivant le plancher océanique, il faut plonger dans une fosse étroite, bordée de deux chaînes de montagnes parallèles, et

1. American Standard Code for Information Interchange : codage binaire standardisé de l'alphabet latin utilisé depuis bientôt cinquante ans pour le transfert de fichiers informatiques en mode texte. *(N.d.T.)*.

la suivre en direction du nord sur plus de quatre cent cinquante kilomètres. Mais au sud de Luçon, dans la région où Avi se propose d'établir un réseau de câbles reliant les îles, le plancher de l'océan est plat et peu profond.

Avi clique à nouveau, superposant une couche transparente de bleu sur les parties situées sous le niveau de la mer, de vert pour les îles. Puis il zoome sur un secteur au centre de la carte, là où le plateau philippin étend au sud-ouest, en direction du nord de Bornéo, deux bras qui délimitent une étendue d'eau en forme de losange d'environ six cents kilomètres de diagonale.

— La mer de Sulu, annonce-t-il. Aucun rapport avec l'Asiatique de service dans *Star Trek*...

Personne ne rit. Ils ne sont pas vraiment venus pour rigoler : ils se concentrent sur la carte. Cette accumulation de mers et d'archipels est déroutante, même pour des individus qui maîtrisent bien les relations spatiales. Les Philippines bordent en haut à droite la mer de Sulu, le nord de Bornéo (appartenant à la Malaisie) le bas à gauche, l'archipel des Sulu (appartenant aux Philippines) le bas à droite, tandis que le bord supérieur gauche est formé par une île philippine extrêmement longue et mince appelée Palawan.

— Tout ceci nous rappelle que les frontières nationales sont artificielles et stupides, remarque Avi. La mer de Sulu est un bassin au milieu d'un plateau plus vaste partagé entre les Philippines et Bornéo. De sorte que si on câble les Philippines, on peut tout aussi bien dans la foulée câbler Bornéo : il suffit de contourner la mer de Sulu par un réseau de câbles courts enfouis à faible profondeur. Comme ceci.

Un nouveau clic d'Avi et l'ordinateur rajoute de nouveaux traits colorés.

— Avi, pourquoi sommes-nous ici ? demande Eberhard.

— C'est une question très profonde.

— On connaît fort bien le développement économique de ces petites entreprises de haute technologie, dit Eb. Au début, il n'y a rien qu'une idée. C'est à quoi servent les engagements de confidentialité. À protéger cette idée. On travaille dessus — on y investit nos neurones, et en retour, ça nous permet de lever du capital. Le résultat de ce travail est un logiciel. Le logiciel peut être déposé, protégé, voire breveté. C'est une propriété intellectuelle. Qui vaut de l'argent. Argent que nous partageons tous, par le truchement de nos parts de capital. On augmente celui-ci en trouvant un investisseur. On se sert des fonds obtenus pour engager du personnel, transformer cet investissement en produit, que l'on commercialise et ainsi de suite. C'est ainsi que fonctionne le système, mais je commence à avoir l'impression que tu n'as pas compris.

— Pourquoi dis-tu ça ?

Eb paraît perplexe.

— Comment peut-on intervenir dans un tel projet ? Comment peut-on transformer notre travail intellectuel en capital dont un investisseur voudra détenir une part ?

Tout le monde se tourne vers Béryl. Béryl approuve en hochant la tête. Tom Howard intervient :

— Avi. Écoute. Je sais installer de gros réseaux informatiques. John a écrit Ordo — la crypto n'a pas de secret pour lui. Randy est branché Internet, Eb c'est les trucs bizarroïdes, Béryl c'est l'argent. Mais autant que je sache, aucun de nous ne connaît quoi que ce soit à la pose de câbles sous-marins. À quoi te serviront nos CV quand t'iras te présenter devant des investisseurs pour lever du capital-risque ?

Avi acquiesce.

— Tout ce que tu dis est parfaitement vrai, concède-t-il d'une voix douce. Il faudrait être cinglés pour se lancer dans la pose de câbles aux Philippines. C'est un boulot pour FiliTel, qui a une coentreprise avec Épiphyte (1).

— Même si on était cinglés, intervient Béryl, on

n'aurait pas la possibilité de le faire parce que personne ne nous donnerait l'argent.

— Par chance, on n'a pas à se soucier de ce problème, répond Avi, vu qu'on s'en occupe pour nous.

Il se tourne vers le tableau, saisit un feutre rouge et dessine un gros trait de Taiwan à Luçon. La peau de ses mains a pris un aspect lépreux, moucheté, avec le relief ombré du fond océanique qui se projette dessus.

— KDD, qui anticipe une croissance de grande ampleur aux Philippines, est déjà en train de poser ici un câble à gros débit.

Il descend et entreprend de tracer des lignes plus fines et plus courtes, entre les îles de l'archipel.

— Et FiliTel, qui est financé entre autres par AVCLA — Asia Venture Capital Los Angeles —, est en train de câbler les Philippines.

— Que vient faire Épiphyte (1) là-dedans ? demande Tom Howard.

— Dans la mesure où ils veulent utiliser ce réseau pour y faire circuler des données Internet, ils ont besoin de savoir-faire en matière de routeurs et de réseaux, explique Randy.

— Alors, je répète ma question de tout à l'heure : pourquoi sommes-nous ici ? intervient Eberhard, avec patience mais fermeté.

Avi manipule à nouveau son marqueur. Il encercle une île à l'extrémité occidentale de la mer de Sulu, au milieu du détroit de Balabac qui sépare le nord de Bornéo de la longue et mince île philippine de Palawan. Puis il écrit son nom en capitales : SULTANAT DE KINAKUTA.

— Kinakuta a été pendant un temps gouvernée par des sultans blancs. C'est une longue histoire. Puis c'est devenu une colonie allemande, explique Avi. À l'époque, Bornéo faisait encore partie des Indes orientales néerlandaises et Palawan — comme le reste des Philippines — a d'abord été une colonie espagnole, puis américaine. De sorte que Kinakuta formait la tête de pont allemande dans la région.

— Les Allemands se sont toujours retrouvés avec les colonies les plus merdiques, observe tristement Eb.

— Après la Première Guerre mondiale, ils l'ont refilée aux Japonais, en même temps qu'un bon paquet d'autres îles, situées beaucoup plus à l'est. Toutes étaient regroupés sous le terme générique de mandats parce que le Japon les avait en tutelle sous mandat de la Société des Nations. Durant la Seconde Guerre mondiale, les Japonais se sont servis de Kinakuta comme base pour attaquer les Indes orientales et les Philippines. Ils y avaient conservé une base navale et un aérodrome. Après la guerre, Kinakuta est devenue indépendante, comme elle l'était avant l'arrivée des Allemands. La population est musulmane ou d'origine chinoise sur les côtes, animiste au centre, et a toujours été gouvernée par des sultans, y compris sous l'occupation allemande ou japonaise, même s'ils n'étaient alors que des fantoches désignés par l'occupant. Kinakuta avait des réserves pétrolières, mais qui étaient restées inaccessibles jusqu'à ce que la technologie s'améliore et que les prix flambent, au moment de l'embargo de l'OPEP, époque qui correspond à l'accession au pouvoir de l'actuel sultan. Celui-ci est désormais un homme fort riche — pas autant que son voisin de Brunei, qui se trouve être son cousin issu de germains, mais riche malgré tout.

— Le sultan finance votre société ? demande Béryl.

— Pas au sens où vous l'entendez.

— Et comment doit-on l'entendre ? s'impatiente Tom Howard.

— Disons que je vois les choses ainsi, expose Avi. Kinakuta est membre des Nations unies. C'est un pays tout aussi indépendant et membre du concert des nations que l'Angleterre ou la France. À vrai dire, il jouit même d'une indépendance exceptionnelle grâce à sa richesse pétrolière. C'est foncièrement une monarchie — le sultan édicte les lois, mais seulement après avoir longuement consulté ses ministres qui dessinent les orientations politiques et préparent les textes. Et j'ai eu l'occasion de pas mal fréquenter, ces derniers temps, leur ministre des Postes et Télécommunications. Je l'ai aidé à rédiger l'avant-projet d'une nouvelle législation qui portera sur toutes les communications transitant par le territoire du sultanat.

— Oh, mon Dieu ! s'exclame John Cantrell, impressionné.

— Et une action gratuite pour l'homme au chapeau noir, une ! lance Avi. John a deviné le plan secret d'Avi. John, veux-tu l'exposer aux autres candidats ?

John ôte son chapeau et passe une main dans ses longs cheveux. Il remet son couvre-chef et pousse un soupir.

— Avi se propose d'établir un paradis informatique.

Un discret murmure d'admiration parcourt la pièce. Avi attend qu'il s'éteigne pour enchaîner :

— Légère correction : c'est le sultan qui instaure le paradis informatique. Moi, je propose d'en tirer des profits.

## *ULTRA*

Lawrence Pritchard Waterhouse se jette dans la bataille armé d'un tiers de feuille de papier machine format britannique sur lequel on a dactylographié quelques mots qui l'identifient comme un LAISSEZ-PASSER d'accès à Bletchley Park. Son nom et quelques autres détails ont été griffonnés à l'encre bleu-noir par le Mont Blanc d'un quelconque gradé, la mention TOUTES SECTIONS a été entourée, et le tout maculé par un tampon dont le rouge gras digne d'un baiser de pute inspire par sa nonchalance éhontée plus de pouvoir et d'autorité que la spécieuse précision d'un travail de faussaire.

Contournant le manoir, il avise l'étroite allée qui relie celui-ci à l'alignement de garages en brique rouge (ou plutôt d'écuries, diraient sans doute ses grands-parents). L'endroit lui semble idéal pour griller une cigarette. L'allée est bordée d'arbres, en rangs serrés. Le soleil est sur le point de se coucher. L'astre est encore assez haut pour s'infiltrer entre tous les plus infimes défauts qu'il découvre sur le périmètre défensif de l'horizon, de sorte que de minces rais rougeoyants viennent frapper l'œil surpris de Lawrence alors qu'il fait les cent pas. Il sait qu'un autre rayon traverse, invisible, l'air limpide à quelques mètres au-dessus de lui car il trahit la présence d'une antenne : un mince fil de cuivre tendu entre le mur du manoir et un cyprès proche. Le fil accroche la lumière exactement de la même façon que le brin de toile d'araignée avec lequel il jouait tout à l'heure.

Le soleil sera bientôt couché ; il l'est déjà à Berlin, comme sur presque tout l'empire diabolique qu'Hitler a bâti de Calais aux rives de la Volga. L'heure est venue pour les opérateurs radio de se mettre au travail. Les ondes radio, de manière générale, ne tournent pas les coins, ce qui peut être une vraie plaie quand on projette de conquérir le monde, qui est hélas bien trop rond et place toutes vos unités militaires les plus actives sous la ligne d'horizon. Mais si l'on recourt aux ondes courtes, on peut faire rebondir l'information sur l'ionosphère. Cela fonctionne bien mieux quand le soleil n'est pas dans le ciel à saturer l'atmosphère d'un bruit à large bande. C'est pourquoi les radiotélégraphistes comme ceux qui les écoutent (et que les Rosbifs appellent le service Y) sont des créatures nocturnes.

Comme Waterhouse vient de le remarquer, le manoir est certes équipé d'une ou deux antennes. Mais Bletchley Park est une araignée énorme et vorace qui requiert une toile de la taille d'une nation pour satisfaire son appétit. Il en a vu assez, grâce à la présence des câbles noirs qui escaladent les murs, et à l'odeur et au sifflement des hordes de téléscripteurs, pour savoir que cette toile est, pour partie du moins, constituée de fils de cuivre. Une autre partie de celle-ci est formée de matériaux plus grossiers comme le béton et l'asphalte.

La grille s'ouvre et un homme juché sur une moto verte vire pour s'engager dans l'allée. Le bicylindre crépite et quand l'engin passe devant Waterhouse, les gaz d'échappement lui font froncer le nez. Il le suit mais perd sa trace au bout d'une centaine de mètres. C'est acceptable ; d'autres vont bientôt suivre, alors que le système nerveux de la Wehrmacht s'éveille et que ses signaux sont captés par le service Y.

Le motocycliste a franchi le petit porche au charme vieillot qui sépare deux vieilles bâtisses. Le porche est coiffé d'une minuscule coupole avec une girouette et une horloge. Waterhouse le franchit à son tour et se retrouve dans une petite cour carrée qui date manifestement du temps où Bletchley Park était encore une belle ferme du Buckinghamshire. Sur sa gauche, toujours l'alignement d'écuries. De petites lucarnes ont été ménagées dans le toit qui est maculé de fientes d'oiseaux. Le bâtiment grouille de pigeons. Droit devant lui, un joli petit corps de ferme en brique rouge de style Tudor, le seul édifice jusqu'ici à ne pas être un affront architectural. Plus loin à droite, un autre bâtiment de plain-pied. D'étranges informations en émanent : l'odeur d'huile chaudc dc téléscripteurs, mais aucun crépitement de frappe, juste un gémissement mécanique aigu.

Une porte s'ouvre du côté des écuries et un homme en émerge, porteur d'une caisse de grande taille mais à l'évidence légère, surmontée d'une poignée. Des roucoulements sortent de la caisse et Waterhouse se rend compte qu'elle contient des pigeons. Les volatiles qui vivent dans les combles ne sont pas sauvages : ce sont des pigeons voyageurs. Des porteurs d'information, des brins de la toile de Bletchley Park.

Waterhouse met le cap sur le bâtiment qui sent l'huile chaude et regarde par une fenêtre. Avec la tombée du soir, de la lumière s'est mise à en filtrer, trahissant de l'information pour les sombres avions de reconnaissance allemands, aussi un porteur s'affaire-t-il dans la cour pour rabattre les volets peints en noir.

Un certain nombre d'informations sont malgré tout parvenues aux yeux de Waterhouse : de l'autre côté de la fenêtre, des hommes font cercle autour d'une machine. La plupart sont en civil, et ils sont trop occupés, depuis trop longtemps, pour s'encombrer de peignes, de rasoirs ou de cirage. Ces hommes sont entièrement absorbés par leur tâche, qui est de se consacrer exclusivement à cette énorme machine. La machine est formé d'une vaste charpente de tubes carrés en acier, comme un sommier posé sur chant. Des tambours métalliques du diamètre d'assiettes, épais d'environ vingt-cinq millimètres, sont fixés en divers emplacements de ce cadre. Une longue bande de papier court de tambour en tambour en empruntant un trajet incroyablement sinueux. On dirait qu'il faut une bonne douzaine de mètres de bande pour alimenter la machine.

Un des hommes s'affaire sur une courroie de transmission en caoutchouc qui passe autour d'un des tambours. Il se recule et fait un geste de la main. Un autre homme bascule un interrupteur et tous les tambours se mettent à tourner en même temps. La bande se met à défiler à l'intérieur de la machine. Des perforations dans la bande transportent des données ; tout se fond à présent dans le gris, la vitesse créant l'illusion que la bande s'est dissoute en un ruban de fumée.

Non, ce n'est pas une illusion. De la vraie fumée s'échappe en tourbillons des tambours rotatifs. La bande défile si vite qu'elle prend feu sous les yeux de Waterhouse et des hommes à l'intérieur, qui observent la scène avec calme, comme si elle fumait d'une manière entièrement inédite et fort intéressante.

S'il est au monde une machine capable de lire à cette vitesse des données inscrites sur une bande, Waterhouse n'en a jamais entendu parler.

Le volet noir se ferme en claquant. Waterhouse a juste le temps d'entr'apercevoir le coin d'un autre élément installé à l'angle de la pièce : une étagère métallique sur laquelle est disposée avec soin une multitude d'objets cylindriques et gris.

Deux motocyclistes pénètrent en même temps dans la cour, fonçant dans le noir tous feux éteints. Waterhouse les suit pendant quelques secondes en trottinant, laissant derrière lui la vieille cour pittoresque pour pénétrer dans le monde des baraquements, les nouveaux bâtiments édifiés à la hâte au cours des deux dernières années. « Baraquements » pourrait faire penser à des édifices de petite taille, mais ces baraquements, pris dans leur ensemble, évoqueraient plutôt ce tout nouvel immeuble du Pentagone que le ministère de la Guerre vient d'édifier à Washington, sur l'autre rive du Potomac. Ils incarnent un impérieux besoin d'espace que n'arrête nulle considération esthétique ou même humaine.

Waterhouse se dirige vers une intersection où il croit avoir entendu tourner les motards et s'arrête, bloqué par un mur antidéflagration. Sur un coup de tête, il escalade le mur et se juche à son sommet. De là-haut, la vue n'est pas meilleure. Il sait que des milliers de personnes sont au travail tout autour de lui dans ces fameux baraquements, mais il ne voit pas un chat, comme il ne distingue aucun panneau indicateur.

Il en est encore à tenter de deviner l'activité mystérieuse qu'il a surprise par la fenêtre.

La bande défilait si vite qu'elle en *fumait*. Il ne sert à rien de la faire défiler à cette vitesse, sauf si la machine est capable de lire l'information à ce rythme — et de transformer les suites de perforations dans la bande en impulsions électriques.

Mais à quoi bon tout ce tracas, si ces impulsions n'ont nulle part où aller? Aucun esprit humain ne peut gérer un flot de caractères déboulant aussi vite. Du reste, aucun téléscripteur à sa connaissance ne pourrait les imprimer.

Tout cela ne se tient que s'ils construisent une machine. Un calculateur mécanique quelconque, capable d'absorber les données et d'en faire quelque chose — accomplir tel ou tel calcul — sans aucun doute un calcul en rapport avec le déchiffrement de codes.

Puis il se remémore l'étagère entrevue dans le coin, avec sa multitude de cylindres gris identiques. Vus ainsi en enfilade, on aurait dit des munitions. Mais ils sont trop lisses et brillants pour ça. Ces cylindres, réalise Waterhouse, sont en verre soufflé.

Ce sont des tubes à vide. Des centaines de tubes

électroniques. Plus de tubes que Waterhouse n'en a jamais vus réunis en un seul endroit.

Ces gens, dans cette pièce, sont en train de fabriquer une machine de Turing !

Pas étonnant, dès lors, que les hommes dans la pièce acceptent la combustion de la bande avec un tel flegme. Ce ruban de papier, une technologie aussi ancienne que les pyramides, n'est jamais que le réceptacle d'un flot d'informations. Quand il traverse la machine, l'information en est extraite, transfigurée en un motif de pures données binaires. Que le simple réceptacle brûle est sans conséquence. Cendres qui retournent en cendres, poussière qui retourne en poussière — les données ont quitté le plan physique pour accéder à celui des mathématiques, un univers plus élevé, plus pur, régi par d'autres lois. Des lois que connaissent vaguement, imparfaitement, le Dr Alan Matheson Turing, le Dr John von Neumann, le Dr Rudolf von Hacklheber et un petit nombre d'autres individus que Waterhouse a eu l'occasion de fréquenter durant son séjour à Princeton. Des lois qui ne sont pas non plus totalement inconnues de Waterhouse.

Une fois que vous avez transfiguré les données dans le royaume de la pure information, il suffit juste d'avoir un outil. Les charpentiers qui travaillent le bois emportent avec eux une caisse de technologie pour le mesurer, le couper, le raboter, le fixer. Les mathématiciens, eux, travaillent l'information et ils ont besoin d'outils appropriés.

Ces outils, ils les ont construits, un par un, au long des années. Ainsi, pour citer un seul exemple, cette société de machines à écrire et de caisses enregistreuses du nom d'Electrical Till Corporation qui fabrique une astucieuse machine à cartes perforées servant à traiter de vastes quantités de données. Le professeur de Waterhouse dans l'Iowa était las de résoudre les équations différentielles une par une et il a inventé une machine qui les résout automatiquement en stockant l'information sur un tambour recouvert de condensateurs et qui tourne selon un algorithme précis. Avec du temps et un nombre suffisant de tubes à vide, on pourrait inventer un instrument capable de faire la somme d'une colonne de nombres, un autre pour stocker des inventaires, un troisième pour épeler des listes de mots. Une entreprise bien équipée aurait une machine de chaque sorte : des monstres en fonte émaillée crachant des ondes de chaleur par leurs grilles de ventilation frappées de sigles ETC, Siemens ou Hollerith, chaque appareil étant dévolu à une tâche spécifique. Tout comme un charpentier a dans sa caisse à outils une boîte à onglets, un gabarit à queue d'aronde et un marteau à panne fendue.

Mais Turing a imaginé quelque chose de radicalement différent, aussi bizarre qu'indescriptible.

Il a imaginé que les mathématiciens, au contraire des charpentiers, pourraient n'avoir besoin que d'un seul outil dans leur caisse, pourvu qu'il soit bien choisi. Turing a compris qu'il devrait être possible de construire une métamachine qu'on puisse reconfigurer de telle sorte qu'elle soit à même d'effectuer toutes les tâches imaginables avec de l'information. Ce serait un appareil protéiforme capable de se transformer en n'importe quelle sorte d'outil. Comme un orgue à tuyaux qui se change en un autre instrument chaque fois qu'on modifie un registre.

Les détails étaient pour le moins confus. Ce n'était pas le plan précis d'une machine réelle, plutôt une expérience de pensée que Turing avait imaginée afin de résoudre une énigme abstraite née dans l'univers parfaitement irréaliste de la logique pure. Waterhouse le sait pertinemment. Mais il ne peut s'ôter cette idée de l'esprit alors qu'il réfléchit, songeur, au sommet de ce mur antidéflagration barrant ce carrefour de Bletchley Park plongé dans l'obscurité : la machine de Turing, si elle devait exister, reposerait sur une bande. Une bande qui passerait à travers la machine, porteuse de l'information nécessaire à celle-ci pour fonctionner.

Juché sur son mur, le regard perdu dans le noir, Waterhouse reconstruit mentalement la machine de Turing. De nouveaux détails affluent. La bande, ça lui revient à présent, ne traverse pas la machine de Turing dans une seule direction : elle doit souvent changer de sens. Et la machine de Turing ne se contente pas de lire la bande : elle doit être capable d'effacer les marques sur celle-ci ou d'en inscrire de nouvelles.

Il est manifeste qu'on ne peut effacer des perforations sur un ruban de papier. Comme il est tout aussi manifeste que celui-ci ne traverse la machine de Bletchley Park que dans un seul sens. Donc, et même si Waterhouse le regrette amèrement, la rangée de tubes qu'il vient d'entrevoir n'est pas une machine de Turing. C'est un appareil moins perfectionné — un outil spécialisé du même type qu'un lecteur de cartes perforées ou la machine à résoudre les équations différentielles d'Atanasoff.

Malgré tout, il est plus gros et plus diaboliquement terrifiant que tout ce que Waterhouse a jamais vu.

Un train de nuit en provenance de Birmingham passe en trombe, emportant des balles vers la mer. Tandis que son fracas s'éloigne vers le sud, un motocycliste approche de la grille principale. Le moteur tourne au ralenti pendant qu'on vérifie les papiers du motard, puis Waterhouse entend quelqu'un faire pouah lorsque la moto redémarre et vire sec pour s'engager dans l'allée. Waterhouse se dresse à l'intersection des murs et regarde avec attention l'engin passer en dessous de lui en pétaradant pour aller s'arrêter deux baraques plus loin. De la lumière filtre soudain par une porte ouverte lorsque son chargement change de mains. Puis la lumière est éteinte et la moto reprend sa longue et sonore pétarade jusqu'à la sortie du parc.

Waterhouse se laisse glisser à terre et progresse au jugé sur la route dans la nuit sans lune. Il s'arrête avant l'entrée du baraquement et prête l'oreille une minute. Puis, n'écoutant que son courage, il avance d'un pas et pousse le panneau de bois.

Il règne à l'intérieur une touffeur désagréable et l'atmosphère est un distillat nauséabond d'odeurs humaines et de machine, confinées et concentrées par les panneaux de cercueil rabattus sur toutes les fenêtres. Il y a foule ici, en majorité des femmes travaillant sur de gargantuesques machines à écrire électriques. Le peu qu'il distingue lui permet malgré tout de constater que l'endroit est noyé sous les monceaux de papiers, sur peut-être quinze ou vingt centimètres d'épaisseur, des papiers manifestement apportés par les motocyclistes. Près de la porte, on les a triés et empilés dans des corbeilles en fil de fer. De là, ils sont transmis aux femmes assises devant leurs machines à écrire géantes.

L'un des rares hommes dans la place vient de se lever et fond sur Waterhouse. Il a presque son âge, à savoir un peu plus de vingt ans. Il porte l'uniforme de l'armée britannique. On dirait l'hôte d'une réception de mariage qui tient à s'assurer que même le parent le plus éloigné est accueilli avec les égards qui lui sont dus. Manifestement, il n'est pas plus militaire que Waterhouse. Pas étonnant que l'endroit soit entouré d'autan de barbelés gardés par des aviateurs armés de mitraillettes.

— Bonsoir, monsieur. Puis-je vous aider?

— Bonsoir. Lawrence Waterhouse.

— Harry Packard. Enchanté.

Mais il n'a pas la moindre idée de qui est Waterhouse. Il est dans le secret d'Ultra, mais pas d'Ultra Méga.

— Moi de même. J'imagine que vous voudrez jeter un œil là-dessus.

Waterhouse lui tend son laissez-passer magique. Les yeux pâles de Packard le survolent avec soin puis s'attardent sur quelques sites à l'intérêt particulier : la signature au bas du document, le tampon maculé. La guerre a transformé Harry Packard en machine à scanner et traiter les feuilles de papier, aussi s'acquitte-t-il de sa tâche avec calme et, en tout cas, sans faire d'histoire. Il s'excuse, actionne la manivelle d'un téléphone et s'adresse à quelqu'un ; sa posture et son expression suggèrent qu'il s'agit d'un personnage important. Waterhouse ne peut saisir ce qu'il dit au-dessus du cliquetis et du vrombissement de l'accumulation de machines à écrire, mais il note de l'intérêt et de la surprise sur le visage ouvert, rose et juvénile de Packard. Ce dernier lui jette un ou deux regards à la dérobée tout en écoutant son interlocuteur à l'autre bout du fil. Puis il prononce une formule respectueuse et rassurante avant de raccrocher.

— Très bien. Qu'aimeriez-vous voir ?

— J'essaie de voir en gros comment circule l'information.

— Eh bien, nous sommes ici près du début du processus — aux sources. Nous sommes alimentés par le service Y — opérateurs radio militaires et radioamateurs qui espionnent les transmissions des Boches et nous procurent ceci.

Packard ramasse dans une sacoche de motard un bout de papier qu'il tend à Waterhouse.

C'est un formulaire avec, en haut, plusieurs cases dans lesquelles quelqu'un a inscrit la date (aujourd'hui) et l'heure (deux heures plus tôt), ainsi que d'autres renseignements comme une fréquence radio. Le corps du formulaire est pour l'essentiel occupé par un large espace vide sur lequel le message suivant a été hâtivement griffonné en grosses lettres :

| | | | | |
|---|---|---|---|---|
| AYWBP | PRJHK | DHAOB | QTMDL | TUSHI |
| YPIJS | LLENJ | OPSKY | VZPDL | EMAOU |
| TAMOG | TMOAH | EC | | |

Le tout précédé par deux groupes de trois lettres :

YUH ABG

— Celui-ci provient d'une de nos stations dans le Kent, explique Packard. C'est un message en Chaffinch.

— Donc... émanant de Rommel ?

— Oui. Cette interception est arrivée du Caire. Chaffinch a la priorité maximale, raison pour laquelle ce message est au sommet de la pile.

Packard conduit Waterhouse au bout de l'allée centrale du baraquement, entre les rangées de dactylos. Il sélectionne une fille qui vient de terminer de traiter un message et lui tend le bout de papier. Elle le place à côté de sa machine et se met à taper.

Au premier coup d'œil, Waterhouse avait cru que ces appareils représentaient l'idée britannique de la machine à écrire électrique : les dimensions d'une table de salle à manger, un habillage de cent kilos de fonte, un moteur de dix chevaux planqué sous le capot, le tout protégé par de hautes clôtures et des gardes armés. Mais à présent qu'il est plus près, il constate qu'il s'agit d'un appareil bien plus compliqué : à la place du rouleau, elle dispose d'une large bobine plate entraînant un mince ruban de papier. Ce n'est pas le même genre de ruban que celui qu'il a vu un peu plus tôt défiler en fumant dans les entrailles de la grosse machine. Celui-ci est plus étroit et quand il émerge de l'appareil, il ne porte pas de perforations destinées à être lues dans la machine adéquate. Non, chaque fois que la fille presse une des touches de son clavier — recopiant le texte inscrit sur la feuille — une nouvelle lettre s'imprime sur le ruban. Mais pas la même que celle qu'elle a tapée.

Il ne lui faut pas longtemps pour recopier l'ensemble du message. Elle déchire alors le ruban sorti de la machine. Il a un dos adhésif qui lui permet de le coller directement sur l'original de l'interception. Puis elle rend le tout à Packard, avec un sourire timide. Il répond d'un petit signe de tête entre acquiescement et salut discret, le genre de geste à jamais destiné à rester hors de portée d'un quelconque Américain mâle. Packard examine alors le message avant de le tendre à Waterhouse.

Les lettres sur le ruban disent :

EINUNDZWANZIGSTPANZERDIVISIONBERICHTET
KEINEBESONDEREEREIGNISSE [1]

— Pour obtenir cette transcription, il faut déchiffrer le code — qui change tous les jours ?

Sourire d'acquiescement de Packard.

— À minuit. Si vous restez ici... (il regarde sa montre) encore quatre heures, vous constaterez que les dernières interceptions en provenance du service Y ne donnent que du pur charabia quand on les fait passer dans les Typex, parce que les Boches auront changé tous leurs codes à minuit pile. Un peu comme le carrosse magique de Cendrillon redevenant citrouille. Nous devons alors analyser les nouvelles interceptions en utilisant les bombes, et en déduire les nouveaux codes du jour.

— Combien de temps cela prend-il ?

— Parfois, la chance nous sourit et nous avons déchiffré les codes du jour entre deux et trois heures du matin. De manière générale, ça n'arrive pas avant l'après-midi ou la soirée. Certaines fois, nous essuyons un échec.

— D'accord, c'est une question stupide mais je veux que ce soit clair. Ces machines Typex — qui se contentent d'effectuer mécaniquement une opération de déchiffrage — n'ont aucun rapport avec les bombes qui, elles, cassent les codes.

— Comparées à ces appareils, les bombes sont en effet totalement différentes, et d'un ordre de complexité considérablement plus élevé, admet Packard. Ce sont presque des machines pensantes mécaniques.

— Où sont-elles installées ?

— Baraquement 11. Mais elles ne tournent pas pour l'instant.

— D'accord. Pas avant minuit, quand le carrosse se retransforme en citrouille et que vous avez besoin de casser les codes Enigma du lendemain.

1. « 21e Panzerdivision au rapport. Rien de notable à signaler. » *(N.d.T.)*

— Tout juste.

Packard se dirige vers une petite trappe coulissante en bois encastrée au bas d'un des murs extérieurs du baraquement. Près de celle-ci, une corbeille de bureau munie à chaque extrémité d'un crochet auquel est noué une ficelle. L'une d'elles s'enroule en tas par terre. La trappe a été refermée sur l'autre. Packard place la feuille du message au sommet d'une pile de messages identiques déjà posés dans le plateau, puis il fait coulisser la trappe, révélant un tunnel étroit qui part du baraquement.

— C'est bon, pouvez tirer ! s'écrie-t-il.

La réponse vient un instant plus tard.

— D'accord, on tire !

La ficelle se tend et le plateau glisse dans le tunnel avant de disparaître.

— Et c'est parti pour le baraquement 3, explique Packard.

— Eh bien, je vais faire pareil, répond Waterhouse.

Le baraquement 3 n'est qu'à quelques mètres, de l'autre côté de l'inévitable mur antidéflagration. Sur la porte, on a griffonné SECTION ARMÉE ALLEMANDE en lettres cursives. Waterhouse présume que c'est par opposition à « MARINE » qui est inscrit sur le baraquement 4. Le pourcentage d'hommes semble plus élevé ici. En temps de guerre, il est toujours étonnant de voir autant de jeunes types vigoureux réunis dans la même pièce. Certains sont en uniforme de fantassins ou d'aviateurs, d'autres sont en civil, et il y a même un officier de marine.

Une imposante table en fer à cheval occupe le centre des lieux, flanquée d'une autre table, rectangulaire celle-là. Toutes les chaises entourant les deux tables sont occupées par des gens affairés. Les feuilles des interceptions arrivent par la corbeille de bureau puis circulent de place en place selon un plan hautement organisé dont Waterhouse ne peut discerner pour l'instant que les contours. Quelqu'un lui explique que les bombes viennent seulement de casser les codes du jour aux alentours de la nuit tombée, aussi toute la fournée quotidienne d'interceptions n'est-elle arrivée par le tunnel depuis le baraquement 6 que depuis deux heures seulement.

Il décide pour l'heure d'envisager le baraquement sous la forme mathématique d'une boîte noire — en somme, de se concentrer exclusivement sur les entrées et sorties d'informations et d'ignorer les détails internes. Pris en bloc, Bletchley Park est également une sorte de boîte noire : un flot de lettres aléatoires y entrent, des renseignements stratégiques en sortent, et les particularités internes sont sans intérêt pour la majorité des membres de la liste Ultra. La question que Waterhouse est venu résoudre est celle-ci : y a-t-il un autre vecteur d'information qui sort d'ici, un message subliminal caché dans les signaux de téléscripteurs et le comportement des chefs alliés ? Et ce signal est-il adressé à Rudolf von Hacklheber, docteur en physique et mathématiques ?

## KINAKUTA

Qui que soit celui qui a établi les routes de vol du nouvel aéroport du sultanat, il doit être en cheville avec la chambre de commerce de Kinakuta : pourvu qu'on ait la chance d'avoir une place du côté gauche de l'appareil, comme c'est le cas pour Randy Waterhouse, la vue durant l'approche finale ressemble à un dépliant promotionnel.

Les pentes vert mat de l'île surgissent d'une mer bleue à peu près calme et s'élèvent finalement assez haut pour être couronnées de neige à leur sommet, bien que l'île ne soit qu'à sept degrés au nord de l'équateur. Randy voit tout de suite ce que voulait dire Avi en remarquant que l'endroit était musulman sur les bords et animiste au milieu. Les seuls emplacements où l'on peut espérer bâtir ce qui peut s'apparenter à une ville moderne sont situés le long de la côte où se développe une frange intermittente de terrain presque plat — telle une gangue beige accrochée à une émeraude géante. L'endroit le plus vaste et le plus plat se trouve à l'angle nord-est de l'île, là où le cours d'eau principal, à quelques kilomètres en amont, débouche sur une plaine inondable et s'élargit en un delta alluvionnaire qui s'avance dans la mer de Sulu sur deux ou trois kilomètres.

Randy renonce à compter les puits de pétrole dix minutes avant que Kinakuta City ne devienne visible.

D'en haut, on dirait des fossés antichars enflammés jetés dans les vagues pour dissuader des Marines de débarquer. À mesure que l'appareil perd de l'altitude, ils se mettent à ressembler un peu plus à des usines sur échasses, surmontées de hautes cheminées au sommet desquelles brûle le gaz naturel gênant. Cela finit par devenir inquiétant quand l'avion se rapproche de l'eau et qu'on commence à avoir l'impression que le pilote se faufile entre des colonnes de flammes qui sinon rôtiraient le 777 comme un pigeon à la broche.

Kinakuta City paraît plus moderne que n'importe quelle ville américaine. Il a essayé de trouver de la documentation sur l'endroit mais n'a pas déniché grand-chose : deux entrées dans une encyclopédie, des mentions en passant dans des livres d'histoire sur la Seconde Guerre mondiale, quelques articles vaguement critiques mais en définitive élogieux dans *The Economist*. Mettant à contribution ses talents rouillés d'ancien bibliothécaire, il y est allé de sa poche pour demander à la bibliothèque du Congrès de lui produire une photocopie de l'unique bouquin qu'il ait pu trouver exclusivement consacré à Kinakuta : un parmi sans doute le million de souvenirs de guerre aujourd'hui épuisés rédigés par des GI à la fin des années quarante et au début des années cinquante. Il n'a pas eu le temps jusqu'ici de le lire, aussi le pavé de cinq centimètres n'est-il pour l'instant qu'un poids mort dans ses bagages.

Toujours est-il qu'aucune des cartes qu'il a pu consulter ne rend justice à la réalité de la Kinakuta moderne. Tout ce qui existait ici durant la guerre a été abattu et remplacé par du neuf. Le fleuve a été détourné dans un nouveau chenal. Une montagne encombrante, le pic Eliza, a été dynamitée et ses débris déversés dans l'océan pour former plusieurs kilomètres carrés de terrain gagné sur la mer, l'essentiel ayant été phagocyté par le nouvel aéroport. Les dynamitages étaient si bruyants qu'ils ont suscité des plaintes officielles des gouvernements des Philippines et de Bornéo, à plusieurs centaines de kilomètres de là. Ils ont également soulevé l'ire de Greenpeace qui redoutait que le sultan n'effarouche les baleines du Pacifique central. Tant et si bien que Randy s'attend à ce que la moitié de la capitale soit un cratère fumant, mais bien sûr, ce n'est pas le cas. Le moignon du pic Eliza a été soigneusement recouvert de pavés et sert de fondations pour la nouvelle technopole du sultanat. Tous ses gratte-ciel de verre — ici comme partout ailleurs en ville — ont des toits pointus, rappel d'une architecture traditionnelle depuis belle lurette détruite au bulldozer et utilisée pour remblayer les digues du port. Le seul bâtiment qui semble aux yeux de Randy avoir plus de dix ans d'âge est le palais du sultan, qui est une antiquité. Cerné sur des kilomètres par des tours de verre bleuté, on dirait une graine beige rougeâtre congelée sur un bac à glaçons.

Une fois localisé le palais, il trouve aussitôt ses repères : il se penche, risque les foudres du personnel de cabine en tirant son sac de sous le siège devant lui et en sort la photocopie de ses mémoires de GI. L'une des premières pages est un plan de Kinakuta City, telle qu'elle était en 1945, et pile au centre, se trouve le palais du sultan. Randy la fait pivoter devant son nez comme un chauffeur paniqué tourne le volant, afin de l'aligner avec ce qu'il voit. Là, c'est le fleuve. Là, le pic Eliza, où les Nippons avaient installé leur détachement d'écoute radio et une station radar, l'un et l'autre construits par des travailleurs esclaves. Là, c'est l'emplacement de l'ancienne base aéronavale japonaise, devenue l'aéroport de Kinakuta avant la construction du nouveau. Aujourd'hui, c'est une nuée de grues jaunes posées au-dessus d'une nébuleuse bleue de fers à béton, éclairée de l'intérieur par une constellation de naines blanches vacillantes — des soudeurs à l'arc en pleine action.

À proximité, un détail incongru : une plaque de vert émeraude, l'équivalent peut-être de deux pâtés de maisons, ceinte d'un mur de pierre. À l'intérieur, vers un bout, un étang placide — le 777 vole à présent si bas que Randy peut compter les fleurs de nénuphar —, un minuscule temple shinto taillé dans de la pierre noire et une petite maison de thé en bambou. Randy colle son nez au hublot et tourne la tête pour le suivre du regard jusqu'à ce que la vue soit soudain bloquée par une tour d'appartements qui passe au ras de leur aile. Par la fenêtre ouverte d'une cuisine, il entrevoit, l'instant d'une microseconde, une femme mince qui s'apprête à fendre à la hachette une noix de coco.

Ce jardin semblait avoir sa place quinze cents kilomètres plus au nord : en Nippon. Quand Randy comprend enfin de quoi il s'agit, la chair de poule lui hérisse la nuque.

Randy a embarqué deux heures plus tôt sur l'aéroport international Ninoy-Aquino de Manille. Le vol a été retardé, ce qui lui a donné tout le temps de détailler ses compagnons de voyage : trois Occidentaux, lui compris, deux douzaines de Malais (Kinakutains ou Philippins), et tous les autres, des Nippons. Quelques-uns ont l'air d'hommes d'affaires, se déplaçant seuls ou par deux ou trois, mais la majorité appartient à une espèce de voyage organisé qui s'est introduit au pas cadencé dans la salle d'embarquement, quarante-cinq minutes pile avant l'heure prévue pour le décollage, guidé par une jeune femme en tailleur bleu marine brandissant un joli petit sigle au bout d'un bâton. Des retraités.

Leur destination n'est pas la technopole, ou tel ou tel gratte-ciel à toit pointu du quartier financier. Tous se rendent à ce jardin nippon enclos de murs, aménagé au-dessus du charnier où reposent les corps de trois mille cinq cents soldats nippons, tous morts le 23 août 1945.

## *QWGHLM HOUSE*

Waterhouse arpente de bout en bout la ruelle tranquille, louchant au passage sur les plaques en cuivre des robustes maisons blanches toutes identiques.

SOCIÉTÉ POUR L'UNIFICATION DE L'HINDOUISME ET DE L'ISLAM
AMITIÉS ANGLO-LAPONNES
ASSOCIATION DES FULMINANTS
MUTUELLE DE BIENFAISANCE DU CHIANG TZSE
COMMISSION ROYALE DE RÉDUCTION D'USURE DES PALIERS DE VILEBREQUIN DE MARINE
FONDATION POUR LA PROPAGATION DE LA LIBELLULE BOLGER
LIGUE ANTI-BOCHE
COMITÉ POUR LA RÉFORME DE L'ORΦOGRAΦE DE L'ANGLAIS
SOCIÉTÉ POUR LA PRÉVENTION DE LA CRUAUTÉ ENVERS LA VERMINE
ÉGLISE DE LA CONSCIENCE QUANTIQUE ÉTHIQUE & VÉDIQUE
CONSEIL IMPÉRIAL DU MICA

Au début, il prend Qwghlm House pour le plus minuscule et le plus mal situé des grands magasins de la planète. La maison a un bow-window qui s'avance au-dessus du trottoir tel le bélier d'une trirème tout anatifée de fioritures victoriennes, et n'exhibe qu'une bien pauvre devanture : un mannequin sans tête vêtu d'un truc qui semble avoir été tissé en laine d'acier (peut-être un hommage à l'austérité en temps de guerre ?) ; un petit monticule cireux avec une pelle plantée dedans ; et un autre mannequin (addition récente glissée tant bien que mal dans un coin) vêtu d'un uniforme de la marine britannique et tenant un fusil en contreplaqué.

Une semaine plus tôt, Waterhouse a trouvé un exemplaire bouffé par les vers de l'*Encyclopedia Qwghlmiana* dans une librairie près du British Museum et depuis, il le trimbale dans sa mallette, l'absorbant par petites doses d'une page ou deux; comme un médicament puissant. Les thèmes majeurs de l'encyclopédie sont au nombre de trois, et ils dominent chaque paragraphe aussi totalement que les Trois Sghrs dominent le paysage de Qwghlm extérieure. Deux de ces thèmes sont la laine et le guano, même si les Qwghlmiens ont bien d'autres noms pour cela dans leur antique langue *sui generis*. En fait, la même hyperspécialisation linguistique intervient ici que dans le cas supposé des Eskimos avec la neige ou des Arabes avec le sable, et l'*Encyclopedia Qwghlmiana* n'utilise jamais les termes anglais correspondant à « laine » et « guano », sinon pour calomnier les versions inférieures de ces produits exportées par des régions comme l'Écosse dans un effort perfide pour confondre les acheteurs naïfs qui dominent apparemment le marché international des matières premières. Waterhouse a dû lire l'encyclopédie quasiment de bout en bout et recourir à ses talents de cryptanalyste pour déduire, par inférence, de quoi il s'agissait au juste.

Désormais lesté de tout ce savoir, il est fasciné de découvrir ces produits fièrement exposés au cœur même de la cité cosmopolite : un monticule de guano et une femme vêtue de laine [1]. La tenue de la femme est entièrement grise, fidèle en cela à la tradition qwghlmienne qui réprouve toute teinture par pigments, considérée avec mépris comme une innovation putassière des Écossais. La partie supérieure

1. Il a décidé d'utiliser les mots anglais plutôt que de se donner en spectacle en tentant de prononcer leurs équivalents qwghlmiens.

de l'ensemble est un chandail qui semble, de prime abord, en feutre. Un examen plus attentif révèle qu'il est tricoté comme n'importe quel autre chandail. Les moutons qwghlmiens sont le résultat évolutionniste de milliers d'années de délavage massif aux intempéries. Leur laine est fameuse pour sa densité, ses fibres tire-bouchonnantes, et son immunité à tout processus de cardage chimique connu. Cela lui donne cet aspect feutré que l'*Encyclopedia* décrit comme éminemment désirable et pour lequel il existe un abondant vocabulaire descriptif.

Le troisième thème de l'*Encyclopedia Qwghlmiana* est suggéré par le mannequin armé.

Mais un autre mannequin est appuyé à l'encadrement de pierre de l'entrée du bâtiment. Perruque et maquillage grossiers veulent lui donner l'aspect d'un vieux bonhomme. Il est vêtu d'une variante antique de l'uniforme des Home Guards, les volontaires de la garde territoriale, et n'a pas eu l'honneur de recevoir une arme en bois. L'uniforme implique des knickers. Le bas des jambes est gansé de chaussettes formidables tricotées dans une variété de laine qwghlmienne et retenues en place, juste sous le genou, par des garrots confectionnés à l'aide de cordes épaisses entrelacées pour former un motif vaguement celtique (presque à chaque page, l'*Encyclopedia* martèle que les Qwghlmiens ne sont pas des Celtes mais qu'ils sont néanmoins à l'origine des meilleurs traits de la culture celtique). Ces jarretières sont l'ornement traditionnel des authentiques Qwghlmiens ; les gentlemen les portent dissimulées sous leurs jambes de pantalon. Elles étaient traditionnellement tissées dans les longs poils lisses de la queue du Skrrgh, qui est le principal mammifère indigène aux îles et que l'*Encyclopedia* décrit comme « un petit mammifère de l'ordre des rongeurs et de la famille des muridés, commun aux îles, se nourrissant essentiellement d'œufs d'oiseaux de mer, capable de se multiplier avec une grande rapidité quand il dispose de nourriture en abondance, admiré et même copié par les Qwghlmiens pour sa hardiesse et ses facultés d'adaptation ».

Alors qu'il est planté là depuis un petit moment, à contempler ces jarretières en grillant une cigarette, Waterhouse note que le mannequin bouge un peu. Il croit qu'il va basculer, poussé par une rafale de vent, mais se rend compte alors qu'il est vivant, et qu'en fait il ne bascule pas mais fait simplement porter son poids d'un pied sur l'autre.

Le vieux bonhomme relève alors sa présence, lui sourit d'un air peu amène et bougonne quelques mots de bienvenue dans sa langue qui, comme on aura pu le constater, est encore moins adaptée que l'anglais à une transcription en alphabet romain.

— Comment va ? lance Waterhouse.

Le vieux répond par quelque chose de plus long et de plus compliqué. Au bout d'un moment, Waterhouse (qui a désormais coiffé son chapeau de cryptanalyste, à la recherche d'un sens au milieu du désordre apparent, ses circuits neuronaux exploitant les redondances du signal) finit par comprendre que le type s'exprime en fait en anglais avec un accent à couper au couteau. Il en conclut que son interlocuteur vient de dire :

— De quel coin des Amériques êtes-vous originaire, donc ?

— Ma famille a pas mal bourlingué, répond Waterhouse. Disons, le Dakota du Sud.

— Ah, fait le vieux de manière ambiguë, tout en se jetant contre le battant de la porte.

Au bout d'un moment, celui-ci commence à céder, ses paumelles de fer martelées à la main grinçant de façon menaçante en pivotant sur des tolets de deux centimètres d'épaisseur. Finalement, le battant vient heurter quelque formidable arrêt de porte. Le vieux reste appuyé dessus, tout son corps incliné à quarante-cinq degrés pour l'empêcher de se rabattre et d'écraser Waterhouse qui se faufile promptement. À l'intérieur, une minuscule antichambre est dominée par une sculpture : deux nymphettes en voiles diaphanes en train de tabasser d'importance une vieille sorcière qui détale, le tout intitulé *La Détermination et l'Adaptabilité repoussant l'Adversité*.

L'opération précédente est répétée plusieurs fois avec des portes de moins en moins lourdes mais de plus en plus richement décorées. La première pièce, de toute évidence, n'était en fait qu'une préantépénultiémantichambre, de sorte qu'il s'écoule un certain temps avant qu'on puisse affirmer avec certitude qu'ils sont bien à l'intérieur de Qwghlm House. À ce moment, ils semblent parvenus dans les tréfonds de l'immeuble et Waterhouse s'attend plus ou moins à voir passer en grinçant une rame de métro. Au lieu de cela, il se retrouve dans une pièce sans fenêtres décorée de boiseries, éclairée par un lustre de cristal à l'éclat péniblement douloureux mais semble-t-il incapable d'illuminer grand-chose. Ses pieds s'enfoncent si loin dans la moquette tape-à-l'œil qu'il manque se déchirer un ligament. Le bout de la pièce est gardé par un fidèle bureau derrière lequel trône une robuste dame. Çà et là, on remarque de vastes sièges Windsor en ébène, à l'allure grêle mais dangereuse de pièges à gibier indigène.

Aux murs, plusieurs toiles. Au premier coup d'œil, Waterhouse les trie entre celles qui sont plus hautes que larges et les autres. La première catégorie se compose de portraits de gentilshommes qui tous semblent affligés d'une tare génétique qui affecte la géométrie de leur crâne. La seconde, de paysages ou, presque aussi souvent, de marines, tous à ranger dans le style sombre et déchiqueté. Ces peintres qwghlmiens apprécient à tel point la peinture [1] gris-bleu-vert de production locale qu'on dirait qu'ils l'appliquent à la truelle.

Waterhouse lutte contre le bourbier des mèches de la moquette jusqu'à ce qu'il parvienne à proximité du bureau, où il est accueilli par la dame, qui lui serre la

1. D'après l'*E.Q.*, dérivée du lichen.

main tout en pinçant les lèvres en une sorte d'allusion de sourire. Puis c'est un long échange de formules polies et compassées dont tout ce que Waterhouse se rappelle est : « Lord Woadmire ne va pas tarder à vous recevoir » et « Du thé ? »

Waterhouse dit oui pour le thé parce qu'il soupçonne cette femme (dont il a oublié le nom) de ne pas vraiment gagner de quoi vivre. Visiblement mécontente, elle s'éjecte du siège et se perd dans les entrailles resserrées du bâtiment. Le vieux est déjà retourné à son poste, dehors.

Une photo du roi est accrochée au mur derrière le bureau. Waterhouse ignorait, jusqu'à ce que le colonel Chattan le lui rappelle discrètement, que le titre complet de Sa Majesté n'est pas simplement Par la Grâce de Dieu Roi d'Angleterre, mais PLGDD, Souverain du Royaume-Uni de Grande-Bretagne et d'Irlande du Nord, des îles de Man, Guernesey, Jersey, Qwghlm extérieure et Qwghlm intérieure.

Juste à côté, une photo plus petite de l'homme qu'il s'apprête à rencontrer. Ce personnage et sa famille sont présentés de manière assez vague par l'*Encyclopedia* qui date de plusieurs dizaines d'années, aussi Waterhouse a-t-il dû compléter ses recherches à ce sujet. L'homme est apparenté aux Windsor d'une façon si complexe qu'elle ne peut s'exprimer qu'en recourant au vocabulaire généalogique spécialisé.

Il est né Graf Heinrich Karl Wilhelm Otto Friedrich von Übersetzenseehafenstadt [1], mais a changé son nom pour celui de Nigel St John Gloamthorpby, alias lord Woadmire, en 1914. Sur la photo, c'est un Übersetzenseehafenstadt pur jus, et il est totalement dépourvu du problème de géométrie crânienne si évident sur les portraits plus anciens. Lord Woadmire n'est pas apparenté à la lignée ducale originelle de Qwghlm, la famille Moore (anglicisée à partir du nom de clan qwghlmien des Mnyhrrgh), éteinte en

1. « Traduitportdemerville. » *(N.d.T.)*

1888 des suites d'une combinaison spectaculairement improbable de schistosomiase, suicide, séquelles tardives de blessures durant la guerre de Crimée, foudre en boule, canon défectueux, chutes de cheval, huîtres mal conservées et lames de fond.

Le thé prend un certain temps à arriver et lord Woadmire ne semble pas non plus particulièrement pressé de gagner la guerre, aussi Waterhouse fait-il le tour de la pièce, en feignant de s'intéresser aux tableaux. Le plus grand représente un grand nombre de Romains couverts de lacérations et d'ecchymoses qui rejoignent lamentablement un rivage hostile et rocheux au milieu des épaves de leur flotte d'invasion, rejetées par les vagues. Au premier plan, un Romain particulier dont la noblesse ne semble pas avoir été entamée par ces tribulations. Assis, l'air las, sur un haut rocher, un glaive brisé pendouillant de sa main énervée, il lorgne avec convoitise, par-delà plusieurs milles d'océan déchaîné, une île flamboyante et paradisiaque. L'île est richement dotée en grands arbres, prairies en fleurs et verts pâturages, mais malgré tout, on peut sans peine y reconnaître Qwghlm extérieure aux Trois Sghrs qui la dominent. L'île est gardée par une ou deux forteresses rébarbatives; sur ses plages pâles, presque antillaises, s'alignent les étendards colorés des défenseurs qui (on est en droit de le supposer) viennent d'infliger aux envahisseurs romains une correction qu'ils ne sont pas près d'oublier. Waterhouse ne prend pas la peine de se pencher pour déchiffrer la plaque; il sait que le sujet du tableau est la tentative avortée, et sans doute apocryphe, de Jules César d'ajouter à l'Empire romain l'archipel des Qwghlm, le point le plus éloigné de Rome, et sans doute sa plus mauvaise idée. Dire que les Qwghlmiens ont oublié l'événement est comme de sous-entendre que les Allemands peuvent se montrer parfois un rien tatillons.

— Là où César a échoué, que peut espérer Hitler?

Waterhouse se retourne vers la voix et découvre Nigel St John, Gloamthorpby, alias lord Woadmire, alias le duc de Qwghlm. L'homme n'est pas grand. Waterhouse traverse la moquette au pas de l'oie pour venir lui serrer la main. Bien que le colonel Chattan lui ait indiqué les formules adéquates pour s'adresser à un duc, Waterhouse ne peut pas plus s'en souvenir qu'il ne pourrait dessiner l'arbre généalogique de la famille ducale, aussi décide-t-il de structurer toutes ses formules de sorte d'éviter de faire référence au duc par un nom ou un pronom. Ce sera un jeu amusant qui l'aidera à passer le temps.

— Sacré tableau, observe Waterhouse, rudement bien joué.

— Vous découvririez que les îles ne sont pas moins extraordinaires, et pour les mêmes raisons, répond le duc de manière oblique.

Quand Waterhouse reprend vraiment conscience de ce qui l'entoure, il est assis dans le bureau du duc. Il pense qu'il a dû échanger quelques banalités polies en cours de route, mais prêter attention à ce genre de détail ne sert jamais vraiment à grand-chose. On lui propose du thé, qu'il accepte, pour la deux ou troisième fois, mais sans que cela se concrétise.

— Le colonel Chattan est en Méditerranée et on m'a envoyé à sa place, explique Waterhouse, non pas pour perdre du temps à m'occuper de détails logistiques, mais afin d'exprimer notre immense gratitude pour cette proposition de la plus extrême générosité concernant la mise à disposition du château.

Et hop ! Pas de pronom, pas d'impair.

— Pas du tout !

Le duc prend tout cela pour un affront à sa générosité. Il s'exprime au rythme lent et digne d'un homme qui feuillette mentalement un dictionnaire allemand-anglais.

— Même en mettant de côté mes propres... obligations patriotiques... acceptées de plein gré, bien sûr,.. il est devenu presque... terriblement chic... de nos jours... d'avoir toute une... bande... de... types en uniforme et ainsi de suite... qui se baladent dans votre... office.

— Nombre de grandes maisons britanniques apportent en effet leur contribution à l'effort de guerre, acquiesce Waterhouse.

— Eh bien... raison de plus, donc... utilisez-la ! lance le duc. Ne soyez pas... réticent ! Utilisez-la... à plein ! Exploitez-la... à fond ! Elle a... survécu... à un millier d'hivers qwghlmiens et elle... survivra bien au pire... que vous ayez connu.

— Nous espérons avoir un petit détachement sur place d'ici peu, répond Waterhouse d'un ton aimable.

— Puis-je... savoir... pour satisfaire ma... curiosité personnelle... quel genre de... ? s'enquiert le duc, laissant sa phrase en suspens.

Waterhouse a prévu le coup. Il l'a tellement bien prévu qu'il doit se retenir un instant et faire mine de prendre des airs de conspirateur.

— Huffduff.

— Huffduff ?

— HFDF — *High Frequency Direction Finding* —, repérage par ondes haute fréquence. Une technique pour localiser les émetteurs radio éloignés par triangulation à partir de plusieurs points.

— J'aurais... pensé que vous saviez déjà... où se trouvent tous les... émetteurs allemands.

— Certes, sauf pour les émetteurs mobiles.

— Mobiles ?

Le duc fronce puissamment les sourcils, imaginant sans doute un émetteur radio géant — le bâtiment, la tour, et le reste — monté sur quatre voies ferrées parallèles, comme la Grosse Bertha, et parcourant la steppe, traîné par un attelage d'Ukrainiens.

— Je songe aux U-Boote, suggère avec tact Waterhouse.

— Ah ! tonne le duc. Ah ! (Il se carre dans son fauteuil qui craque, et examine mentalement ce tout nouveau tableau.) Ils... font surface, n'est-ce pas... et émettent... des messages par TSF ?

— C'est cela.

— Et vous... les espionnez.

— Si seulement nous pouvions ! se lamente Waterhouse. Non, les Allemands ont fait appel à leurs plus brillants cerveaux mathématiques de réputation mondiale pour inventer des codes qui sont totalement indéchiffrables. Nous n'avons pas la moindre idée de ce qu'ils disent. Mais, par Huffduff, nous pouvons déduire d'où ils le disent, et dérouter nos convois en conséquence.

— Ah.

— Aussi, ce que nous nous proposons de faire, c'est d'installer de grandes antennes rotatives sur le château et d'amener sur place des experts en radiogoniométrie.

Le duc fronce les sourcils.

— Il y aura des... équipements de protection... adéquats... contre la foudre ?

— Bien entendu.

— Et vous êtes conscient que vous pouvez... vous attendre... à des tempêtes de neige... même jusqu'en plein mois d'août ?

— Les bulletins de la station météorologique royale de Qwghlm, dans leur ensemble, ne laissent guère de place à l'imagination.

— Dans ce cas, parfait ! lâche le duc, qui se fait de plus en plus à l'idée. Utilisez le château, donc ! Et faites-leur... faites-leur en baver !

## *ELECTRICAL TILL CORPORATION*

S'il fallait une preuve de la lente mise en œuvre du plan allié pour asphyxier l'Axe en l'étouffant sous des monceaux de produits manufacturés, il n'est que de considérer ce seul quai du port de Sydney avec ses empilements de caisses de bois et de fûts d'acier : des produits qui ont été dégorgés des cales de cargos venus d'Amérique, d'Angleterre, des Indes et qu'on a tout bonnement laissés là parce que l'Australie ne sait pas encore comment les digérer. Ce n'est pas le seul quai de Sydney à être encombré de marchandises. Mais comme celui-ci n'est guère bon à autre chose, les piles y sont plus hautes et les marchandises plus vieilles, plus rouillées, plus infestées de rats, plus givrées de sel, tartinées de couches plus épaisses et maculées de traînées plus odorantes de fiente de mouettes.

Un homme se fraye un chemin entre les piles, en essayant de ne pas s'en mettre encore plus sur son treillis. Il porte l'uniforme de commandant de l'armée de terre des États-Unis et trimbale une mallette bien encombrante. Son nom est Comstock.

À l'intérieur de la mallette se trouvent divers papiers d'identité, accréditations, laissez-passer et une lettre impressionnante émanant du bureau du général, à Brisbane. Comstock a eu l'occasion de présenter l'ensemble des articles susmentionnés aux gardes australiens avachis quoique étrangement effrayants qui, coiffés de leur casque de boy-scout et armés de leur fusil, infestent le bord de mer. Ces hommes ne parlent aucun dialecte anglais reconnaissable par le commandant et *vice versa*, mais ils savent au moins lire ce qui est inscrit sur ces papiers.

Le soleil se couche et les rats se lèvent. Le commandant a passé toute la journée à sillonner les docks. Il connaît assez la guerre et l'armée pour savoir que ce qu'il cherche se trouvera sur le dernier quai qu'il fouillera et qui se trouve être celui-ci. S'il commence sa fouille par l'extrémité la plus proche, ce qu'il cherche se trouvera à l'autre bout, et inversement. Raison de plus pour rester sur le qui-vive. Après avoir jeté un coup d'œil alentour pour s'assurer qu'aucune pile de fûts de kérosène percés ne se trouve à proximité, il allume une clope. La guerre est un enfer mais fumer des cigarettes compense largement.

Le port de Sydney est superbe au crépuscule, mais il l'a contemplé toute la journée et ne peut plus le voir en peinture. Faute d'une meilleure idée, il ouvre sa mallette. Il y a dedans un roman en édition brochée, qu'il a déjà lu. Et un calepin qui contient, en couches sédimentaires craquelées et jaunies, un document fissile que seul un archéologue pouvait mettre au jour. C'est le récit qui narre comment le général, juste après avoir quitté Corregidor et rallié l'Australie en avril, a envoyé une requête demandant un truc précis. Comment cette requête a été transmise en Amérique pour être renvoyée comme une boule de billard dans l'infini dédale encombré de la bureaucratie américaine civile et militaire ; comment le truc en question a été dûment fabriqué, approvisionné, trimbalé par camion ici et là pour finir par embarquer sur un cargo ; avec, pour conclure, quelques éléments tendant à prouver que ledit cargo se trouverait à quai dans le port de Sydney depuis déjà plusieurs mois. Rien ne prouve que ce cargo ait jamais déchargé le truc en question, mais décharger des trucs est en général ce que font tous les cargos quand ils accostent, aussi Comstock a-t-il décidé de s'en tenir à cette supposition.

Une fois terminée sa cigarette, le commandant Comstock reprend ses recherches. Certains papiers sur son calepin indiquent des chiffres magiques censés être imprimés à l'extérieur des caisses en question ; c'est du moins ce qu'il a supposé depuis qu'il s'est attelé à cette tâche dès le lever du jour, et s'il s'est trompé, il va devoir revenir sur ses pas et se remettre à inspecter toutes les caisses entreposées dans le port de Sydney. En fait, vérifier le numéro sur chaque caisse implique de se faufiler dans les étroits boyaux ménagés entre leurs piles et de devoir essuyer les amas de graisse et de crasse accumulés qui masquent les données essentielles. Le commandant se retrouve désormais aussi dégueulasse qu'un vulgaire troufion au combat.

Alors qu'il approche du bout du quai, son œil repère un amas de caisses qui semblent toutes de la même époque, vu l'épaisseur identique de leurs incrustations de sel. Tout en bas, là où les eaux de pluie s'accumulent, le bois grossièrement scié a pourri. Tout en haut, là où il est rôti par le soleil, il s'est voilé et fendu. Quelque part, ces caisses doivent porter des numéros appliqués au pochoir, mais c'est un autre détail qui attire son œil ; et lui fait battre le cœur, au même titre que l'apparition de la Bannière étoilée flottant au soleil du petit matin pour un fantassin assiégé. Ces caisses arborent fièrement les initiales de la société pour laquelle le commandant Comstock et la plupart de ses compagnons d'armes, là-haut à Brisbane, ont travaillé avant d'être affectés, en masse, au service de surveillance des signaux de l'armée. Les lettres sont décolorées et sales, mais il les reconnaîtrait partout dans le monde : elles forment le sigle, l'identité commerciale, l'étendard de l'ETC — l'Electrical Till Corporation.

# CRYPTE

Le terminal est censé reprendre les lignes d'une rangée de *long-houses*, ces longues maisons malaises sur pilotis, entassées les unes contre les autres. Une passerelle télescopique toute neuve tâtonne comme une lamproie géante avant de coller ses lèvres de néoprène sur le flanc de l'avion. Le groupe de touristes retraités nippons ne fait aucun effort pour quitter l'appareil, libérant respectueusement les allées pour les hommes d'affaires pressés : *Allez-y, les gens à qui nous allons rendre visite pourront bien attendre.*

Dans le boyau de la passerelle, Randy sent peu à peu sur sa peau l'humidité et le kérosène se condenser en parts égales, et il se met bientôt à transpirer. Puis il débouche dans l'aérogare qui, nonobstant les allusions aux demeures traditionnelles malaises, a été explicitement conçue pour ressembler à toutes les autres aérogares flambant neuves de la planète. La climatisation le frappe comme un pic à glace en plein crâne. Il dépose ses sacs à terre et reste immobile un moment pour rassembler ses esprits, planté sous un tableau de Leroy Neiman grand comme un terrain de volley, dépeignant le sultan en pleine action sur un poney de polo. Coincé dans son siège près du hublot durant un voyage bref et secoué, il n'a jamais eu le temps de se rendre aux toilettes, aussi le fait-il maintenant, pissant si dru que l'urinoir émet une espèce de iodle.

Au moment où il se recule, parfaitement satisfait, il remarque soudain la présence d'un autre homme qui s'écarte de l'urinoir voisin — un des hommes d'affaires nippons tout juste descendus de l'appareil. Deux mois plus tôt, la seule présence de cet intrus aurait totalement dissuadé Randy d'aller pisser. Aujourd'hui, il n'a même pas remarqué que ce type était là. Depuis toujours coincé de la vessie, Randy est ravi de constater qu'il est tombé, par hasard, sur le remède miracle : ne pas se convaincre qu'on est un Mâle Alpha dominant, mais plutôt être trop perdu dans ses pensées pour noter qu'il y a des gens autour de vous. La rétention urinaire est un des moyens qu'a le corps de vous dire que vous réfléchissez trop, qu'il est temps de quitter le campus et de se payer une séance de galipettes.

— Vous regardiez le site du ministère de l'Information ? dit l'homme d'affaires.

Il est vêtu d'un impeccable costume rayé anthracite, qu'il porte avec la même aisance que Randy son tee-shirt souvenir de la 5^e^ Conférence des pirates informatiques, son bermuda de surf et ses sandales Teva.

— Oh ! laisse échapper Randy, gêné. J'ai complètement oublié de le chercher.

Les deux hommes rient. Le Nippon exhibe une carte de visite professionnelle avec l'agilité d'un prestidigitateur. Randy est obligé de scratcher son portefeuille à fermeture Velcro pour aller pêcher la sienne. Ils échangent leurs cartes selon la tradition asiatique, à deux mains, méthode qu'Avi l'a forcé à pratiquer jusqu'à ce qu'il ait à peu près pris le coup. Ils s'inclinent l'un vers l'autre, déclenchant les gargouillis des deux urinoirs à déclenchement automatique les plus proches. La porte des toilettes s'ouvre alors et un Nip âgé se hasarde à l'intérieur, précurseur de la horde argentée.

« Nip » est le terme employé par le sergent Sean

Daniel McGee, retraité de l'armée américaine, pour parler des Nippons dans ses mémoires de guerre sur Kinakuta, document dont Randy trimbale une photocopie dans son sac. C'est une épouvantable injure raciale. D'un autre côté, on appelle bien les Anglais des Angliches, les Américains des Amerloques, tout le temps. Alors, appeler un Nippon un Nip, c'est bien la même chose, non? Ou est-ce équivalent à traiter un Chinois de Chinetoque? Tout au long de centaines d'heures de réunion et de méga-octets de messages électroniques cryptés que Randy, Avi, John Cantrell, Tom Howard, Eberhard Föhr et Beryl ont échangé pour mettre sur pied Épiphyte (2), il est arrivé à chacun d'eux, par inadvertance, d'utiliser le mot Jap, comme abrégé de Japonais — de la même façon qu'on dit RAM pour *Random Access Memory*. Mais bien entendu, Jap est également une épouvantable injure raciale. Randy suppose que tout cela doit être fonction de votre état d'esprit au moment où vous énoncez le mot. Si c'est juste pour faire court, cela n'a rien d'injurieux. Mais si vous nourrissez des haines raciales, comme c'est, semble-t-il, parfois le cas de Sean Daniel McGee, c'est différent.

La carte de ce Nippon particulier l'identifie comme un certain GOTO Furudenendu (« Ferdinand Goto »). Randy, qui a récemment consacré pas mal de temps à se pencher sur les organigrammes de plusieurs grosses entreprises nippones, sait déjà qu'il est vice-président chargé des projets spéciaux (quoi que cela puisse signifier) chez Goto Ingénierie. Il sait aussi que les organigrammes des sociétés japonaises sont de la daube et que les noms de poste ne signifient absolument rien. Qu'il porte, en revanche, le même patronyme que le fondateur de l'entreprise mérite sans doute d'être noté.

La carte de Randy indique qu'il est Randall L. WATERHOUSE (« Randy ») et qu'il est vice-président chargé du développement des technologies de réseau chez Épiphyte SA.

Goto et Waterhouse sortent des toilettes et entreprennent de suivre les icônes de réception des bagages essaimées dans le terminal comme autant de miettes de pain.

— Vous souffrez du décalage horaire ? demande joyeusement Goto, suivant (suppose Randy) les répliques d'un manuel d'anglais.

C'est un type pas mal, avec un sourire de gagneur. La quarantaine, apparemment, même si les Nippons semblent avoir un algorithme de vieillissement bien particulier, donc rien n'est moins sûr.

— Non, répond Randy.

Étant un nerd [1], il répond mal à ce genre de questions, à savoir de manière succincte et sans mentir. Il sait que Goto se moque foncièrement de savoir si Randy est ou non affecté par le décalage horaire. Il est vaguement conscient qu'Avi, s'il était à sa place, prendrait la question de Goto pour ce qu'elle est : une ouverture vers un dialogue courtois et plein d'entrain. Jusqu'à ce qu'il ait la trentaine, Randy vivait mal le fait de n'être pas très doué pour les relations sociales. Maintenant, il s'en contrefout. D'ici peu, il finira même par en être fier. En attendant, et pour défendre l'entreprise commune, il tâche de faire de son mieux.

— En fait, j'ai passé quelques jours à Manille, ce qui m'a laissé tout le temps pour me recaler.

— Ah. Vos activités à Manille se sont bien déroulées ? réplique aussitôt Goto.

— Oui, oui, très bien, merci, ment Randy, maintenant que ses talents mondains, pour ce qu'ils valent, ont eu le temps de se dérouiller. Vous venez directement de Tokyo ?

C'est, foncièrement, une réponse condescendante. Goto Ingénierie a son siège à Kobe et son interlocuteur n'a donc aucune raison de transiter par l'aéroport de Tokyo. Goto répond malgré tout par

1. Terme d'argot qualifiant le « fondu » d'informatique que sa passion exclusive rend peu sociable, voire carrément décalé. *(N.d.T.)*

l'affirmative car, durant ce bref instant d'hésitation, il a compris qu'il n'a affaire qu'à un vulgaire Amerloque qui, lorsqu'il dit « Tokyo », veut dire en fait « l'archipel nippon » ou « le diable vauvert ».

— Excusez-moi, se reprend Randy. Je voulais dire Osaka.

Sourire éclatant de Goto qui semble exécuter l'imperceptible amorce d'une courbette.

— Oui, je suis arrivé aujourd'hui d'Osaka.

Goto et Waterhouse se retrouvent séparés à la réception des bagages, échangent des sourires lors du passage expéditif au service d'immigration, et retombent l'un sur l'autre au niveau de la dépose des véhicules. Des Kinakutains en uniforme quasi naval immaculé, parements d'or et gants blancs, accostent les voyageurs pour leur proposer des moyens de transport vers les hôtels du voisinage.

— Vous êtes descendu vous aussi au Foote Mansion ? s'enquiert Goto.

C'est le nom du grand palace de Kinakuta. Mais il connaît déjà la réponse : la réunion du lendemain a été programmée de manière aussi détaillée qu'un lancement de navette spatiale.

Randy hésite. La Mercedes-Benz la plus grosse qu'il ait jamais vue vient tout juste de se ranger le long du trottoir. La condensation n'embue pas seulement ses vitres mais dégouline littéralement dessus à flots. Un chauffeur en livrée du Foote Mansion vient d'en jaillir pour soulager M. Goto de ses bagages. Randy sait qu'il n'a besoin que d'esquisser un mouvement vers cette limousine pour se retrouver propulsé vers un hôtel de luxe où il pourra prendre une douche, regarder tout nu la télé tout en dégustant du vin de France à cent dollars la bouteille, aller nager, se faire masser.

Ce qui est précisément le problème. Il se sent déjà flancher sous la chaleur équatoriale. Il est un peu trop tôt pour se ramollir. Il n'est debout que depuis six ou sept heures. Il y a du boulot à abattre. Il s'oblige à se mettre au garde-à-vous et l'effort provoque chez lui une suée si palpable qu'il s'attendrait presque à tremper les alentours sur un rayon de plusieurs mètres.

— Je serais ravi de vous accompagner jusqu'à l'hôtel, dit-il, mais j'ai une ou deux courses à faire auparavant.

Goto a compris.

— Dans ce cas, peut-être au bar, ce soir.

— Laissez-moi un message, dit Randy.

Alors Goto le salue derrière les vitres fumées comme la Mercedes décolle à sept g du trottoir. Randy effectue un cent quatre-vingts degrés, retourne dans l'aérogare et se dirige vers le Halal Dunkin'Donuts, qui accepte huit devises différentes, et se rassasie. Puis il ressort et se dirige imperceptiblement vers une file de taxis. Un chauffeur se jette aussitôt sur lui et lui arrache son sac de l'épaule.

— Ministère de l'Information, indique Randy.

Sur le long terme, ce n'est pas nécessairement une bonne idée que le sultanat de Kinakuta se soit doté d'un gigantesque ministère de l'Information parasismique, volcanique, tsunamique et atomique, doté de sous-sols abyssaux bourrés d'ordinateurs et de routeurs dernier cri. Mais le sultan a décidé que ce serait un truc sympa. Il a donc engagé d'inquiétants architectes allemands pour le dessiner, et Goto Ingénierie pour le construire. Personne, bien sûr, n'est plus habitué que les Nippons aux catastrophes naturelles stupéfiantes, si ce n'est peut-être certaines peuplades aujourd'hui disparues et par conséquent incapables de les concurrencer sur ce type de marché. Par ailleurs, ils ont une certaine expérience des bombardements de grande envergure, comme du reste les Allemands.

Il y a bien sûr des sous-traitants ainsi qu'une pléthore d'ingénieurs-conseils. Par quelque miraculeux prodige de baratin, Avi a réussi à décrocher l'un des plus gros contrats de consultant : Épiphyte (2) SA est chargée de « l'intégration des systèmes », à savoir raccorder tout un tas de bidules fabriqués par d'autres, et superviser l'installation de tous les ordinateurs, routeurs, commutateurs et réseaux de transport de données.

Le trajet jusqu'au site est étonnamment court. Kinakuta City n'est pas si grande, cernée qu'elle est de hautes chaînes de montagnes, et le sultan l'a dotée d'un vaste réseau d'autoroutes à deux fois quatre voies. Le taxi traverse en coup de vent la plaine gagnée sur la mer sur laquelle l'aéroport a été construit, fait un large détour derrière le moignon d'Eliza Peak, ignore deux sorties vers la technopole, puis quitte l'autoroute à une bretelle dépourvue d'indication. Soudain, ils se retrouvent coincés dans une file de camions bennes vides — des monstres nippons arborant sur les flancs le nom GOTO en énormes lettres viriles. Venant en face d'eux, un flot continu d'autres camions, identiques, hormis que ceux-ci sont pleins à ras bord de déblais rocheux. Le chauffeur de taxi monte sur le bas-côté droit et dépasse en trombe la file de camions sur au moins huit cents mètres. Ils montent — les oreilles de Randy viennent de claquer. La route est construite au fond d'une ravine qui s'enfonce dans les montagnes. Bientôt, ils sont cernés par de vertigineuses parois de verdure qui agissent comme des éponges, piégeant un éternel nuage de vapeur à travers lequel on entrevoit parfois des étincelles de couleurs vives. Randy ne saurait dire s'il s'agit de fleurs ou d'oiseaux. Le contraste entre la végétation luxuriante de la forêt et la piste en terre battue, défoncée par les pneus monstrueux des poids lourds, est déroutant.

Le taxi s'arrête. Le chauffeur se tourne et le regarde, dans l'expectative. Randy croit un instant qu'il s'est perdu et attend ses instructions. La route s'achève ici, dans un parking mystérieusement placé au beau milieu de la forêt tropicale. Randy avise une demi-douzaine de grosses roulottes climatisées arborant le logo de diverses entreprises nippones, allemandes et américaines ; deux douzaines de voitures particulières ; et un grand nombre d'autocars. Tous les équipements d'un gros chantier de travaux publics sont là, avec quelques suppléments, par exemple deux singes au gigantesque pénis turgescent qui se battent autour du contenu d'une benne, mais le chantier lui-même n'est visible nulle part. Seul un mur de végétation barre le bout de la route, d'un vert si sombre qu'il confine au noir.

Les camions vides disparaissent dans ces ténèbres. Des pleins en ressortent, leurs phares sont les premiers à jaillir de la brume et de la pénombre, suivis par les guirlandes bariolées que les chauffeurs ont fixées aux calandres, puis par les reflets sur les chromes et le pare-brise, et enfin par le camion proprement dit. Les yeux de Randy s'adaptent et il constate bientôt qu'il contemple l'intérieur d'une caverne, éclairée par des lampes à vapeur de mercure.

— Vous voulez que je vous attende ? demande le chauffeur.

Randy jette un œil au compteur, effectue une conversion rapide qui lui révèle que la course jusqu'ici ne lui a coûté que dix cents.

— Oui, fait-il avant de descendre.

Satisfait, le chauffeur recule se garer puis allume une cigarette.

Randy reste planté là, bouche bée, une bonne minute à regarder la caverne, d'une part parce que c'est un sacré foutu spectacle, et de l'autre parce qu'un flot d'air frais s'en échappe, ce qui est bien agréable. Puis, d'un pas lourd, il traverse l'espace dégagé pour se diriger vers la roulotte marquée « Épiphyte ».

Celle-ci est tenue par trois minuscules Kinakutaines qui savent exactement qui il est, bien que ne l'ayant jamais vu, et semblent manifestement ravies de le voir. Elles sont drapées dans de longues bandes d'étoffes amples aux couleurs brillantes sur des cols roulés Eddie Bauer pour se protéger du froid polaire des climatiseurs. Toutes sont terriblement efficaces et pleines d'aisance ; où que Randy aille en Asie du

Sud-Est, il tombe sur des femmes qui devraient être à la tête de la General Motors. Il est à peine entré qu'elles ont déjà prévenu de son arrivée par talkie-walkie et téléphone cellulaire, lui ont offert une paire d'épaisses cuissardes en caoutchouc, un casque de chantier et un téléphone mobile, le tout soigneusement marqué à son nom. Au bout de deux minutes, un jeune Kinakutain en casque et bottes crottées ouvre la porte de la caravane, se présente comme « Steve » et conduit Randy à l'entrée de la caverne. Ils suivent un étroit passage planchéié illuminé par une guirlande d'ampoules sous globe grillagé.

Sur la première centaine de mètres, la caverne n'est qu'un boyau rectiligne tout juste assez large pour laisser passer deux camions Goto et les piétons. Randy touche la paroi. La pierre est rugueuse, poussiéreuse, pas lisse comme à la surface d'une grotte naturelle, et il aperçoit du reste des marques récentes de foreuse et de marteau-piqueur.

L'écho lui indique que ça ne va pas tarder à changer. En effet, Steve vient de le faire pénétrer dans la caverne proprement dite. Et elle est, il n'y a pas d'autre mot, caverneuse. Assez grande pour qu'une douzaine de ces énormes dumpers puissent s'y garer en cercle en attendant d'être chargés de roche et de déblais. Randy lève les yeux, cherchant à apercevoir le plafond, mais tout ce qu'il voit, c'est l'éclat blanc bleuté de lampes de forte puissance, un peu comme celles qui éclairent les salles de sport, peut-être une dizaine de mètres au-dessus de lui. Au-delà règnent la brume et les ténèbres.

Steve part à la recherche de quelque chose, laissant Randy seul quelques minutes, une chance, car il lui faut du temps pour se repérer.

Une partie de la paroi est lisse et naturelle ; le reste est rugueux, trahissant les élargissements voulus par les ingénieurs et exécutés par l'entrepreneur de travaux publics. De la même manière, une partie du sol est lisse, et pas tout à fait horizontale. Une autre partie a été forée et dégagée à l'explosif pour l'abaisser, d'autres ont été comblées pour les mettre de niveau.

Cet endroit, la salle principale, semble à peu près achevé. Les bureaux du ministère de l'Information y seront installés. Il y a deux autres salles, plus petites, plus loin dans les entrailles de la montagne, qui sont encore en cours d'aménagement. La première abritera le local technique (groupes électrogènes et ainsi de suite), la seconde le système informatique.

Un blond costaud coiffé d'un casque émerge d'un trou dans la paroi de la pièce : Tom Howard, vice-président d'Épiphyte SA chargé de la technologie des systèmes. Il ôte son casque et salue Randy, puis il lui fait signe d'approcher.

Le boyau qui conduit à la salle des systèmes est assez large pour livrer passage à une fourgonnette de livraison mais pas aussi rectiligne et horizontal que la galerie d'accès principale. Il est presque entièrement occupé par un tapis roulant d'une vitesse et d'une puissance phénoménales, qui emporte des tonnes de déblais gris et dégoulinants vers la grande salle où ils seront chargés dans les dumpers Goto. En termes de coût et de complexité apparente, l'appareil a en gros le même rapport avec un tapis roulant normal qu'un F-15 avec un Sopwith Camel. Il est possible de parler mais impossible de se faire entendre quand on est à proximité, aussi Tom, Randy et le Kinakutain qui se fait appeler Steve longent-ils en silence l'engin sur encore une centaine de mètres avant de déboucher dans la caverne suivante.

Celle-ci est assez vaste pour contenir un petit pavillon de plain-pied. La bande transporteuse la traverse en son milieu avant de disparaître par une autre galerie; les déblais proviennent de plus loin encore à l'intérieur de la montagne. Ici aussi, le bruit est toujours trop fort pour permettre la conversation. Le sol a été aplani par la coulée d'une chape de béton et, à intervalles réguliers de quelques mètres, des gaines s'élèvent avec, débouchant à leur extrémité, des perruques de câbles orange : des lignes à fibres optiques.

Tom se dirige vers une autre ouverture dans la paroi. Il semble que plusieurs cavernes secondaires débouchent sur celle-ci. Tom conduit Randy par l'ouverture, puis se retourne et pose une main sur son bras pour le retenir : ils sont au sommet d'un escalier de bois abrupt édifié pour descendre dans un puits presque vertical de cinq ou six mètres.

— Ce que tu viens de voir est la salle de dispatching principal, explique Tom. Une fois terminé, ce sera le plus gros routeur du monde. Nous nous servons de certaines des autres chambres pour installer des ordinateurs et des unités de stockage de masse. En fait, le plus gros réseau RAID jamais construit, avec, en tampon, un gigantesque cache en mémoire vive.

RAID est l'acronyme de *Redundant Array of Inexpensive Disks* — « batterie redondante de disques bon marché » ; c'est un moyen pour stocker de vastes quantités d'information de manière économique et fiable, bref, le procédé idéal quand on veut installer un paradis informatique.

— C'est pour cela qu'on dégage encore certaines de ces salles, continue Tom. Et on a découvert quelque chose, là-dessus, que j'ai pensé que tu trouverais intéressant.

Il se retourne et entreprend la descente à reculons.

— Est-ce que tu savais que ces grottes avaient servi d'abri antiaérien aux Japonais, pendant la guerre ?

Randy a apporté la carte de son bouquin photocopié. Il l'a dans sa poche. Il la déplie, la lève et l'approche d'une ampoule électrique. Effectivement, elle indique un site, dans la montagne, légendé : ENTRÉE D'UN PC / ABRI ANTIAÉRIEN.

— Un PC ? s'étonne Randy.

— Ouais. Comment l'as-tu appris ?

— Prêt inter-bibliothèques.

— On l'ignorait jusqu'à ce qu'on arrive ici et qu'on découvre tous ces vieux câbles et ces vieux bidules électriques accrochés partout. Il a fallu tout arracher pour pouvoir passer les nôtres.

Randy entreprend la descente à son tour.

— Ce puits était rempli de caillasse, explique Tom, mais on a vu des fils qui plongeaient à l'intérieur, et on s'est douté qu'il devait y avoir quelque chose là-dessous.

Randy contemple le plafond, nerveux.

— Pourquoi était-il plein de caillasse ? Un éboulement ?

— Non. Ce sont les soldats japonais qui l'ont comblé. Ils ont balancé des rochers pour le boucher entièrement. Il a fallu quinze jours à une douzaine de nos ouvriers pour le dégager à la main.

— Et où menaient les fils ?

— À des ampoules. C'étaient de simples fils électriques. Pas des câbles de transmission.

— Dans ce cas, qu'est-ce qu'ils essayaient de planquer là-dessous ?

Randy a presque atteint le bas de l'escalier et il voit à présent que la cavité a les dimensions d'une pièce de bonne taille.

— Constate par toi-même, et Tom bascule un interrupteur.

La cavité a la taille approximative d'un garage à une place, avec un sol égalisé avec soin. Il y a un bureau de bois, une chaise, un classeur, tout duveteux d'un demi-siècle de moisissure gris verdâtre. Et il y a un coffre métallique, peint en vert olive, marqué de caractères nippons.

— J'ai forcé le verrou de ce truc, explique Tom. (Il s'approche du coffre, en bascule le couvercle.) Il est rempli de livres. Tu t'attendais peut-être à des lingots d'or ? rit Tom en constatant l'expression de Randy.

Celui-ci s'assoit par terre et empoigne ses chevilles. Il fixe bouche bée les bouquins dans le coffre.

— Tu te sens bien ? s'inquiète Tom.

— Très nette impression de déjà vu, dit Randy.

— Ce truc ?

— Ouais. Je l'ai déjà vu, répète Randy.

— Où ça ?

— Dans le grenier de ma grand-mère.

Randy ressort du dédale de cavernes et regagne le parking. L'air chaud est agréable sur sa peau, mais le temps de rejoindre la roulotte d'Épiphyte SA pour rendre son casque et ses bottes, il s'est remis à transpirer. Il dit au revoir aux trois femmes qui travaillent ici et, derechef, est frappé par leur prévenance, leur sollicitude. Puis il lui revient qu'il n'est pas un banal pékin : il est un actionnaire, un cadre important de l'entreprise qui les emploie — c'est lui qui les paie, ou qui les opprime, au choix.

Il retraverse le parking, progressant avec lenteur pour essayer d'éviter l'emballement de sa chaudière métabolique. Un second taxi est venu se garer près de celui qui l'attend toujours et les deux chauffeurs, penchés à la portière, taillent une bavette.

Au moment de remonter dans son taxi, Randy jette un coup d'œil vers l'entrée de la caverne. Encadré par ses mâchoires gigantesques, écrasé par la masse des dumpers de Goto, un homme solitaire, aux cheveux argentés, un peu voûté mais mince et d'allure presque athlétique, avec son survêtement et ses tennis, tourne le dos à Randy et contemple la caverne, une gerbe de fleurs à la main. Il est parfaitement immobile, comme enraciné dans la boue.

La porte de la roulotte Goto Ingénierie s'ouvre. Un jeune Nippon en chemise blanche, cravate rayée et casque orange descend les marches et se précipite vers le vieillard aux fleurs. Arrivé à quelques mètres, il s'arrête, réunit les pieds, fait une courbette. Randy n'a pas assez longtemps fréquenté les Nippons pour saisir les détails de l'étiquette, mais il lui semble que c'est un salut extraordinairement cérémonieux. Le jeune homme s'approche alors du vieillard avec un grand sourire, la main tendue pour l'inviter à gagner la roulotte Goto. Le vieillard semble désorienté — peut-être la caverne n'a-t-elle plus l'aspect qu'il lui connaissait —, mais après quelques instants, il esquisse une courbette et se laisse conduire à l'écart du flot des camions.

Randy monte dans son taxi et indique au chauffeur son hôtel.

Il avait nourri l'illusion qu'il lirait les mémoires de guerre de Sean Daniel McGee à tête reposée, minutieusement, du début à la fin, mais c'est désormais bel et bien une illusion. Il sort de son sac le photocopié durant le trajet du retour à l'hôtel et entreprend un tri impitoyable des feuillets. Le plus gros du manuscrit n'a rien à voir avec Kinakuta — c'est la relation des expériences au combat de McGee aux Philippines et en Nouvelle-Guinée. Sans être Churchill, McGee a toutefois un talent narratif certain, à la fois savoureux et distancié, qui rend lisibles même les plus banales anecdotes. Ses dons de conteur ont dû lui valoir un succès fou au bar du mess des sous-offs ; une centaine de sergents pris de boisson ont dû le pousser à coucher par écrit une partie de ces conneries, si un jour il revenait entier à Boston.

Il y est effectivement revenu, mais au contraire de la plupart des autres GI qui étaient aux Philippines le jour de l'armistice, il n'est pas rentré directement au pays. Il a d'abord effectué un petit détour par le sultanat de Kinakuta, où étaient encore postés près de quatre mille soldats nippons. Ce qui explique une bizarrerie du bouquin. Dans la plupart des mémoires de guerre, le jour de la victoire en Europe ou dans le Pacifique apparaît à la dernière page ou à tout le moins au dernier chapitre, en suite de quoi, notre narrateur rentre chez lui et s'achète une Buick. Mais ici, le jour de l'armistice arrive aux deux tiers environ du récit de Sean Daniel McGee. Une fois que Randy a éliminé tout ce qui se passe avant août 1945, il lui reste encore une pile de feuillets d'une redoutable épaisseur. Il est évident que le sergent McGee en a gros sur la patate.

La garnison nippone de Kinakuta a depuis longtemps été oubliée par la guerre et comme toutes les garnisons oubliées, elle a consacré ce qui lui restait d'énergie à cultiver des légumes et à attendre l'arrivée sporadique de sous-marins que, vers la fin du conflit, les Nippons affectaient au transport des cargaisons les plus vitales et au transfert d'un point à un autre de spécialistes désespérément demandés, comme les mécaniciens d'aviation. Quand ils entendirent, retransmis de Tokyo, le message d'Hirohito leur demandant de déposer les armes, ils obéirent scrupuleusement mais (on doit le suspecter) avec joie.

Le seul problème restait juste de trouver quelqu'un à qui se rendre. Les Alliés s'étaient concentrés sur la préparation de l'invasion des quatre grandes îles de l'archipel nippon, et il leur fallut un certain temps pour distraire des troupes vers les postes à l'écart comme Kinakuta. Le compte rendu fait par McGee de la confusion régnant à Manille est mordant — à ce point du récit, McGee commence à perdre patience, et à perdre son charme. Il se met à s'insurger. Vingt pages plus loin, le voilà qui débarque en pataugeant sur la plage de Kinakuta. C'est au garde-à-vous qu'il voit son capitaine accepter la reddition de la garnison nippone. Il poste un garde à l'entrée de la caverne où un petit groupe de Nips entêtés ont refusé de se rendre. Il organise le désarmement systématique des soldats nippons, qui sont terriblement émaciés, et veille à ce qu'armes et munitions soient jetées dans l'océan, alors même qu'on débarque vivres et médicaments. Il aide un petit contingent d'ingénieurs à déployer des barbelés autour de l'aérodrome qu'il transforme en camp d'internement.

Randy feuillette rapidement ce passage durant le trajet en taxi. Puis des mots comme « empalé », « hurlements », « hideux » attirent son œil, aussi recule-t-il de quelques pages pour les relire avec plus d'attention.

Le nœud de l'affaire, c'est que les Nippons ont, depuis 1940, chassé des milliers d'autochtones de l'intérieur frais et sain de l'île pour les forcer à travailler à sa lisière torride et pestilentielle. Ces esclaves ont agrandi la vaste caverne où les Nippons ont installé leur abri et leur poste de commandement; amélioré la route menant au sommet d'Eliza

Peak, où sont perchées les stations de radar et de radiogoniométrie ; construit une autre piste pour l'aérodrome ; poursuivi le remblaiement du port ; et ils sont morts par milliers, fauchés par la malaria, le typhus, la dysenterie, la malnutrition et l'épuisement. Ces mêmes indigènes, ou leurs frères endeuillés, ont alors observé, de leurs retraites dans les montagnes, l'arrivée de Daniel McGee et de ses camarades, ils les ont vus dépouiller les Nippons de leurs armes avant de tous les concentrer sur le terrain d'aviation, gardés par quelques douzaines de malheureux GI épuisés, souvent saouls ou assoupis. Ces indigènes ont alors travaillé jour et nuit, dans la jungle, à confectionner des lances, jusqu'à ce que la pleine lune suivante illumine comme un projecteur les Nippons endormis. Alors, ils se sont déversés de la forêt, décrits par Sean Daniel McGee comme « une horde », « un essaim de guêpes », « une armée hurlante », « une noire légion jaillie des portes de l'Enfer », « une masse glapissante » et autres épithètes dont il n'a toujours pas réussi à se détacher. Ils fondent sur les GI qu'ils désarment mais sans leur faire de mal. Ils lancent des troncs d'arbre par-dessus les barbelés jusqu'à ce que la clôture soit devenue une véritable autoroute et envahissent alors le terrain d'aviation en brandissant leurs lances. La narration de McGee s'étend sur une vingtaine de pages et, en gros, c'est le récit de la nuit où un brave sergent de Boston s'est retrouvé définitivement déjanté.

— Monsieur ?

Randy se rend compte avec un sursaut que la portière du taxi est ouverte. Il regarde alentour et s'aperçoit qu'il est sous l'auvent de l'hôtel Foote Mansion. La portière est tenue par un jeune chasseur sec et nerveux dont l'allure est différente de celle de la plupart des Kinakutains que Randy a rencontrés jusqu'ici. Ce gamin correspond parfaitement au portrait fait par Sean Daniel McGee des indigènes de l'intérieur.

— Merci, dit Randy qui met un point d'honneur à le gratifier d'un généreux pourboire.

Sa chambre est entièrement garnie de meubles conçus en Scandinavie mais assemblés sur place avec diverses variétés de bois exotiques menacés. La fenêtre donne sur les montagnes de l'intérieur, mais s'il se rend sur son balcon minuscule, il peut entrevoir un coin de mer, un porte-conteneurs en cours de déchargement, et une bonne partie du jardin du souvenir aménagé par les Nippons sur le site du massacre.

Plusieurs messages et fax l'attendent : la plupart viennent d'autres membres d'Épiphyte SA pour lui signaler leur arrivée et lui indiquer le numéro de leur chambre. Randy défait ses bagages, prend une douche, et envoie ses chemises à la blanchisserie pour le lendemain. Puis il s'installe confortablement à la petite table, allume son ordinateur portable et affiche le projet commercial d'Épiphyte (2) SA.

## *LÉZARD*

Bobby Shaftoe et ses copains sont sur le point de faire une chouette petite virée matinale à la campagne.

En Italie.

L'Italie ! Putain, il n'y croit pas. C'est quoi, ce plan ?

Pas son boulot, en tout cas. Son boulot lui a été très explicitement décrit. Il y a intérêt, vu que ça ne tient pas debout.

Au bon vieux temps, celui de Guadalcanal, son supérieur hiérarchique lui donnait un ordre du genre : « Shaftoe, nettoyez-moi ce bunker ! » et dès cet instant, Bobby Shaftoe était un électron libre. Il pouvait marcher, courir, nager, ramper. Il pouvait se faufiler et balancer une grenade, ou bien se tenir à distance et arroser la cible au lance-flammes. Peu importait, pourvu que l'objectif soit rempli.

L'objectif de cette petite mission dépasse totalement son entendement. Ils l'ont réveillé, lui et le lieutenant Enoch Root, trois des autres Marines, dont le radio, et plusieurs gars du SAS, au beau milieu de la nuit, pour les propulser vers un des rares docks de l'île de Malte à ne pas avoir été démoli par la Luftwaffe. Un sous-marin les attend. Ils montent à bord et passent environ vingt-quatre heures à jouer aux cartes. La plupart du temps, ils sont en surface, où les submersibles peuvent progresser bougrement plus vite, mais de temps à autre, ils plongent, à l'évidence pour d'excellentes raisons.

Quand on les autorise enfin à regagner le pont plat du sous-marin, c'est de nouveau le milieu de la nuit. Ils sont dans une petite anse sur une côte rocailleuse et desséchée ; c'est en tout cas ce que Shaftoe en devine au clair de lune. Deux camions les attendent. Ils ouvrent des écoutilles sur le pont et se mettent à débarquer la cargaison ; dans l'un des camions, les Marines américains chargent un tas de sacs à vêtements apparemment bourrés de tout un tas de détritus. Pendant ce temps, les Anglais du SAS s'affairent avec des clés, des chiffons, de la graisse et force jurons à l'arrière de l'autre camion, pour assembler un truc avec le contenu des caisses sorties d'une autre partie du submersible. Le résultat est couvert par une bâche avant que Shaftoe ait pu le voir en détail mais il reconnaît indubitablement le genre d'engin qu'il vaut mieux ne pas avoir pointé sur soi.

Il y a deux types basanés et moustachus qui traînent près du quai, à fumer et discuter avec le capitaine du sous-marin. Une fois que toute la cargaison est déchargée, il semble que le capitaine les paie avec d'autres caisses sorties du submersible. Les hommes en ouvrent deux pour en inspecter le contenu et paraissent satisfaits.

À ce moment, Shaftoe ne sait même toujours pas sur quel continent ils se trouvent. Quand il a aperçu le paysage, il a cru tout d'abord que c'était l'Afrique du Nord. En découvrant les hommes, il a pensé qu'ils étaient en Turquie, en Irak ou quelque part dans ce coin.

Ce n'est que lorsque le soleil se lève sur leur petit convoi et que (couché à l'arrière sur les sacs de détritus, lorgnant dehors par-dessous la bâche) il peut entrevoir des panneaux indicateurs et des clochers d'églises qu'il comprend qu'il doit se trouver en Italie ou en Espagne. Finalement, il voit un panneau indiquant ROMA et en déduit que c'est l'Italie. La pancarte indique la direction opposée au soleil du milieu de la matinée, ils doivent donc être quelque part au sud ou au sud-est de Rome. Ils sont également au sud d'un autre bled appelé Napoli.

Mais il ne s'éternise pas à regarder. Les circonstances ne s'y prêtent pas. Le camion est conduit par un type qui parle la langue du coin et s'arrête de temps à autre pour discuter avec les autochtones. En général, le ton suggère des plaisanteries amicales. Parfois, cela ressemble à des disputes sur la politesse au volant. Parfois, le dialogue est plus calme, plus réservé. Shaftoe finit lentement par saisir qu'au cours de ces derniers échanges, le chauffeur du camion graisse la patte à quelqu'un pour leur obtenir le passage.

Il est scandalisé de découvrir que dans un pays activement mêlé au plus grand conflit de l'Histoire — un pays qui plus est dirigé par des fascistes belliqueux, sacré nom d'une pipe ! — deux camions bourrés de soldats ennemis armés jusqu'aux dents puissent se balader sans encombre, simplement dissimulés sous deux bâches à trois sous. C'est criminel ! Quel genre de lamentable opération est-ce là ? Il se sent des envies de bondir, de rejeter la bâche et de flanquer à ces Ritals une bonne raclée. Du reste, tout ce coin aurait besoin d'un sérieux décrassage à la brosse. Mais on dirait que les gens n'en ont même pas la force. D'un autre côté, prenez les Nips, on pourra en penser ce qu'on voudra, au moins, quand ces mecs vous déclarent la guerre, ils ne rigolent pas.

Mais il résiste à la tentation de faire des reproches aux Italiens. Il estime que cela va à l'encontre des ordres qu'il a scrupuleusement mémorisés avant que la découverte ahurissante qu'il se balade dans un pays de l'Axe ne lui ait totalement ravagé le cerveau. Et s'ils n'avaient pas été énoncés par le colonel Chattan en personne — l'officier qui commande le détachement 2702 — il n'y aurait pas cru de toute façon.

Ils sont censés installer un bivouac. Et passer le plus clair de leur temps à taper le carton, tandis que l'opérateur radio risque d'être fort affairé. Cette phase de l'opération pourrait durer une semaine. Au terme de laquelle on doit envisager une énergique recrudescence d'efforts concertés pour les tuer de la part de tout un tas d'Allemands et, s'ils se sentent d'humeur impétueuse ce jour-là, d'Italiens. Lorsque cela se produira, ils devront alors envoyer un message radio, incendier leur campement et se rendre vers un champ bien précis, censé être un terrain d'aviation où ils se feront récupérer par ces hardis aviateurs du SAS.

Shaftoe n'en a pas cru un mot au début. Il a mis ça sur le compte de l'humour anglais, une espèce de plaisanterie rituelle en guise de bizutage. En général, il ne sait pas trop sur quel pied danser avec les Rosbifs, vu qu'ils lui semblent être (d'après ses observations personnelles) le seul peuple sur cette planète, en dehors des Américains, à posséder un sens de l'humour. Il a entendu dire que certains Européens de l'Est en sont capables, mais il n'a jamais eu encore l'occasion d'en rencontrer, et ils n'ont guère matière à se réjouir en ce moment. Quoi qu'il en soit, il n'arrive jamais à savoir quand ces Britanniques plaisantent.

Toute idée d'assimiler cette expédition à une vaste plaisanterie s'est évaporée dès l'instant où il a vu la quantité d'armes qu'on leur procurait. Shaftoe a toujours trouvé que pour une organisation destinée à canarder et à faire sauter les individus sur une grande échelle, les militaires marquaient une réticence exaspérante à distribuer les armes. Et la plupart de celles qu'ils consentent à distribuer sont merdiques. Raison pour laquelle les Marines ont depuis longtemps jugé nécessaire de se procurer eux-mêmes leurs mitraillettes : le Corps veut qu'ils tuent les gens, mais se refuse à leur fournir le matériel adéquat !

Or, avec ce détachement 2702, ce n'est pas du tout la même chanson. Même les troufions ont droit à leur sulfateuse. Et si ça n'avait pas suffi à leur mettre la puce à l'oreille, les capsules de cyanure, à coup sûr, si. Accompagnées du laïus de Chattan sur la bonne façon d'en faire usage (« vous seriez surpris de découvrir combien de types, par ailleurs compétents, arrivent à foirer une procédure en apparence aussi simple »).

À présent, Shaftoe comprend qu'il s'agit là d'un codicille tacite aux ordres de Chattan : oh, au fait, et si ces Italiens — qui en fait *vivent* en Italie, et qui *dirigent* le pays, et qui sont des *fascistes* contre qui nous sommes *en guerre* — *s'opposaient* à votre petit plan, quel qu'il soit, merde, alors, pas d'hésitation, vous *les* tuez. Et si ça ne marche pas, s'il vous plaît, pas d'hésitation, vous *vous* tuez, parce vous ferez sans doute un boulot plus propre que ces salauds de fascistes. Et n'oubliez pas votre lotion solaire !

À vrai dire, Shaftoe n'a rien contre cette mission. Elle n'est certainement pas pire que Guadalcanal. Non, ce qui le tracasse (décide-t-il en faisant son trou au milieu des mystérieux sacs de détritus, les yeux levés vers une fente dans la bâche), c'est qu'il n'y pige rien de rien.

Le reste du peloton pourrait aussi bien être mort ; il croit entendre quelqu'un crier à l'aide, mais c'est difficile à dire entre le fracas des rouleaux et le crépitement ininterrompu de la mitrailleuse. Puis il se rend compte que quelqu'un doit être en vie, sinon les Nips auraient cessé de tirer.

Shaftoe sait que de tous ses potes, c'est lui le plus près de l'arme. Il est le seul à avoir une chance. Une chance de sauver la vie de ses copains.

C'est à cet instant que Shaftoe prend sa grande décision. Elle est étonnamment facile — mais enfin, les décisions vraiment stupides sont toujours les plus faciles.

Il longe en rampant le rondin jusqu'au point le plus proche du nid de mitrailleuse. Puis il prend plusieurs grandes inspirations à la suite, se redresse à quatre pattes et saute par-dessus le tronc abattu ! Il a maintenant une vue parfaite sur l'entrée de la grotte, l'éclair en forme de comète jailli du canon de la mitrailleuse, découpé en mosaïque par le réseau noir du filet qu'ils ont tendu pour se protéger des tirs de grenade. Tout est d'une limpidité remarquable. Il se retourne vers la plage et voit des corps immobiles.

Soudain, il se rend compte que s'ils continuent de tirer, ce n'est pas parce que certains de ses potes sont encore en vie, mais pour épuiser leur stock de munitions afin de ne pas avoir à les remballer. Shaftoe est un troufion et il comprend.

Puis la gueule de l'arme se tourne brusquement vers lui — on l'a repéré. Il est à découvert, totalement exposé. Il peut plonger sous le couvert de la jungle, mais ils l'arroseront jusqu'à ce qu'il soit mort. Alors, Bobby Shaftoe se carre sur ses deux pieds, braque son .45 sur la grotte et presse la détente. Le canon de la mitrailleuse est pointé sur lui.

Mais il ne tire pas.

Son .45 émet un déclic. Il est vide. Tout est silencieux, en dehors du ressac, et des cris. Shaftoe rengaine son .45 et sort son revolver.

La voix qui pousse les cris n'est pas familière. Ce n'est pas celle d'un de ses potes.

Un fusilier de la marine impériale nippone surgit de l'entrée de la grotte, au-dessus du niveau de la tête de Shaftoe. La pupille de son œil droit, la mire de son revolver et le Nip se trouvent alignés durant un instant fugitif, que Shaftoe met à profit pour presser deux fois la détente et presque à coup sûr faire mouche.

Le fusilier de la marine impériale se prend dans le filet et tombe devant lui.

Un deuxième Nip plonge de la grotte quelques secondes après, il pousse des grognements incohérents, apparemment rendu muet par la terreur. Il atterrit mal et se fracture une jambe : Shaftoe entend l'os se rompre. Le type se met malgré tout à courir vers les vagues, sautillant de manière grotesque sur sa jambe valide. Il ignore totalement Shaftoe. Il saigne horriblement du cou et de l'épaule et des lambeaux de chair battent autour de lui quand il court.

Un éclair rouge apparaît à l'entrée de la grotte. Shaftoe lève les yeux et ne distingue rien d'assez net pour se démarquer du bruit visuel assourdissant de la jungle environnante.

Puis il voit à nouveau cet éclair rouge, qui disparaît encore. Il avait la forme d'un Y pointu. Comme la langue fourchue d'un reptile.

Et puis une plaque de jungle animée jaillit de l'entrée de la grotte pour venir s'écraser dans le feuillage en dessous. Le sommet des plantes frémit et ploie sous son passage.

La créature se retrouve libre, à terrain découvert, sur la plage. Elle rase le sol, bien campée sur ses quatre pattes. Elle marque un temps d'arrêt, lance la langue en direction du fusilier de la marine impériale qui à présent s'avance à cloche-pied dans l'océan Pacifique, à quinze mètres de là.

Du sable jaillit dans les airs, telle la fumée des pneus surchauffés d'un bolide de course, et le lézard traverse la plage comme une fusée. Il couvre la distance jusqu'au fusilier de la marine impériale en une, deux, trois secondes, le saisit à l'arrière des genoux et l'abat dans le ressac. Puis le lézard traîne à terre le cadavre du Nip. Il l'étend au milieu des Américains morts, en fait deux fois le tour en agitant sa langue, et finalement se met à le dévorer.

— Sergent ! C'est l'endroit ! lance le soldat Flanagan.

Mais avant même de se réveiller, Bobby Shaftoe note que Flanagan s'exprime d'une voix normale et ne paraît ni terrorisé ni excité. Où que se trouve cet « endroit », il n'y a pas de danger. On ne les attaque pas.

Shaftoe ouvre les yeux à l'instant précis où l'on rabat la bâche de l'arrière du camion. Il découvre le ciel bleu de l'Italie, déchiqueté sur les bords par les branches tordues d'arbres désespérés.

— Merde ! fait-il.

— Un problème, sergent ?

— Non, juste que je dis toujours ça quand je me réveille, répond Shaftoe.

Leur nouveau logis se révèle être une vieille grange en pierre au milieu d'une ferme, plantation, jardin ou Dieu sait comment on appelle un terrain où l'on cultive l'olivier. Si cette bâtisse était située dans le Wisconsin, n'importe quel blaireau passant devant la croirait abandonnée. Ici, Shaftoe est moins sûr. Le toit s'est en partie effondré sous le poids des épaisses tuiles d'argile rouge, et toutes les ouvertures sont béantes, ouvertes aux intempéries. C'est un bâtiment de grande taille, assez grand pour qu'après plusieurs heures de travail au marteau-piqueur, ils soient en mesure d'y faire pénétrer un des camions pour le dissimuler aux reconnaissances aériennes. Ils déchargent les sacs d'ordures de l'autre camion. Puis l'Italien l'emmène et ne revient plus.

Le caporal Benjamin — le radio — s'affaire à escalader les oliviers et à tendre partout ses fils de cuivre. Les gars du SAS partent en reconnaissance pendant que les mecs du Corps des Marines ouvrent les sacs de détritus et entreprennent d'en répandre le contenu. Il y a là l'équivalent de plusieurs mois de journaux italiens. Tous ont été ouverts, ré-arrangés, repliés en hâte. Des articles ont été déchirés, d'autres entourés ou annotés au crayon. Les ordres de Chattan commencent à s'insinuer de nouveau dans la cervelle de Shaftoe; il empile les journaux dans les coins de la grange, les plus vieux d'abord, les plus récents sur le dessus.

Il y a également tout un sac de mégots de cigarettes, soigneusement fumées jusqu'au bout. Elles sont d'une marque continentale, inconnue de Shaftoe. Comme un paysan semant des graines, il traîne le sac autour de la ferme et les jette au sol par poignées, s'attardant surtout aux endroits où les gens vont effectivement travailler : la table du caporal Benjamin et une autre, improvisée pour les repas et les parties de poker. Idem avec une macédoine de bouchons de vin et de capsules de bière. Un nombre équivalent de bouteilles de vin et de bière sont lancées, l'une après l'autre, dans un recoin sombre de la grange. Bobby Shaftoe voit bien que ce sera là le travail le plus satisfaisant qu'il puisse obtenir, aussi s'en charge-t-il, balançant ses bouteilles comme un trois-quarts passe le ballon ovale dans les mains assurées de ses valeureux ailiers.

Les Anglais reviennent de leur reconnaissance et l'on échange les rôles ; c'est au tour des Marines d'aller se familiariser avec le territoire pendant que les SAS continuent le déchargement des ordures. Au bout d'une petite heure de balade, le sergent Shaftoe et les soldats Flanagan et Kuehl constatent que ce ranch d'oliviers est situé sur une étroite corniche rocheuse qui s'allonge en gros dans une direction nord-sud. À l'est, le terrain s'élève en pente escarpée vers un pic conique qui ressemble étrangement à un volcan. À l'ouest, il plonge au bout de quelques kilomètres vers la mer. Au nord, le plateau se termine en impasse sur une espèce de maquis broussailleux infranchissable, et au sud, il s'ouvre vers des terrains plus propices à la culture.

Chattan voulait qu'ils trouvent une position élevée sur la baie, aussi proche que possible de la grange. À l'approche du crépuscule, Shaftoe la déniche : un éperon rocheux sur les pentes du volcan, à une demi-heure de marche au nord-ouest de la grange et peut-être cinq cents pieds plus haut.

Lui et ses hommes manquent se perdre au retour tant la grange a été bien camouflée durant leur absence. Les SAS ont déployé des rideaux noirs sur toutes les ouvertures, même les petites fentes dans le toit effondré. À l'intérieur, ils se sont installés confortablement dans les poches d'espace habitable. Avec tous ces détritus (renforcés à présent par des plumes et des os de poulet, des épluchures diverses et des pelures d'orange), on a l'impression qu'ils vivent ici depuis un an, ce qui, devine Shaftoe, est le but de la manœuvre.

Le caporal Benjamin a mobilisé environ le tiers des lieux. Les gars du SAS n'arrêtent pas de le traiter de veinard. Il a déjà monté son émetteur, les tubes luisent chaleureusement, et il a une incroyable quantité de paperasse devant lui. En majorité fausse et périmée, exactement comme les mégots de cigarettes. Mais après le dîner, quand le soleil est couché non seulement ici mais aussi à Londres, il se met à pianoter en morse.

Shaftoe connaît le morse, comme tout le monde ici. Et tandis qu'Américains et Britanniques réunis autour de la table font monter les enchères pour ce qui s'annonce un marathon de poker jusqu'au bout de la nuit, leur oreille traîne pour déchiffrer le pianotage du caporal Benjamin. Ce qu'ils perçoivent n'est que du charabia. À un moment, Shaftoe se lève et va lorgner par-dessus son épaule, juste pour s'assurer qu'il n'est pas fou, et il constate qu'il ne s'est pas trompé :

XYHEL ANAOG GFQPL TWPKI AOEUT

et ainsi de suite, sur des pages et des pages.

Le lendemain, ils creusent des latrines qu'ils entreprennent de remplir à mi-hauteur avec le contenu de deux barils d'authentique merde américaine certifiée 100 % pure qualité militaire standard. Selon les instructions de Chattan, ils déversent la merde une cuillère à la fois, en y intercalant des poignées de journaux italiens froissés, pour donner l'impression qu'elle est arrivée naturellement. Avec l'éventuelle exception de son interview par le lieutenant Reagan, c'est la pire des tâches non-violentes qu'ait jamais dû accomplir Shaftoe au service de son pays. Il donne quartier libre à tout le monde pour le reste de la journée, excepté pour le caporal Benjamin qui reste debout jusqu'à deux heures du matin à pianoter son charabia aléatoire.

Le lendemain, ils peaufinent l'aspect du poste d'observation. Ils se relaient pour y monter et en redescendre, monter et redescendre, monter et redescendre, creusant une piste dans le sol, répandant en chemin mégots de cigarettes et récipients divers, en même temps qu'un peu de merde de qualité standard et de pisse également de qualité standard. Flanagan et Kuehl montent là-haut un coffre qu'ils planquent à l'abri d'une roche volcanique. Le coffre contient des recueils des silhouettes de divers navires marchands et bâtiments de guerre italiens et allemands, ainsi que des guides similaires consacrés aux avions, en même temps que des jumelles, des longues-vues, du matériel photo, des calepins vierges et des crayons.

Même si le sergent Bobby Shaftoe est pour l'essentiel responsable des opérations, il a les plus incroyables difficultés à se trouver un moment seul avec le lieutenant Enoch Root. Ce dernier l'évite quasiment depuis leur vol riche en péripéties à bord du Dakota. En désespoir de cause, aux alentours du cinquième jour, Shaftoe décide de le piéger; accompagné d'un petit contingent, il laisse Root seul sur le point d'observation, puis il revient sur ses pas et le coince.

Root sursaute en le voyant revenir mais il ne se montre pas vraiment contrarié. Il allume une cigarette italienne et en offre une à Shaftoe. Shaftoe découvre, à son grand embarras, que c'est lui qui est nerveux. Root est toujours aussi flegmatique.

— O.K., fait Shaftoe. Qu'est-ce que vous avez vu ? Quand vous avez examiné les papiers qu'on a mis sur le cadavre du boucher... qu'est-ce que vous avez vu ?

— Ils étaient tous écrits en allemand, répond Root.

— Merde !

— Par chance, poursuit le lieutenant, il se trouve que j'ai quelques notions de cette langue.

— Oh, ouais... votre mère était boche, pas vrai ?

— Oui, médecin missionnaire, répond Root, au cas où ça vous aiderait à dissiper vos préjugés sur les Allemands.

— Et votre père était hollandais.

— C'est exact.

— Et ils ont tous les deux échoué à Guadalcanal. Pourquoi ?

— Pour aider ceux qui étaient dans le besoin.

— C'est cela, oui.

— J'ai également appris un peu d'italien au passage. Il y en a pas mal dans l'Église.

— Ben merde alors, s'exclame Shaftoe.

— Mais mon italien est fortement influencé par le latin que mon père a tenu à me voir apprendre. Aussi mon expression semblerait-elle assez démodée aux oreilles des autochtones. En fait, je leur ferais sans doute l'effet de quelque alchimiste du dix-septième...

— Pourriez-vous passer pour un prêtre ? Ils goberaient ça.

— S'il faut en venir à cette extrémité, admet Root, j'essaierai de les embobiner avec quelques saintes paroles, et advienne que pourra.

Ils tirent tous les deux sur leurs cigarettes en contemplant la vaste étendue d'eau devant eux, qui, Shaftoe l'a appris, s'appelle la baie de Naples.

— Enfin, bon, reprend Shaftoe, qu'est-ce qu'il y avait sur ces papiers ?

— Tout un tas d'informations détaillées sur les convois militaires entre Palerme et Tunis. Provenant à l'évidence de sources confidentielles allemandes volées, dit Root.

— Des convois anciens ou bien...

— Des convois encore à venir, répond tranquillement Root.

Shaftoe termine sa cigarette et reste un moment silencieux. Finalement, il lance :

— Bougrement bizarre.

Puis il se lève et entreprend la redescente vers la grange.

## *LE CHÂTEAU*

À l'instant précis où Lawrence Pritchard Waterhouse descend du train, un crépitement infernal le cueille en pleine face, accompagné d'un plein seau d'eau glacée. Le fracas se poursuit, comme il se faufile entre ces rangs de mauvais plaisants armés de seaux. Mais bientôt, il se rend compte qu'il est seul : ce n'est qu'une qualité inhérente au climat local, comme le brouillard à Londres.

La passerelle qui enjambe les voies du terminus d'Utter Maurby est close et couverte, ses parois formant un gigantesque tuyau d'orgue qui résonne en infrasons sous les coups de boutoir de la pluie et de l'eau. Lorsqu'il s'engage au pied de l'escalier, la tempête est soudain arrachée à son visage et il est enfin en mesure de rester immobile un instant pour consacrer au phénomène toute l'attention qu'il mérite.

Le vent et l'eau ont été battus par la tempête en une écume en gros aléatoire. Un micro tenu en l'air n'enregistrerait que du bruit blanc — une complète absence d'information. Mais quand ce bruit vient frapper le long boyau de l'escalier, il y produit une résonance qui se manifeste dans le cerveau de Waterhouse sous la forme d'un grondement sourd. La physique du tube extrait une structure cohérente d'un bruit dépourvu de sens ! Si seulement Alan était là !

Waterhouse expérimente en fredonnant les harmoniques de cette note fondamentale grave : octave, quinte, quarte, tierce majeure, et ainsi de suite. Chacune résonne dans le boyau avec plus ou moins d'intensité. C'est la même suite de notes que produit un cuivre. En sautant d'une note à l'autre, Waterhouse réussit à jouer sur l'escalier quelques sonneries de clairon passables. Il exécute un réveil fort correct.

— Comme c'est charmant!

Il se retourne. Une femme se tient derrière lui, traînant une malle de la taille d'une meule de foin. Elle a dans les cinquante ans, le physique d'un poêle, et elle arborait une superbe permanente jusqu'à ces dernières secondes, quand elle est descendue du train. L'eau salée dégouline à présent sur son visage et son cou pour disparaître sous son robuste manteau de grise laine qwghlmienne.

— M'dame... salue Waterhouse.

Puis il se précipite pour l'aider à traîner sa malle en haut des marches. L'ascension les conduit sur une étroite passerelle couverte qui enjambe les voies pour entrer dans la gare. La passerelle est vitrée et Waterhouse ressent une écœurante attaque de vertige quand, derrière les carreaux et le centimètre de pluie et d'eau salée qui ruisselle en permanence dessus, son regard embrasse l'Atlantique nord. L'immense masse d'eau n'est qu'à un jet de pierre et fait de vigoureux efforts pour s'approcher encore. Ce doit être une illusion d'optique mais la crête des vagues semble arriver à leur niveau, quand bien même ils se trouvent sept bons mètres au-dessus du sol. Chacune de ces vagues doit peser autant que l'ensemble des trains de marchandises circulant en Grande-Bretagne, et elles déferlent vers eux sans répit, tabassant obstinément les rochers. Tout ça donne envie à Waterhouse de piquer une crise, de s'effondrer et de dégueuler. Il se bouche les oreilles.

— Alors, vous êtes musicien dans une fanfare, j'imagine? s'enquiert la dame.

Waterhouse se tourne pour la regarder. Le regard

de la femme scrute le devant de son uniforme, y cherchant l'insigne. Puis elle lève les yeux pour le regarder, avec un bon sourire de grand-mère.

Waterhouse réalise à cet instant que cette femme est une espionne allemande. Sacré nom d'une pipe !

— Uniquement en temps de paix, m'dame, répond-il. La marine a désormais d'autres tâches pour les hommes qui ont de bonnes oreilles.

— Oh, s'exclame-t-elle. Alors, vous écoutez des choses, n'est-ce pas ?

Sourire de Waterhouse.

— Ping ! Ping ! fait-il, imitant le bruit du sonar.

— Ah ! fait-elle. Je suis Harriett Qrtt. (Elle tend la main.)

— Hugh Hugues, dit Waterhouse et il la serre.

— Enchantée.

— Tout le plaisir est pour moi.

— Vous aurez besoin d'une chambre, je suppose. (Elle rougit avec ostentation.) Pardonnez-moi. Je suppose juste que vous vous rendez à l'Extérieure.

Par Extérieure, elle entend Qwghlm extérieure. Pour l'instant, ils sont sur Qwghlm intérieure.

— En fait, c'est bien le cas, confirme Waterhouse.

Comme le reste de la toponymie des îles britanniques, Qwghlm intérieure et extérieure sont des appellations grossièrement impropres, aux origines anciennes et sans doute comiques. Du reste, Qwghlm intérieure est à peine une île : elle est reliée au continent par une bande de sable jadis balayée par les marais mais contenue depuis par un passage qui porte une route et la voie ferrée. Qwghlm extérieure se trouve à vingt milles au large.

— Mon mari et moi tenons une petite pension de famille, indique M^me^ Qrtt. Nous serions honorés de loger un homme de l'Asdic.

Asdic est simplement l'acronyme britannique pour ce que les Yankees appellent un sonar, mais chaque fois que le terme est évoqué en la présence d'Alan, celui-ci prend un drôle d'air et se lance dans une interminable série de jeux de mots.

Il se retrouve donc dans la résidence des Qrtt. Waterhouse et le couple Qrtt passent la soirée blottis autour de la seule source de chaleur : un grille-pain à charbon ménagé avec des briques dans l'âtre d'une vieille cheminée. À intervalles réguliers, M. Qrtt ouvre la porte et saupoudre les cendres d'une poignée de charbon. M^me^ Qrtt débarrasse le rata et espionne Waterhouse. Elle remarque sa démarche légèrement asymétrique et réussit à lui faire avouer qu'il a eu dans son enfance une crise de polio. Il joue de l'orgue — ils ont un harmonium à pédale dans le salon — et en fait la remarque.

Waterhouse aperçoit pour la première fois Qwghlm extérieure au travers d'un dalot. Il ne sait même pas ce qu'est un dalot, sinon une façon de vomir. L'équipage du ferry lui a donné, ainsi qu'à la demi-douzaine d'autres passagers, des instructions détaillées sur la façon de vomir avant qu'ils aient réussi à doubler le brise-lames d'Utter Maurby, le point essentiel étant que si on se penchait au bastingage, on risquait presque à coup sûr d'être jeté pardessus bord. Mieux valait descendre à quatre pattes et se diriger vers un dalot. Mais la moitié du temps, quand Waterhouse regarde au travers, ce n'est pas l'eau qu'il voit mais un point lointain à l'horizon, ou des mouettes dans le sillage du ferry, ou la silhouette caractéristique à trois dents de l'île de Qwghlm extérieure.

Les dents, appelées Sghrs, sont des colonnes basaltiques. Comme on est au milieu de la Seconde Guerre mondiale et que Qwghlm extérieure est la partie des îles britanniques la plus proche des combats de la bataille de l'Atlantique, elles sont désormais mouchetées des petites cabanes blanches de récepteurs radio et hérissées d'antennes. Il y a un quatrième sghr, bien moins élevé que les autres et qu'on pourrait aisément confondre avec une petite colline, qui s'élève au-dessus de l'unique port de Qwghlm extérieure (et du reste, unique agglomérationtion, si l'on omet la base navale, de l'autre côté de l'île). Au sommet de ce quatrième sghr, se dresse le château qui est théoriquement la résidence de Nigel St John Gloamthorpby-Woadmire et qui doit devenir le nouveau quartier général du détachement 2702.

En cinq minutes à pied, on a fait le tour de la ville. Un coq furieux poursuit un mouton malingre au bas de la rue principale. Il y a de la neige sur les sommets, mais ici, en bas, c'est de la neige fondue qui pourrait se confondre avec les pavés gris jusqu'au moment où l'on y met le pied et se retrouve sur le cul. L'*Encyclopedia Qwghlmiana* recourt d'abondancc à l'article défini — la Ville, le Château, l'Hôtel, le Pub, le Quai. Waterhouse s'arrête aux Gogues pour s'affranchir des ultimes conséquences de sa traversée maritime, puis il remonte la Rue. La Voiture s'arrête à sa hauteur et lui propose de l'emmener ; il s'avère que c'est également le Taxi. Celui-ci le conduit au détour du Parc où il remarque la Statue « d'antiques Qwghlmiens tabassant d'infortunés Vikings ») ; cela ne passe pas inaperçu du Chauffeur de taxi qui oblique dans le Parc pour lui permettre de la contempler de plus près.

La Statue est du genre à avoir beaucoup à raconter et en conséquence à couvrir une large surface de terrain. Son piédestal est une dalle de basalte local, recouverte sur au moins un côté par ce que Waterhouse identifie, grâce à l'*Encyclopedia,* comme des runes qwghlmiennes. Pour un béotien, cela pourrait ressembler à une suite aléatoire ininterrompue de caractères sans empattements : X, I, V, traits d'union, astérisques et V renversés. Mais c'est une source de fierté durable pour...

— On n'en avait rien à cirer de ces Romains et de leur Jules César, observe le chauffeur de taxi, et on n'était pas non plus trop friand de leur alphabet.

De fait, l'*Encyclopedia Qwghlmiana* propose un long article sur le système local d'écriture runique. Son auteur nourrit une telle amertume que sa prose en est physiquement presque douloureuse à lire. *La pratique qwghlmienne de bannir l'usage de courbes et de boucles pour former tous les glyphes à partir de traits rectilignes, loin d'être primitive — comme ont pu l'affirmer certains lettrés anglais — donne au texte une austérité limpide. C'est un style d'écriture admirablement fonctionnel dans un pays où (après que tous les arbres eurent été abattus par les Anglais) la majeure partie de la classe intellectuelle cultivée a souffert d'engelures bilatérales chroniques.*

Waterhouse a descendu la vitre de sa portière pour avoir une meilleure vue ; apparemment, quelqu'un a piqué l'Essuie-glace. La bise glacée qui lui fouette le visage a finalement raison de son mal de mer, au point qu'il commence à se demander où il devrait se rendre pour nouer contact avec la Pute.

Puis il se rend compte, avec un certain désappointement, que si la Pute a un minimum de jugeote, elle est de l'autre côté de l'île, à la base navale.

— Qui est ce miséreux ? demande Waterhouse.

Il indique un coin de la statue, où un pauvre bougre tout décharné, le cou passé dans un collier de fer soudé d'où pend une chaîne, frissonne et gémit au carnage accompli par les robustes et virils Qwghlmiens. Waterhouse connaît déjà la réponse, mais il ne peut se retenir de poser la question.

— Hakh ! éructe le chauffeur de taxi, comme s'il soulevait une bûche. Il peut qu'être de Qwghlm intérieure, je suppose.

— Bien sûr.

Cet échange semble avoir rendu le chauffeur d'une humeur massacrante et vengeresse qui ne peut qu'être assouvie par une séance de conduite rapide. Il y a une bonne douzaine d'épingles à cheveux sur la route qui monte au Château, chacune nappée de verglas et lourde d'un danger mortel. Waterhouse est heureux de ne pas avoir à faire la route à pied mais les épingles et les dérapages du taxi ravivent son mal des transports.

— Hakh ! dit le chauffeur, alors qu'ils sont à peu près aux trois quarts du chemin et qu'ils n'ont plus échangé une parole depuis plusieurs minutes. Ils ont quasiment déroulé le tapis rouge aux Romains. Ils ont ouvert les jambes pour accueillir les Vikings. Sans doute que l'île grouille d'Allemands, à l'heure qu'il est !

— À propos d'aigreurs, intervient Waterhouse, j'aimerais que vous vous arrêtiez. Je vais finir le chemin à pied.

Le chauffeur est surpris et vexé mais il s'exécute quand Waterhouse lui explique que l'autre possibilité serait un long travail de nettoyage. Il accepte même de monter déposer Sac à dos au sommet du sghr avant de redescendre.

Le détachement 2702 arrive au château un quart d'heure après son barda, en la personne de Lawrence Pritchard Waterhouse, de la marine des États-Unis, qui tient lieu d'éclaireur. La marche à pied lui a donné le temps de peaufiner son scénario, de se mettre dans la peau du personnage. Chettan l'a en effet prévenu qu'il y aurait des domestiques susceptibles de tout remarquer et de bavarder ensuite. Il serait bien sûr beaucoup plus pratique que ces derniers puissent être momentanément transférés sur le continent, mais ce serait peu courtois à l'égard du duc. C'est pourquoi, a expliqué Chattan, « vous devrez parvenir à un *modus vivendi* ». Une fois que Waterhouse a regardé l'expression dans les pages roses, il en convient chaleureusement.

Le château est un tas de décombres de la taille approximative du Pentagone. L'angle placé sous le vent a été doté d'un toit fonctionnel, de l'électricité et de quelques autres options telles que portes et fenêtres. Dans ce coin, qui est tout ce que Waterhouse peut en découvrir durant ce premier après-midi et la soirée, on pourrait oublier qu'on est sur Qwghlm extérieure et se croire en quelque lieu plus doux et verdoyant comme les Highlands d'Écosse.

Le lendemain, accompagné du majordome, Ghnxh, il s'attaque à d'autres parties du bâtiment et découvre avec délices qu'on ne peut même pas les rejoindre sans avoir à passer par dehors ; les couloirs de desserte intérieure ont été murés pour arrêter les migrations saisonnières de skrrghs (prononcer quelque chose comme « skerries »), les petits mammifères futés, aux yeux vifs et à longue queue, qui sont la mascotte des îles. Cette compartimentation, bien que peu pratique, reste un avantage pour la sécurité.

Waterhouse et Ghnxh sont l'un et l'autre engoncés sous d'épaisses couches de laine qwghlmienne et le second porte le luciphère galvanique, un appareil d'une conception antique. Ghnxh, qui est presque centenaire, ne peut que sourire avec condescendance devant la lampe torche marine de Waterhouse. Du ton *sotto voce* qu'on emploie pour rectifier une énorme bourde en société, il lui explique que le luciphère galvanique est d'une conception tellement supérieure que toute allusion ultérieure au modèle de marine ne peut que susciter le plus grand embarras chez les personnes concernées. Puis il ramène Waterhouse dans un local particulier, en retrait du local en retrait du local en retrait de l'office, un local dont l'unique utilisation est l'entretien du luciphère galvanique et le stockage de ses pièces et fournitures. Le cœur dudit appareil est un globe sphérique de verre soufflé à la main, comparable en volume à une jarre de quatre litres. Ghnxh, qui souffre d'un cas sérieusement avancé soit d'hypothermie, soit de maladie de Parkinson, introduit une cheminée de verre dans le col de la jarre. Puis il attrape sur une étagère une lourde bonbonne en verre. La bonbonne, marquée AQUA REGIA, est remplie d'un liquide orange fulminant. Il ôte le bouchon de verre, saisit la bonbonne à pleins bras et l'incline afin que le liquide orange s'écoule en gargouillant dans la cheminée de verre et de là, dans le globe. Aux endroits touchés par des éclaboussures, un phénomène fort semblable à de la fumée s'élève en même temps que se creusent des trous, identiques aux mille autres qui criblent déjà la table. Les vapeurs s'introduisent dans les poumons de Waterhouse ; elles sont incroyablement corrosives. Il sort en chancelant de la pièce pendant quelques instants.

Quand il ose à nouveau s'y hasarder, il découvre Ghnxh occupé à tailler une électrode dans un lingot de carbone pur. La bonbonne d'aqua regia a été rebouchée et tout un assortiment d'anodes, cathodes et autres accessoires est suspendu à l'intérieur, maintenu en place par des pinces d'or martelé. Des torons de fils épais, isolés sous des gaines d'amiante tricotées à la main, sortent de la jarre et pénètrent dans l'extrémité active du luciphère galvanique : un saladier de cuivre dont la bouche est fermée par une lentille de Fresnel analogue à celles des phares. Quand Gnhxn a taillé son électrode à la dimension et à la forme idoines, il l'introduit par une petite ouverture ménagée sur le côté de cette coupelle, et bascule négligemment un interrupteur à couteaux digne de Frankenstein. Une étincelle traverse les contacts en crépitant comme un pétard.

Un instant, Waterhouse est convaincu qu'un des murs du château s'est effondré, les exposant à la lumière directe du soleil. Mais Gnhxn a simplement allumé le luciphère galvanique, qui bientôt devient dix fois plus lumineux quand il a ajusté une vis de réglage en bronze. Écrasé de honte, Waterhouse range prestement sa lampe torche marine dans son ridicule petit étui de ceinture, et sort devant Ghnxh, le luciphère galvanique répandant une chaleur palpable sur sa nuque.

— Nous avons à peu près deux heures devant nous avant qu'il nous lâche, indique Ghnxh d'un air entendu.

Ils aboutissent de fait à un *modus vivendi* : d'un coup de pied, Waterhouse ouvre une vieille porte et Ghnxh la franchit d'un pas décidé avant de l'arroser du faisceau de sa lanterne comme au lance-flammes, repoussant dans l'ombre des dizaines pour ne pas dire des centaines de skerries piaillants. Waterhouse s'aventure avec précaution à l'intérieur, se frayant en gros un passage au milieu des décombres effondrés de ce qui a dû être un toit ou un étage supérieur. Il inspecte rapidement les lieux, essayant d'estimer les efforts qui seront nécessaires à les rendre vivables pour des organismes un peu plus évolués.

La moitié du château a, à une époque ou une autre, été incendié jusqu'aux fondations par une combinaison de raids de corsaires barbares, coups de foudre, invasion napoléonienne et cigarette au lit. Dans cette entreprise, les corsaires barbares se sont montré les plus convaincants (sans doute cherchaient-ils juste à se réchauffer), à moins que ce soit simplement le fait que les intempéries aient eu plus de temps pour finir de décomposer le peu qu'avaient laissé debout les flammes. Toujours est-il que dans cette partie de l'édifice, Waterhouse réussit à trouver un endroit où il n'y a pas trop de décombres à évacuer, et où l'on pourra rapidement isoler un espace adéquat, grâce à une combinaison de bâches et de planches. Le local est diamétralement opposé à la partie encore habitée, ce qui l'expose aux tempêtes hivernales mais d'un autre côté le met à l'abri des regards inquisiteurs du personnel domestique. Waterhouse arpente grossièrement les lieux, puis retourne dans sa chambre, laissant Ghnxh se charger du désarmement du luciphère galvanique.

Waterhouse esquisse quelques plans pour les travaux à venir, mettant enfin en pratique ses talents d'ingénieur jusqu'ici gaspillés. Il établit une liste des matériaux nécessaires, assortie d'un bon nombre de chiffres : 100,5 × 10, 2,40 étant des valeurs récurrentes. Il recopie sa liste, cette fois en lettres : CENT CINQ PAR DIX SUR DEUX QUARANTE. Cet énoncé étant potentiellement une source de confusion, il le rectifie en : PLANCHES DE CINQ PAR DIX, CENT PIÈCES DE DEUX MÈTRES QUARANTE.

Puis il prend une feuille de ce qui ressemble à du papier registre, divisée verticalement en groupes de cinq colonnes. Dans ces colonnes, il retranscrit le message en ignorant les espaces :

| | | | | |
|---|---|---|---|---|
| PLANC | HESDE | CINQP | ARDIX | CENTP |
| IECES | DEDEU | XMETR | ESQUA | RANTE |

et ainsi de suite. Chaque fois qu'il tombe sur un J, il met un I à la place, ainsi, GOUJON devient-il GOUION. Il n'écrit qu'une ligne sur trois.

Depuis qu'il a quitté Bletchley Park, il garde toujours sur lui dans sa poche de poitrine plusieurs feuillets de papier pelure ; quand il dort, il les glisse sous son oreiller. Il les sort à présent et en choisit un, qui porte un numéro de série dactylographié en haut de la page, le reste étant couvert de séries de lettres tapées avec soin, du genre :

ATHOP COGNQ DLTUI CAPRH MULEP

et ainsi de suite, jusqu'en bas.

Ces pages ont été tapées par une certaine M^me^ Tenney, une femme de pasteur âgée qui travaille à Bletchley Park. M^me^ Tenney a une tâche bien étrange qui se déroule ainsi : elle prend deux feuilles de papier pelure et y intercale une feuille de carbone avant d'introduire le tout dans une machine à écrire. Elle inscrit en haut un numéro de série. Puis elle actionne la manivelle d'un appareil identique à ceux utilisés dans les salles de jeu, consistant en une cage sphérique qui contient vingt-cinq boules en bois, chacune portant imprimée une lettre de l'alphabet (on néglige le J). Après avoir fait tourner la cage du nombre de tours spécifié dans le manuel de procédure, elle ferme les yeux, introduit la main dans une ouverture de la cage et en sort une boule au hasard. Elle lit la lettre inscrite dessus et la tape, puis elle remet la boule, referme la trappe, et répète l'opération. De temps en temps, des hommes au regard sérieux entrent dans la pièce, échangent des plaisanteries avec elle et repartent avec les feuilles qu'elle a dactylographiées. Ces feuilles se retrouvent entre les mains d'hommes comme Waterhouse et d'hommes placés dans des situations infiniment plus dangereuses et désespérées, partout dans le monde. On appelle ces feuilles des blocs jetables.

Il recopie les lettres du bloc jetable dans les lignes vides sous son message :

| | | | | |
|---|---|---|---|---|
| PLANC | HESDE | CINQP | ARDIX | CENTP |
| ATHOP | COGNQ | DLTUI | CAPRH | MULEP |

Quand il a terminé, deux lignes sur trois sont occupées.

Finalement, il revient une dernière fois au sommet de la page et entreprend de considérer les lettres deux par deux. La première lettre du message est un P. La première lettre du bloc jetable, juste en dessous dans la même colonne, est un A.

A est la première lettre de l'alphabet, aussi, pour Waterhouse, qui pratique ce codage depuis bien trop longtemps, elle est devenue synonyme du chiffre 1. De la même manière, P est équivalent à 15 si l'on travaille avec un alphabet sans J. Ajoutez 1 à 15 et vous obtenez 16, soit la lettre Q. Aussi, dans la première colonne, sous le P et le A, Waterhouse inscrit-il un Q.

La paire verticale suivante est L et T, ou 11 et 19, ce qui en arithmétique normale donne une somme de 30, qui n'a pas d'équivalent en lettre : le chiffre est trop grand. Mais cela fait belle lurette que Waterhouse ne pratique plus l'arithmétique normale. Il a recyclé son esprit pour calculer en arithmétique modulaire — plus précisément modulo 25, ce qui signifie qu'on divise tout par 25 pour ne tenir compte que du reste. 30 divisé par 25 donne 1, reste 5. On jette le 1 et le 5 donne la lettre E, qu'il inscrit donc dans la deuxième colonne. Dans la troisième, A et H donnent 1 + 8 = 9, à savoir I. Dans la quatrième, N et O donnent 13 + 14 = 27. 27 divisé par 25 donne 1, reste 2. Ou, comme l'énoncerait Waterhouse : 27 modulo 25 égale 2. La lettre correspondant à 2 est B, qu'il inscrit sous les deux autres. Et dans la cinquième colonne, C et P donnent 3 + 15 = 18, soit S. De sorte que le premier groupe de cinq lettres ressemble à :

| | | | | |
|---|---|---|---|---|
| P | L | A | N | C |
| A | T | H | O | P |
| Q | E | I | B | S |

en additionnant la séquence aléatoire ATHOP à la séquence significative PLANC, Waterhouse a engendré un charabia incompréhensible. Lorsqu'il a entièrement chiffré le message de la sorte, il prend une page vierge et ne recopie que le texte codé — QEIBS et ainsi de suite.

Le duc a un téléphone en fonte moulée qu'il a mis à la disposition de Waterhouse. Waterhouse le soulève de sa fourche, sonne la standardiste, demande qu'on lui passe la base navale à l'autre bout de l'île, et entre en communication avec l'opérateur radio. Il lui lit alors le message codé, lettre par lettre. Le radio le recopie et informe Waterhouse qu'il sera transmis sans délai.

Très bientôt, le colonel Chattan, là-bas à Bletchley Park, recevra un message qui commence par QEIBS et continue dans cette veine. Chattan possède l'autre copie du bloc jetable de M^me^ Tenney. Il retranscrira le texte codé, en utilisant une ligne sur trois. Sous le chiffre codé, il recopiera le texte du bloc jetable :

| | | | | |
|---|---|---|---|---|
| Q | E | I | B | S |
| A | T | H | O | P |

Il effectuera alors une soustraction, là où Waterhouse a effectué une addition. Q moins A donne 16 moins 1, égale 15, soit la lettre P. E moins T donne 5 moins 19, égale — 14, ce qui, modulo 25, donne 11, soit L. Et ainsi de suite. Ayant déchiffré l'intégralité du message, il se mettra au travail et en définitive, des planches de cinq par dix au nombre de cent apparaîtront sur le Quai.

## POURQUOI

Le projet commercial d'Épiphyte SA fait près de trois centimètres d'épaisseur, ce qui n'est ni gros ni maigre pour ce genre de document. La présentation des pages intérieures, très habile et branchée, vient du logiciel de PAO du portable d'Avi. Les couvertures sont en épais papier bouffant couché main, fait d'une pâte de paille de riz, d'écorces de bambou, de chanvre élevé en plein air brassé dans une eau de glacier cristalline par des maîtres papetiers travaillant dans quelque temple mystérieux voilé de brume établi sur les pentes volcaniques d'une île seulement connue de voyageurs de la côte Ouest adeptes de l'aérobic et vêtus de tenues en tissu extensible. Une carte impressionniste de la mer de Chine méridionale a été plaquée sur ces couvertures par des calligraphes de la dynastie Ming reconstruits par génie moléculaire, usant de pinceaux en crinière peignée de licorne trempée dans une encre fabriquée par broyage de plaques de charbon de bois fabriqué par des moines stylites aveugles à partir de fragments carbonisés à la main de la Vraie Croix.

Pour ce qui est de son contenu propre, le projet commercial s'appuie sur une structure logique héritée en droite ligne des *Principia Mathematica*. Des chefs d'entreprise de moindre envergure ont recours à des logiciels de composition de plan commerciaux vendus dans le commerce : des intégrés de traitement de texte et de tableur, habilement conçus pour que vous n'ayez qu'à remplir quelques cases vides. Avi et Beryl en ont à eux deux rédigé suffisamment pour être capables de les extraire bruts de décoffrage de leur mémoire. Les plans commerciaux d'Avi ont tendance à se présenter ainsi :

MISSION : Chez [nom de l'entreprise], nous sommes convaincus que [réaliser les trucs que l'on veut faire] et accroître la valeur de notre titre sont deux activités non seulement complémentaires mais inextricablement liées.

OBJECTIF : Accroître la valeur du titre en [faisant tel et tel truc].

AVERTISSEMENT DE LA PLUS EXTRÊME IMPORTANCE (imprimé sur une page séparée, en lettres rouges sur fond jaune) : À moins d'être intelligent comme Karl Friedrich Gauss, rusé comme un cireur de chaussures à demi aveugle de Calcutta, endurci comme le général William Tecumseh Sherman, d'avoir la fortune de la reine d'Angleterre, la résistance affective d'un supporter des Red Sox et en gros les capacités d'un commandant de sous-marin nucléaire de taille moyenne, vous ne devriez en aucune circonstance avoir l'autorisation d'approcher ce document. Veuillez vous en débarrasser comme d'un déchet radioactif de haute activité puis prendre aussitôt rendez-vous avec un chirurgien pour qu'il procède à l'amputation de vos bras au niveau des coudes et vous extraie les yeux des orbites. Cet avertissement est nécessaire parce que, un jour, au siècle dernier, une petite vieille du Kentucky a placé cent dollars dans une entreprise de mercerie qui a fait faillite, en ne lui en rapportant que quatre-vingt-dix-neuf. Depuis cette époque, on a le gouvernement sur le dos. Si vous ignorez cette mise en garde, poursuivez votre lecture à vos risques et périls — vous serez quasiment certain de tout perdre et de devoir vivre les dernières dizaines d'années de votre existence à chasser les hordes de termites dans une léproserie au fond du delta du Mississippi.

Toujours à nous lire ? Parfait. Maintenant qu'on vous a bien flanqué la pétoche, revenons à nos affaires.

PROJET COMMERCIAL : Nous allons lever [tant de capitaux], puis [faire tel et tel truc] pour accroître la valeur du titre. Vous voulez des détails ? Continuez votre lecture.

INTRODUCTION : [Cette tendance] que tout le monde connaît et [cette autre tendance] qui est si incroyablement impénétrable que vous n'en connaissiez sans doute même pas l'existence jusqu'à présent, et [cette troisième tendance par ici] qui pourrait sembler, au premier abord, n'avoir strictement aucun rapport, lorsqu'on les réunit, nous donnent l'intuition (personnelle, secrète, déposée, brevetée et dûment enregistrée) que nous pourrions accroître la valeur du titre en [faisant tel et tel truc]. Nous aurons besoin de [gros chiffre] de $ et après [un délai raisonnable], nous serons en mesure de réaliser une augmentation de capital de [encore plus gros chiffre] de $, à moins que [les poules se mettent à avoir des dents].

DÉTAILS :

Phase 1 : Après avoir fait vœu de célibat et d'abstinence et avoir troqué tous vos bien terrestres contre une robe de bure, nous [cf. CV joints] irons nous installer dans un modeste complexe d'armoires frigorifiques de récupération installé au milieu du désert de Gobi, où le terrain est si bon marché qu'en fait on nous paye même pour l'occuper, ce qui ne fera qu'accroître encore la valeur du titre avant même d'avoir entrepris quoi que ce soit. Et, tout en vivant d'une ration quotidienne composée d'une poignée de riz cru et d'une louche d'eau, nous entreprendrons de [faire tel et tel truc].

Phases 2, 3, 4, ... n–1 : Nous comptons [faire encore d'autres trucs, accroissant en même temps de manière régulière la valeur du titre], à moins que [la Terre soit frappée par un astéroïde de mille kilomètres de diamètre, auquel cas certaines hypothèses devront être réajustées; voir tableaux 397 à 413].

Phase n : Avant que l'encre sur le diplôme de notre prix Nobel ait séché, nous aurons confisqué les biens de nos concurrents, y compris tous ceux assez insensés pour avoir investi dans leurs pathétiques entreprises. Nous réduirons tous ces gens à l'esclavage. Tous leurs biens seront redistribués à nos actionnaires, qui le remarqueront à peine, puisque le tableau 265 démontre que, à ce moment-là, notre société aura une taille supérieure à l'Empire britannique à son apogée.

TABLEAUX : [des pages et des pages en pattes de mouche, habilement résumées sous la forme de graphes qui ressemblent tous à des courbes exponentielles dressées vers le ciel, quoiqu'avec juste une touche suffisante de bruit pseudo-aléatoire pour les rendre plausibles.]

CV : Rappelez-vous simplement la séquence d'ouverture des *Sept mercenaires,* et cela vous épargnera la lecture de cette partie; vous devriez ramper à quatre pattes et nous implorer de vous accorder le privilège de nous verser nos salaires.

Pour Randy et les autres, le projet commercial tient lieu de Torah, de calendrier principal, de charte de motivation, de traité philosophique. C'est un document dynamique, vivant. Ses feuilles de calcul sont des palimpsestes, liées aux comptes bancaires de l'entreprise et à ses données financières, de sorte qu'elles sont automatiquement mises à jour avec chaque entrée ou sortie d'argent. Beryl s'occupe de cette partie. Avi se charge des mots — le plan abstrait, sous-jacent, et les détails concrets qui alimentent le tableur — pour interpréter les chiffres. La partie du plan dévolue à Avi se métamorphose également, d'une semaine sur l'autre, à mesure qu'il intègre de nouvelles informations glanées à partir d'articles de l'*Asian Wall Street Journal,* de conversations avec des fonctionnaires gouvernementaux dans des bars à karaoké défraîchis de Shenjen, de données télémétriques transmises par satellites, et d'obscures revues professionnelles analysant les progrès en technologie des fibres optiques. Le cerveau d'Avi digère également les idées de Randy et d'autres membres du groupe pour les incorporer au plan. Tous les trimestres, ils prennent un instantané de l'état d'évolution du projet commercial, le rhabillent joliment, et en expédient de nouveaux exemplaires aux investisseurs.

Le plan n° 5 est sur le point d'être distribué alors même qu'on va fêter le premier anniversaire de l'entreprise. Chacun en a déjà reçu un premier jet, une quinzaine auparavant, sous la forme d'un message électronique codé, que Randy n'a pas pris la peine de lire, présumant avoir une idée de son contenu. Mais de petits indices glanés ces derniers jours l'incitent malgré tout à vérifier ce que peut bien raconter ce fichu dossier.

Il allume son portable, branche le câble du modem, ouvre son logiciel de communications et compose un numéro en Californie. Cette phase de l'opération se révèle facile car l'hôtel est récent et Kinakuta possède un réseau téléphonique dernier cri. Si elle n'avait pas été facile, elle aurait sans doute été impossible.

Au fond d'une petite armoire de commutation confinée sentant le plastique chaud et perpétuellement plongée dans le noir, dans une suite de bureaux paysagés loué par Novus Ordo Seclorum Systems SA, coincés entre une société sous séquestre et une agence de voyages à prix cassés, dans l'immeuble époque disco le plus banal qui se puisse imaginer à Los Altos, Californie, un modem s'éveille et déverse son bruit sur un fil de cuivre. Le bruit se retrouve emporté sous le Pacifique sous la forme d'un motif scintillant transmis par un filament de verre si transparent que si l'océan lui-même était composé de la même matière, Hawaï serait visible depuis la Californie. Au terme de son parcours sous-marin, l'information aboutit dans l'ordinateur de Randy, qui crache en réponse un autre bruit. Le modem de Los Altos fait partie de la demi-douzaine d'équipements similaires tous branchés à l'arrière du même ordinateur, un PC dans un boîtier tour absolument banal d'une marque générique, qui tourne, nuit et jour, depuis maintenant huit mois. Le moniteur a été éteint depuis sept mois environ parce que c'était dépenser inutilement de l'électricité. Puis John Cantrell (qui est au conseil d'administration de Novus Ordo Seclorum Systems SA et s'est arrangé pour l'installer dans l'armoire de la société) a emprunté le moniteur parce qu'un de ses codeurs qui bossait sur la dernière mise à niveau d'Ordo avait besoin d'un deuxième écran. Plus tard, Randy a débranché le clavier et la souris parce que, sans moniteur, on ne pouvait qu'entrer des informations erronées. Désormais, ce n'est plus qu'un obélisque blanc cassé qui siffle doucement, sans autre interface qu'une diode verte cyclopéenne lorgnant un paysage obscur de boîtes à pizza vides.

Mais il y a un gros câble coaxial qui le relie à l'Internet. L'ordinateur de Randy dialogue avec lui pendant quelques instants, négociant les termes du protocole point à point, ou connexion PPP, en suite de quoi le petit portable de Randy fait également partie de l'Internet ; il peut désormais envoyer des données à Los Altos et là-bas, l'ordinateur dans sa tour solitaire, qu'on a baptisé Tombstone, « pierre tombale », le réorientera dans la direction générale de plusieurs machines parmi les dizaines de millions également connectées à Internet.

Tombstone, ou tombstone. epiphyte. com, puisque c'est ainsi qu'il est connu sur le réseau, mène l'existence peu glorieuse de serveur de courrier et de cache pour fichiers. Il ne fait rien que ne pourrait faire un millier de services en ligne plus simplement et pour moins cher. Mais Avi, qui a le génie pour imaginer les plus épouvantables scénarios catastrophes, a exigé qu'ils aient leur propre machine et que Randy et les autres épluchent son code-source ligne à ligne pour s'assurer de l'absence de toute brèche dans la sécurité. Dans toutes les vitrines de libraires de la baie, on trouve en piles des milliers d'exemplaires des trois bouquins qui racontent avec quelle facilité un pirate célèbre a réussi à prendre totalement le contrôle de deux services en ligne bien connus. En conséquence, il était impensable qu'Épiphyte SA puisse recourir à ce genre d'officine pour transmettre des fichiers secrets tout en prétendant sans broncher éviter tout acte de négligence au nom de ses actionnaires. D'où tombstone.epiphyte.com.

Randy s'identifie et relève son courrier, quarante-sept messages, y compris celui transmis l'avant-veille par Avi (avi@epiphyte.com) ainsi étiqueté :

epiphyteProjCom.5.4.ordo. Épiphyte, Projet commercial, 5e édition, 4e jet, dans un format de fichier lisible uniquement avec [Novus] Ordo [Seclorum], détenu intégralement par la société du même nom, mais dont il se trouve que le noyau a été écrit (comme par hasard) par John Cantrell.

Randy dit à la machine de commencer à rapatrier ce fichier — ça risque d'être long. En attendant, il parcourt la liste des autres messages, vérifiant le nom des expéditeurs, le sujet, la taille, cherchant à estimer, de prime abord, combien dans le tas peuvent être simplement jetés à la corbeille sans être lus.

Deux messages émergent du lot parce qu'ils proviennent d'une adresse ringarde se terminant par aol.com, le voisinage réseau des familles, mais sûrement pas des étudiants, pirates, bidouilleurs et autres individus qui bossent pour de bon dans la high-tech. Les deux émanent de l'avocat de Randy, qui essaie de démêler ses affaires financières de celles de Charlene avec le minimum de rancœurs. Randy sent grimper sa tension artérielle, des millions de capillaires se dilater sous son crâne de façon menaçante. Mais les deux fichiers sont courts et leurs en-têtes semblent relativement anodins, aussi s'apaise-t-il et décide-t-il de les mettre provisoirement de côté.

Cinq messages proviennent d'ordinateurs aux noms bien familiers, des systèmes qui appartiennent au réseau informatique du campus qu'il gérait dans le temps. Les messages émanent des administrateurs-système qui ont repris les rênes après son départ, des gars qui, jadis, lui ont posé toutes les questions faciles, du genre « Quel est le meilleur endroit où commander une pizza ? » ou « Où est-ce que t'as encore fourré l'agrafeuse ? » et en sont à présent venus à lui mailer d'obscures tranches de code qu'il a rédigées il y a des années, assorties de questions telles que : « Est-ce que c'est une erreur ou un truc incroyablement malin que j'ai pas encore réussi à percer ? » Randy s'abstient également pour l'heure de répondre à ces messages.

Il y a une douzaine de courriers d'amis, certains se contentant de lui refiler des blagues sur le Net qu'il a déjà vues cent fois. Une autre douzaine vient de membres d'Épiphyte SA, la plupart concernent des détails d'itinéraire alors qu'ils convergent tous sur Kinakuta pour la réunion du lendemain.

Cela en laisse en gros une douzaine qui appartiennent à une catégorie particulière qui n'existait pas encore la semaine précédente, quand est sortie la dernière livraison de *TURING Magazine* (« Plus branché, tu disjonctes ! »), avec un article sur le projet de paradis informatique à Kinakuta, et en couverture, une photo de Randy sur un bateau aux Philippines. Avi s'était décarcassé pour leur refiler ce papier afin d'avoir quelque chose à brandir sous le nez des autres participants lors de la réunion de demain. *TURING* est un magazine tellement visuel qu'on ne peut le lire sans la protection de lunettes de soudeur, aussi ont-ils insisté pour avoir une photo ; ils ont donc dépêché un photographe à la Crypte, qu'ils ont trouvée visuellement pauvre (ben quoi ? c'est jamais qu'un trou dans le sol !) ; d'où panique ; le photographe a reçu l'ordre de se dérouter sur Manille où il a saisi Randy debout sur le pont d'un bateau, près d'un gros rouleau de câble orange. Le magazine ne sera pas en kiosque avant le mois prochain, mais l'article est posté sur le Web depuis déjà une semaine, où il est aussitôt devenu un sujet de discussion sur la liste de diffusion des Admirateurs secrets, qui est l'endroit où tous les mecs branchés comme John Cantrell passent discuter des tout derniers algorithmes de cryptage et autres générateurs de nombres pseudo-aléatoires. Comme Randy se trouvait sur la photo, ils en ont tiré la conclusion pour le moins hâtive qu'il était plus impliqué dans l'affaire qu'en réalité. Ce qui a engendré une nouvelle catégorie de messages dans la boîte aux lettres de Randy : critiques et conseils gratuits de la part de tous les dingues de cryptographie que compte la planète. Pour l'heure, il y a quatorze messages de cet acabit dans sa boîte de réception, dont huit d'une ou plusieurs personne(s) qui se fait (ou se font) identifier sous le nom d'amiral Isoruku Yamamoto.

Il serait tentant d'ignorer ces derniers, mais le problème est qu'une grosse majorité de membres de la liste de diffusion des Admirateurs secrets sont au moins dix fois plus intelligents que Randy. On peut à toute heure aller y faire un tour et tomber sur un professeur russe de mathématiques en débat animé avec un homologue indien et s'empoignant kilo-octet par kilo-octet sur tel ou tel détail d'une complexité stupéfiante de la théorie des nombres premiers, tandis qu'un prodige de dix-huit ans, gavé de maths à Cambridge, intervient tous les trois jours pour prouver de manière toujours plus stupéfiante à quel point ils sont dans l'erreur tous les deux.

Aussi, quand des types dans leur genre lui envoient du courrier, Randy essaie au moins de le parcourir. Il aurait tendance à se méfier de ceux qui s'identifient sous le nom d'amiral Isoruku Yamamoto, ou sous le numéro 56 (qui est un code signifiant Yamamoto). Mais ce n'est pas parce qu'on est branché politique tendance tordue qu'on est forcément ignare en math.

À : randy@tombstone.epiphtyte.com
De : 56@laverie.org
Sujet : paradis informatique

Avez-vous posté quelque part une clé publique? J'aimerais échanger du courrier avec vous mais je n'ai pas envie que Paul Comstock le lise :) Ma clé publique, si vous avez envie de répondre est :

– DÉBUT BLOC CLÉ PUBLIQUE ORDO –
(plusieurs lignes de charabia)
– FIN BLOC CLÉ PUBLIQUE ORDO –

Votre concept de paradis informatique est défectueux à la base mais il a surtout d'importantes limites. Imaginez que le gouvernement philippin vienne à couper votre câble? Ou que ce brave sultan change d'avis, décide de nationaliser vos ordinateurs, de lire tous les disques? Ce qu'il vous faut, ce n'est pas UN paradis informatique mais un RÉSEAU de paradis informatiques, plus robuste, tout comme Internet est plus robuste qu'une machine isolée.

Signé :

L'amiral Isoruku Yamamoto qui signe ses messages ainsi :

– DÉBUT BLOC SIGNATURE ORDO –
(plusieurs lignes de charabia)
– FIN BLOC SIGNATURE ORDO –

Randy ferme celui-ci sans répondre. Avi ne veut pas qu'ils parlent aux Admirateurs secrets de peur qu'on les accuse par la suite d'avoir piqué les idées de quelqu'un, aussi la réponse à tous ces e-mails est-elle une circulaire qu'Avi a fait rédiger par un avocat spécialisé dans la propriété intellectuelle, contre la modeste somme d'environ dix mille dollars le brouillon.

Il lit un autre message uniquement à cause de l'adresse de réponse :

De : root@pallas.eruditorum.org

Sur une machine sous Unix, *root,* — « racine » — est le nom du plus divin des utilisateurs, l'administrateur-système, celui qui peut lire, effacer ou modifier n'importe quel fichier, faire tourner n'importe quel programme, accepter de nouveaux utilisateurs ou résilier les comptes existants. Aussi, recevoir un message de quelqu'un qui détient le nom de compte « root » est assimilable à recevoir une lettre de quelqu'un dont l'en-tête du papier à lettres porterait les titres de « Président » ou de « Général ». Randy a été l'administrateur d'un certain nombre de systèmes, dont quelques-uns valaient plusieurs dizaines de millions de dollars, et la courtoisie professionnelle exige au moins qu'il lise ce message.

> J'ai entendu parler de votre projet.
> Vous vous y mettez quand?

suivi par un bloc de signature Ordo.

On doit supposer qu'il s'agit d'une façon de lancer un quelconque débat philosophique. Discuter avec des inconnus sur Internet est un jeu crétin parce que vos interlocuteurs se révèlent presque immanquablement — ou sont totalement assimilables à — des gamins de seize ans autosatisfaits et jouissant de temps libre en quantité infinie. Et pourtant, l'adresse « root » indique, soit que cet individu est responsable d'un gros réseau informatique, soit (ce qui est plus probable) qu'il a installé une distribution Finux sur son ordinateur chez lui. Mais même un utilisateur personnel de Finux plane à des hauteurs au-dessus du cybersurfer dilettante moyen.

Randy ouvre une fenêtre de terminal et tape :

> whois [1] eruditorum.org

et une seconde plus tard, reçoit en réponse ce bloc de texte de l'InterNIC [2] :

1. « Qui est ». Syntaxe pour un formulaire de demande. *(N.d.T.)*
2. InterNIC : organisme « historique » d'attribution et de gestion des noms de domaine principaux sur Internet : .com, .edu, .org, etc. *(N.d.T.)*

eruditorum.org (Societas Eruditorum)

suivi d'une adresse : une boîte postale à Leipzig, en Allemagne.

Suit une liste de plusieurs contacts téléphoniques. Tous portent l'indicatif de la région de Seattle. Mais les trois chiffres du central, après l'indicatif, sont familiers à Randy : il y reconnaît le numéro d'accès à un service de re-routage, apprécié des utilisateurs très mobiles, qui transfère instantanément vos messages vocaux, télécopies et autres, où que vous puissiez vous trouver. Avi, par exemple, utilise tout le temps ce genre de service.

Randy fait défiler la liste et trouve :

Dernière mise à jour liste : 18 nov 99
Liste créée le 1-mar-90.

Le « 90 » attire son œil. C'est une date préhistorique selon les critères de l'Internet. Elle signifie que la Societas Eruditorum avait déjà plusieurs longueurs d'avance. Surtout pour un groupe basé à Leipzig, qui faisait encore partie de l'Allemagne de l'Est à cette époque.

Liste des serveurs de domaine :
NS.SF.LAVERIE.ORG

... suivi des quatre blocs de chiffres formant l'adresse DNS de laverie.org, en fait, un re-routeur anonyme utilisé par bon nombre d'Admirateurs secrets pour empêcher qu'on retrace l'origine de leurs communications.

Tout cela ne mène à rien. Malgré tout, Randy a du mal à croire que ce message émane d'un ado blasé de seize ans. Il devrait au moins répondre pour la forme. Mais il redoute que cela soit pris comme une ouverture pour une espèce de proposition commerciale : genre société high-tech miteuse à la recherche de capitaux.

Dans la dernière version du projet commercial, il doit sans doute y avoir des explications sur les raisons qui ont amené Épiphyte (2) à construire la Crypte. Randy peut tout simplement les couper/coller dans sa réponse électronique à root@pallas.eruditorum.org. Ce sera un truc fumeux destiné à caresser les actionnaires dans le sens du poil, et donc un rien aliénant. Avec un peu de chance, ça découragera son interlocuteur de continuer à le harceler. Randy double-clique sur l'icône maçonnique d'Ordo et le programme ouvre une petite fenêtre de texte à l'écran, l'invitant à taper une ligne de commandes. Ordo a également une superbe interface graphique, mais Randy déteste ça. Pas de menus ou de boutons pour lui. Il tape :

> decrypt epiphyte.ProjCom.5.4.ordo

L'ordinateur répond :

vérification d'identité : entrez la phrase de passe ou « bio » afin d'opter pour la vérification biométrique.

Avant qu'Ordo ne décrypte le fichier, il a besoin d'une clé privée, avec ses 4 096 bits. La clé est stockée sur le disque dur de Randy. Mais des individus malveillants pourraient entrer par effraction dans les chambres d'hôtel et lire le contenu des disques durs, aussi la clé est-elle à son tour cryptée. Afin de la décrypter, Ordo a besoin de la clé de la clé, ce qui (unique exemple de convivialité de Cantrell), est une phrase de passe : une chaîne de mots, plus facile à mémoriser qu'une suite de 4 096 chiffres binaires. Mais il faut que ce soit une phrase longue, sinon elle serait trop facile à casser.

La dernière fois que Randy a changé sa phrase de passe, il lisait d'autres mémoires de la Seconde Guerre mondiale. Il tape :

> poussant d'une voix rauque des « banzai ! », les Nips ivres ont jailli de leurs tranchées, leurs épées et leurs

baïonnettes étincelant sous le faisceau de nos projecteurs

et il presse la touche Entrée. Ordo répond :

phrase de passe incorrecte
réentrer la phrase de passe ou « bio » afin d'utiliser la vérification biométrique.

Randy pousse un juron et recommence plusieurs fois, avec de légers changements de ponctuation. Rien n'y fait.

En désespoir de cause et par curiosité, il tente :

> bio

et le programme répond :

impossible de trouver le fichier de configuration biométrique. Voir auprès de Cantrell :-/

Ce qui, bien sûr, n'est pas une partie normale du logiciel. Ordo n'a pas d'option vérification biométrique, il n'a pas non plus de messages d'erreur qui fassent référence à Cantrell ou à qui que ce soit par son nom. Il semblerait que Cantrell ait écrit un module additionnel, un petit programme annexe qu'il a distribué à ses amis d'Épiphyte (2).

— Parfait, dit Randy, qui décroche son téléphone et compose le numéro de la chambre de John Cantrell.

Étant dans un hôtel moderne flambant neuf, il tombe sur un répondeur vocal sur lequel John a pris la peine d'enregistrer un message d'accueil.

— Ici John Cantrell de Novus Oro Seclorum et Épiphyte SA. Pour ceux d'entre vous qui m'ont contacté en utilisant mon numéro de téléphone universel et n'ont par conséquent aucune idée de l'endroit où je me trouve, je suis à l'hôtel Foote Mansion dans le sultanat de Kinakuta — veuillez consulter un atlas sérieux. Il est quatre heures de l'après-midi, nous sommes le dimanche 21 mars. Je suis sans doute à l'heure qu'il est descendu au Bombe et Grappin.

Le Bombe et Grappin est le bar de l'hôtel, à thème de piraterie, ce qui n'est pas aussi louche qu'on pourrait l'imaginer. Il est décoré (entre autres souvenirs de qualité muséale) de plusieurs canons de bronze qui paraissent authentiques. John Cantrell est attablé dans un coin, et semble aussi à sa place que peut l'être un homme coiffé d'un chapeau noir de cowboy. Son portable est posé, ouvert, sur la table, près d'une boisson au rhum servie dans une soupière. Une paille de soixante centimètres relie celle-ci à la bouche de Cantrell. Il aspire tout en tapant, sous le regard incrédule d'une brochette d'hommes d'affaires chinois à mine sévère installés au bar ; quand ils voient entrer Randy, lui aussi avec son ordinateur portable, ils échangent des messes basses. *Allons bon, voilà qu'ils sont deux !*

Cantrell lève la tête et sourit — un truc qu'il ne peut pas faire sans paraître diabolique. Randy et lui se serrent la main triomphalement. Même s'ils n'ont jamais voyagé qu'en 747, ils se font l'effet de Stanley et Livingstone.

— Chouette bronzage, observe Cantrell, un rien narquois, on le verrait presque tortiller ses moustaches.

Randy est pris à contre-pied, il s'interrompt, essaie de répliquer à deux reprises, renonce, s'avouant vaincu. Tous deux rient.

— Je bronze sur les bateaux, explique Randy, pas au bord de la piscine de l'hôtel. Ces quinze derniers jours, j'ai pas arrêté de courir.

— Rien qui ne mette en danger la valeur du titre, j'espère, remarque Cantrell, pince-sans-rire.

Randy ne se démonte pas :

— Mais toi, tu m'as l'air d'une pâleur encourageante.

— Tout roule de mon côté. Ça marche comme prévu : des masses d'Admirateurs secrets veulent bosser sur un paradis informatique concret.

Randy commande une Guinness et remarque :

— Tu avais également prédit qu'une masse de ces gens allaient se révéler bizarres et indisciplinés.

— C'est pas ceux-là que j'ai engagés, rétorque Cantrell. Et avec Eb pour s'occuper des coups tordus, on a pu sans problème surmonter les quelques ralentisseurs rencontrés en chemin.

— As-tu vu la Crypte ?

Cantrell hausse un sourcil et lui lance une parfaite imitation de regard paranoïaque.

— On dirait tout à fait le PC enterré du NORAD à Colorado Springs.

— Ouais ! rigole Randy. Le mont Cheyenne.

— C'est trop gros, décrète Cantrell.

Il sait que Randy partage son avis.

Aussi ce dernier décide-t-il de jouer l'avocat du diable :

— Mais le sultan fait tout en grand. Il y a de grands portraits de lui dans le grand aéroport.

Cantrell hoche la tête.

— Le ministère de l'Information est un projet sérieux. Le sultan ne l'a pas inventé sur un coup de tête. Ce sont ses technocrates qui l'ont conçu.

— Je me suis laissé dire qu'Avi se serait livré à un habile travail de sape...

— Peut-être. N'empêche que les mecs derrière ce projet, comme Mohammed Pragasu, sont tous des diplômés de Stanford, d'Oxford ou de la Sorbonne. Le génie civil est intégralement réalisé par des Allemands. Cette grotte n'a rien d'un monument à la gloire du sultan.

— Non, ce n'est certes pas un projet somptuaire, admet Randy, en songeant à la salle des machines climatisée que Tom Howard est en train de construire, trois cents mètres sous la forêt équatoriale.

— Donc, il doit bien y avoir une explication rationnelle à ces dimensions gigantesques.

— Peut-être que c'est expliqué dans le projet commercial ? hasarde Randy.

Cantrell hausse les épaules. Lui non plus ne l'a pas lu.

— Le dernier que j'aie parcouru de bout en bout était le Plan Un. L'an dernier, avoue Randy.

— C'était un bon plan, commente Cantrell [1].

Randy change de sujet.

— J'ai oublié ma phrase de passe. Faut que tu me fasses faire ce truc de reconnaissance biométrique.

— Trop de bruit, ici, répond Cantrell. Ça marche par capture de ta voix, filtrage par séries de Fourier, puis mémorisation d'un certain nombre de chiffres-clés. On fera ça plus tard dans ma chambre.

Sentant le besoin de justifier pourquoi il n'a pas répondu à son courrier électronique, Randy remarque :

— J'ai été pris jusqu'au cou dans cette histoire d'interface avec les gars de l'AVCLA, à Manille.

— Ouaip. Et comment ça se passe ?

— Écoute. Mon boulot est vachement simple : il y a ce gros câble nippon qui descend de Taiwan vers Luçon. Avec un routeur à chaque bout. Puis, il y a le réseau serré de câbles reliant les îles que les gens de l'AVCLA sont en train d'installer aux Philippines. Comme tu le sais, chaque tronçon commence et se termine par un routeur. Mon boulot est de programmer ces derniers, de m'assurer que les données auront toujours la voie libre entre Taiwan et Kinakuta.

Cantrell détourne les yeux, inquiet de sentir que l'ennui pourrait le gagner. Randy est pratiquement vautré sur la table, parce qu'il sait que c'est tout sauf ennuyeux.

1. Allusion de Cantrell au fait que le Plan Un leur a rapporté quelque chose comme deux millions de dollars en capitaux de lancement *via* une boîte de capital-risque de San Mateo appelée Springboard Group, le « Groupe Tremplin ».

— John ! Tu es une des grosses sociétés de cartes de crédit !

— D'accord, d'accord.

Il croise son regard, un rien décontenancé.

— Tu stockes tes données dans le paradis informatique de Kinakuta. Tu as besoin de télécharger un téra-octet de données cruciales. Tu entames la procédure — tes octets cryptés traversent les Philippines au rythme d'un giga-octet par seconde, filent vers Taiwan et de là traversent le Pacifique, direction les États-Unis.

Randy marque un temps, boit une lampée de Guinness, laisse monter la tension.

— Là-dessus, un ferry coule au large de Cebu.

— Et alors ?

— Alors, en l'espace de dix minutes, cent mille Philippins décrochent simultanément leur téléphone.

Cantrell se frappe littéralement le front.

— Oh, mon Dieu !

— À présent, t'as pigé ! J'ai configuré ce réseau pour que, quoi qu'il advienne, les données continuent de circuler vers cette société de cartes de crédit. Peut-être à vitesse réduite — mais elles passeront toujours.

— Ma foi, je comprends à présent que ça t'ait tenu occupé.

— Et c'est pour ça que je m'intéresse à ce point à ces routeurs. Et, incidemment, c'est de la bonne camelote, mais ils n'ont pas une capacité suffisante pour alimenter une Crypte de cette dimension, ou pour la justifier économiquement.

— L'essentiel de l'argumentation d'Avi et de Beryl, note Cantrell, est qu'Épiphyte n'est plus seule à alimenter la Crypte.

— Mais nous sommes en train de poser le câble entre ici et Palawan...

— Les favoris du sultan ont joué les rabatteurs, explique Cantrell. Avi et Beryl sont restés vagues, mais après comparaison de mes notes avec celles de

Tom, et lecture dans les feuilles de thé, j'ai dans l'idée qu'il y aurait un, peut-être deux autres opérateurs de câble qui débarquent à Kinakuta.

— Waouh ! s'exclame Randy. (Sur le coup, c'est tout ce qu'il trouve à dire.) Waouh ! (Il boit presque la moitié de sa Guinness.) Ça se tient. S'ils ont pu le faire une fois avec nous, ils peuvent recommencer avec d'autres opérateurs.

— Ils se sont servis de nous comme point d'appui pour attirer les autres.

— Eh bien... la question reste alors de savoir si le câble traversant les Philippines est toujours nécessaire ? Ou désiré ?

— Ouaip.

— L'est-il ?

— Non, je veux dire, ouaip, c'est bien la question, effectivement.

Randy réfléchit.

— De fait, ce pourrait être une bonne nouvelle pour la partie de l'opération qui te concerne. Plus d'accès à la Crypte, c'est plus de boulot sur le long terme.

Cantrell hausse les sourcils, un rien méfiant. Randy se carre dans sa chaise, se gratte la barbe, explique :

— On a eu déjà eu des discussions pour savoir si ça valait le coup qu'Épiphyte s'occupe de problèmes de câbles et de routeurs aux Philippines.

— Le projet commercial a toujours soutenu la justification économique de la pose de câbles aux Philippines, même s'il n'y avait pas de Crypte au bout.

— Le projet commercial devrait soutenir que le réseau intraphilippin pourrait être converti en affaire indépendante et survivre malgré tout, observe Randy, pour que cela justifie notre implication.

Il est inutile d'en dire plus. Depuis déjà un certain temps, l'un et l'autre se sont entièrement concentrés sur leur échange de vue, évacuant par leur attitude tout ce qui existait autour d'eux, et à présent, spontanément, l'un comme l'autre s'adossent à leur siège, s'étirent, commencent à regarder autour d'eux. Hasard ou coïncidence, c'est le moment que choisit Goto Furudenendu pour entrer, accompagné d'un détachement que Randy imagine être formé d'ingénieurs de travaux publics : des Nippons vigoureux, propres sur eux, la trentaine. D'un sourire, Randy les convie à les rejoindre, hèle le garçon et commande plusieurs de ces grands bouteilles de bière nippone amère et glacée.

— Ça me fait penser... Les Admirateurs secrets m'ont vraiment dans le collimateur, lance incidemment Randy.

Sourire de Cantrell qui nourrit une certaine affection pour ces cinglés.

— Les gens intelligents et fanatiquement paranoïaques sont l'épine dorsale de la cryptologie, commente-t-il, mais ils ne comprennent pas toujours les arcanes du commerce.

— Peut-être qu'au contraire ils les comprennent trop bien.

Randy garde l'impression lancinante qu'il était descendu passer cette soirée au bar pour répondre à la question posée par root@eruditorum.org (« Pourquoi faites-vous ça ? ») et qu'il n'en sait toujours rien. À vrai dire, il en sait encore moins qu'auparavant.

Puis les hommes de Goto se joignent à eux, juste au moment où Eberhard Föhr et Tom Howard font également leur apparition. Après une salve de présentations et d'échange de cartes de visite, il semble que le protocole exige qu'on passe aux choses sérieuses. Randy a eu l'imprudence de mettre à l'épreuve la politesse de ses hôtes en leur commandant de la bière, et ils se doivent de prouver qu'il n'est pas question pour eux d'avoir le dessous en la matière. On réunit donc les tables et l'ambiance a tôt fait de devenir incroyablement joviale. Eb doit à son tour commander une tournée générale de bière. Bientôt, le climat a dégénéré au karaoké. Randy se lève et chante *Me and You and a Dog Named Boo*. C'est un excellent choix parce que c'est une chanson douce et décontractée dont l'interprétation n'exige pas des masses de sentiment. Ni de qualités vocales, d'ailleurs.

À un moment, Tom Howard pose son bras musculeux sur le dossier de la chaise de Cantrell, pour mieux lui beugler à l'oreille. Leurs bracelets eutropiens [1] assortis, gravés de la mention « Salut, toubib, veuillez me congeler suivant les instructions » étincellent, bien en évidence, et Randy redoute soudain que les Nippons viennent à les remarquer et se mettent à poser des questions auquel il sera excessivement délicat de répondre. Tom rappelle quelque chose à Cantrell (pour quelque raison, ils l'appellent toujours ainsi ; certains individus ne peuvent être appelés que par leur nom de famille). Cantrell hoche la tête et lance à Randy un regard bref et quelque peu furtif. Quand Randy le lui retourne, Cantrell baisse les yeux, confus, et se met à tripatouiller sa bouteille de bière. Tom ne cesse quant à lui d'observer Randy avec un certain intérêt. Tout ce manège conduit les trois hommes à se lever pour se retrouver à l'autre bout du bar, loin des enceintes du karaoké.

— Donc, tu connais Andrew Loeb, commence Cantrell.

Il est manifeste que cela le consterne foncièrement tout en l'impressionnant quelque part, comme s'il venait d'apprendre que Randy a un jour tabassé à mort un type à mains nues sans avoir jamais cru bon de mentionner la chose.

— C'est exact, confirme Randy. Tout comme n'importe qui pourrait connaître un type dans son genre.

1. *Eutropie* (du grec *eu*, bon et *tropos* inclination, penchant) : néologisme créé par le linguiste américain John Talbot Winchell, par opposition à *utopie*, pour baptiser un mouvement d'inspiration new age prônant l'harmonie universelle par le développement de la science et des arts. Le credo des Eutropiens est que la violence et la guerre sont la reproduction de l'expérience traumatisante des relations parents-enfants pendant la petite enfance. *(N.d.T.)*

Cantrell porte une attention démesurée au projet d'arracher l'étiquette de sa bouteille de bière, aussi est-ce à Tom de prendre le relais.

— Vous avez bossé ensemble ?

— Pas vraiment. Puis-je vous demander, les mecs, comment vous êtes au courant ? Je veux dire, comment déjà connaissez-vous l'existence d'Andrew Loeb ? À cause de cette histoire de *Digibomber* ?

— Oh, non c'est bien après. Andy est devenu un personnage remarquable dans certains milieux que Tom et moi nous avons l'habitude de fréquenter, explique Cantrell.

— Les seuls milieux que je puisse l'imaginer fréquenter seraient ceux de survivalistes primitifs ou de ces types convaincus d'être les victimes de viols rituels satanistes, lâche Randy.

Ses lèvres ont sorti machinalement cette remarque, aussi est-il aussi surpris que les autres de l'entendre planer.

— Voilà qui contribue à combler quelques lacunes, observe finalement Tom.

— Qu'est-ce que t'en as pensé, quand le FBI est allé fouillé sa cabane ? demande Cantrell qui a retrouvé son sourire.

— Je n'ai pas su quoi penser, avoue Randy. Je me rappelle avoir regardé la cassette aux infos, les agents qui ressortaient de cette baraque avec leurs cartons de preuves, en me disant que mon nom devait être inscrit sur ces papiers. Que d'une manière ou d'une autre, j'allais me retrouver embringué dans cette affaire.

— Est-ce que le FBI t'a contacté ? demande Tom.

— Non. J'imagine qu'une fois qu'ils ont eu épluché tous ces documents, ils ont assez vite déduit qu'il n'était pas leur terroriste informatique et qu'ils l'ont rayé de la liste.

— Eh bien, pas très longtemps après ces événements, Andrew Loeb est apparu sur le Net, note Cantrell.

— J'ai du mal à le croire.

— Ça a été également notre impression. Je veux dire, on avait tous reçu des copies de ses tracts — imprimés sur du papier gris recyclé qui ressemblait à ces bouloches qu'on ôte des vêtements à la brosse adhésive.

— Il se servait d'une espèce d'encre organique à base d'eau qui s'écaillait en donnant des pellicules noires, renchérit Tom.

— Même qu'on blaguait sur ces Andysgrâces qui maculaient tous nos bureaux, rajoute Cantrell. Bref, quand ce fameux Andy Loeb est apparu sur la liste de diffusion des Admirateurs secrets et sur le forum eutropien, et s'est mis à y publier tous ces délires interminables, on a refusé de croire que ça pouvait être lui.

— On a cru que c'était un type qui s'était amusé à écrire de brillantes parodies de sa prose, reprend Tom.

— Mais quand ses contributions ont continué d'arriver, jour après jour, et qu'il s'est mis à entamer ces longs dialogues avec les autres participants, il est devenu manifeste que c'était bel et bien lui, grommelle Cantrell.

— Comment fait-il cadrer ça avec sa position de Luddite ?

Cantrell : Il affirmait avoir toujours considéré les ordinateurs comme une force qui aliène et atomise la société.

Tom : Mais que s'étant pendant un temps retrouvé le suspect numéro un dans l'affaire Digibomber, il avait été contraint et forcé de s'intéresser à l'Internet, qui a changé la nature des ordinateurs en les interconnectant.

— Oh, mon Dieu ! s'exclame Randy.

— Et qu'il avait retourné dans sa tête cette histoire d'Internet tout en poursuivant ses activités d'Andrew Loeb, continue Tom.

Randy : À savoir, être assis en tailleur, tout nu, le cul dans des torrents de montagne glacés, à étrangler à mains nues des rats musqués.

Tom : Et qu'il s'était rendu compte que les ordinateurs pouvaient être un instrument pour unir la société.

Randy : Et je parie qu'il se jugeait le mieux placé pour ça.

Cantrell : Ma foi, ce n'est effectivement pas très loin de ce qu'il a dit.

Randy : Donc, est-ce que vous allez me dire qu'il est devenu eutropien ?

Cantrell : Eh bien, non. Mais plutôt qu'il aurait découvert dans le mouvement eutropien un schisme dont nous ignorions l'existence, et aussitôt créé son propre groupe dissident.

Randy : Dans mon idée, les Eutropiens sont des individualistes forcenés, des libertaires purs et durs.

— Ouais, tout à fait ! reconnaît Cantrell. Mais l'axiome fondamental de l'eutropianisme est que la technologie nous a rendus posthumains. Que l'*Homo sapiens* plus la technologie ont effectivement engendré une espèce entièrement nouvelle : immortelle, omniprésente à cause du Net, et vouée à l'omnipotence. Cela dit, les premiers à s'exprimer ainsi ont été les ultralibéraux.

Et Tom d'ajouter :

— Mais l'idée a attiré tout un tas d'individus, y compris Andrew Loeb qui s'est pointé et a commencé à délirer sur les esprits ruches.

— Et comme de juste, il s'est fait descendre en flammes par la plupart des Eutropiens, parce que pour eux, cette idée frise l'anathème, indique Cantrell.

Tom : Mais il a tenu bon, et au bout d'un moment, certains ont commencé à partager son avis. Il est apparu qu'une fraction non négligeable du mouvement qui jusqu'ici n'avait pas été spécialement attirée par l'ultralibéralisme s'est montrée séduite par cette idée d'esprit ruche.

— Bref, Andy se retrouve chef de faction ? demande Randy.

— J'imagine, admet Cantrell. Ils ont fait dissidence et constitué leur propre forum. Cela dit, on n'a plus trop entendu parler d'eux depuis six mois.

— Alors, comment se fait-il que vous ayez eu vent d'une connexion entre Andy et moi ?

— Il continue d'apparaître épisodiquement dans le groupe de discussion des Admirateurs secrets, explique Tom. Or la Crypte y a suscité pas mal de débats, récemment.

Cantrell d'enchaîner : Quand il a découvert qu'Avi et toi étiez sur le coup, il a posté ce vaste délire — vingt ou trente Ko de phrases mises bout à bout. Pas très flatteuses.

— Enfin, merde, c'est quoi, son problème ? Il a réussi son coup. M'a coulé totalement. Vous croyez pas qu'il aurait mieux à faire que de continuer à perdre son temps avec moi ? proteste Randy en se frappant la poitrine. Il a pas un boulot pour l'occuper, ce mec ?

— Il est plus ou moins avocat, maintenant, admet Cantrell.

— Ah, logique.

— Il n'arrête pas de nous dénoncer, renchérit Tom. On serait des ultracapitalistes. On atomiserait la société. On transformerait le monde en havre pour les trafiquants de drogue et les kleptocrates du Tiers Monde.

— Au moins, de ce côté, il a pas entièrement tort, remarque Randy. Il est ravi d'avoir, enfin, obtenu une réponse sur leurs raisons de construire la Crypte.

## *MANŒUVRE RÉTROGRADE*

Sio est un cimetière de boue. Ceux qui ont déjà donné leur vie à l'empereur doivent se battre pour une place dans ce bourbier avec ceux qui en brigueront bientôt une. De drôles d'avions américains à queue fourchue plongent chaque jour du soleil pour les massacrer sous une grêle scintillante de balles de mitrailleuse et sous les détonations assourdissantes de leurs bombes, aussi dorment-ils dans les tombes ouvertes pour n'en ressortir que la nuit. Mais leurs fosses sont pleines d'eau croupie qui grouille d'une vie hostile et quand le soleil décroît, la pluie les fouette, insinuant dans leurs os le froid mortel de l'altitude. Chaque homme de la 20e division sait qu'il ne quittera pas vivant la Nouvelle-Guinée, aussi ne lui reste-t-il que le choix de sa mort : se rendre ou bien être torturé puis massacré par les Australiens ? Se jeter une grenade à la tête ? Rester sur place et se faire décimer par les avions le jour, et la nuit par la malaria, la dysenterie, le typhus, la faim et l'hypothermie ? Ou faire trois cents kilomètres à pied, à travers les montagnes et les rivières en crue pour rallier Madang, une entreprise déjà suicidaire en temps de paix, avec des vivres et des médicaments ?...

Mais c'est pour ça qu'on leur a donné cet ordre. Le général Adachi prend l'avion pour Sio — le premier appareil ami qu'ils aient vu depuis des semaines — et se pose sur le champ d'épandage plein d'ornières qui passe pour un aérodrome, et il ordonne l'évacuation. Ils doivent faire mouvement vers l'intérieur en quatre détachements. Régiment par régiment, ils enterrent leurs morts, remballent ce qui subsiste de leur équipement, rassemblent le peu de vivres qui leur restent, attendent la nuit et prennent d'un pas lourd la direction des montagnes. Les derniers échelons peuvent se guider à l'odeur : ils n'ont qu'à suivre à la trace la puanteur de dysenterie et de cadavres abandonnés par le groupe d'éclaireurs.

Les chefs restent jusqu'au bout, accompagnés par le peloton d'opérateurs radio : sans un émetteur puissant et tout l'attirail de cryptage qui l'accompagne, un général n'est pas un général, une division pas une division. Finalement, ils cessent d'émettre et entreprennent de mettre le matériel radio en pièces détachées, malheureusement pas assez petites à leur goût; l'émetteur-récepteur radio d'une division est une bête imposante, conçue pour illuminer l'ionosphère. Il possède un groupe électrogène, des transfos et autres composants qu'on ne peut alléger. Les hommes du peloton radio, qui auraient déjà du mal à traîner leur propre squelette jusqu'au sommet des cols et à travers les rivières en crue, vont devoir se lester du fardeau additionnel de blocs moteurs, réservoirs d'essence et transformateurs électriques.

Sans compter l'énorme coffre d'acier bourré des livrets de codes de l'armée. Ces livrets étaient déjà lourds comme un cheval mort quand ils étaient secs comme une trique; à présent, ils sont gorgés d'eau. Les transporter serait un calvaire inimaginable. Le règlement stipule dans ce cas qu'on les brûle.

Les hommes du peloton radio de la 20e division ne sont pas franchement enclins à l'humour en ce moment, pas même cet humour sinistre et sardonique propre à tous les soldats. Si quelque chose réussit à les faire rire malgré tout, c'est bien l'idée de devoir construire un bûcher avec des bouquins gorgés d'eau dans un marais sous l'orage. Ils pourraient encore arriver à les brûler s'ils utilisaient des litres de kérosène — plus encore qu'ils n'en ont à leur disposition. Mais le feu produirait une colonne de fumée qui attirerait les P-38 comme l'odeur de la chair humaine attire les moustiques.

Les incinérer n'est peut-être pas indispensable. La Nouvelle-Guinée est un maelström hurlant de pourriture et de destruction ; seuls y résistent les rochers et les guêpes. Ils arrachent donc les couvertures pour les ramener avec eux comme preuve de la destruction des bouquins, puis remettent ceux-ci dans leur coffre qu'ils enfouissent sur la rive d'un torrent particulièrement vindicatif.

Ce n'est pas une très bonne idée. Mais ils ont reçu pas mal de bombes. Même si un éclat vous manque, l'onde de choc est comme un mur de pierre qui progresserait à la vitesse du son. Contrairement à un mur de pierre, elle vous traverse le corps, comme un flash traverse une statuette en verre. Quand elle passe à travers les chairs, elle en réarrange chaque fragment jusqu'au niveau des mitochondries, y compris ces parties du cerveau où s'emmagasinent votre conscience du temps et votre expérience du monde. Quelques détonations de ce genre suffisent à rompre le fil de la conscience et à le réduire en amas de filaments emmêlés et sectionnés. Ces hommes ne sont plus les êtres humains qu'ils étaient en partant de chez eux ; on ne peut pas escompter d'eux qu'ils pensent logiquement ou agissent de manière rationnelle. Ils jettent de la boue sur le coffre, non pas dans le cadre d'une saine procédure pour s'en débarrasser mais dans une sorte de rituel, juste pour manifester le respect dû à sa charge d'information étrange.

Puis ils remettent à l'épaule leur fardeau de fer et de riz et entreprennent la longue ascension dans la montagne. Leurs camarades ont laissé une piste piétinée que la jungle réinvestit déjà. Les bornes miliaires en sont des corps — réduits désormais à des champs de bataille puants — que se disputent des hordes frénétiques de microbes, insectes, vermines, charognards et volatiles pas encore catalogués par les scientifiques.

## *HUFFDUFF*

Le mât huffduff est planté avant même que le nouveau QG du détachement 2702 ait un toit, et l'antenne huffduff est dressée avant même qu'il y ait de l'électricité pour l'alimenter. Waterhouse fait de son mieux pour donner l'impression qu'il s'intéresse à l'opération. Il informe les ouvriers : les affrontements de vastes armadas de blindés en plein désert d'Afrique sont peut-être une vision puissante et romantique, mais la vraie bataille de cette guerre (en ignorant, comme toujours, le front de l'Est) reste la bataille de l'Atlantique. On ne pourra pas remporter la bataille de l'Atlantique sans couler un certain nombre d'U-Boote, et on ne peut pas les couler si on ne peut pas les repérer, et pour cela, il faut pour les trouver un moyen plus efficace que la méthode au jugé consistant à laisser nos convois tomber dessus et se faire mettre en pièces. Cette méthode, messieurs, étant de mettre cette antenne en action aussi vite qu'il est humainement possible.

Waterhouse n'est pas un acteur, mais quand le second blizzard de la semaine leur dégringole dessus, infligeant des dommages notables à l'antenne et l'obligeant à passer une nuit blanche pour la réparer à la lueur du luciphère galvanique, il est à peu près certain de les avoir accrochés. Tout le personnel du château reste veiller pour l'approvisionner en thé brûlant arrosé de cognac, et dès le lendemain, il a droit à quelques vivats pleins d'allégresse quand enfin l'antenne rafistolée est à nouveau hissée au sommet du mât. Ils sont tous tellement persuadés qu'ils sont en train de sauver des vies dans l'Atlantique nord qu'ils le lyncheraient sans doute s'ils connaissaient la vérité.

C'est que cette histoire de huffduff est ridiculement plausible. Tellement plausible que si Waterhouse travaillait pour les Allemands, il serait méfiant. L'antenne est d'un modèle hautement directionnel. Elle reçoit un signal intense quand elle est pointée vers la source et faible sinon. L'opérateur attend qu'un U-Boot commence à transmettre et il fait alors pivoter le dispositif jusqu'à obtenir le niveau de réception maximal ; la direction de l'antenne lui donne alors l'azimut de la source. Deux autres mesures, fournies par d'autres stations huffduff peuvent alors permettre, par triangulation, de localiser l'origine du signal.

Dans le but de sauver les apparences, la station doit rester opérationnelle vingt-quatre heures sur vingt-quatre, ce qui manque causer la mort de Waterhouse durant les premières semaines de l'année 1943. Le reste du détachement 2702 ne s'étant en effet pas présenté en temps opportun, c'est à lui qu'échoit la tâche d'entretenir l'illusion en attendant.

Tout le monde dans un rayon de quinze kilomètres — en gros, l'ensemble de la population civile de Qwghlm ou, pour présenter les choses autrement, l'ensemble de la race qwghlmienne — peut voir la nouvelle antenne radiogoniométrique se dresser en haut du mât dominant le château. Ces gens ne sont pas stupides et certains, à tout le moins, doivent se rendre compte que le satané bidule ne sert pas à grand-chose s'il reste toujours pointé dans la même direction. S'il ne bouge pas, c'est qu'il ne marche pas. Et s'il ne marche pas, alors qu'est-ce qu'ils peuvent donc bien foutre là-haut, au château ?

Bref, Waterhouse doit la bouger. Il vit dans la chapelle où il dort (quand il dort) dans un hamac tendu à une altitude périlleuse au-dessus du sol (il a découvert que les « skerries » sont excellents sauteurs).

S'il dort le jour, même le plus distrait des observateurs en ville ne manquera pas de relever que l'antenne ne bouge pas. Pas bon. Mais il ne peut pas dormir la nuit, quand les Allemands font rebondir leurs messages sur l'ionosphère entre les U-Boote naviguant dans l'Atlantique nord et leurs bases à Lorient et à La Rochelle, car un observateur vraiment attentif — mettons, un domestique du château insomniaque, ou un espion allemand posté dans les rochers et muni de jumelles — soupçonnera aussitôt qu'une antenne gonio immobile est une couverture. Aussi Waterhouse essaie-t-il de combler la différence en dormant quelques heures aux alentours du crépuscule et quelques heures encore aux alentours de l'aube, un plan que son corps a bien du mal à supporter. Et quand il se lève, il n'a absolument rien d'autre à faire sinon rester assis à la console gonio pendant huit à douze heures d'affilée, regarder son haleine se condenser devant son visage, tripatouiller l'antenne et écouter... le néant !

Il admet volontiers qu'il est un salaud stupide de se plaindre de son sort quand d'autres types se font tailler en pièces.

Ayant évacué cette question, que va-t-il bien pouvoir faire pour garder sa santé mentale ? Il a parfaitement réglé son petit numéro : laisser l'antenne orientée en gros vers l'ouest pendant un certain temps, puis la remuer d'un côté et de l'autre en décrivant des arcs toujours plus petits, pour faire comme s'il se calait sur un U-Boot, puis enfin la laisser ainsi tandis qu'il fait des pompes pour se réchauffer. Il a troqué son uniforme contre une chaude tenue de laine qwghlmienne. De temps en temps, à intervalles totalement imprévisibles, tel ou tel domestique du château lui tombe dessus avec un bol de soupe ou un service à thé, ou vient simplement s'enquérir de sa santé et lui dire à quel point il est un mec sympa.

Une fois par jour il rédige des lignes de charabia — ses prétendus résultats — qu'il transmet à la base navale.

Il répartit son temps entre réflexions sur le sexe et réflexions mathématiques. Les premières ne cessent d'empiéter sur les secondes. Cela ne fait qu'empirer quand la robuste cuisinière quinquagénaire du nom de Blanche, qui lui portait ses repas depuis le début, est frappée d'une crise d'hydropisie, de fièvre quarte, de goutte, de colique ou autre mal shakespearien et se voit remplacer par Margaret, un fort sémillant brin de fille de vingt ans.

Margaret lui met vraiment la tête à l'envers. Quand ça devient franchement intolérable, il se rend aux latrines (pour éviter d'être surpris par le personnel à un moment inopportun) et procède à un passage en commande manuelle. Mais s'il a appris une leçon de son séjour à Hawaï, c'est que le passage en commande manuelle n'est malheureusement pas aussi efficace que l'activité authentique. L'effet se dissipe bien trop vite.

En attendant, il peut toujours se livrer à de sérieux calculs mathématiques. Alan lui a procuré des notes sur la redondance et l'entropie, en rapport avec les travaux sur le cryptage vocal auxquels il est en train de se livrer à New York. Waterhouse étudie ces documents et découvre un certain nombre de lemmes des plus intéressants qu'il ne peut hélas pas envoyer à Alan sans violer à la fois le bon sens et quantité de règles de sécurité. Cela fait, il reporte son attention sur la cryptologie pure et dure. Il a passé assez de temps à Bletchley Park pour se rendre compte à quel point cette discipline est encore un champ en friche.

Les U-Boote sont bien trop bavards à la radio et chacun dans la marine allemande en est tout à fait conscient. Leurs experts n'ont cessé de harceler les gradés pour qu'ils renforcent les mesures de sécurité, ce à quoi ils ont finalement consenti en introduisant la version à quatre tambours de la machine Enigma qui a laissé Bletchley Park sur le cul pendant presque un an...

Margaret doit faire le tour par l'enceinte extérieure du château pour apporter à Waterhouse ses repas, et le temps qu'elle arrive, ses joues ont pris une belle couleur rose. La buée qui sort de sa bouche flotte autour de son visage comme un voile de soie...

Stop, Lawrence ! Le sujet de la conférence d'aujourd'hui est la machine Enigma à quatre tambours de la marine allemande, qu'ils appellent Triton et les Alliés Requin. Mise en service le 2 février l'an passé (1942), ce n'est qu'après la récupération de l'U-Boot U-559 échoué le 30 octobre que Bletchley Park a pu obtenir le matériel indispensable pour déchiffrer le code. Il y a deux semaines, le 13 décembre, Bletchley Park a enfin réussi à casser Requin, et les communications internes de la marine allemande n'ont de nouveau plus de secret pour les Alliés.

Conséquence, la première chose qu'ils ont apprise est que les codes de notre marine marchande n'ont plus de secret non plus pour les Allemands et que depuis un an, ils savent avec précision où trouver nos convois.

Tous ces renseignements ont été transmis à Lawrence Pritchard Waterhouse au cours des derniers jours par le canal absolument sûr du bloc jetable. Bletchley l'informe de tout ceci parce que cela soulève une question de théorie de l'information, ce qui est *son* domaine et *son* problème. La question est celle-ci : dans quel délai peut-on remplacer les codes de notre marine marchande sans révéler aux Allemands qu'on a décodé Requin ?

Waterhouse n'a pas à y réfléchir trop longtemps pour aboutir à la conclusion que c'est un problème bien trop épineux pour être traité à la légère. Le seul moyen de maîtriser la situation est de concocter un incident quelconque pour justifier aux yeux des Allemands le fait que nous ayons totalement perdu confiance dans nos codes pour la marine marchande, et soyons contraints de les changer. Il rédige illico un message en ce sens qu'il entreprend de coder à l'aide du bloc jetable qu'il partage avec Chattan.

— Est-ce que tout va comme vous voulez ?

Waterhouse se lève d'un bond et se retourne, le cœur battant à tout rompre.

C'est Margaret, drapée dans le voile de buée de son propre souffle, un châle de laine grise jeté sur son uniforme de bonne, tenant dans ses moufles en laine grise un plateau avec du thé et des petits pains ronds. Les seules parties de son anatomie qui ne sont pas enveloppées de laine sont ses chevilles et son visage. Les premières sont bien tournées : Margaret n'a rien contre le port des talons. Le dernier n'a jamais été exposé directement aux rayons du soleil et évoque irrésistiblement des pétales de rose jetés sur de la crème fraîche épaisse du Devonshire.

— Oh ! Laissez-moi vous débarrasser ! lâche Waterhouse qui se précipite avec une démarche saccadée née d'une passion mâtinée d'hypothermie.

En voulant saisir le plateau, il entraîne par inadvertance une de ses moufles qui tombe par terre. « Pardon ! » bafouille-t-il, réalisant qu'il n'a jamais vu ses mains. Elle a mis du vernis à ongles rouge sur la main en question qu'elle porte à sa bouche pour souffler dessus. Ses grands yeux verts le contemplent, emplis d'une attente placide.

— Je vous demande pardon ? dit Waterhouse.

— Est-ce que tout va comme vous voulez ? répète-t-elle.

— Oui. Pourquoi cette question ?

— L'antenne, explique Margaret. Ça fait plus d'une heure qu'elle ne bouge pas.

Waterhouse est tellement abasourdi qu'il a du mal à rester debout.

Margaret souffle toujours sur le bout de ses doigts vernis, de sorte que Waterhouse ne peut voir que ses yeux verts, qui maintenant pétillent et le regardent de biais avec malice. Elle coule un regard vers le hamac.

— On aurait fait la sieste pendant le service, pas vrai ?

Sur le coup, Waterhouse a envie de nier et de lui dire la vérité, qui est qu'il pensait au sexe et à la crypto et qu'il a oublié de déplacer l'antenne. Et puis il se rend compte que Margaret vient de lui livrer sur un plateau une meilleure explication.

— Je plaide coupable. J'ai veillé tard la nuit dernière.

— Le thé vous tiendra éveillé, répond Margaret. (Puis ses yeux retournent au hamac. Elle renfile sa moufle.) C'est comment ?

— C'est comment quoi ?

— De dormir dans un de ces trucs. C'est confortable ?

— Très.

— Est-ce que je peux essayer ? Juste pour voir ?

— Ah. Ma foi, c'est très difficile d'y monter... à cette hauteur.

— Vous y arrivez bien, non ? fait-elle, sur le ton de la réprimande.

Waterhouse se sent rougir. Margaret se dirige vers le hamac et d'une pichenette, ôte ses talons. Waterhouse grimace en voyant ses pieds nus sur le sol dallé qui n'a plus connu la chaleur depuis que les corsaires barbares ont incendié les lieux de fond en comble. Ses ongles de pied sont également vernis de rouge.

— Oh, ça ne me dérange pas, observe Margaret. Je suis une fille de paysans. Allez, venez me faire la courte échelle !

Waterhouse a complètement perdu le peu de maîtrise qu'il pouvait encore avoir de la situation et de lui-même. Sa langue lui fait l'effet d'être en tissu érectile. Aussi s'approche-t-il d'un pas lourd et, se penchant, croise ses mains en étrier. La donzelle y pose son pied et se jette dans le hamac, disparaissant avec un cri et un petit rire dans ce gros nid douillet de couvertures de laine grise. Le hamac oscille au milieu de la chapelle, comme un encensoir répandant un discret parfum de lavande. Il oscille une fois, deux fois. Il oscille cinq fois, dix, vingt. Margaret est immobile et silencieuse. Waterhouse reste planté là comme si ses pieds étaient coulés dans le plâtre. Pour la première fois depuis des semaines, il ne sait plus au juste ce qui va arriver ensuite, et cette perte de contrôle le laisse éperdu et désemparé.

— C'est un rêve, fait-elle.

Rêveuse. Puis, finalement, elle change de position. Waterhouse aperçoit furtivement son petit visage par-dessus le rebord, enveloppé dans le châle gris de la couverture.

— Ooh ! s'écrie-t-elle, et elle bascule à nouveau sur le dos. Le mouvement soudain introduit une secousse excentrique dans le battement régulier du hamac.

— Qu'est-ce qui ne va pas ? lance Waterhouse, éperdu.

— J'ai le vertige ! s'exclame-t-elle. Je suis tellement désolée, Lawrence, j'aurais dû vous prévenir. Vous permettez que je vous appelle Lawrence ?

Il semble qu'elle serait terriblement déçue s'il répondait non. Et comment Lawrence pourrait-il blesser une si jolie jeune fille aux pieds nus et souffrant de vertige, gisant désemparée dans un hamac ?

— Je vous en prie, mais bien sûr, répond-il, mais il sait pertinemment que la balle est toujours dans son camp. Puis-je vous être utile ?

— Ce serait bien aimable, dit Margaret.

— Eh bien, voulez-vous grimper sur mes épaules, ou je ne sais pas ? hasarde Waterhouse.

— Je suis vraiment bien trop terrifiée, dit-elle.

Il ne reste qu'une issue.

— Bien. Dans ce cas, vous formaliseriez-vous si je montais vous aider ?

— Ce serait tellement héroïque de votre part ! lance-t-elle. Je vous en témoignerais une reconnaissance indescriptible.

— Eh bien dans ce cas...

— Mais j'insiste pour que vous vous acquittiez d'abord de votre tâche !

— Vous demande pardon ?

— Lawrence, quand je descendrai de ce hamac, je retournerai dans la cuisine lessiver le sol — qui est déjà parfaitement propre, merci. Vous, de votre côté, vous avez un travail important à accomplir — un travail qui pourrait sauver la vie de centaines d'hommes dans un convoi sur l'Atlantique ! Et je sais que vous avez été très vilain de dormir pendant votre boulot. Je refuse de vous laisser monter tant que vous ne vous êtes pas racheté.

— Très bien, concède Waterhouse, vous ne me laissez pas le choix. Le devoir m'appelle.

Il redresse les épaules, tourne les talons et retourne à son bureau au pas de charge. Des skerries ont déjà détalé avec les petits pains de Margaret, mais il se sert une tasse de thé. Puis il reprend le codage de ses instructions pour Chattan : SEULE APPROCHE PAR FORCE BRUTE SERA SÛRE PLACER LIVRET DE CODES À BORD BATEAU INSÉRER BATEAU DANS CONVOI POUR MOURMANSK ATTENDRE BROUILLARD POUR ABORDER CÔTES NORVÈGE.

Le cryptage avec le bloc jetable prend un moment. Lawrence peut calculer modulo 25 les yeux fermés, mais le faire avec une érection est une autre paire de manches.

— Lawrence ? Qu'est-ce que vous faites ? demande Margaret depuis son nid dans le hamac qui, imagine Lawrence, devient à chaque minute plus chaud et plus douillet.

Il jette un regard furtif vers les talons hauts abandonnés.

— Je prépare mon rapport, explique-t-il. Ça ne me sert pas à grand-chose de faire des observations si je ne les transmets pas.

— C'est juste, observe Margaret, songeuse.

Le moment est on ne peut plus propice pour charger le pathétique poêle à charbon de la chapelle. Il jette quelques pelletées du précieux combustible, son papier réglé, et la page du bloc jetable qui vient de lui servir pour coder.

— Ça devrait chauffer, à présent.

— Oh, magnifique, dit Margaret. Je suis toute frissonnante.

Lawrence reconnaît là le signal de lancement d'une opération de sauvetage. Moins de quinze secondes plus tard, il est là-haut dans le hamac avec Margaret. À la grande surprise d'aucun des deux, les lieux sont peu pratiques et confinés. Il y a quelques instants d'agitation qui se terminent avec Lawrence sur le dos et Margaret couchée sur lui, ses cuisses entre les siennes.

Elle est scandalisée de découvrir qu'il a une érection. Honteuse, apparemment, de ne pas avoir anticipé ses désirs.

— Oh, le pauvre chéri ! s'exclame-t-elle. Mais bien sûr ! Comment ai-je pu être si gourde ! Vous devez avoir été si seul, ici ! (Elle lui embrasse la joue, ce qui est gentil parce qu'il est trop abasourdi pour bouger.) Un valeureux soldat mérite tout le soutien que les civils sont en mesure de lui apporter, dit-elle en faisant descendre sa main pour déboutonner sa braguette.

Puis elle fait glisser la laine grise par-dessus sa tête et se blottit dans une nouvelle position. Lawrence Pritchard Waterhouse est éberlué par ce qui se passe ensuite. Il contemple le plafond de la chapelle derrière ses paupières mi-closes et remercie le ciel de lui avoir envoyé ce qui est de toute évidence une espionne allemande et un ange de miséricorde roulés dans un si charmant emballage.

Quand tout est fini, il rouvre les yeux et inspire un grand coup d'air glacé de l'Atlantique. Il redécouvre son environnement sous un nouveau jour. De toute évidence, Margaret va faire des miracles pour sa productivité sur le front de la cryptographie — à condition qu'il réussisse à la faire revenir.

## *PAGES*

Il y a bien longtemps que des chevaux n'ont plus couru sur la piste d'Ascot à Brisbane. Le milieu du terrain est un grouillement de toile kaki. Le gazon est mort sous l'absence de soleil et le piétinement des pas de conscrits. Le terrain a été piqueté de latrines, on a érigé des tentes pour les mess. Sur un rythme de trois-huit, les occupants s'engagent d'un pas lourd sur la piste, contournant les écuries vides et silencieuses. Sur le paddock où les pur-sang avaient coutume de se dégourdir les jambes, deux douzaines de baraquements en tôle ont jailli comme des champignons. Les hommes travaillent dans ces baraquements à toit arrondi, assis toute la journée devant des radios, des machines à écrire ou des fichiers, torse nu dans la chaleur de janvier.

Il n'y a pas si longtemps encore, des putes se doraient au soleil sur la longue véranda de la maison d'Henry Street, et les messieurs de passage, en route pour l'hippodrome d'Ascot, lorgnaient leurs charmes derrière la balustrade blanche, défaillaient, tâtaient leur portefeuille, oubliaient leurs scrupules et obliquaient pour escalader les marches du perron. À présent, les lieux grouillent d'officiers et de matheux de sexe masculin : en majorité australiens au rez-de-chaussée, avec une petite pincée de Britanniques fortunés d'avoir été évacués de Singapour avant que le général Yamashita, le Tigre de Malaisie et le conquérant de cette ville, ne puisse les capturer et extraire de leur cerveau des données cruciales.

Aujourd'hui, le bordel de naguère a été mis sens dessus dessous ; tous ceux qui jouissent de l'habilitation Ultra sont regroupés au garage, qui gronde et vrombit du bruit des ventilateurs et scintille quasiment de chaleur contenue. Dans ce garage se trouve un vieux coffre en acier, encore maculé de vase qui masque en partie les caractères nippons imprimés sur ses flancs. Si un espion de l'empire du Soleil-Levant avait pu y jeter un œil durant son transfert fiévreux entre le port et le garage du bordel, il aurait reconnu qu'il appartenait au peloton radio de la 20e division, qui est en ce moment même perdue dans la jungle de Nouvelle-Guinée.

La rumeur, clamée pour couvrir le bruit des ventilateurs, veut qu'un terrassier — un troufion australien — l'ait découvert. Son unité ratissait le QG abandonné de la 20e division afin de le déminer quand, sur la berge d'une rivière, son détecteur de métaux s'est affolé.

Les manuels de codes sont rangés dans le coffre avec autant de soin que des lingots d'or. Ils ont pris l'eau, ils sont moisis, ils ont perdu leur couverture, mais en temps de guerre, on peut les considérer comme neufs. Torse nu et dégoulinants de sueur, les hommes les sortent un par un, telles des infirmières extrayant des nouveau-nés d'une couveuse, et les déposent sur des tables où ils découpent les reliures pourries et déliassent une à une les pages gorgées d'eau avant de les suspendre au-dessus d'eux sur des cordes à linge improvisées. La puanteur moite de la Nouvelle-Guinée sature l'atmosphère à mesure que l'eau de rivière piégée dans l'épaisseur du papier est évacuée par le courant d'air ; le tout finit par être emporté hors de la tente, et à huit cents mètres de là, les passants froncent le nez. Les penderies du bordel, encore saturées de parfum français, de poudre, de laque à cheveux et de jasmin, mais à présent bourrées jusqu'au plafond de fournitures de bureau, sont pillées par les soldats en quête de ficelle. Le réseau de cordes à linge s'étend, de nouvelles couches s'entrecroisent au-dessus et au-dessous des anciennes, chaque centimètre de corde est occupé, sitôt tendu, par une page humide. Chaque page présente un quadrillage, une grille remplie de caractères hiragana, katakana ou kanji dans une case, un groupe de chiffres romanji dans une autre et chacune de ces pages renvoie à d'autres suivant un schéma que seul un cryptographe peut apprécier.

Le photographe arrive, suivi par des assistants lestés de kilomètres de pellicule. Tout ce qu'il sait, c'est que chaque page doit être clichée à la perfection. La puanteur paludéenne le terrasse quasiment à la seconde où il franchit la porte, mais quand il se ressaisit, son œil balaie le garage. Tout ce qu'il en aperçoit, s'étendant à l'infini, ce sont des pages qui s'égouttent et se recroquevillent, blanchissant au séchage, révélant alors avec netteté leurs grilles d'informations, pareilles au réticule sur tant de viseurs de bombe, les croix gravées sur tant d'oculaires de périscope, qui scrutent les nuages et la brume pour se régler avec précision sur l'abdomen de transports de troupes nippons, lourds de pétrole de Bornéo ou palpitant de vapeur brûlante.

## *ABORDAGE*

— Mon lieutenant ! Est-ce que vous pourriez me dire où on va, sauf votre respect, mon lieutenant ?

Le lieutenant Monkberg pousse un long soupir frémissant, sa cage thoracique vibre comme une cabane en tôle ondulée prise dans un cyclone. Puis il exécute une pompe manquant de conviction. Ses mains sont plantées sur le rebord, de sorte que son mouvement extrait sa tête de la cuvette des chiottes — ou des « bouteilles », pour mieux coller au contexte : celui d'un cargo en état de délabrement inquiétant. Il tire un bout d'euro-PQ abrasif et s'essuie la bouche avant de lever les yeux vers le sergent Shaftoe qui s'est calé dans l'embrasure de l'écoutille.

Et Shaftoe a bien besoin de se caler, parce qu'il trimbale quasiment son poids en barda. Le tout lui ayant été fourni soigneusement préemballé.

Il aurait pu en rester là. Mais ce n'est pas le genre dans la patrouille des Aigles. Bobby Shaftoe a donc entrepris de déballer tout ce fourbi, le répandant sur le pont pour mieux l'examiner avant de tout remettre en place.

Cela lui a permis d'établir quelques solides déductions. Pour être précis, il en déduit que les hommes du détachement 2702 sont censés consacrer l'essentiel des trois semaines qui viennent à faire de leur mieux pour ne pas geler sur pied. Un exercice qui sera ponctué de tentatives pour tuer un maximum de fils de putes armés jusqu'aux dents. De fils de pute allemands pour la plupart.

— En No-No-Norvège... bredouille le lieutenant Monkberg.

Il a l'air si pathétique que Shaftoe songe un instant à lui proposer un peu de mo-mo-morphine, qui provoque elle-même une légère nausée mais contient celle, plus intense, due au mal de mer. Puis il reprend ses esprits, se rappelle que le lieutenant Monkberg est un officier dont le devoir est de l'envoyer au casse-pipe, et décide qu'il peut bien aller sc faire foutre.

— Bien compris, mon lieutenant ! Quelle est la nature de notre mission en Norvège, mon lieutenant ?

Monkberg lâche un rot sonore.

— Aborder et filer, répond-il.

— Aborder quoi, mon lieutenant ?

— La Norvège.

— Compris cinq sur cinq. Et filer où, mon lieutenant ?

— En Suède.

Voilà un programme qui plaît à Shaftoe. Le périlleux voyage maritime dans des eaux infestées d'U-Boote, la collision avec la Norvège, la fuite désespérée à travers un territoire gelé occupé par les nazis, tout cela ressemble à de la petite bière comparé à la radieuse perspective de s'enfoncer dans le plus vaste réservoir d'authentique pure gadoue suédoise qui soit au monde.

— Shaftoe ! Debout !

— À vos ordres, mon lieutenant !

— Vous avez remarqué comment nous sommes habillés ?

Monkberg fait allusion au fait qu'ils se sont débarrassés de leurs plaques d'identification et sont désormais tous en tenues de civils ou de matelots de la marine marchande.

— Affirmatif, mon lieutenant !

— Pas question que les Boches ou qui que ce soit connaisse notre véritable identité.

— Affirmatif, mon lieutenant !

— À présent, vous devez vous demander, si nous sommes censés ressembler à des civils, pourquoi diantre on se trimbale des mitraillettes, des grenades, du plastic, etc.

— Affirmatif, mon lieutenant ! Ça allait être ma prochaine question, mon lieutenant !

— Eh bien, nous ayons mitonné un prétexte pour justifier tout ça. Suivez-moi.

Monkberg paraît s'exalter soudain. Il se hisse debout et précède Shaftoe dans un dédale de coursives et d'escaliers, jusqu'à la cale principale.

— Vous avez remarqué ces autres bâtiments ?

Air ahuri de Shaftoe.

— Les autres bâtiments, autour de nous ? Nous sommes au milieu d'un convoi, je vous signale.

— Affirmatif, mon lieutenant ! Au milieu d'un convoi ! répète Shaftoe, avec un peu moins de certitude.

Aucun de ses hommes n'a trop mis le nez sur le pont au cours des heures qui ont suivi leur transfert, par submersible, sur cette épave ballottante. Et même s'ils étaient montés jeter un œil, ils n'auraient aperçu que ténèbres et brouillard.

— Un convoi pour Mourmansk, poursuit Monkberg. Tous ces bâtiments livrent des armes et des approvisionnements à l'Union soviétique. Vous voyez ?

Les voici dans une cale. Monkberg allume un plafonnier, révélant... des caisses. Des tas et des tas de caisses.

— Pleines d'armes, précise Monkberg, dont des mitraillettes, des grenades, du plastic, etc. Vous voyez le topo ?

— Négatif, mon lieutenant ! Je ne saisis pas le topo du lieutenant !

Monkberg s'approche. Un peu trop à son goût. Il a adopté un ton de conspirateur.

— Voyez-vous, nous ne sommes que l'équipage de ce cargo qui fait route vers Mourmansk. Le brouillard tombe. On se retrouve séparés de notre convoi. Et patatras ! On s'en va percuter cette putain de Norvège. Nous voilà coincés en plein territoire tenu par les nazis. Il faut absolument regagner la Suède ! Mais, hé là, une minute, qu'on se dit. Qu'est-ce qu'on fait de tous ces Chleuhs entre nous et la frontière suédoise ? Bon, on aurait peut-être alors intérêt à être armés jusqu'aux dents. Et qui est mieux placé pour être armé jusqu'aux dents que l'équipage d'un cargo bourré de caisses d'armes ? Alors, on descend vite fait à la cale défoncer quelques caisses pour se récupérer des armes et des munitions.

Shaftoe lorgne les caisses. Aucune n'a encore été défoncée.

— Ensuite, poursuit Monkberg, on abandonne le navire et on met le cap sur la Suède.

Suit un long silence. Finalement, Shaftoe se force à le rompre :

— Reçu cinq sur cinq, mon lieutenant !

— Alors, défoncez-moi ça.

— Affirmatif, mon lieutenant ! À vos ordres, mon lieutenant !

— Et tâchez de me bâcler ce travail ! Que ça ait l'air précipité ! Allons ! Remuez-vous !

— À vos ordres, mon lieutenant !

Shaftoe essaye de se mettre dans les conditions. Qu'est-ce qu'il pourrait bien utiliser pour défoncer une caisse ? Aucun pied-de-biche en vue. Il sort de la cale, arpente une coursive. Monkberg le talonne, le surveille, l'enjoint de se hâter :

— Vous n'avez pas de temps à perdre ! Les Boches arrivent ! Il faut vous armer ! Pensez à votre femme et vos gosses à Glasgow, Lubbock ou Dieu sait où !

— Oconomowoc, Wisconsin, mon lieutenant ! répond Shaftoe, indigné.

— Non, non ! Pas en vrai ! Dans votre rôle à bord de ce prétendu foutu rafiot ! Bon sang, Shaftoe, le salut est à portée de main !

Shaftoe se retourne et voit Monkberg indiquer un placard marqué INCENDIE.

Shaftoe tire la porte et trouve, entre autres accessoires, une de ces haches gigantesques que trimbalent toujours les pompiers au milieu des bâtiments en flammes.

Trente secondes plus tard, il est de retour dans la cale et bûcheronne allégrement une caisse de munitions pour calibre .45.

— Plus vite ! Plus bordélique ! gueule Monkberg. Vous faites pas dans la dentelle, Shaftoe ! Vous êtes pris d'une panique aveugle ! Puis il s'écrie : Scrogneugneu ! et se précipite pour lui arracher des mains la hache.

Monkberg frappe comme un sauvage, ratant entièrement la caisse, emporté par la masse et les dimensions formidables de l'outil. Shaftoe tombe sur le pont et roule se mettre à l'abri. Monkberg réussit enfin à ajuster son tir et parvient à atteindre l'objectif. Une grêle d'éclats et d'esquilles vole dans toute la cale.

— Vous voyez ! s'exclame-t-il en se retournant pour regarder Shaftoe. Je veux des éclats ! Je veux du chaos !

Il brandit sa hache en même temps qu'il parle en regardant Shaftoe, et il danse également d'un pied sur l'autre parce que le bateau roule, de sorte que la lame rate entièrement la caisse, la dépasse, et vient s'abattre sur la cheville de Monkberg.

— Sacré nom d'une pipe ! lance le lieutenant Monkberg sur le ton tranquille de la conversation.

Il baisse les yeux vers sa cheville, fasciné. Shaftoe s'approche pour voir ce qu'il y a de si intéressant.

Un bon morceau de la partie inférieure de la jambe gauche de Monkberg a été tranché net. Dans le faisceau de sa torche, Shaftoe distingue nettement des vaisseaux et des ligaments sectionnés qui dépassent de chaque côté de la tranche de chair sanguinolente, comme des bouts de ponts et de tuyauteries coupés pendant au flanc d'une gorge.

— Mon lieutenant ! Vous êtes blessé ! dit Shaftoe. Laissez-moi aller prévenir le lieutenant Root !

— Non ! Vous restez ici et vous continuez ! ordonne Monkberg. Je peux trouver Root tout seul.

Il se penche et serre à pleines mains sa jambe au-dessus de la blessure : aussitôt le sang jaillit de plus belle sur le pont.

— C'est parfait ! note-t-il, méditatif. Ça ajoute tellement de réalisme.

Après s'être fait plusieurs fois répéter l'ordre, Shaftoe se remet, à contrecœur, à son défonçage de caisses. Monkberg fait le tour de la cale, titubant et chancelant, pendant plusieurs minutes, répandant du sang partout, puis il se traîne enfin dehors pour retrouver Enoch Root. Sa dernière phrase est :

— Rappelez-vous ! Chercher à donner l'impression d'une mise à sac !

Mais le numéro de Monkberg avec sa blessure à la jambe a eu bien plus d'effet sur Shaftoe que toutes ses explications. La vue du sang fait remonter en lui des souvenirs de Guadalcanal et d'aventures plus récentes. L'effet de sa dernière dose de morphine est en train de se dissiper, ce qui accroît sa hargne. En plus, il commence à avoir vraiment le mal de mer, ce qui lui donne envie de le contrer par un travail physique éreintant.

Résultat, il s'énerve plus ou moins avec sa hache. Il perd le fil des événements.

Il aurait préféré que le détachement 2702 reste à terre — si possible une terre chaude et sèche, comme ce coin d'Italie où ils ont passé deux semaines sous un soleil radieux.

La première partie de cette mission n'avait pas été une sinécure, quand il avait fallu se coltiner tous ces fûts de merde. Mais le reste (hormis les toutes dernières heures) avait été comme une permission à terre, sauf l'absence de femmes. Tous les jours, ils se relayaient au poste d'observation pour surveiller la baie de Naples à la lunette et aux jumelles. Toutes les nuits, le caporal Benjamin s'installait devant la radio pour se remettre à balancer son charabia en morse.

Un soir, Benjamin reçut un message qu'il passa un bout de temps à déchiffrer. Il annonça la nouvelle à Shaftoe :

— Les Allemands savent qu'on est ici.

— Comment ça, ils savent qu'on est ici ?

— Ils savent que depuis au moins six mois, nous avons un poste d'observation au-dessus de la baie de Naples, explique Benjamin.

— Mais on est même pas là depuis quinze jours.

— Dès demain, ils se mettent à fouiller le secteur.

— Merde, alors, on a intérêt à se tirer vite fait, répond Shaftoe.

— Le colonel Chattan vous ordonne de rester, indique Benjamin, jusqu'à ce que vous ayez la certitude que les Allemands savent que nous sommes ici.

— Mais je le sais, que les Allemands savent que nous sommes ici, réplique Shaftoe. Tu viens de me le dire.

— Non, non, non, non, non, fait Benjamin, vous devez attendre jusqu'à ce que vous puissiez savoir que les Allemands sont au courant comme si vous ne l'aviez pas su grâce au message radio du colonel Chattan.

— Putain, tu te fous de moi ?

— Ce sont les ordres, lâche Benjamin qui lui tend pour preuve le message déchiffré.

Sitôt le soleil levé, on peut entendre les avions d'observation ratisser le ciel. Shaftoe est prêt à mettre en œuvre le plan de fuite, et s'est assuré que tous ses hommes le sont aussi. Il a envoyé des gars du SAS descendre reconnaître les passages délicats sur leur itinéraire. Shaftoe vient de s'allonger sur le dos pour regarder le ciel et observer ces avions.

Sait-il à présent que les Allemands savent ?

Quasiment depuis son réveil, deux gars du SAS le filent sans le quitter des yeux. Finalement, Shaftoe se retourne vers eux et hoche la tête. Ils détalent aussitôt. Quelques instants plus tard, il entend des bruits de clé contre les flancs de caisses à outils.

Les Allemands ont envahi le ciel avec leurs putains

d'avions de reconnaissance. C'est plus qu'une preuve indirecte qu'ils sont au courant. Et ces avions sont tout ce qu'il y a de visible pour Shaftoe, aussi peut-il, sans aucun doute, en déduire qu'il sait qu'ils savent. Mais le colonel Chattan lui a ordonné de ne pas bouger « jusqu'à ce qu'il soit positivement repéré par les Allemands », quoi que cela puisse vouloir dire.

Un des ces appareils, en particulier, s'approche de plus en plus. Il est descendu quasiment en rase-mottes et ratisse le secteur, effectuant des passages toujours plus serrés. Forcé d'attendre qu'il vienne le survoler à la verticale, Shaftoe a envie de crier. C'est trop con pour être vrai. Il a envie de tirer une fusée éclairante et basta.

Finalement, au milieu de l'après-midi, toujours allongé sur le dos à l'ombre d'un arbre, le nez en l'air, il peut compter les rivets sur le ventre de ce zinc allemand : un Henschel Hs-126 [1] avec une aile haute en flèche, pour ne pas obstruer la visibilité vers le bas, hérissé de tout un tas d'étais, de suspentes et de jambes de train d'atterrissage fixe. Un Allemand dans une cage vitrée pilote l'appareil, un autre est à découvert, il observe derrière ses lunettes en tripotant sa mitrailleuse montée sur tourelle. Celui-ci l'a quasiment regardé droit dans les yeux avant de donner une tape sur l'épaule du pilote et de pointer le doigt vers le bas.

Le Henschel a modifié sa trajectoire normale de recherche, coupant sa passe pour faire demi-tour et revenir les survoler.

« Ce coup-ci, ça y est ! » se dit Shaftoe. Il se lève et se dirige vers la grange en ruines.

— Ça y est ! s'écrie-t-il. Exécution !

Les gars du SAS sont à l'arrière du camion, sous une bâche, et s'affairent avec leurs outils. Shaftoe

1. Shaftoe n'a rien eu d'autre à faire depuis quinze jours que de jouer au poker avec un jeu CONNAISSEZ VOTRE ENNEMI, aussi peut-il désormais identifier par son numéro de série jusqu'au plus obscur modèle d'avion d'observation boche.

jette un œil dans leur direction et voit des pièces brillantes de la mitrailleuse Vickers étalées sur un chiffon blanc resplendissant. Qu'est-ce que ces types peuvent bien foutre avec un chiffon blanc resplendissant ? Sans doute l'avaient-ils mis de côté pour aujourd'hui. Pourquoi n'auraient-ils pas pu mettre en service la Vickers auparavant ? Parce qu'ils ont reçu l'ordre de l'assembler précipitamment, le plus tard possible.

Le caporal Benjamin a hésité, une main en suspens au-dessus de son manipulateur.

— Sergent, vous êtes bien sûr qu'ils savent qu'on est ici ?

Tout le monde s'est tourné pour voir comment Shaftoe allait réagir à ce défi anodin. Il s'est progressivement bâti la réputation d'un homme qu'on a intérêt à avoir à l'œil.

Shaftoe a tourné les talons pour s'aventurer au milieu d'un espace dégagé à quelques mètres de là. Derrière son dos, il entend les autres hommes du détachement 2702 qui se bousculent au seuil de la porte pour mieux l'apercevoir.

Le Henschel est en train de revenir pour une autre passe, si bas maintenant qu'on aurait sans doute pu lui balancer un caillou dans le pare-brise.

Shaftoe a récupéré la mitraillette qu'il portait en bandoulière, actionné la culasse, coincé l'arme contre son flanc, l'a levée en pivotant, et a ouvert le feu.

Cela dit, on pourrait chicaner en estimant que la sulfateuse manque de force de pénétration, mais il peut affirmer qu'il a vu des fragments jaillir du capot-moteur du Henschel. Presque aussitôt, le pilote perd le contrôle de son appareil. Il bascule jusqu'à ce que ses ailes se retrouvent à la verticale, tournoie, se retrouve sur le dos, perd le peu d'altitude qu'il avait déjà, et s'aplatit comme une crêpe renversée, sur les oliviers à moins de cent mètres de là. Le zinc ne prend pas feu aussitôt : légère déception.

Silence parfait du reste de la troupe. Le seul bruit est le bip-bip du caporal Benjamin qui, ayant eu désormais sa réponse, transmet son petit message. Pour une fois, Shaftoe est capable de décoder le morse : le message est émis en clair. « NOUS SOMMES DÉCOUVERTS STOP EXÉCUTION PLAN TORUS. »

Pour les autres hommes, leur première contribution personnelle au Plan Torus consiste à grimper dans le camion, qui sort de sa planque dans la grange pour se diriger au ralenti sous le couvert des arbres proches. Dès que Benjamin a fini, il abandonnc sa radio et les rejoint.

Pour Shaftoe, sa première contribution personnelle au Plan Torus consiste à arpenter les lieux en zigzag, calquant son cheminement sur celui des avions de reconnaissance. Il traîne un jerrycan renversé et dépourvu de bouchon.

Il l'abandonne, encore rempli à peu près au tiers, posé au beau milieu de la grange. Il dégoupille une grenade, la lâche dans l'essence, et file dehors. Le camion a déjà démarré quand il le rattrape et plonge dans les bras accueillants de son unité qui le hisse à bord. Il se trouve à l'arrière aux premières loges pour voir le bâtiment sauter dans une boule de feu bien réjouissante.

— Parfait, dit-il à ses hommes, on a quelques heures à tuer.

Tous les hommes dans le camion — excepté les gars du SAS qui continuent de s'affairer sur la Vickers — se dévisagent, genre : *est-ce qu'on l'a bien entendu dire ça ?*

— Euh, sergent... hasarde finalement l'un d'eux, pourriez-vous expliquer ce que vous entendez par tuer le temps... ?

— L'avion ne va pas être ici tout de suite. Les ordres.

— Il y a eu un problème ou...

— Négatif. Tout baigne. Les ordres.

Ne voulant pas râler plus, les hommes se contentent d'échanger de nouveaux regards lourds de sens. Finalement, c'est Enoch Root qui croit bon de prendre la parole :

— Vous devez sans doute vous demander pourquoi nous ne pouvions pas d'abord tuer le temps pendant quelques heures, avant de faire connaître aux Allemands notre présence, puis d'aller retrouver notre avion au tout dernier moment.

— Ouais ! s'écrient en chœur Yankees et Rosbifs, avec des hochements de tête vigoureux.

— C'est une bonne question, avoue Enoch Root d'un ton comme s'il savait déjà la réponse, ce qui donne à tous les occupants du camion l'envie de le fusiller.

Les Allemands avaient déployé plusieurs unités au sol pour bloquer les principaux carrefours du secteur. Quand le détachement 2702 arriva au premier, tous les Allemands étaient morts depuis peu, et tout ce qu'ils eurent à faire, ce fut de ralentir quelques instants pour laisser au petit commando de Marines le temps de sortir de sa cachette et de sauter à bord.

Les Allemands du deuxième carrefour n'avaient aucune idée de ce qui se passait. Sans doute à la suite d'un quelconque problème de transmissions au sein de la Wehrmarcht, tout à fait patent malgré les frontières linguistiques et culturelles. Le détachement 2702 n'eut qu'à ouvrir le feu de sous la bâche pour les tailler en pièces, ou à tout le moins les forcer à se planquer.

Le groupe suivant d'Allemands sur lequel ils tombèrent ne voulut en revanche rien entendre : ils avaient barré la route avec un camion et deux voitures, et alignés derrière, ils braquaient leurs armes sur eux. Apparemment des petits calibres. Dans l'intervalle, la Vickers avait été enfin assemblée, calibrée, réglée, inspectée et chargée. La bâche se rabattit. Le soldat Mikulski, un Anglo-polonais du SAS, cent dix kilos de caractère ombrageux, entama les opérations avec la Vickers à peu près en même temps que les Allemands avec leurs fusils.

Ouvrons ici une parenthèse. Quand Bobby Shaftoe fréquentait le lycée, on l'avait orienté sur une filière professionnelle et il s'était retrouvé avec pas mal d'heures de cours en atelier. Une partie de son emploi du temps était donc tout naturellement consacrée à tailler de gros bouts de bois ou de métal pour les réduire en plus petits morceaux. Quantité de modèles de scie étaient disponibles dans ce but, certaines plus adaptées que d'autres. Scier était une tâche qui pouvait être ridiculement longue et pénible avec une scie à main quand on pouvait utiliser une scie électrique. De même, certains types de coupes et certains matériaux faisaient chauffer voire se bloquer la scie électrique, exigeant par là même le recours à un outil plus puissant. Mais même avec la plus grosse scie électrique disponible à l'atelier, Bobby Shaftoe avait toujours l'impression de soumettre la machine à des contraintes. Elle ralentissait dès que la lame entrait en contact avec le matériau, elle vibrait, chauffait, et si on engageait la pièce trop vite, elle menaçait de s'enrayer. Et puis, un été, il eut l'occasion de travailler dans une usine équipée d'une scie à ruban. La machine, ses lames de rechange, ses pièces détachées, les accessoires et fournitures d'entretien, les outils et manuels d'utilisation spécifiques occupaient une pièce entière. C'était le premier outil qu'il voyait accompagné d'une véritable infrastructure. La scie avait les dimensions d'une voiture. Les deux poulies d'entraînement du ruban étaient des monstres à huit rayons qui semblaient avoir été récupérés sur le train roulant d'une loco à vapeur. Les lames avaient été taillées dans de longues bobines de matière à lames déroulée sur un kilomètre, découpée en lanières et soigneusement bouclée puis soudée à chaque bout pour former un ruban continu. Quand on pressait le bouton d'alimentation, rien ne se passait durant plusieurs secondes, hormis une imperceptible vibration subsonique qui montait progressivement des entrailles de la terre, comme si un train de marchandises arrivait de très loin, et puis enfin, le ruban s'ébranlait, gagnait lentement mais inexorablement de la vitesse, jusqu'à ce que ses dents disparaissent pour devenir un éclair de pure énergie diabolique joignant la platine et la machinerie au-dessus. On se répétait à voix basse des anecdotes concernant la scie à ruban, en se gardant bien de les confondre avec d'autres anecdotes d'accidents du travail. Toujours est-il que l'aspect le plus remarquable de cette machine était qu'avec, on pouvait couper à peu près n'importe quoi et que non seulement elle s'acquittait de sa tâche avec calme et célérité, mais qu'elle ne semblait même pas noter qu'elle faisait quoi que ce soit. Elle n'était même pas consciente qu'un être humain lui glissait sous la lame un gros morceau de matière. Elle ne ralentissait jamais ; ne chauffait jamais.

Après ses études, Shaftoe avait découvert que les armes à feu avaient bien des points communs avec les scies. Toutes les armes à feu tiraient des balles, mais elles avaient du recul, elles chauffaient, s'encrassaient, voire s'enrayaient. En d'autres termes, elles pouvaient certes tirer des balles, mais c'était pour elles toute une affaire, ça les soumettait à pas mal de contraintes, qu'elles ne pouvaient supporter indéfiniment. Or, la Vickers à l'arrière de ce camion était aux autres armes à feu ce que la scie à ruban était aux autres scies. La Vickers était *refroidie par eau*. Elle était équipée d'un putain de *radiateur*. Elle avait besoin d'*infrastructure,* au même titre que la scie à ruban, et de toute une équipe de techniciens pour la bichonner. Mais une fois le foutu bidule mis en route, on pouvait tirer avec en continu des *jours durant sans interruption,* aussi longtemps qu'il y avait des servants pour l'alimenter en rubans de munitions. Après que le soldat Mikulski eut ouvert le feu avec la Vickers, plusieurs membres du détachement 2702, désireux de participer eux aussi, prirent leur arme pour faire des cartons sur les Boches, mais ils se sentirent, ce faisant, tellement minables et pathétiques qu'ils renoncèrent bientôt, préférant plutôt aller se planquer sur le bas-côté et, la cigarette au bec, contempler la lente progression du flot de balles de la Vickers découpant le barrage. Mikulski commença par arroser les véhicules, les balayant avec son engin comme on balaie avec un extincteur la base des flammes. Puis il choisit certaines parties du barrage qui lui semblaient susceptibles d'abriter des hommes et se concentra dessus un petit moment, creusant des tunnels dans les épaves jusqu'à ce qu'on puisse voir de l'autre côté, découpant les carrosseries et les coupant en deux. Il sectionna de même une demi-douzaines d'arbres au bord de la route derrière lesquels il soupçonnait des Allemands de s'être planqués, puis tondit dans la foulée un demi-hectare de prairie.

À ce moment, il était devenu manifeste que plusieurs Allemands avaient battu en retraite sur le côté de la route derrière un petit tertre à partir duquel ils ripostaient, aussi Mikulski redressa-t-il le canon de la Vickers presque à la verticale, pour tirer vers le ciel des rafales de balles qui retombèrent comme des obus de mortier de l'autre côté du talus. Il lui fallut un certain temps pour ajuster l'angle de tir, mais dès lors, il couvrit l'ensemble du terrain, avec la patience et la minutie d'un homme qui arrose sa pelouse. L'un des gars du SAS fit même des calculs sur son genou, pour voir combien de temps Mikulski devrait continuer de tirer de la sorte pour que les balles soient distribuées sur le terrain en question avec la densité convenable — disons, une dizaine par mètre carré. Quand la zone fut convenablement semée de plomb, Mikulski reporta son attention sur le barrage et s'assura que le camion placé en travers de la route était réduit en pièces assez petites pour être sans problème dégagées à la main.

Alors enfin, il cessa le feu. Shaftoe sentit qu'il devrait consigner la chose sur un livre de bord, un peu comme le font les capitaines lorsqu'ils ont mené leur navire de guerre à bon port. Lorsqu'ils passèrent devant les épaves, ils ralentirent un peu pour mieux profiter du spectacle, bouche bée. La fonte grise de la culasse des véhicules allemands s'était brisée comme du verre et l'on pouvait contempler les entrailles des moteurs parfaitement sectionnés, révélant les pistons et les billes qui étincelaient au soleil, dans une dégoulinade d'huile et de liquide de refroidissement.

Une fois dépassé ce qui restait du barrage, ils poursuivirent leur chemin dans une campagne presque déserte qui faisait un excellent champ de tir pour la Luftwaffe. Les deux premiers chasseurs à se présenter furent pulvérisés dans les airs par Mikulski et sa Vickers. Les deux suivants réussirent à détruire le camion, la grosse mitrailleuse et le soldat Mikulski en une seule passe. Il n'y eut pas d'autre blessé : ils étaient tous dans le fossé, pour regarder Mikulski, tranquillement installé derrière sa machine, jouer au premier qui se dégonfle avec deux Messerschmidt et perdre la partie.

Mais voici que la nuit tombait. Le détachement poursuivit son chemin à pied à travers champ, transportant la dépouille de Mikulski sur une civière. Ils tombèrent sur une patrouille allemande et firent le coup de feu ; deux des hommes du SAS furent blessés au cours de l'accrochage et l'un d'eux dut être à son tour brancardé. Enfin, ils parvinrent au point de rendez-vous, un champ de blé qu'ils balisèrent avec des torches. Un DC-3 de l'armée vint s'y poser adroitement, les embarqua tous et les rapatria sur Malte sans autre incident.

À peine avaient-ils rendu compte de leur mission qu'ils se retrouvaient à bord d'un autre sous-marin, appareillant pour une destination inconnue ou du moins non spécifiée. Mais quand ils troquèrent leurs tenues d'été contre des chandails de dix livres en laine huilée, ils commencèrent à se faire une petite idée. Quelques jours de claustrophobie plus tard, on les avait transférés sur ce cargo.

Celui-ci était dans un état de délabrement si pathétiquement avancé qu'ils s'étaient amusés entre eux à mettre « merde » à la place de « mer » dans un certain nombre d'expressions nautiques, genre : « en pleine merde », « un homme à la merde ! », « qu'est-ce qu'on vient foutre sur ce navire de haute merde ? » Et ainsi de suite.

À présent, à fond de cale, c'est un Bobby Shaftoe très remonté qui s'efforce de créer un effet de désolation. Il jonche le sol de fusils et de mitraillettes. Ouvre des caisses de cartouches de .45 qu'il répand partout. Il trouve également quelques paires de skis — il leur faudra bien des skis, non ? Puis il sème çà et là quelques mines, juste histoire de flanquer la pétoche aux Allemands qui viendront inspecter l'épave. Il ouvre des caisses de grenades. Comme elles ont l'air un peu trop bien rangées, alignées avec soin dans leur caisse, il s'en prend des poignées entières, qu'il transporte sur le pont pour les balancer par-dessus bord. Il balance également des skis — ils finiront bien par s'échouer quelque part, contribuant à renforcer l'impression de chaos à laquelle semble tant tenir le lieutenant Monkberg.

Il se dirige vers le pont, chargé d'une brassée de skis quand un détail dans la brume attire son regard. Il tressaille, bien entendu. Les nombreuses galères qu'il a traversées ont transformé Bobby Shaftoe en tressailleur de première. Il tressaille si violemment qu'il lâche tous ses skis sur le pont et manque s'étaler dessus. Mais il réussit à se retenir assez longtemps pour détailler ce truc dans la brume. C'est situé droit devant eux, un peu plus haut que le pont du cargo et (contrairement aux Zero et autres Messerschmidt en piqué), ça bouge relativement lentement : ça resterait plutôt planté là. Genre nuage dans le ciel. Comme si la brume s'était figée en une masse dense, qui lui évoque la purée de patates maternelle. Ça devient de plus en plus brillant à mesure qu'il l'observe, les contours se font plus nets, et il commence à distinguer des détails alentour.

Les détails sont verts.

Eh, minute ! Il est en train de contempler un flanc

de montagne verdoyant couronné par des champs de neige.

— Terre, droit devant ! hurle-t-il avant de se jeter à plat ventre sur le pont.

Il espère être surpris par la douceur progressive de leur collision avec la croûte terrestre. Il a en tête le genre de contact qu'on éprouve lorsqu'on échoue un petit canot sur une plage de sable, qu'on coupe le moteur et qu'on le relève au dernier moment pour que la coque vienne mourir en douceur sur ce coussin sablonneux.

L'analogie se révèle bien peu convaincante : le cargo progresse en fait bien plus vite qu'une classique barcasse de pêche. Et au lieu d'une glissade en douceur sur une étendue sablonneuse, c'est une collision de front avec un mur de granite vertical. Le bruit est réellement impressionnant, la proue du navire se redresse littéralement debout et soudain, Bobby Shaftoe s'aperçoit qu'il dégringole à plat ventre à toute vitesse sur le pont verglacé.

Durant quelques secondes, il redoute, terrifié, de glisser par-dessus bord et de se retrouver à la baille, mais il réussit à dévier sa trajectoire vers une chaîne d'ancre qui se révèle un blocage efficace. En dessous de lui, il entend une bonne dizaine de milliers d'objets de toute taille trouver eux aussi un obstacle à percuter.

Suit un interlude bref et presque paisible de silence quasi total. Puis un cri s'élève parmi l'équipage extrêmement raréfié du navire : « LES CANOTS À LA MERDE ! LES CANOTS À LA MERDE ! »

Les hommes du détachement 2702 se précipitent vers les chaloupes. Shaftoe sait qu'ils sont assez grands pour se débrouiller seuls, aussi se dirige-t-il vers la passerelle, à la recherche des quelques farfelus qui trouvent toujours le moyen de rendre les choses intéressantes : les lieutenants Root et Monkberg, et le caporal Benjamin.

La première personne qu'il voit est le capitaine,

affalé dans une chaise, en train de se verser un verre, l'air du type qui vient de se vider de son sang. Ce pauvre diable est un engagé à vie dans la marine qu'on a détaché de son unité régulière dans le but exclusif d'accomplir cette mission. Qu'il a visiblement du mal à digérer.

— Beau boulot, capitaine ! lance Shaftoe qui ne sait trop quoi dire d'autre.

Puis il se guide au bruit d'une discussion qui se déroule dans le poste du radio.

Les acteurs en sont le caporal Benjamin, brandissant un gros bouquin, dans une attitude qui évoque un prédicateur exaspéré présentant à ses ouailles volages le spectacle incongru de la sainte Bible ; le lieutenant Monkberg, à moitié étendu sur une chaise, ayant posé sur une table sa jambe abîmée ; et le lieutenant Root, en train de procéder sur icelle à des travaux d'aiguille.

— Il est de mon devoir sacré... commence Benjamin.

Monkberg l'interrompt.

— Il est de votre devoir sacré, caporal, d'écouter mes ordres !

La trousse médicale de Root s'est répandue sur le pont, suite à la collision : Shaftoe entreprend de récupérer le tout, et d'en faire le tri, attachant une attention toute particulière aux petits flacons qui auraient pu se perdre...

Benjamin est surexcité. De toute évidence, il n'arrive pas à se faire comprendre de Monkberg, aussi ouvre-t-il au hasard le lourd bouquin avant de le brandir au-dessus de sa tête. L'ouvrage contient, rangées en colonnes successives, des lignes et des lignes de lettres aléatoires.

— Ceci, beugle-t-il, est le manuel des codes de la marine marchande ! Un exemplaire de ce manuel se trouve à bord de tous les bâtiments de tous les convois naviguant dans l'Atlantique nord ! Les navires s'en servent pour signaler par radio leur position ! Est-ce que vous comprenez ce qui va se produire si jamais ce manuel tombe entre les mains des Allemands ?

— Je vous ai donné mes ordres, rétorque le lieutenant Monkberg.

Ils continuent dans cette veine pendant deux minutes tandis que Shaftoe arpente le pont pour y récupérer les débris médicaux. Finalement, il voit ce qu'il cherche : le flacon a roulé sous un coffre de rangement et semble, miracle, être intact.

— Sergent Shaftoe ! lance Root, péremptoire.

Jamais son ton n'a été aussi proche de celui d'un officier. Par réflexe, Shaftoe se redresse aussitôt.

— Oui, mon lieutenant !

— La dose de morphine du lieutenant Monkberg risque rapidement de ne plus faire effet. Je veux que vous me retrouviez mon flacon de morphine et me le rameniez tout de suite.

— À vos ordres, mon lieutenant !

Shaftoe est un Marine, ce qui signifie qu'il sait parfaitement obéir aux ordres même quand son corps lui enjoint de ne pas le faire. Malgré tout, ses doigts ont bien du mal à relâcher leur étreinte sur le petit flacon, et Root doit presque le lui arracher.

Pris par leur dispute, Benjamin et Monkberg ne prêtent pas attention à ce bref échange.

— Lieutenant Root ! lance Benjamin d'une voix à présent aiguë et tremblante.

— Oui, caporal, répond Root, l'air absent.

— J'ai des raisons de croire que le lieutenant Monkberg est un espion allemand et que je devrais le relever du commandement de cette mission et le placer en état d'arrestation !

— Bougre de fils de pute ! gueule Monkberg.

Il peut, vu que Benjamin vient de l'accuser de trahison, ce qui pourrait lui valoir le peloton d'exécution. Mais Root maintient la jambe de Monkberg fermement sur la table, l'empêchant de bouger.

Root demeure totalement impavide. Il semble accueillir sans broncher cette accusation incroyablement grave. Ça lui fournit l'occasion de parler d'un sujet autrement plus concret pour lui, par exemple, la meilleure méthode pour remplacer « mer » par « merde » dans un certain nombre d'expressions nautiques.

— Je vous ferai passer en cour martiale pour une telle accusation ! beugle Monkberg.

— Caporal Benjamin, quels motifs avez-vous pour porter une accusation aussi grave ? s'enquiert Enoch Root d'une voix douce.

— Le lieutenant a refusé de m'autoriser à détruire les manuels de codes, ce qui est mon devoir sacré ! s'exclame Benjamin.

Il est complètement sorti de ses gonds.

— J'ai reçu du colonel Chattan des ordres précis et particulièrement clairs ! rétorque Monkberg qui s'adresse à Root.

Shaftoe est ébahi. Monkberg semble admettre l'autorité de Root en la matière. À moins qu'il soit effrayé et ne se cherche un allié. Les officiers serrent les rangs face aux conscrits. Comme de juste.

— Avez-vous une copie écrite de ces ordres, que je les examine ? demande Root.

— Je ne pense pas le moment opportun pour que nous ayons une telle discussion ici et maintenant, rétorque Monkberg, toujours sur la défensive.

— Comment suggérez-vous que l'on aborde une telle situation ? demande Root, tout en bandant la jambe engourdie de Monkberg. Nous sommes échoués. Les Allemands ne vont pas tarder à arriver. Soit on abandonne les manuels de codes, soit on ne les abandonne pas. C'est maintenant qu'on doit se décider.

Monkberg s'affale, inerte, dans sa chaise.

— Pouvez-vous me présenter des ordres écrits ? insiste Root.

— Non, ils m'ont été donnés verbalement, répond Monkberg.

— Et ces ordres mentionnaient-ils spécifiquement les manuels de codes ?

— Oui, confirme Monkberg, comme un témoin au tribunal.

— Et ces ordres stipulaient-ils qu'on laisse les manuels de codes tomber aux mains des Allemands ?

— Oui.

Un bref silence se fait tandis que Root ferme une suture avant de passer à la suivante. Puis il reprend :

— Un sceptique comme le caporal Benjamin pourrait estimer que cette histoire de manuels de codes est une invention de votre part.

— Si j'avais falsifié les ordres reçus, observe Monkberg, je pourrais être fusillé.

— Uniquement si vous, ainsi que des témoins des faits, aviez réussi à regagner un territoire allié, et comparé vos notes avec celles du colonel Chattan, indique Enoch Root, avec flegme et patience.

— Putain, mais qu'est-ce qui se passe ? lâche un des gars du SAS, qui vient de jaillir d'une des écoutilles après avoir remonté en hâte la coursive. On est tous à poireauter dans ces putains de chaloupes !

Il déboule sur la passerelle, le visage cramoisi de froid et d'anxiété, et regarde autour de lui, éberlué.

— Dégage ! lâche Shaftoe.

Le gars du SAS se fige sur place.

— À vos ordres, sergent !

— Redescends et dis aux hommes dans les chaloupes de dégager eux aussi, rajoute Shaftoe.

— Tout de suite, sergent ! et le gars du SAS s'éclipse sans demander son reste.

— Tous ces soldats inquiets dans les chaloupes pourront attester, reprend Enoch Root, que la possibilité pour vous et plusieurs témoins de regagner un territoire allié se réduit de minute en minute. Et le simple fait que, comme par hasard, vous souffriez d'une grave blessure que vous vous êtes vous-même infligée, il y a quelques minutes à peine, complique énormément notre fuite. Soit nous allons tous nous faire capturer, soit vous vous portez volontaire pour rester derrière et vous laisser prendre. Quel que soit le cas de figure, vous échappez — dans l'hypothèse où vous êtes un espion allemand — à la cour martiale et au peloton d'exécution.

Monkberg n'en croit pas ses oreilles.

— Mais... mais enfin c'était un accident, lieutenant Root! Je me suis tapé dans la jambe avec cette putain de hache... vous allez quand même pas croire que c'était délibéré?

— Il nous est très difficile de savoir, constate Root avec regret.

— Pourquoi est-ce qu'on ne détruit pas les livrets de codes? Ce serait encore le plus sûr, observe Benjamin. Je ne ferais que me conformer normalement aux ordres... il n'y pas de mal à ça. Pas de risque de cour martiale.

— Mais cela flanquerait par terre toute la mission! proteste Monkberg.

Cela porte Root à réfléchir un moment.

— Quelqu'un a-t-il déjà perdu la vie, demande-t-il, parce que l'ennemi a volé un de nos codes secrets et déchiffré nos messages?

— Absolument, répond Shaftoe.

— Quelqu'un dans notre camp a-t-il déjà perdu la vie, poursuit Root, parce qu'à l'inverse l'ennemi n'avait pas nos codes secrets?

Voilà une sacrée colle. Le caporal Benjamin est le premier à se lancer, et encore, même lui a dû y réfléchir à deux fois.

— Bien sûr que non! répond-il.

— Sergent Shaftoe? Avez-vous une opinion? s'enquiert Root en lançant à l'intéressé un regard insistant et grave.

Shaftoe répond :

— Ces histoires de code, c'est jamais simple.

Au tour de Monkberg.

— Je... je pense... je crois pouvoir envisager une situation hypothétique dans laquelle quelqu'un pourrait y perdre la vie, oui...

— Et vous, lieutenant Root? demande Shaftoe.

Cette fois, Root reste silencieux un bon moment. Il continue de travailler sans rien dire avec son fil et ses aiguilles. Il semble que plusieurs minutes s'écoulent ainsi. Ce n'est peut-être pas aussi long. Tout le monde est nerveux à cause des Allemands.

— Le lieutenant Monkberg me demande de croire que cela empêchera des soldats alliés de mourir si nous livrons aujourd'hui aux Allemands les codes de notre marine marchande, commente finalement Root. (Tout le monde sursaute au son de sa voix.) En fait, puisque dans une telle situation, nous devons recourir à une sorte de statistique macabre, la vraie question est : est-ce que, d'une manière ou d'une autre cela sauvera plus de vies que ça n'en fera perdre ?

— En tout cas, si on est sûr d'une chose, c'est que livrer les codes occasionnera des pertes humaines puisque cela permettra aux Allemands de savoir où sont nos convois et de les couler. D'accord ?

— D'accord ! dit le caporal Benjamin.

Root semble pencher de son côté.

— Ce sera vrai, poursuit Root, jusqu'au moment où les Alliés auront changé leur système de code — ce qu'ils feront sans doute le plus tôt possible. Donc, du côté négatif de notre statistique, nous avons quelques convois coulés à brève échéance. Et du côté positif ? demande Root, haussant les sourcils, pensif, bien qu'il continue de fixer la blessure de Monkberg. Comment la livraison des codes à l'ennemi pourrait-elle sauver des vies humaines ? Eh bien, c'est un impondérable.

— Un quoi ? fait Shaftoe.

— Supposons, par exemple, qu'un convoi secret s'apprête à appareiller de New York pour effectuer la traversée, avec des milliers d'hommes et surtout une arme nouvelle qui changera le cours de la guerre et sauvera des dizaines de milliers de vies humaines. Et supposons que ce convoi utilise un système de codes différent, de sorte que même après que les Allemands auront récupéré nos livrets de codes aujourd'hui, ils n'en sauront rien. Les Allemands vont concentrer toute leur énergie sur le torpillage des convois dont ils connaissent effectivement l'existence — causant la mort de peut-être quelques centaines d'hommes d'équipage. Mais d'un autre côté, pendant que leur attention sera polarisée sur ces convois, l'autre, le convoi secret, pourra se faufiler et livrer sa précieuse cargaison et sauver ainsi des dizaines de milliers de vies.

Nouveau silence prolongé. Ils peuvent entendre à présent le reste du détachement 2702 crier en bas dans les chaloupes — sans doute ont-ils aussi leur débat acharné : si on abandonne ces putains d'officiers dans un bâtiment échoué, est-ce que cela s'assimile à une mutinerie ?

— Ce n'est qu'une hypothèse, précise Root, mais cela démontre qu'il est, en théorie du moins, possible que notre statistique macabre ait un côté positif. Et maintenant que j'y réfléchis, il est également fort possible qu'elle n'ait même pas d'aspect négatif.

— Comment ça ? s'étonne Benjamin. Bien sûr qu'il y a un aspect négatif !

— Vous partez de la supposition que les Allemands n'ont pas déjà déchiffré nos codes, observe Root en pointant un doigt accusateur et sanglant vers le gros recueil de charabia que tient toujours Benjamin. Mais peut-être que si. Ils n'arrêtent pas de couler nos convois, partout, je vous ferai remarquer. Et si c'est le cas, alors, il n'y a aucun aspect négatif à laisser les codes tomber entre leurs mains.

— Mais cela contredit votre théorie du convoi secret ! proteste Benjamin.

— Le convoi secret n'était qu'un *Gedankenexperiment* observe Root.

Le caporal Benjamin roule des yeux ; apparemment, il sait que cela veut dire « expérience de pensée ».

— S'ils l'ont déjà déchiffré, alors pourquoi est-ce qu'on se fatigue à ce point, et qu'on risque nos vies à le leur donner ?

Root considère un moment l'objection.

— Je n'en sais rien.

— Eh bien, qu'est-ce que vous en pensez, lieutenant Root ? insiste Bobby Shaftoe au bout de plusieurs minutes d'un silence exaspérant.

— Je pense qu'en dépit de mon *Gedankenexperiment,* l'explication du caporal Benjamin — à savoir que le lieutenant Monkberg est un espion allemand — reste plus plausible.

Benjamin laisse échapper un soupir de soulagement. Monkberg lève les yeux vers Root, paralysé d'épouvante.

— Mais on voit tout le temps des choses peu plausibles, poursuit Root.

— Oh, pour l'amour du ciel ! s'écrie Benjamin en plaquant la main sur le livre.

— Lieutenant Root ? répète Shaftoe.

— Oui, sergent Shaftoe ?

— La blessure du lieutenant Monkberg était un accident. Je l'ai vu se produire.

Root fixe Shaftoe. Il trouve ça intéressant.

— Vraiment ?

— Affirmatif, mon lieutenant. C'était un accident, aucun doute là-dessus.

Root déchire un emballage de gaze stérile et commence à l'enrouler autour de la jambe de Monkberg ; le sang l'imbibe aussitôt, plus vite qu'il ne peut rajouter de couches. Mais Root arrive graduellement à prendre le dessus et le pansement finit par rester blanc et propre.

— J'imagine que le moment est venu de prendre une décision ferme. Mon ordre est qu'on abandonne les livrets de codes, juste comme l'a dit le lieutenant Monkberg.

— Mais si c'est un espion allemand... commence Benjamin.

— Alors, je ne donne pas cher de sa peau dès qu'on sera revenu en territoire ami.

— Mais vous avez dit vous-même que nos chances étaient minces.

— Et je n'aurais pas dû le dire, s'excuse Enoch Root. Cette remarque n'était ni sage ni avisée. Elle ne reflète pas le véritable esprit du détachement 2702. Je suis convaincu que nous saurons surmonter notre petit problème. Je suis convaincu que nous rallierons la Suède et que nous ramènerons avec nous le lieutenant Monkberg.

— C'est ça ! approuve l'intéressé.

— Si, à un moment ou à un autre, le lieutenant Monkberg montre la moindre tendance à vouloir tirer au flanc, s'il se porte volontaire pour être abandonné, ou de quelque manière que se soit se comporte de sorte à accroître nos risques d'être capturés par l'ennemi, nous pourrons alors supposer sans grande chance de nous tromper qu'il est un espion allemand.

Monkberg semble parfaitement imperturbable.

— Dans ce cas, tirons-nous d'ici en vitesse, merde ! lâche-t-il et il se lève, quelque peu chancelant, à cause du sang perdu.

— Attendez ! dit le sergent Shaftoe.

— Quoi encore, Shaftoe ? gueule Monkberg, retrouvant son autorité.

— Comment saurons-nous qu'il accroît nos risques d'être capturés ?

— Que voulez-vous dire, sergent Shaftoe ? s'enquiert Root.

— Peut-être que ce ne sera pas évident. Peut-être qu'il y a un détachement allemand prêt à nous intercepter à un point précis dans les bois. Et peut-être que le lieutenant Monkberg va nous mener droit dans ce piège.

— Bravo, sergent ! approuve le caporal Benjamin.

— Lieutenant Monkberg, dit Enoch Root, étant ici ce qui s'approche le plus d'un médecin de bord, je vous relève de votre commandement pour raisons médicales.

— Quelles raisons médicales ? s'écrie Monkberg, horrifié.

— Vous avez perdu beaucoup de sang, et le peu qui vous reste est imbibé de morphine, répond le lieutenant Enoch Root. Aussi le second devra-t-il assumer vos fonctions et prendre toutes décisions concernant la direction à adopter.

— Mais vous êtes le seul autre officier ! note Shaftoe. En dehors du capitaine, et il ne peut pas être capitaine sans bateau.

— Sergent Shaftoe ! aboie Root, incarnant avec une telle perfection un Marine qu'aussitôt Shaftoe et Benjamin se mettent au garde-à-vous.

— Oui, mon lieutenant ! répond Shaftoe.

— C'est la première et dernière fois que je m'en vais vous donner un ordre, Shaftoe, alors vous avez intérêt à m'écouter attentivement ! insiste Root.

— À vos ordres, mon lieutenant !

— Sergent Shaftoe, conduisez-nous, moi et le reste de cette unité, en Suède !

— Affirmatif, mon lieutenant ! À vos ordres, mon lieutenant ! beugle Shaftoe et il sort au pas cadencé, renversant quasiment Monkberg au passage. Les autres lui emboîtent le pas, laissant derrière eux le manuel de codes.

Après une demi-heure environ de tâtonnements avec les chaloupes, le détachement 2702 se retrouve sur la terre ferme, en Norvège. La neige descend jusqu'à une quinzaine de mètres au-dessus du niveau de la mer ; il est heureux que Bobby Shaftoe sache se débrouiller avec une paire de skis. Les gars du SAS maîtrisent également cette technique particulière, et ils savent aussi confectionner une sorte de luge pour transporter le lieutenant Monkberg. En quelques heures, ils sont au fond des bois, cap vers l'est, et n'ont toujours pas vue âme qui vive, allemande ou norvégienne, depuis qu'ils ont accosté. La neige se met à tomber, couvrant leurs traces. Monkberg se tient bien — il ne demande pas qu'on l'abandonne, il n'envoie pas de fusées de détresse. Shaftoe commence à se dire que rallier la Suède pourrait bien être une des missions les plus faciles du détachement 2702. Le seul problème, comme toujours, étant de comprendre à quoi rime tout ce bordel.

## DILIGENCE

Des cartes du Sud-Est asiatique sont fixées aux murs et recouvrent même les fenêtres, donnant une ambiance de casemate à la chambre d'hôtel d'Avi. Épiphyte SA vient de réunir sa première assemblée d'actionnaires depuis deux mois. Avi Halaby, Randy Waterhouse, Tom Howard, Eberhard Föhr, John Cantrell et Beryl Hagen s'entassent dans la pièce exiguë et font la razzia de sodas et de friandises dans le minibar. Certains se sont installés sur le lit. Eberhard est assis par terre, pieds nus, en tailleur, son portable en équilibre sur un tabouret. Avi reste debout. Les bras croisés, il s'adosse, les yeux clos, aux portes plaquées d'acajou disparu du meuble audio-vidéo. Il exhibe une chemise d'une blancheur impeccable, si bien amidonnée qu'elle craque encore quand il bouge. Il y a moins d'un quart d'heure, il portait encore un tee-shirt qu'il n'avait pas quitté depuis deux jours.

Randy se demande pendant une minute si Avi ne s'est pas assoupi dans cette position debout peu orthodoxe. Mais voilà qu'il lance soudain d'une voix tranquille :

— Examinez cette carte. (Il ouvre les yeux qui pivotent dans leur orbite pour s'orienter vers icelle, évitant la dépense d'énergie de bouger la tête.) Singapour, l'extrémité sud de Taiwan, et le point le plus septentrional de l'Australie forment un triangle.

— Avi, observe Eb d'une voix solennelle, n'importe quel ensemble de trois points forment un triangle.

En temps normal, il ne faut pas compter sur Eberhard pour alléger l'atmosphère par des pointes d'humour, mais de petits rires parcourent l'assemblée et Avi sourit — moins parce que c'est drôle que parce que c'est la preuve que le moral est bon.

— Qu'y a-t-il au milieu du triangle ?

Tout le monde examine à nouveau la carte. La réponse correcte est *un point au beau milieu de la mer de Sulu,* mais tout le monde voit où Avi veut en venir.

— Nous, répond Randy.

— Réponse exacte, dit Avi. Kinakuta est idéalement située pour tenir lieu de carrefour électronique. Le site idéal pour y installer de gros routeurs.

— Là, tu jargonnes actionnaire, l'avertit Randy.

Avi ignore la remarque.

— En fait, tout s'explique bien mieux de cette façon.

— De quelle façon ? coupe sèchement Eb.

— J'ai eu vent qu'il y avait d'autres opérateurs de câble sur place. Un groupe de Singapour et un consortium australo/néo-zélandais. En d'autres termes : nous étions jusqu'ici les seuls impliqués dans la Crypte. Dès ce soir, je soupçonne que nous serons un parmi trois.

Sourire triomphal de Tom Howard : travaillant dans la Crypte, il était sans doute au courant avant tout le monde. Randy et John Cantrell échangent un regard.

Eb se redresse, le dos raide.

— Tu le sais depuis combien de temps ?

Randy note le regard légèrement agacé de Beryl. Elle n'aime pas être mise sur le grill.

— Voulez-vous nous excuser une minute, Eb et moi ? intervient Randy en se levant.

Le D^r^ Eberhard Föhr paraît surpris, puis il se lève et sort de la pièce derrière Randy.

— On va où ?

— Laisse ton portable, dit Randy en l'escortant dehors dans le couloir. On reste juste ici.

— Pourquoi ?

— Je t'explique, dit Randy en tirant la porte sur lui mais sans la laisser se verrouiller. Les gens comme Avi et Beryl, qui zonent depuis un moment dans le milieu des affaires, ont une préférence marquée pour les entretiens à deux — comme celui que nous avons, toi et moi, en ce moment. Non seulement cela, mais ils prennent rarement de notes.

— Explique.

— C'est plus ou moins une histoire de théorie de l'information. Vois-tu, si jamais l'affaire tournait mal et qu'il devait y avoir des répercussions judiciaires...

— Des répercussions judiciaires ? Mais de quoi tu parles ?

Eb est originaire d'une petite bourgade proche de la frontière danoise. Son père était professeur de maths de lycée, sa mère prof d'anglais. Son allure ferait sans doute de lui un exclu dans sa ville natale, mais comme bien des gens qui continuent de vivre là-bas, il est convaincu que les choses devraient se dérouler en plein jour, au vu et au su de tous, et de manière logique.

— Loin de moi l'intention de t'alarmer, précise Randy. Je n'insinue en aucun cas que cela se produit ou serait sur le point de se produire. Mais vu ce qu'est devenue l'Amérique, tu serais surpris du nombre de fois où des affaires commerciales se terminent devant les tribunaux. Lorsque cela se produit, tous les documents imaginables peuvent servir de preuve. Raison pour laquelle les gens comme Avi et Beryl ne couchent jamais rien par écrit qu'ils ne seraient prêts à voir exhiber devant un tribunal. Qui plus est, n'importe qui peut être appelé à témoigner sous serment sur ce qui s'est produit. C'est pour cela que les entretiens à deux, tel que celui-ci, restent la meilleure solution.

— La parole d'un individu contre un autre. Je comprends.

— Je savais que tu comprendrais.

— On aurait quand même dû nous prévenir discrètement.

— La raison pour laquelle Avi et Beryl se sont abstenus de nous en parler jusqu'à maintenant est qu'ils voulaient d'abord étudier le problème en tête à tête, lors d'un entretien à deux. En d'autres termes, ils l'ont fait pour nous protéger — pas pour nous dissimuler quoi que ce soit. Et à présent, ils nous annoncent officiellement la nouvelle.

Eberhard n'est plus méfiant. À présent, il est en rogne, ce qui est pire. Comme bien des techniciens, il peut devenir rouspéteur quand il a décidé que les autres ne se comportent pas de manière logique. Randy lève les mains, les paumes en avant, en un geste de reddition.

— Je confirme que ça n'est pas logique, avoue Randy.

Eb regarde au loin, furieux et boudeur, pas du tout apaisé.

— Seras-tu d'accord avec moi pour reconnaître que le monde est rempli d'individus irrationnels et de situations dingues ?

— *Jaaaa*... admet Eb, méfiant.

— Si toi et moi nous voulons faire notre boulot et toucher de l'argent, il faudra que des gens nous embauchent, d'accord ?

Eb retourne soigneusement la question.

— Oui.

— Ce qui signifie traiter avec ces gens, à quelque niveau que ce soit, si déplaisant que cela puisse être. Et accepter un tas d'autres absurdités, genre avocats, spécialistes en relations publiques et autres marketoïdes. Et si toi ou moi devions avoir affaire à eux, on finirait vite par péter les plombs. Pas vrai ?

— C'est plus que probable, oui.

— Il est donc bon que des gens comme Avi et Beryl puissent exister, car ils constituent notre interface. (Une image venue de la guerre froide vient à l'esprit de Randy. Il tend les mains devant lui, dans le vide.) Comme ces boîtes à gants qu'on utilisait pour manipuler le plutonium. Tu vois ?

Eberhard acquiesce. Un signe encourageant.

— Mais ça ne veut pas dire que ce sera aussi simple que de programmer des ordinateurs. Ils ne peuvent que filtrer et adoucir la nature irrationnelle du monde extérieur, de sorte qu'Avi et Beryl peuvent malgré tout faire des trucs qui nous paraissent un peu dingues.

Le regard d'Eb s'est fait de plus en plus distant.

— Ce serait intéressant d'aborder ça comme un problème en théorie de l'information, annonce-t-il. Comment les données peuvent-elles circuler entre les nœuds d'un réseau interne — Randy sait que par cette expression, Eb entend *les gens dans une petite entreprise* — tout en n'ayant pas d'existence pour un individu extérieur ?...

— Comment ça, pas d'existence ?

— Comment un tribunal pourrait-il exiger la présentation d'un document, si dans son cadre de référence, celui-ci n'a jamais existé ?

— Tu parles de la possibilité de le crypter ?

Eb semble légèrement attristé par la naïveté de Randy.

— On le fait déjà tous. Mais quelqu'un pourrait toujours prouver qu'un document de telle taille a été envoyé à telle date, à telle boîte aux lettres.

— Par analyse de trafic.

— Oui. En revanche, si on brouille celle-ci ? Pourquoi ne pourrais-je pas remplir mon disque dur d'octets aléatoires, au point que les fichiers y deviennent indiscernables ? Leur existence même serait noyée dans le bruit, comme les rayures d'un tigre derrière les hautes herbes. Et nous pourrions échanger en permanence des flots de bruit aléatoire.

— Ça reviendrait cher.

Eberhard écarte l'objection d'un revers de main.

— La bande passante est bon marché.

— C'est plus un article de foi qu'un fait démontré, objecte Randy, mais ça pourrait se réaliser à l'avenir.

— Or, le reste de nos existences se déroulera dans l'avenir, Randy, aussi a-t-on tout intérêt à s'y mettre tout de suite.

— Ma foi, fait Randy, est-ce qu'on pourrait continuer cette discussion plus tard ?

— Bien sûr.

Ils retournent dans la chambre. Tom, qui est celui qui a passé le plus de temps sur place, est en train d'expliquer aux autres :

— Ceux d'un mètre cinquante avec des taches brun jaunâtre sur fond aigue-marine sont inoffensifs et se dressent super bien. Ceux d'un mètre quatre-vingts avec des taches jaune brunâtre sur fond turquoise vous tuent à la première morsure, en dix minutes, sauf si vous vous suicidez entre-temps pour échapper à la douleur intolérable.

Ce n'est qu'une façon de faire savoir à Eb et à Randy que les autres n'ont pas discuté affaires en leur absence.

— O.K., fait Avi, le résultat des courses, c'est que la Crypte va être potentiellement bien plus importante qu'on l'estimait au début, et ça, c'est une bonne nouvelle. Mais il reste un point qu'il va nous falloir régler.

Avi connaît Randy depuis toujours et il sait que ce dernier ne sera pas vraiment chagriné par ce qui s'annonce.

Tous les regards se tournent vers Randy, et Beryl reprend aussitôt le fil. Elle s'est arrogé le rôle de ménager les sentiments de ses interlocuteurs, puisque les autres membres de la boîte ne sont de toute évidence pas doués pour ça, et c'est sur un ton de regret qu'elle s'exprime :

— Le travail que Randy a effectué aux Philippines, et qui est sans conteste un excellent boulot, n'est désormais plus un élément critique des activités de cette société.

— Je l'accepte bien volontiers, dit Randy. Eh, au moins, j'ai pu bronzer pour la première fois depuis dix ans.

Tout le monde semble aussitôt soulagé de constater que Randy le prend bien.

Comme de juste, c'est Tom qui passe aux choses sérieuses :

— Est-ce qu'on peut rompre nos relations avec le Dentiste ? De façon claire et nette ?

Le rythme de la conversation est brusquement cassé. Ambiance panne de secteur dans une discothèque.

— Mystère, admet finalement Avi. On a examiné les contrats. Mais ils ont été rédigés par les avocats du Dentiste.

— Est-ce qu'il a des partenaires qui ne soient pas avocats ? observe Cantrell.

Avi hausse les épaules avec impatience, comme si ce n'était qu'une partie du problème.

— Ses actionnaires. Ses voisins, ses amis, ses partenaires de golf... Même son plombier est sans doute avocat.

— Le fait est qu'il est procédurier comme pas deux.

— L'autre problème potentiel, poursuit Beryl, c'est que quand bien même on trouverait un moyen de nous dégager de l'accord avec l'AVCLA, nous perdrions aussitôt les rentrées à court terme que nous comptions tirer du réseau philippin. Les implications se révèlent bien plus moches que prévues.

— Bigre, fait Randy. C'est ce que je redoutais.

— Et quelles sont les implications ? s'enquiert Tom, toujours aussi terre-à-terre.

— Il nous faudrait à nouveau lever des fonds pour couvrir le manque à gagner, explique Avi. Diluer notre capital.

— Dans quelle proportion ? demande John.

— En dessous de la barre des cinquante pour cent.

Le chiffre magique déclenche une épidémie de soupirs, grognements et trémoussements parmi les cadres d'Épiphyte SA, qui à eux tous possèdent plus de la moitié des actions de la société. Tout en calculant mentalement les implications, ils commencent à jeter vers Randy des regards éloquents.

Finalement, ce dernier se lève, les mains tendues devant lui, comme pour faire taire leurs objections.

— O.K., O.K., O.K. Où cela nous mène-t-il ? Le projet commercial répète à l'envi que le réseau philippin est en soi une idée rentable — qu'il pourrait être détaché pour constituer une affaire autonome et continuer d'engranger des bénéfices. Jusqu'à plus ample informé, c'est toujours vrai, non ?

Avi soupèse la question avant de proférer une réponse soigneusement élaborée :

— C'est aussi vrai que ça l'a toujours été.

Réponse qui suscite chez les autres quelques ricanements ponctués d'applaudissements sarcastiques. Malin, l'Avi ! Que ferions-nous sans lui ?

— O.K., poursuit Randy. Donc, si on continue de collaborer avec le Dentiste — même si son projet n'a désormais plus d'intérêt pour nous — on peut espérer gagner assez pour ne pas avoir besoin de revendre d'actions. De la sorte, on garde le contrôle de la boîte. D'un autre côté, si on rompt notre accord avec l'AVCLA, les partenaires du Dentiste vont nous accabler de poursuites judiciaires — ce qu'ils peuvent se permettre quasiment sans frais et sans risque. On se retrouvera embourbés devant un tribunal de Los Angeles. Il faudra retourner là-bas pour les témoignages et les dépositions. Et dépenser des fortunes en avocats.

— Avec malgré tout le risque de perdre, note Avi.

Tout le monde rit.

— Donc, il faut qu'on reste dans le coup, conclut Randy. Il faut qu'on travaille avec le Dentiste, qu'on le veuille ou non.

Personne ne dit rien.

Ce n'est pas qu'ils soient en désaccord avec Randy ; au contraire. C'est juste que Randy est le mec qui s'est occupé de l'affaire aux Philippines, et qui se retrouve avec cette situation bien malencontreuse sur les bras. C'est lui qui va assumer le choc de plein fouet. Mieux vaut dont qu'il se porte volontaire plutôt que d'être amené à agir contraint et forcé. Et il se porte en effet volontaire, avec force et conviction, jouant son numéro avec maestria. Les autres acteurs de cette scène sont Avi, Beryl, Tom, John et Eb. Le public : les actionnaires minoritaires d'Épiphyte SA, le Dentiste et un certain nombre de jurés encore à désigner. C'est une interprétation qui n'aura jamais à devenir publique, à moins que quelqu'un n'intente une action contre eux et ne les conduise à venir à la barre déposer comme témoins.

John décide d'en rajouter une petite couche :

— L'AVCLA finance les Philippines sur un coup de dés, c'est ça ?

— Correct, répond Avi, avec autorité : il joue directement pour l'hypothétique jury à venir. Dans le temps, les poseurs de câbles vendaient d'abord de la capacité pour lever des capitaux. L'AVCLA, elle, le pose sur ses fonds propres. Quand il sera installé, ils en auront l'entière possession et vendront la capacité au plus offrant.

— Ce n'est pas seulement l'argent de l'AVCLA... ils ne sont pas riches à ce point, objecte Beryl. Ils ont reçu un gros paquet du NOHGI.

— Qui est ? demande Eb.

— Le Nigata Overseas Holding Group Inc., répondent trois voix en chœur.

Eb a l'air confondu.

— Le NOHGI a posé le câble transocéanique entre Taiwan et Luçon, précise Randy.

— Bref, reprend John, mon argument est que, puisque le Dentiste a décidé, sur un coup de tête, de câbler les Philippines, il est particulièrement exposé. Tout retard dans l'achèvement du réseau risque de lui causer d'énormes problèmes. Il nous incombe donc d'honorer nos obligations.

John est en train d'expliquer à l'hypothétique jury dans l'affaire Dentiste contre Épiphyte SA : *nous avons respecté scrupuleusement les termes de notre contrat avec l'AVCLA.*

Mais ce n'est pas obligatoirement aussi bon vis-à-vis de l'autre hypothétique jury, dans l'autre hypothétique affaire avec l'actionnaire minoritaire, Springboard Group, contre Épiphyte SA. Aussi Avi se hâte-t-il d'ajouter :

— Comme je pense que nous l'avons établi, par une discussion minutieuse des problèmes posés, honorer nos obligations vis-à-vis du Dentiste fait partie intégrante de nos obligations vis-à-vis de nos actionnaires. Les deux objectifs concordent.

Beryl roule des yeux et pousse un gros soupir de soulagement.

— Dans ce cas, continuons et câblons les Philippines, dit Randy.

Avi s'adresse à lui sur un ton solennel, comme s'il avait, en cet instant même, la main posée sur la Bible.

— Randy, estimes-tu que les ressources qu'on t'a allouées sont suffisantes pour te permettre de remplir nos obligations contractuelles vis-à-vis du Dentiste ?

— Il faudra qu'on en discute, dit Randy.

— Est-ce que cela peut attendre jusqu'à demain ?

— Bien sûr. Pourquoi pas ?

— Il faut que j'aille aux toilettes, dit Avi.

C'est un signal qu'ils ont déjà employé bien des fois par le passé. Avi se lève et se rend dans la salle de bains. Un instant après, Randy observe :

— Finalement... et il se lève à son tour et le rejoint.

Il est surpris de découvrir qu'Avi est effectivement en train de pisser. Sur l'impulsion du moment, il défait sa braguette et l'imite. Ce n'est qu'après être bien lancé qu'il note à quel point le fait est remarquable.

— Qu'est-ce qui se passe ? demande Randy.

— Ce matin, je descends dans le hall faire de la monnaie, explique Avi, et devine qui je vois entrer dans l'hôtel, tout frais débarqué de l'aéroport ?

— Et merde, fait Randy.

— Le Dentiste en personne.
— Pas de yacht ?
— Le yacht le suit.
— Il était accompagné ?
— Non, mais ça se pourrait bien.
— Qu'est-ce qu'il fout ici ?
— Il doit être au courant.
— Bon Dieu, c'est le dernier sur qui je voudrais tomber demain.
— Pourquoi ? Il y a un problème ?
— Rien de bien défini. Rien de dramatique en tout cas.
— Rien qui, si cela devait être révélé par la suite, te ferait soupçonner de négligence ?
— Je ne pense pas. Non, c'est juste que cette histoire de Philippines est compliquée et qu'il faut qu'on en cause.
— Eh bien, pour l'amour du ciel, si jamais demain tu tombes sur le Dentiste, tu ne dis pas un mot de notre boulot. Tiens-t'en aux banalités d'usage.
— Pigé, dit Randy, et il remonte sa braguette.
Mais ce qu'il pense réellement c'est : pourquoi ai-je perdu toutes ces années à l'université quand j'aurais pu m'amuser ainsi comme un petit fou ?
Ce qui lui fait repenser à quelque chose :
— Oh, au fait. J'ai reçu un mail plutôt bizarre.
— D'Andy ? demande aussitôt Avi.
— Comment t'as deviné ?
— Tu viens de dire qu'il était bizarre. T'as vraiment reçu un mail de lui ?
— Je ne sais pas vraiment de qui il émanait. Non, sans doute pas d'Andy. Il n'était pas bizarre à ce point.
— Tu y as répondu ?
— Non. Mais dwarf@siblings.net oui.
— Qui c'est, ça ? Siblings.net est le système dont t'étais l'administrateur, non ?
— Ouais. J'y ai encore quelques privilèges. J'y ai créé un nouveau compte, au nom de dwarf, « le nain », à partir duquel on ne peut pas remonter

jusqu'à moi. Et j'ai répondu à ce type par un mail anonyme lui disant que, jusqu'à preuve du contraire, je suppose qu'il est un de mes vieux ennemis.

— Ou un nouveau.

## *FER DE LANCE*

Le jeune Lawrence Pritchard Waterhouse, en visite chez ses grands-parents dans le Dakota, suit une charrue dans les champs. Les lames de la charrue soulèvent la terre noire des sillons et la rabattent sur les côtés, en billons qui, vus de près, paraissent cahoteux, irréguliers, mais qui sont d'une rectitude mathématique, comme le sillon sur un disque, vus de loin. Un minuscule objet en forme de planche de surf dépasse de la crête d'une de ces vagues terrestres. Le jeune Waterhouse se penche et l'extrait. C'est une pointe de flèche indienne taillée dans un fragment de silex.

L'U-553 est une pointe de flèche d'acier noir qui jaillit dans les airs à une dizaine de milles nautiques au nord de Qwghlm. Les déferlantes grises le prennent et le secouent mais en dehors de cela, il reste immobile ; il est échoué sur un haut-fond connu des autochtones sous le nom de Récif de César, ou de Perte des Vikings, ou de Marteau du Hollandais.

Sur la prairie, on peut trouver ces pointes de flèche en silex incrustées dans toutes sortes de matrices naturelles : la terre arable, la glaise, la vase des rivières, le cœur des arbres. Waterhouse a le chic pour les repérer. Comment peut-il arpenter un terrain que la retraite du dernier glacier a saupoudré de cailloux innombrables et y trouver les pointes de flèches ? Pourquoi l'œil humain sait-il détecter une minuscule forme naturelle au milieu du cosmos turbulent et déchiqueté de la nature, une aiguille de données dans une meule de bruit ? Sans doute un brusque contact d'ordre électrique entre deux esprits, suppose-t-il. Les pointes de flèche sont des créations humaines séparées de l'humanité, dont la partie organique a péri mais l'enveloppe minérale subsisté — de l'intention cristallisée. Ce n'est pas la forme mais le dessein létal qui éveille l'attention d'un esprit égoïste. Cela a marché pour le jeune Waterhouse en quête de pointes de silex. Cela a marché pour les pilotes des avions qui ont traqué l'U-553 ce matin. Cela marche pour les espions du *Beobachtung Dienst,* qui ont exercé leur oreille à entendre ce que racontent Churchill et Roosevelt sur des téléphones prétendument brouillés. Mais cela ne marche pas trop bien avec la cryptographie. Tant pis, sauf pour les Britanniques et les Américains qui ont conçu des systèmes mathématiques susceptibles de repérer les pointes de silex au milieu des cailloux.

Le Récif de César a ouvert une plaie béante sous la proue de l'U-553 tout en le soulevant en partie hors de l'eau. Emporté par son élan, il a presque franchi l'obstacle mais est resté en équilibre instable au milieu, désemparé, bascule ballottée par les vagues. Sa proue a fini par se remplir d'eau, si bien que c'est à présent sa poupe effilée qui s'élance au-dessus de la crête des brisants. Son équipage l'a abandonné, ce qui veut dire que selon la tradition des lois maritimes, il appartient désormais à qui s'en emparera. La Royal Navy a mis le grappin dessus. Un rideau de destroyers patrouille la zone, pour empêcher que quelque *sister-ship* ne vienne torpiller l'épave.

On est allé récupérer Waterhouse au château avec une hâte inconvenante. La nuit tombe à présent comme un rideau de plomb et les meutes de loup se mettent en chasse. Il est sur la passerelle d'une corvette, un minuscule navire d'escorte qui, dans le moindre clapot, a précisément les qualités hydrodynamiques d'un baril de pétrole vide. S'il reste en bas, il vomit sans interruption, aussi se tient-il sur le pont, les pieds bien écartés, les genoux fléchis, tenant à deux mains le bastingage, et regardant l'épave approcher. Le chiffre 553 est peint sur sa tourelle, sous la caricature d'un ours polaire brandissant une chope de bière.

— Intéressant, dit-il au colonel Chattan. 553 est le produit de deux nombres premiers : 7 et 79.

Chattan réussit à lancer un sourire admiratif mais Waterhouse sent bien que ce n'est jamais qu'une spectaculaire manifestation de bonne éducation.

Entre-temps, le reste du détachement 2702 a fini par arriver. Tout juste revenus avec succès de leur mission d'abordage de la Norvège, ils étaient en route vers leur nouvelle base opérationnelle à Qwghlm quand ils ont appris l'échouage de l'U-553. Ils ont retrouvé Waterhouse sur ce bâtiment même — sans avoir eu le temps de souffler un peu, et encore moins de défaire leur barda. Après leur avoir répété plusieurs fois combien ils allaient se plaire à Qwghlm, Waterhouse s'est trouvé à court d'arguments pour entretenir la conversation — l'équipage de la corvette n'a pas l'habilitation Ultra Méga — et il ne voit guère quel sujet il pourrait aborder avec Chattan et les autres qui ne soit pas classé confidentiel Ultra Méga. Aussi s'essaie-t-il courageusement à lancer le débat sur les nombres premiers.

Une partie du détachement — le lieutenant des Marines et la plupart des simples soldats — a été débarquée à Qwghlm et y est restée pour s'installer dans ses nouveaux quartiers. Seuls le colonel Chattan et un sous-off, un certain sergent Robert Shaftoe sont venus accompagner Waterhouse dans son équipée.

Shaftoe est un type sec et nerveux, aux mains et aux avant-bras hypertrophiés, genre Popeye, avec des cheveux blonds taillés ras qui font encore plus ressortir ses grands yeux bleus. Il a un gros nez, une grosse pomme d'Adam et de grosses marques d'acné et autres cicatrices autour des orbites. Ces traits appuyés et ce corps en pleine santé lui donnent une présence incontestable ; on a du mal à ne pas avoir le regard attiré par lui. Il fait l'effet d'un homme aux émotions intenses mais que sait maîtriser une discipline encore plus intense. Il fixe sans ciller tous ceux à qui il s'adresse. Quand personne ne parle, il contemple l'horizon et réfléchit. Quand il réfléchit, il agite sans cesse ses doigts. Tout le monde se sert de ses doigts pour se retenir à quelque chose, mais Shaftoe reste planté là sur le pont, tel un vulgaire pékin faisant la queue devant un cinéma. À l'instar de Waterhouse, mais à la différence de Chattan, il a revêtu un ciré emprunté au magasin de ce lance-torpilles.

On sait — la nouvelle s'est répandue — que le capitaine de l'U-Boot, le dernier homme à avoir abandonné le navire, a eu la présence d'esprit d'emporter avec lui la machine Enigma de bord. Les avions de la RAF qui tournent toujours au-dessus d'eux ont vu le capitaine s'agenouiller, en équilibre précaire, dans son radeau de sauvetage pour jeter les rouages de la machine aux quatre points cardinaux dans les crêtes escarpées de vagues hautes comme des collines. Puis le reste de la machine est passé par-dessus bord.

Les Allemands savent que personne ne récupérera jamais la machine. Ce qu'ils ne savent pas, c'est que personne ne s'avisera de la chercher parce qu'il existe un endroit nommé Bletchley Park où l'on sait déjà tout ce qu'il y a à savoir sur la machine Enigma à quatre tambours dont se sert la Kriegsmarine. Les Rosbifs feront malgré tout semblant de chercher, au cas où ils seraient observés.

Waterhouse ne cherche pas non plus de machines Enigma. Il cherche des pointes de flèches abandonnées.

La corvette approche d'abord l'épave par l'avant, puis se ravise et fait un large détour pour la contourner par l'arrière et l'aborder vent debout. De cette façon, saisit Waterhouse, le vent aura tendance à les éloigner du banc de récifs. Vu sous cet angle, l'U-Boot a effectivement plutôt un gros cul. La partie qui est censée être au-dessus de l'eau, quand il fait surface, est d'un gris neutre, et effilée comme une lame de couteau. La partie censée être immergée, quand elle ne vient pas de percuter un énorme récif, est large et noire. L'épave a été abordée par de hardis marins de la Royale qui ont crânement hissé sur la tourelle la pavillon blanc de la marine de guerre britannique. Ils l'ont apparemment abordée avec une baleinière à faible tirant d'eau, laquelle est retenue le long de la coque par plusieurs amarres lâches, et protégée des chocs par de vieux pneus passés de l'autre côté du bastingage. La corvette avec à son bord les membres du détachement 2702 s'approche avec précaution du submersible ; à chaque rouleau, les deux navires manquent s'écraser l'un contre l'autre.

— Nous voilà sans aucun doute soumis désormais à une géométrie non euclidienne ! observe malicieusement Waterhouse. (Chattan se penche vers lui et place une main en conque autour de son oreille.) Non seulement ça, mais on peut vraiment dire qu'elle dépend du temps, non, pas de doute, c'est un truc à aborder en quatre dimensions, pas en trois !

— Je vous demande pardon ?

Encore plus près, et ils seront à leur tour jetés sur les récifs. Les marins lancent une fusée pour tendre une élingue entre les navires et consacrent un certain temps à mettre en œuvre un système de transfert d'un bord à l'autre. Waterhouse redoute qu'on le juche dessus. En fait, il est plus fâché que furieux, parce qu'il avait eu l'impression qu'il ne courrait plus aucun risque jusqu'à la fin de la guerre. Il essaie de tuer le temps en contemplant le dessous de la coque de l'U-Boot et en observant l'activité des marins. Ils ont formé une sorte de chaîne pour extraire de l'épave des livres et des papiers qu'ils hissent sur la tourelle et de là, font redescendre dans la baleinière. La tourelle a une silhouette arachnéenne et complexe, avec tous ces canons, ces périscopes et ces antennes qui la hérissent de tous côtés.

Waterhouse et Shaftoe sont effectivement transférés sur l'U-553 à l'aide d'une sorte de nacelle qui roule sous un câble tendu. Les marins leur font d'abord enfiler des gilets de sauvetage, en une sorte de geste gratuit hilarant, afin que, si jamais ils ne sont pas écrabouillés, ils puissent succomber à l'hypothermie plutôt qu'à la noyade.

Alors que Waterhouse est à mi-traversée, le creux d'une vague passe sous eux et, baissant son regard vers la cavité aspirante, il voit le sommet du Récif de César, momentanément exposé, couvert d'une fourrure indigo de moules. On pourrait descendre se jucher dessus. Rien qu'un instant. Et puis des milliers de tonnes d'eau vraiment froide s'engouffrent dans la cavité et s'élèvent pour venir lui botter le cul.

Il lève les yeux vers l'U-553, qui le domine bien trop à son goût. Son impression première est qu'il est creux, et tient plus de la passoire que du bâtiment de guerre. La coque est perforée de rangées de fentes oblongues disposées en motifs ondulants, telles des ouïes tatouées sur le métal. L'ensemble paraît incroyablement frêle. Puis il regarde par une de ces ouïes — de la lumière la traverse, filtrant par d'autres fentes dans la tôle — et entrevoit le contour d'une coque étanche nichée à l'intérieur, incurvée et d'apparence bien plus solide que l'enveloppe extérieure. Le submersible a deux hélices tripales en laiton, de presque un mètre de diamètre, ébréchées çà et là par quelque contact indéterminé. Pour l'heure, elles sont dressées en l'air et en les regardant, Waterhouse éprouve la même gêne absurde qu'il a ressentie à Pearl Harbor en voyant des cadavres aux parties intimes exposées. Barres de plongée et gouvernail dépassent de la coque en avant des hélices et derrière celles-ci, près de l'extrémité de la poupe, il remarque deux sortes d'écoutilles métalliques grossières d'où, réalise-t-il, doivent être éjectées les torpilles.

Il glisse sur les six derniers mètres à une vitesse terrifiante et se sent intercepté et retenu, en divers endroits de son anatomie, par huit mains vigoureuses qui le hissent pour le mettre censément en lieu sûr : le pont de l'U-Boot, juste derrière la tourelle, une sorte de palier niché sous un canon antiaérien. Très loin, tout là-bas vers la poupe, il y a une espèce de gros poteau métallique en T avec des câbles fixés aux extrémités de la traverse et tendus jusqu'au bastingage de la tourelle, à portée de main. Suivant l'exemple d'un officier de la marine britannique qui est semble-t-il son chaperon attitré, Waterhouse remonte la pente — c'est à dire vers la poupe — en se servant de ces câbles comme d'une sorte de rampe, et descend derrière lui par une écoutille sur la plage arrière pour gagner l'intérieur du navire. Shaftoe le suit peu après.

C'est la position la pire qu'il ait connue. Comme la corvette qu'il vient de quitter, l'épave s'élève doucement à chaque rouleau, mais contrairement à la corvette, elle redégringole violemment sur le récif, manquant à chaque fois le jeter sur le pont. On se croirait enfermé dans une poubelle métallique sur laquelle quelqu'un taperait à coups de masse. L'U-553 est à peu près à moitié rempli d'un somptueux mélange de vinasse, mazout, acide de batteries, mêlés d'eaux usées. Compte tenu de l'inclinaison de la coque, le niveau de cette soupe s'élève rapidement quand on progresse vers l'avant mais elle repart vers l'arrière et vous déferle dessus comme un tsunami chaque fois que le milieu du bateau s'abat sur les rochers. Par chance, Waterhouse est désormais bien au-delà de la nausée, dans une sorte de stade transcendant où son esprit est encore plus dissocié du corps que d'habitude.

L'officier responsable attend que le bruit ait décrû et demande alors, d'une voix étonnamment calme :

— Y a-t-il quelque endroit particulier que vous désireriez inspecter, monsieur ?

Waterhouse en est encore à chercher ses repères

en balayant les lieux avec sa lampe torche, opération qui s'assimile à vouloir regarder à travers une paille. Il est incapable d'avoir une vue synoptique, n'entrevoyant que des bouts de câbles et de tuyauteries. Finalement, il essaye de maintenir la tête fixe tout en zébrant rapidement l'air du faisceau de sa lampe. Un tableau émerge : ils se trouvent dans un espace étroit et confiné, à l'évidence conçu par et pour des mécaniciens, destiné à donner accès à plusieurs milliers de kilomètres linéaires de tuyaux et de câbles qu'on a introduits de force par une espèce de goulot étroit.

— On cherche les papiers du capitaine, dit Waterhouse.

L'épave est repartie en chute libre; il s'appuie contre un truc glissant, plaque ses mains sur ses oreilles, ferme les yeux et la bouche et souffle par le nez pour éviter que la soupe ne s'immisce en lui par quelque orifice. Le truc auquel il est appuyé est vraiment dur, froid et rond. Et graisseux. Il braque dessus sa torche; c'est en laiton. Sa technique de zigzag lumineux lui révèle l'image d'une sorte d'astronef en cuivre, accroché (sauf erreur de sa part) sous une espèce de couchette. Il est à deux doigts de se couvrir de ridicule en demandant de quoi il s'agit quand il identifie l'objet, une torpille.

Durant l'interlude de calme suivant, il demande :

— Y a-t-il un endroit comme une cabine privée où il aurait pu... ?

— Devant, dit l'officier.

Devant n'est pas une perspective encourageante.

— Merde! dit le sergent Shaftoe.

C'est le premier mot qu'il ait prononcé depuis bientôt une demi-heure. Il se met à avancer en pataugeant et l'officier britannique doit se hâter pour le rattraper. Le pont se dérobe à nouveau sous leurs pas et ils s'arrêtent et se retournent pour ne pas prendre la déferlante d'eaux usées en pleine figure.

Ils descendent. Chaque pas est une bataille rangée contre la prudence et le bon sens, et des pas, ils en font. Ce que Waterhouse a qualifié de goulot s'étire interminablement — apparemment jusqu'à la pointe de la proue. À la longue, ils trouvent enfin un prétexte à s'arrêter : une cabine ou peut-être (avec environ quatre pieds sur six), l'angle d'une cabine. Il y a un lit, une petite table pliante, et des placards en bois véritable. Ces meubles, ajoutés à des photos de parents et d'amis, créent une ambiance douillette et familiale cependant totalement gâchée par le portrait d'Hitler encadré au mur. Waterhouse juge cela d'un mauvais goût scandaleux jusqu'à ce qu'il lui revienne qu'il se trouve à bord d'un navire allemand. Le niveau moyen des eaux usées à marée haute traverse la cabine de biais, à peu près à mi-hauteur. Flottant partout, papiers et autres détritus bureaucratiques, recouverts d'une occulte écriture gothique que Waterhouse associe à Rudy.

— Prenez tout, dit Waterhouse, mais Shaftoe et l'officier ont déjà plongé les bras dans le brouet et les ressortent enveloppés de papier mâché dégoulinant. Ils fourrent leur butin dans un sac en toile.

La couchette du capitaine est située à l'extrémité arrière (ou supérieure) de la cabine. Shaftoe la défait, regarde sous l'oreiller, sous le matelas, ne trouve rien.

La table pliante est dans la partie entièrement submergée. Waterhouse s'approche en pataugeant avec précaution, en tâchant de garder son équilibre. Il repère le bureau du bout du pied, plonge les mains dans l'eau trouble, explore à tâtons. Il discerne plusieurs tiroirs qu'il parvient à extraire entièrement pour les tendre à Shaftoe qui en déverse le contenu dans le sac. En un rien de temps, il est à peu près certain qu'il ne reste rien dans le bureau.

L'épave s'élève et s'abat. Lorsque les eaux usées déferlent, elles dévoilent, un bref instant, quelque chose, dans le coin de la cabine, un objet fixé à la cloison avant. Waterhouse s'en approche en pataugeant pour l'identifier.

— Un coffre ! s'exclame-t-il.

Il fait tourner le cadran. Massif. De la bonne qualité. Allemande. Shaftoe et l'officier britannique se dévisagent.

Un marin anglais apparaît par l'écoutille ouverte et leur annonce :

— Monsieur ! Un autre U-Boot a été signalé dans le secteur.

— J'aimerais bien avoir un stéthoscope, suggère Waterhouse. Il y a une infirmerie à bord de ce rafiot ?

— Non, dit l'officier. Juste une trousse de secours. Elle devrait flotter quelque part...

— À vos ordres ! dit Shaftoe et il s'éclipse.

Une minute après, il est de retour, avec un stéthoscope allemand qu'il tient bien haut au-dessus de sa tête pour ne pas le salir. Il le lance à Waterhouse qui l'intercepte au vol, se le colle aux oreilles et enfonce la pastille dans les eaux usées pour la plaquer contre la porte du coffre.

C'est un exercice qu'il a déjà pratiqué, pour s'entraîner. Les gosses obsédés par les verrous deviennent bien souvent des adultes obsédés par la cryptographie. Le gérant de l'épicerie de Moorhead, Minnesota, avait l'habitude de laisser le jeune Waterhouse s'amuser avec son coffre. Il en a déchiffré la combinaison (à la grande surprise du gérant) puis a rédigé un compte rendu de son expérience pour l'école.

Ce coffre est autrement plus sérieux que l'autre. Comme de toute façon, il ne peut pas voir le cadran, Waterhouse ferme les yeux.

Il a vaguement conscience que les autres types à bord du sous-marin crient et jacassent depuis déjà un bout de temps, comme si l'on venait d'annoncer une nouvelle sensationnelle. Peut-être que la guerre est finie. Puis l'embout du stéthoscope lui échappe. Il ouvre les yeux et découvre le sergent Shaftoe qui le porte à sa bouche comme si c'était un micro. Shaftoe le fixe sans se démonter et dit dans le stéthoscope : « Des torpilles, mon lieutenant. » Sur quoi, il tourne les talons et laisse Waterhouse seul dans la cabine.

Waterhouse est à peu près à mi-hauteur de l'échelle de la tourelle et il aperçoit en levant les yeux un disque de ciel noir tirant sur le gris, quand tout le bâtiment est secoué par une explosion retentissante. Un geyser d'eaux usées s'élève sous lui et le chasse vers le haut, le vomissant sur le pont supérieur où ses camarades l'interceptent et fort obligeamment l'empêchent de basculer dans la flotte.

Le mouvement de l'U-553 sous les vagues a changé. Il bouge beaucoup plus à présent, comme s'il était sur le point de se libérer des récifs.

Il faut à Waterhouse une minute pour se repérer. Il en est à se demander s'il n'a pas subi quelque dommage durant toutes ces péripéties. Manifestement, quelque chose ne va pas avec son bras gauche, qui est celui sur lequel il a atterri.

Un puissant faisceau de lumière vient les balayer : un projecteur de la corvette britannique qui les a amenés jusqu'ici. Jurons des marins anglais. Waterhouse se redresse sur son coude valide pour scruter la coque de l'U-Boot suivant le pinceau du projecteur, et découvre un spectacle bizarre : le bateau a été défoncé juste sous la ligne de flottaison, des fragments déchiquetés de la coque jaillissent de l'ouverture et projettent leurs bords dentelés dans les airs. Le contenu répugnant de l'intérieur se déverse dans l'Atlantique, teignant les eaux de noir.

— Merde ! dit le sergent Shaftoe.

Il se défait du petit mais apparemment lourd sac à dos qu'il trimballe depuis le début, l'ouvre. Son activité soudaine attire l'attention des marins britanniques qui l'aident en braquant leurs torches vers ses mains affairées.

Waterhouse qui est à ce moment peut-être en proie à une sorte de délire, a du mal à en croire ses yeux : Shaftoe a sorti un paquet bien serré de cylindres jaune brunâtre, gros comme le doigt et longs d'une quinzaine de centimètres. Il a également pris plusieurs articles de moindre taille, dont un rouleau de cordon rouge, épais et rigide. Il se relève d'un bond si vif qu'il manque renverser un des marins, se précipite vers la tourelle et disparaît à l'intérieur.

— Bon Dieu, s'exclame un officier, il va faire sauter quelque chose.

L'officier n'y réfléchit qu'une fraction de seconde; le bateau est terriblement secoué par les vagues et il émet des raclements susceptibles d'indiquer qu'il glisse hors de l'emprise du récif. « Abandonnez le navire ! » beugle-t-il.

La plupart des marins montent dans la baleinière. Waterhouse se retrouve fourré dans l'espèce de nacelle. Il est presque à mi-chemin de la corvette quand il ressent, mais entend à peine, un choc violent.

Le reste du parcours, il n'y voit quasiment goutte, et même après qu'il a repris pied sur le navire, il règne la plus grande confusion; un individu du nom d'Enoch Root dent absolument à le conduire sur un pont inférieur pour s'occuper de son bras et de sa tête. Waterhouse ne s'était pas encore rendu compte qu'il avait la tête amochée, ce qui se tient, vu que c'est avec la tête qu'on sait les choses et que si elle est amochée, comment peut-on le savoir? « Ça vous vaudra au moins un Cœur de Pourpre [1] », commente Enoch Root. Il le dit avec un manque d'enthousiasme flagrant, comme si c'était le cadet de ses soucis, mais qu'il voulait bien admettre que ça puisse procurer une énorme satisfaction à son interlocuteur.

— Et le sergent Shaftoe va encore se ramasser une belle médaille, le bougre.

1. Décoration militaire américaine accordée aux blessés ou aux morts au combat. *(N.d.T.)*

*MORPHIUM*

Shaftoe voit encore le mot chaque fois qu'il ferme les paupières. Ce serait infiniment mieux s'il prêtait attention au travail en cours : poser des charges explosives tout le long des soufflets qui joignent le coffre aux parois du submersible.

MORPHIUM. C'est ainsi qu'il est libellé sur une étiquette de papier jauni. L'étiquette est collée sur un petit flacon en verre. La couleur du verre est de ce pourpre intense qu'on voit après avoir été aveuglé par une lumière éblouissante.

Harvey, le marin qui s'est porté volontaire pour l'accompagner, ne cesse de lui flanquer sa torche dans les yeux. C'est inévitable ; Shaftoe est coincé dans une position exceptionnellement inconfortable sous le coffre pour disposer les charges et tâcher d'y fixer les amorces avec des doigts gluants frigorifiés et sans force. La tâche n'aurait même pas été possible si le submersible n'avait pas été torpillé ; avant, cette cabine était à moitié remplie d'eaux usées et le coffre était noyé. À présent, elle a l'avantage d'avoir été vidangée.

Harvey n'a rien pour le coincer ; il est ballotté par les crises de l'U-Boot, qui tel un requin échoué tente stupidement, mais avec insistance, de se dégager du récif. Le faisceau de sa torche ne cesse de passer devant les yeux de Shaftoe. Shaftoe cligne et voit un cosmos de pourpre : de minuscules flacons pourpres étiquetés MORPHIUM.

— Bordel de merde ! beugle-t-il.

— Tout va bien, sergent ? demande Harvey.

Harvey ne saisit pas. Harvey croit que Shaftoe peste à cause d'un problème quelconque avec les explosifs.

Les explosifs sont extra. Il n'y a pas le moindre problème avec ces putains d'explosifs. Le problème, il est avec le cerveau de Bobby Shaftoe.

Il était sur place. Waterhouse l'a envoyé chercher un stéthoscope et Shaftoe est allé retourner tout le submersible jusqu'à ce qu'il mette la main sur une caisse en bois. L'ayant ouverte, il a constaté d'emblée qu'elle était remplie de fournitures médicales. Il a fouillé dedans, cherchant ce que demandait Waterhouse, et il y avait là ce flacon, là, devant lui, visible comme le nez au milieu de la figure. Sa main l'a effleuré, nom de Dieu. Il a vu l'étiquette au moment où le faisceau de sa torche passait dessus.

MORPHIUM.

Mais il n'a pas fait le point. S'il avait lu MORPHINE, il s'en serait emparé aussitôt. Mais il y avait écrit MORPHIUM. Et ce n'est qu'une bonne trentaine de secondes plus tard que lui est revenu qu'il se trouvait à bord d'un putain de bateau allemand et que par conséquent tous les mots devaient être écrits différemment et qu'il y avait à peu près quatre-vingt-dix-neuf chances sur cent que du MORPHIUM soit en fait très exactement le même truc que de la MORPHINE. Quand il s'en est rendu compte, il s'est immobilisé dans la coursive de l'U-Boot plongé dans les ténèbres et a laissé échapper un long cri venu du tréfonds de son être. Avec le fracas des vagues, personne ne l'a entendu. Puis il a repris sa progression et accompli sa mission, à savoir remettre le stéthoscope à Waterhouse. Il a accompli sa mission parce qu'il est un Marine.

Faire sauter ce putain de coffre n'est pas sa mission. C'est juste une idée qui lui est venue. On l'a formé à utiliser ces explosifs ; pourquoi ne pas mettre sa formation en pratique ? Il fait sauter ce coffre, non pas parce qu'il est un Marine mais parce qu'il est Bobby Shaftoe. Et aussi parce que c'est un excellent prétexte pour remettre la main sur ce MORPHIUM.

L'U-Boot fait une embardée et envoie Harvey s'étaler sur le pont. Shaftoe attend que le mouvement cesse, puis se débat pour trouver une prise et s'extraire de sous le coffre. Il se retrouve à peu près sur ses pieds mais on ne peut pas vraiment dire qu'il est debout. Dans un endroit pareil, le mieux qu'on puisse espérer, c'est de récupérer un équilibre précaire avant de finir sur le cul. Harvey vient de perdre cette manche et Shaftoe l'a provisoirement gagnée.

— Le feu dans la cale ! beugle alors Shaftoe.

Harvey a vite fait de retrouver ses pieds ! D'une bourrade secourable, Shaftoe le propulse dans la coursive. Harvey tourne à gauche et reprend l'escalade vers la tourelle et la sortie. Shaftoe prend à droite. Il redescend. Direction la proue. Direction la grande tasse. Direction la boîte remplie de MORPHIUM.

Où est cette putain de boîte ? Quand il l'a trouvée la première fois, elle flottait dans la soupe. Peut-être — horrible pensée — peut-être a-t-elle été vidangée dans l'ouverture créée par la torpille. Il franchit deux cloisons. L'inclinaison de la coque s'accroît de plus en plus et il se retrouve contraint de progresser à reculons, comme s'il descendait une échelle, s'agrippant aux tuyaux, aux câbles électriques et aux chaînes où sont suspendues les couchettes. Ce putain de rafiot est d'une longueur...

C'est quand même une drôle de façon de tuer les gens. Shaftoe n'est pas sûr d'approuver tout ce qu'implique cet U-Boot. Shaftoe a tué des bandits chinois sur les rives du Yang Tsé en leur transperçant la poitrine avec sa baïonnette. Il croit en avoir tué un, une fois, rien qu'en le frappant violemment à la tête. À Guadalcanal, il a tué des Nips en leur tirant dessus avec diverses sortes d'armes à feu, en les écrasant sous des rochers, en faisant de grands bûchers à l'entrée des grottes où ils étaient piégés, en se faufilant dans la jungle pour leur trancher la gorge, en tirant au mortier sur leur position, voire en saisissant un pour l'expédier du haut d'une falaise dans les déferlantes. Bien sûr, il sait depuis un bout de temps que les méchants jugent cette façon de tuer les méchants en combat singulier plus ou moins démodée, mais on ne peut pas dire qu'il ait vraiment réfléchi à la question. La démonstration de la mitrailleuse Vickers à laquelle il a pu assister en Italie l'a en revanche amené à réfléchir et maintenant qu'il se retrouve ici, à l'intérieur d'une des plus célèbres machines à tuer de toute la guerre, qu'est-ce qu'il voit ? Il voit des vannes. Ou plutôt, les volants en acier forgé qui servent à ouvrir et fermer celles-ci. Des cloisons entières sont couvertes de ces volants métalliques, dont le diamètre va de cinq centimètres à plus de trente, serrés comme des palourdes sur un rocher, disposés en ordre apparemment irrégulier et parfaitement aléatoire. Ils sont peints en rouge ou en noir, et leur jante brille à force d'avoir été astiquée par la friction des mains qui les ont manipulés. Et quand ce ne sont pas des vannes, ce sont des interrupteurs à couteau, modèle géant, style film de Frankenstein. Il y a également un gros commutateur rotatif, mi-vert mi-rouge, qui fait bien ses soixante centimètres de diamètre. Et on ne peut pas dire que ce bateau regorge de hublots. Il n'y en a pas un seul. Juste un périscope utilisable par un seul type à la fois. De sorte que pour ces mecs, la guerre se réduit à vivre cloîtré dans un bidon étanche plein de merde et à passer son temps à tourner des vannes et basculer des interrupteurs sur ordre, avec épisodiquement, peut-être, un officier qui descend leur annoncer qu'ils viennent de tuer un paquet de mecs.

Et voilà la boîte... elle a atterri sur une cloison. Shaftoe s'en empare, l'ouvre. Le contenu est tout mélangé, il y a plus d'un flacon pourpre à l'intérieur, et il panique un instant à l'idée de devoir déchiffrer toutes ces étiquettes libellées avec leurs affreuses lettres gothiques, mais en quelques secondes il repère le MORPHIUM, l'attrape, l'empoche.

Il remonte vers la tourelle quand un énorme rouleau vient percuter le flanc du bateau et lui fait perdre l'équilibre. Il dégringole longtemps, très longtemps, pirouettant en arrière jusqu'au milieu de la coque, avant de parvenir à freiner sa chute. Tout est noir à présent; il a perdu sa torche.

Cette fois-ci, il est à deux doigts de paniquer. Ce n'est pas qu'il soit du genre à s'affoler, mais seulement ça fait un bail qu'il n'a plus pris de morphine et dans ces cas-là, son corps a tendance à mal réagir. Il est à moitié aveuglé par un intense éclair de lumiere bleue qui a disparu avant même qu'il ait eu le réflexe de cligner des yeux. Un bruit grésillant monte d'en dessous. Il bouge la main gauche et sent une traction sur son poignet : la sangle de la torche, qu'il a eu la présence d'esprit de se passer au bras. La lampe racle bruyamment la grille d'acier sur laquelle Shaftoe est à présent étendu de tout son long, comme un martyr sur le grill. Il y a un nouvel éclair de lumière bleu, réticulé par des lignes noires, accompagné d'un grésillement. Shaftoe sent une odeur d'électricité. Il tapote sa lampe contre la grille une ou deux fois et elle se rallume, en vacillant.

La grille est formée d'un treillis de tiges d'acier grosses comme des crayons, espacées de cinq centimètres. Il est étalé dessus à plat ventre et contemple une cale qui, si la coque était à l'horizontale, se trouverait en dessous de lui. La cale est sens dessus dessous, les caisses naguère bien empilées ont répandu leur contenu dans un ragoût de verre brisé, d'éclats de bois, de vivres, d'explosifs et de matériaux stratégiques, le tout baignant dans un bouillon d'eau de mer qui clapote au gré des oscillations de l'épave du submersible. Un superbe globe d'argent tremblotant traverse la grille près de sa tête, passe dans le faisceau de sa lampe et va exploser contre un bout de débris. Puis c'est un autre. Shaftoe regarde vers l'amont et voit une pluie de globules argentés dégringoler vers lui en rebondissant sur les tôles : la colonne de mercure qui leur sert à mesurer la pression a dû se rompre. Nouvel éclair bleu aveuglant : une étincelle électrique avec pas mal de puissance derrière. Il lorgne à nouveau à travers la grille et note que la cale est en fait remplie de gigantesques placards métalliques hérissés de cosses monstrueuses. De temps en temps, un fragment de débris humide comble le vide entre deux de ces cosses, déclenchant une étincelle qui illumine les lieux : les placards sont en fait des batteries, ce sont elles qui permettent à l'engin d'évoluer sous l'eau.

Alors que le sergent Shaftoe, toujours étendu, le visage plaqué contre la grille glaciale, prend de lentes et profondes inspirations pour essayer de retrouver ses esprits, une énorme vague ébranle l'épave avec une telle violence qu'il craint d'être jeté en arrière et de finir sa chute au fond de la proue submergée. La masse d'eau qui submerge la cuve des batteries se met à cascader, prenant de la force et de la vitesse dans sa chute, pour aller se fracasser contre la cloison avant avec une puissance terrifiante : il entend des rivets céder sous l'impact. En cet instant, la plus grande partie de la cuve à batteries se dévoile entièrement au faisceau de la torche de Bobby Shaftoe, jusqu'à fond de cale. Et c'est alors qu'il aperçoit les caisses éclatées, tout au bout — de toutes petites caisses, du genre de celles destinées à contenir de très lourdes charges. Elles ont été fracassées. Par les fissures, Shaftoe entrevoit des briques jaunes qu'on avait empilées avec soin et qui sont maintenant répandues. Elles évoquent très exactement l'image qu'il se fait de lingots d'or. Le seul point qui cloche dans cette théorie, c'est qu'il y en a bien trop là-dessous pour que c'en soit réellement. C'est comme quand il retournait les bûches pourries dans le Wisconsin et découvrait des milliers d'œufs d'insectes tous identiques ensemençant la terre sombre, luisants de promesses.

Un instant, il est tenté. La quantité d'argent là-dessous dépasse l'entendement. S'il pouvait mettre la main rien que sur un seul de ces lingots...

Les explosifs ont dû détoner car Bobby Shaftoe vient de devenir sourd. C'est le signal qu'il a intérêt à décamper au plus vite. Il oublie l'or — la morphine est un butin suffisant pour aujourd'hui. Trébuchant, à quatre pattes, il escalade le grillage, remonte la coursive, retraverse la cabine du capitaine dont l'écoutille dégorge des panaches de fumée, et dont les cloisons sont désormais curieusement boursouflées par l'onde de choc.

Le coffre a été dégagé ! Et le câble auquel Harvey et lui l'avaient arrimé, bien qu'endommagé, est encore intact. Quelqu'un doit être en train de tirer dessus, là-haut, parce qu'il se tend avec une obstination pénible. Résultat, le coffre se retrouve coincé entre des débris déchiquetés. Shaftoe doit le dégager de force. Il remonte alors par saccades, hissé par le câble tendu, jusqu'au moment où il se coince à nouveau. Shaftoe le suit à l'extérieur de la cabine, le long de la coursive, de l'échelle de la tourelle, et finalement s'extrait du submersible pour se retrouver au cœur de la tempête, accueilli par les chaleureux vivats des marins qui l'attendaient.

Moins de cinq minutes plus tard, l'U-Boot part par le fond. Shaftoe l'imagine dégringolant cul par-dessus tête le long du récif, droit vers quelque canyon sous-marin, traçant dans les eaux noires un sillage de lingots d'or et de globules de mercure, comme une fée maniant sa baguette magique. Shaftoe est de retour à bord de la corvette et tout le monde lui tape dans le dos et le félicite. Lui n'a qu'une idée : trouver un coin tranquille pour ouvrir ce flacon pourpre.

## COSTARD

La posture de Randy est vigilante, vertueuse. Tout ça grâce à son costume.

C'est une banalité de dire que les hackers ne sont pas branchés fringues. Avi a appris que les vêtements de bonne coupe peuvent, de fait, être confortables — le pantalon d'un costume trois pièces est, par exemple, infiniment plus agréable qu'un blue-jean. Et il fréquente depuis suffisamment longtemps des hackers pour savoir que ce n'est pas au port du costume qu'ils objectent mais plutôt au processus menant à le porter. À savoir, non seulement la contrainte de l'enfilage proprement dit, mais celle d'avoir à le choisir, à l'acheter, à l'entretenir et surtout à s'assurer qu'il est toujours à la mode — dernier point particulièrement délicat pour des individus qui n'enfilent un costume qu'une fois tous les cinq ans.

Les choses se passent donc ainsi : sur un de ses ordinateurs, Avi a ouvert une feuille de tableur avec la liste des tours de cou, tours de taille, longueurs d'entrejambe et autres mesures critiques de chacun de ses employés. Quinze jours avant une réunion importante, il n'a qu'à faxer ce document à son tailleur de Shanghai. Dès lors, faisant la démonstration classique du système de livraison « juste à temps » tel que Toyota fut le premier à le préconiser, les costumes sont livrés par Federal Express, pile vingt-quatre heures à l'avance, ce qui leur permet d'être automatiquement orientés vers la blanchisserie de l'hôtel. Ce matin, à l'instant précis où il sortait de la douche, Randy a entendu frapper à sa porte et l'a ouverte pour découvrir un valet de chambre muni d'un costume trois pièces tout juste sorti du pressing, avec chemise et cravate. Il a revêtu l'ensemble (on avait eu la prévenance de l'accompagner d'une photocopie de dixième génération du diagramme de confection du nœud demi-Windsor). Le costume lui allait à la perfection. Il est maintenant dans le hall du Foote Mansion et regarde le décompte des chiffres lumineux au-dessus des portes d'ascenseur, tout en jetant par moments un regard à la dérobée sur son image dans un miroir en pied : la tête de Randy dépassant d'un costume est un gag visuel qui lui vaudra des sourires au moins jusqu'à l'heure du déjeuner.

Il réfléchit au courrier électronique reçu ce matin.

À : dwarf@siblings.net
De : root@eruditorum.org
Sujet : Re : Pourquoi ?
Cher Randy,

J'espère que vous ne vous formaliserez pas que je vous appelle Randy, puisqu'il est évident que vous êtes bien vous, malgré le recours à cette ruse de l'anonymat. C'est une bonne idée, au fait. J'applaudis votre prudence.

Concernant la possibilité que je puisse être un « vieil ennemi », je suis consterné qu'un individu si jeune ait déjà de vieux ennemis. Ou peut-être faites-vous allusion à un ennemi récent mais d'âge avancé ? Plusieurs candidats viennent à l'esprit. Mais je vous suspecte de faire référence à Andrew Loeb. Ce n'est pas moi. La chose vous serait évidente si vous aviez récemment visité son site web.

Pourquoi construisez-vous la Crypte ?
Signé
– DÉBUT BLOC SIGNATURE ORDO –
(etc., etc.)
– FIN BLOC SIGNATURE ORDO –

Il n'est pas intéressant du tout de regarder défiler les numéros au-dessus des portes d'ascenseur en essayant de prédire quelle cabine arrivera la première, mais c'est toujours mieux que de rester planté à ne rien faire. L'une d'elles est restée bloquée à l'étage au-dessus de celui de Randy pendant une bonne minute au moins; il l'entend carillonner avec colère. En Asie, plus d'un homme d'affaires ne verrait pas d'inconvénient à réquisitionner à la journée un des ascenseurs de l'hôtel pour son usage personnel, quitte à poster devant ses sous-fifres, se relayant par tranches de huit heures pour rester le doigt collé sur le bouton OUVERTURE en dédaignant les protestations outrées du signal d'alarme.

*Ding.* Randy pivote sur les talons (tiens, essayez donc cette petite manœuvre avec une paire de tennis!)... Une fois encore, il a parié sur le mauvais cheval : le vainqueur est une cabine qui se trouvait au tout dernier étage de l'hôtel la dernière fois qu'il a vérifié. C'est un ascenseur plein de décision : un express. Randy s'approche du témoin vert. Les portes s'ouvrent. Et il se retrouve nez à nez avec le Dr Hubert « le Dentiste » Kepler, docteur eh chirurgie dentaire.

*Ou peut-être faites-vous allusion à un ami récent mais d'âge avancé?*

— Bonjour, M. Waterhouse! Quand vous restez comme ça bouche bée, je croirais voir un de mes patients.

— Bonjour, docteur Kepler.

Randy s'entend parler de l'autre bout d'un tuyau d'égout long d'un kilomètre, et aussitôt, il se repasse mentalement ses paroles pour s'assurer qu'il n'a pas révélé quelque secret commercial ou fourni à son interlocuteur une raison quelconque d'entamer une action en justice.

Les portes commencent à se refermer et Randy doit y introduire la sacoche de portable pour les forcer à se rouvrir.

— Attention, c'est du matériel coûteux, je parie, note le Dentiste.

Randy est à deux doigts de lui répondre qu'il change de portable comme un travesti change de bas, quoique « comme une fraise à haute vitesse transperce une molaire nécrosée » serait peut-être plus dans le ton, mais à la place, il ferme la bouche et ne dit rien, conscient d'être en terrain miné : il transporte sur cette machine des informations qui sont propriété de l'AVCLA et si jamais le Dentiste a l'impression que Randy les traite cavalièrement, il pourrait amorcer aussitôt un tir de barrage judiciaire...

— C'est une agréable surprise de vous voir à Kinakuta, bredouille Randy.

Le D^r^ Kepler est chaussé de lunettes larges comme un pare-brise de Cadillac 59. Ce sont des lunettes spéciales de dentiste, polies comme le miroir du télescope du mont Palomar, recouvertes d'un film ultraréfléchissant, de sorte que vous y voyez en permanence le reflet de votre bouche béante, empalée sur un axe de lumière intense. Quant aux yeux du Dentiste, on les devine tout juste à l'arrière-plan, tel un souvenir d'enfance. Ce sont des yeux bleu-gris aux pupilles profondes, cachés derrière des paupières plissés et tombantes, comme s'ils étaient las de contempler le monde. L'ombre d'un sourire semble toujours jouer au coin de ses lèvres flétries. C'est le sourire d'un homme qui s'inquiète de savoir comment il va régler la prochaine prime de son assurance contre l'erreur médicale, tout en manœuvrant avec patience la pointe de son davier en acier chirurgical sous le bord de votre prémolaire cariée, mais qui a lu dans une revue professionnelle que les patients sont plus enclins à revenir et moins à vous poursuivre si vous leur souriez.

— Au fait, dit-il, je me demandais si on pourrait se voir en vitesse un de ces quatre.

*Je t'en prie, vide ton sac.*

Sauvé par le gong ! Les voici au rez-de-chaussée. Les portes de l'ascenseur s'ouvrent, révélant le hall en marbre-menacé-d'extinction du Foote Mansion. Des chasseurs, déguisés comme des gâteaux de mariage, glissent dessus comme s'ils étaient montés sur roulettes. À moins de trois mètres, Randy avise Avi, accompagné de deux superbes costards d'où dépassent les têtes d'Eb et de John. Ces trois têtes se tournent vers eux. Voyant le Dentiste, Eb et John adoptent le faciès d'acteurs de série B dont les personnages viennent de se prendre en plein front une balle de petit calibre. Par contraste, Avi se raidit comme un homme qui a marché sur un clou rouillé une semaine auparavant et vient de sentir les premières manifestations du tétanos qui lui rongera la colonne vertébrale.

— Nous avons une journée chargée devant nous, note Randy. Mais j'imagine que ma réponse est oui, compte tenu de mes disponibilités.

— Bien. Je compte sur vous, dit le Dr Kepler et il sort de la cabine. Bonjour, monsieur Halaby. Bonjour, docteur Föhr. Bonjour, monsieur Cantrell. Ravi de voir que vous avez l'allure de vrais gentlemen.

*Ravi de voir que tu te comportes à l'avenant.*

— Tout le plaisir est pour nous, répond Avi. Je crois savoir que nous vous verrons un peu plus tard ?

— Oh, oui, confirme le Dentiste, vous allez me voir toute la journée. *Cette procédure risque d'être longue, j'en ai peur.*

Il leur tourne le dos et traverse le hall, sans plus de civilités. Il se dirige vers un groupe de sièges en cuir presque cachés derrière une explosion de fleurs tropicales bizarres. Les occupants desdits sièges sont jeunes pour la plupart, et tous vêtus avec élégance. Ils se mettent au garde-à-vous à l'approche de leur patron. Randy compte trois femmes et deux hommes. L'un de ceux-ci est à l'évidence un gorille, mais on dit que les femmes — évidemment surnommées les Parques, les Furies, les Grâces, les Nornes ou les Harpies — ont une formation de gardes du corps et qu'elles sont également armées.

— C'est qui, ceux-là ? s'enquiert John Cantrell. Ses hygiénistes ?

— Rigole pas, répond Avi. Du temps où il exerçait encore, il avait toujours un groupe de femmes pour se charger du boulot de nettoyage-détartrage à sa place. Ça lui modelait le paradigme.

— Tu déconnes ? intervient Randy.

— Vous savez comment ça se passe : quand on va chez le dentiste, on ne voit jamais le praticien, pas vrai ? C'est un autre qui prend le rendez-vous. Ensuite, il y a toujours cette coterie élitiste de jeunes femmes hautement performantes qui vous enlèvent la plaque dentaire, pour éviter cette peine au dentiste, et qui vous font passer les radios. Le dentiste lui-même est assis quelque part, invisible, pour examiner les clichés — son seul contact avec vous est cette image abstraite en niveaux de gris sur un petit bout de pellicule. S'il voit des trous, il passe à l'action. Sinon, il vient, échange avec vous trois phrases polies et vous n'avez plus qu'à rentrer chez vous.

— Alors, qu'est-ce qu'il est venu faire ici ? insiste Eberhard Föhr.

— Précisément ! répond Avi. Quand il entre dans la pièce, on ne sait jamais ce qu'il vient faire — te transpercer le crâne, ou simplement te raconter ses vacances à Maui.

Tous les yeux se tournent vers Randy.

— Qu'est-ce qui s'est passé dans l'ascenseur ?

— Je... rien ! laisse échapper Randy.

— As-tu abordé le projet Philippines ?

— Il m'a juste dit qu'il désirait m'en parler.

— Ben merde, fait Avi. Ça veut dire qu'il faut qu'on en discute d'abord entre nous.

— Je sais bien, dit Randy. C'est pourquoi je lui ai dit que je pourrais lui en parler si j'avais un moment de libre.

— Eh bien, on a bougrement intérêt à ce que tu

n'aies pas un moment de libre aujourd'hui, rétorque Avi.

Il réfléchit un instant avant de poursuivre :

— Avait-il la main dans sa poche à un moment quelconque ?

— Pourquoi ? Tu t'attends à le voir dégainer une arme ?

— Non, mais quelqu'un m'a raconté un jour que le Dentiste était câblé.

— Tu veux dire, comme un indic ? demande John, incrédule.

— Ouais, confirme Avi, comme si ce n'était qu'une broutille. Il a pris l'habitude de trimbaler dans sa poche un mini-magnéto numérique de la taille d'une boîte d'allumettes. Peut-être avec un fil qui court sous sa chemise pour se raccorder à un micro miniaturisé planqué quelque part. Peut-être pas. Toujours est-il qu'on ne sait jamais quand il vous enregistre.

— C'est illégal ou quoi ? demande Randy.

— Je ne suis pas avocat. Plus précisément, je ne suis pas avocat à Kinakuta. Mais peu importe lors d'une procédure au civil, s'il nous accusait d'un préjudice quelconque, il pourrait toujours exciper de toutes les preuves qu'il veut.

Tous regardent de l'autre côté du hall. Debout, les bras croisés sur la poitrine, le menton pointé vers le sol de marbre, le Dentiste absorbe les informations que lui transmettent ses subordonnés.

— Il a pu glisser la main dans sa poche, admet Randy. Je ne me souviens pas. Mais peu importe : notre conversation est restée très générale. Et très brève.

— Il pourrait toujours soumettre l'enregistrement à une analyse de stress vocal, pour voir si tu mentais, remarque John.

Il se délecte de la pure parano débridée d'une telle hypothèse. Il nage dans son élément.

— Pas d'inquiétude à avoir, dit Randy. Je l'ai brouillé.

— Brouillé ? Comment cela ? demande Eb, qui n'a pas relevé l'ironie dans la voix de Randy.

Eb a l'air surpris et intéressé. Il est clair à le voir qu'il a hâte d'engager enfin la conversation sur un sujet obscur et technique.

— Je plaisantais, explique Randy. Si le Dentiste analyse l'enregistrement de ma voix, il n'y trouvera que du stress.

Avi et John rient avec compassion. Mais Eb demeure interloqué.

— Oh, fait-il. Je pensais qu'on pourrait complètement brouiller son bidule si on voulait.

— Un magnétophone n'utilise pas les ondes radio, fait remarquer John. Comment pourrait-on le brouiller ?

— Par phreaking de Van Eck, lâche Eb.

C'est à cet instant que Tom Howard émerge du café, un exemplaire du *South China Morning Post* sous le bras, et Beryl de l'ascenseur, prête au combat, avec robe et maquillage. Les hommes détournent les yeux timidement et font comme s'ils n'avaient rien remarqué. Échange de salutations et de politesses. Puis Avi regarde sa montre et lance :

— Bon, filons vers le palais du sultan.

Comme s'il leur proposait d'aller manger un cornet de frites au Mickey Do du coin.

## *PÉTARD*

Waterhouse doit garder un œil sur ce coffre ; Shaftoe voudrait bien le faire sauter à l'explosif et Chattan (qui, en la matière, a sans conteste l'autorité hiérarchique sur lui) a l'intention de le ramener à Londres pour qu'il puisse être ouvert par des experts des Broadway Buildings. Waterhouse voudrait simplement s'y frotter encore une fois, juste pour voir s'il en est toujours capable.

C'est la position de Chattan qui est la bonne. Le détachement 2702 a une mission très clairement définie qui n'inclut certainement pas l'ouverture de coffres-forts extraits de sous-marins allemands. D'ailleurs et du reste, elle n'inclut pas non plus de s'introduire dans des sous-marins allemands échoués pour y récupérer des coffres ou autres données cryptographiques. La seule raison qui les a amenés à le faire est qu'ils se trouvaient être les seules personnes dotées de l'habilitation Ultra à se trouver dans le coin et que la situation précaire de l'U-553 ne laissait pas à Bletchley Park le temps de dépêcher sur place ses propres experts.

Mais le désir de Waterhouse d'ouvrir lui-même le coffre n'a rien à voir avec la mission du détachement 2702, ni avec ses obligations de service, ni même, plus spécifiquement, avec la victoire finale dans la guerre. C'est une sorte de pulsion qui habite Lawrence Pritchard Waterhouse. Il n'a pas à chercher de raison. Alors même qu'il glissait sur ce câble tendu entre le submersible et la corvette, fouetté par les vagues, la pluie et le vent, le bras et la tête amochés, sans bien savoir s'il allait rejoindre le bateau ou finir précipité dans l'Atlantique, il se rappelait les infinitésimales vibrations captées par les neurones à moitié gelés du bout de ses doigts tandis qu'il tripotait le cadran submergé du coffre-fort. Alors même qu'Enoch Root était en train de le rafistoler à bord de la corvette, Waterhouse se reconstruisait mentalement un modèle schématique de l'agencement des rouages de la serrure, essayant de visualiser l'objet. Et alors même que le reste du détachement 2702 s'est effondré dans les couchettes, les hamacs et les sacs de couchage disposés dans la chapelle du château de Qwghlm, un Waterhouse bardé d'attelles et de pansements arpente les couloirs astiqués de la partie la plus habitable du bâtiment, à la recherche de deux lames de rasoir usagées et d'un bout de charbon.

Les lames, il les trouve dans une poubelle et le charbon, il le pique dans le placard où Ghnxh range le luciphère galvanique. Il ramène le tout, plus un gros bâton de colle forte et un chalumeau, à la chapelle où tout le monde est endormi. Les simples soldats occupent la nef, comme il sied à des fusiliers marins qui sont par définition une formation navale. Les officiers sont dans le transept. Chattan a réquisitionné le bras sud à lui tout seul, tandis que Waterhouse, Root et les lieutenants du SAS et des Marines ont des lits superposés dans l'aile nord. Une petite moitié de l'impressionnant stock de bâches du détachement 2702 a donc été tendue en travers de la partie est de l'édifice, isolant le chœur, le saint des saints qui naguère encore accueillait le corps et le sang du Christ. À présent, il abrite un émetteur-récepteur radio Hallicrafter modèle S-27 à 15 tubes super-hétérodyne, équipé des tout derniers modèles de tube pour son étage final, capable d'émettre en VHF de 27 à 153 mégahertz et de recevoir des signaux en modulation d'amplitude, modulation de fréquence et en morse; équipé en outre d'un modulomètre qui serait bien utile s'ils effectuaient de la détection de signaux par gonio, ce qui n'est pas le cas.

Les lumières sont allumées derrière ces bâches et un des Marines ronfle comme un sonneur, avachi sur une chaise devant l'autel. Waterhouse le réveille et l'envoie au lit. Le Marine est péteux; il sait qu'il est censé veiller et faire gigoter l'antenne de manière convaincante.

La radio n'a quant à elle presque jamais servi — ils ne l'allument que quand ils reçoivent la visite de quelqu'un qui n'est pas dans le secret. Elle trône donc là sur l'autel, comme neuve, comme si elle venait de sortir des usines Hallicrafter à Chicago, Illinois. Tous les ornements de l'autel (si tant est qu'il en ait eu) ont depuis belle lurette succombé au feu, aux moisissures, au pillage, ou aux dents aiguisées des skerries bâtissant leur nid. Ce qu'il en reste est un monolithe de basalte rectangulaire, absolument lisse, hormis les marques des outils qui ont servi jadis à l'extraire et à le tailler. C'est une base parfaite pour l'expérience de ce soir.

Waterhouse y hisse le coffre, ce qui n'est pas pour arranger ses ligaments et disques intervertébraux. L'objet est de forme tubulaire, comme un tronçon de canon de marine. Il le pose sur son fond, de sorte que la porte ronde, avec le cadran au milieu, lorgne le plafond tel un cyclope, les traits rayonnants du cadran évoquant tout à fait les stries d'un iris.

Derrière le cadran, il y a tout un tas de mécanismes qui ont eu le don de mettre vraiment en rogne Waterhouse, de le rendre fou furieux. En manipulant d'une certaine façon ce cadran, il devrait être capable d'amener ce mécanisme dans une configuration permettant à la porte de s'ouvrir. Ce n'est pas plus compliqué que ça. Que cette porte lui résiste est un scandale. Pourquoi l'infime volume contenu par ce coffre — bien moins d'un quart de litre — serait-il différent de l'espace dans lequel

Waterhouse évolue à sa guise? Que diable s'y cache-t-il?

La colle ressemble à de l'ambre de mauvaise qualité, plein de bulles et de défauts mais malgré tout superbe. Il allume le petit chalumeau et passe la flamme sur une des extrémités. La colle ramollit, fond et goutte sur la porte du coffre, près du cadran, formant une petite mare de la taille d'un dollar d'argent.

Sans perdre de temps, Waterhouse y introduit les deux lames de rasoir, bien parallèles et écartées d'un peu moins de deux centimètres. Il les maintient en place quelques secondes, le temps que le métal froid du coffre aspire la chaleur de la colle et la fasse redurcir. Il s'est servi de deux cure-dents comme entretoises pour s'assurer que la partie émoussée des lames ne vienne pas en contact avec la paroi métallique; elles doivent rester isolées électriquement.

Puis il soude un fil sur chacune des lames, fils qu'il fait courir sur l'autel jusqu'au poste de radio. Il prend alors un petit bout de charbon et le dépose en travers du dispositif, formant ainsi un pont entre les lames.

Il ôte le panneau arrière de la radio dont il entreprend de modifier quelque peu le câblage. Pour l'essentiel, celui-ci est déjà agencé comme il le désire : en fait, il cherche un circuit capable de convertir des impulsions électriques en ondes sonores avant de les envoyer dans des écouteurs, ce qui est la définition même d'une radio. Sauf que la source du signal n'est plus un émetteur à bord d'un U-Boote, mais plutôt le courant qui circule dans l'un des fils de Waterhouse, pénètre dans la lame de gauche, franchit le pont de carbone, passe dans la lame de droite et revient par l'autre fil.

Raccorder le dispositif comme il le désire exige pas mal de tâtonnements. Quand il débouche sur une impasse et essuie un échec, il se distrait en allant tripoter un peu l'antenne, comme s'il visait un U-Boot. Puis une idée lui vient et il retourne à son travail.

Vers le matin, il entend un couinement sortir des écouteurs : deux coupelles en bakélite reliées par un arceau qui ressemble à quelque instrument chirurgical primitif, raccordées au poste par une paire de fils torsadés rouge et noir. Il baisse le volume et coiffe les écouteurs.

Puis il se penche, effleure du bout du doigt la porte du coffre et entend un bruit sourd résonner douloureusement à ses oreilles. Il fait glisser son doigt sur la surface du métal froid et perçoit un crissement. La moindre vibration fait trembler le pont de carbone sur les lames de rasoir, la connexion électrique se coupe et se rétablit, modulant le courant. Les lames et le carbone constituent un micro, un micro qui fonctionne — presque trop bien.

Waterhouse retire la main du coffre et reste là, assis, à écouter pendant un moment. Il perçoit les bruits de pas des skerries examinant les rations du détachement. Il perçoit l'impact des vagues sur la plage, à des kilomètres de là, et le crissement des pneus lisses du Taxi sur les nids-de-poule de la Route. Il semblerait que le Taxi ait un petit problème de parallélisme ! Il perçoit le frotte-frotte de Margaret nettoyant le carrelage de la cuisine, et quelques arythmies cardiaques mineures chez les soldats, et le grondement des glaciers qui mettent bas sur les côtes d'Islande, et le bruissement d'écureuil des hélices hâtivement usinées des bateaux d'un convoi qui approche. Lawrence Pritchard Waterhouse est connecté à l'Univers d'une façon qui transcende tout ce que Bletchley Park peut offrir.

Le centre de cet univers bien particulier est le coffre extrait de l'U-553, et son axe passe par le centre du cadran, et voilà que Waterhouse pose la main dessus. Il a baissé complètement le volume avant de toucher quoi que ce soit pour ne pas se ruiner les tympans. Le cadran tourne pesamment mais sans difficulté, comme s'il était monté sur roulements à gaz. Il subsiste malgré tout une friction mécanique imperceptible aux doigts, il est vrai gelés, de Waterhouse, mais qui traverse ses écouteurs comme un glissement de terrain.

Quand les cylindres tournent, Waterhouse a l'impression d'actionner le verrou même des portes de l'Enfer. Il lui faut un petit moment, et quelques faux départs, pour se repérer ; il ignore combien de chiffres a la combinaison, ou de quel côté il devrait tourner le cadran pour commencer. Mais à force de tâtonnements, certains motifs se font jour, et il finit par aboutir à la combinaison suivante :

23 droite — 37 gauche — 7 droite — 31 gauche — 13 droite.

Suit un clic vraiment mahousse et il sait alors, au tréfonds de lui, qu'il peut ôter les écouteurs. Il fait tourner la petite mollette fixée sur la porte du coffre, tout à côté du cadran. Cela va rétracter les cliquets radiaux qui maintiennent la porte fermée. Il soulève alors celle-ci, en prenant soin de ne pas s'entailler la main sur les deux lames de rasoir, et regarde à l'intérieur.

Le sentiment de déception qui l'envahit n'a rien à voir avec le contenu du coffre-fort. Il est déçu parce qu'il a résolu le problème et qu'il se retrouve à son point de départ habituel, ce mélange d'ennui et de vague irritation qui le submerge toujours dès qu'il ne fait pas un truc absolument indispensable, genre fracturer un coffre ou casser un code.

Il plonge le bras jusqu'au fond et trouve un objet métallique de la taille approximative d'un petit pain à hot-dog. Il savait qu'il serait là parce que, comme les enfants qui examinent les cadeaux emballés dans les jours qui précèdent Noël, ils ont secoué le coffre en tous sens et, à ce moment, ils entendaient un truc glisser d'un bout à l'autre — en faisant *ting-tong ting-tong* —, même qu'ils se demandaient ce que ça pouvait bien être.

L'objet est si froid, il absorbe la chaleur de ses doigts avec une telle efficacité, que son contact est douloureux. Waterhouse agite la main pour rétablir la circulation, puis il saisit l'objet, le sort vivement et le lâche sur l'autel. Il y rebondit, une fois, deux fois, avec un mouvement de balancier, en résonnant sur une note suraiguë — le bruit le plus proche d'un son musical qui ait ébranlé l'air de cette chapelle depuis bien des siècles. La chose resplendit de tous ses feux sous l'éclat des lumières électriques qu'on a disposées tout autour du chœur. Cet éclat scintillant attire l'œil de Waterhouse qui, depuis des semaines, n'a connu que la grisaille nuageuse de Qwghlm, et pour s'habiller ou dormir, que des choses noires, kaki ou vert olive. Il est fasciné par cet objet, rien que par son éclat, sa beauté sur ce fond de basalte terne et rude, avant même que son esprit ne l'identifie comme un lingot d'or massif.

Ça fait un sacré presse-papier, ce qui est un avantage, vu que la chapelle est pleine de courants d'air et que le contenu essentiel du coffre consiste en feuilles de papier pelure qui s'envolent à la moindre brise. Les pages sont réglées de pâles lignes horizontales et verticales, divisant chaque feuille en tableaux, tableaux qui sont remplis de lettres écrites à la main par groupes de cinq.

— Eh bien, regardez-moi ce qu'on a trouvé ! dit une voix tranquille.

Waterhouse lève la tête et croise le regard d'une placidité déroutante d'Enoch Root.

— Oui. Des messages codés. Mais non Enigma.

— Non, dit Root. Je faisais allusion à la racine de tous les maux, ceci...

Il essaye de saisir le lingot d'or mais ses doigts glissent dessus. Il assure mieux sa prise et le soulève. Un détail attire alors son regard et il le fait pivoter sous l'éclairage électrique, tout en fronçant les sourcils avec l'acuité critique d'un tailleur de diamants.

— Il y a des caractères hanzi poinçonnés dessus.

— Pardon ?

— Du chinois ou du japonais. Non, du chinois... voilà le tampon d'une banque de Shanghai. Et là, ce sont des chiffres... le titre et le numéro de série, ajoute-t-il, révélant une connaissance inattendue de telles questions, pour un prêtre missionnaire.

Jusqu'à cet instant, le lingot d'or ne signifiait rien pour Waterhouse — ce n'est jamais que l'échantillon brut d'un élément chimique, au même titre qu'un poids de plomb ou qu'une fiole de mercure. Mais le fait qu'il puisse véhiculer de l'information est tout à fait intéressant. Il faut absolument qu'il se lève pour aller y jeter un œil. Root a raison : le lingot a été soigneusement marqué de petits caractères orientaux, appliqués avec un poinçon. Les minuscules facettes des idéogrammes scintillent sous la lumière, étincelles enjambant la faille séparant les deux moitiés de l'Axe.

Root repose le lingot sur l'autel. Il se dirige d'un pas nonchalant vers une table où l'on range le papier à lettres et y prend une feuille de papier pelure ainsi qu'un crayon bien taillé. Puis, retournant à l'autel, il applique le mince feuillet sur le lingot et frotte dessus la mine de crayon tenue à plat, noircissant le papier, sauf aux emplacements sous lesquels se trouvent les chiffres et caractères poinçonnés. En quelques secondes, il obtient un parfait décalque révélant l'inscription dans le moindre détail. Il plie alors la page et la met dans sa poche, puis retourne poser le crayon sur la table.

Waterhouse a depuis longtemps repris son examen des pages sorties du coffre. Tous les chiffres sont écrits de la même main. Et comme ils ont récupéré quantité de paperasse dans les eaux usées baignant la cabine du capitaine, Waterhouse sait reconnaître sans trop de mal l'écriture de ce dernier : ces feuillets ont été écrits par quelqu'un d'autre.

Le format des messages atteste à l'évidence qu'ils n'ont pas été cryptés à l'aide d'une machine Enigma. Les messages Enigma commencent toujours par deux groupes de trois lettres, destinés à indiquer à l'opérateur chargé de la réception comment disposer les tambours de sa machine. Or ces groupes sont absents de toutes ces pages, donc un autre système de chiffrement a dû être utilisé. Comme tous les pays modernes, l'Allemagne en a une pléthore, certains basés sur des manuels, d'autres sur des machines. Bletchley Park en a déchiffré la plupart.

Néanmoins, cela demeure un exercice intéressant. Maintenant que le reste du détachement 2702 est arrivé, rendant délicats d'autres rendez-vous galants avec Margaret, Waterhouse a tout le temps devant lui. Essayer de casser le code employé sur ces feuilles constituera le casse-tête idéal pour combler le vide béant qui s'est ouvert devant lui dès qu'il a eu forcé la combinaison du coffre. Il va piquer à son tour quelques feuilles, s'installe au bureau et s'attelle pendant une heure ou deux à la tâche de retranscrire le texte chiffré, en vérifiant à deux ou trois reprises chaque groupe de lettres codées pour s'assurer qu'il n'a pas commis d'erreur.

D'un côté, c'est un boulot chiant. De l'autre, ça lui donne l'occasion de parcourir le texte chiffré à la main, au niveau le plus élémentaire, ce qui pourrait s'avérer utile par la suite. Ce talent ineffable pour discerner des motifs au sein du chaos ne peut s'exercer qu'après qu'il s'est au préalable immergé lui-même dans celui-ci. Si ces suites contiennent bien des motifs, il ne les voit peut-être pas à présent de manière rationnelle. Mais il doit exister une partie non rationnelle de son esprit capable de se mettre au travail, maintenant que les lettres sont passées devant ses yeux et par son crayon, et qui pourra soudain lui offrir un indice tout emballé — voire même une solution complète — d'ici quelques semaines, alors qu'il sera en train de se raser ou de tripatouiller l'antenne.

Il est vaguement conscient depuis un certain temps que Chattan et les autres sont à présent réveillés. Les hommes de rang n'ont pas le droit de pénétrer dans le chœur mais les officiers peuvent venir faire cercle pour admirer le lingot d'or.

— Alors, on déchiffre, Waterhouse? dit Chattan en s'approchant à grands pas du bureau.

Il se réchauffe les mains en serrant un bol de café.

— Je recopie au propre, explique Waterhouse et

puis, comme il n'est pas dénué d'astuce, il ajoute : Au cas où les originaux seraient détruits pendant le transport.

— Très prudent, approuve Chattan. Dites, vous n'auriez pas planqué quelque part un second lingot, non ?

Waterhouse porte l'uniforme depuis trop longtemps pour mordre à l'hameçon.

— La structure du bruit émis par le coffre lorsqu'on le secouait indiquait qu'il n'y avait qu'un seul objet pesant à l'intérieur, mon colonel.

Chattan rigole et boit une gorgée de café.

— Ça m'intéressera de voir si vous êtes capable de déchiffrer ce code, lieutenant Waterhouse. Je serais tenté de prendre le pari.

— J'en serais flatté, mais ce serait de l'argent perdu, mon colonel. Il y a de bonnes chances que Bletchley Park l'ait déjà déchiffré, quel qu'il puisse être.

— Qu'est-ce qui vous fait dire ça ? demande Chattan, d'un air absent.

La question est si absurde, venant d'un homme dans sa situation, qu'elle laisse Waterhouse tout désemparé.

— Mon colonel, Bletchley Park a déchiffré presque tous les codes militaires et gouvernementaux des Allemands.

Chattan fait mine d'être déçu.

— Waterhouse ! Comme c'est peu scientifique. Vous hasardez des suppositions.

Waterhouse réfléchit en essayant de trouver un sens à tout cela.

— Vous pensez que ce chiffre pourrait ne pas être allemand ? Ou qu'il pourrait n'être ni militaire ni gouvernemental ?

— Je me contente de vous mettre en garde contre les suppositions hasardeuses, rétorque Chattan.

Waterhouse rumine encore cette réponse quand s'approche d'eux le lieutenant Robson, commandant l'escouade du SAS.

— Messieurs, dit-il, dans l'intérêt de nos camarades à Londres, nous aimerions transmettre la combinaison.

— La combinaison ? répète Waterhouse, ébahi.

Ce mot, dépourvu de contexte, pourrait signifier quasiment n'importe quoi.

— Oui, lieutenant, précise Robson. La combinaison du coffre.

— Oh ! fait Waterhouse.

Il est un peu irrité qu'on lui demande une telle chose. Il semble bien inutile d'écrire la combinaison du coffre quand le dispositif nécessaire pour l'ouvrir est là sous leur nez. Il est bien plus important d'avoir un algorithme d'ouverture de coffre que d'avoir la solution particulière d'un problème d'ouverture de coffre.

— Je ne sais plus, dit Waterhouse. J'ai oublié.

— Vous avez oublié ? s'étonne Chattan. (Il se fait le porte-parole de Robson qui vient, semble-t-il, de se mordre la langue.) L'auriez-vous par hasard inscrite quelque part avant de l'oublier ?

— Non, dit Waterhouse. Mais je me souviens qu'elle était formée exclusivement de nombres premiers.

— Eh bien ! Voilà qui réduit le champ des recherches ! constate Chattan, enjoué.

Cela toutefois ne semble pas apaiser Robson.

— Et qu'elle a cinq chiffres en tout, ce qui est intéressant puisque...

— Cinq est lui-même premier ! termine Chattan.

Une fois encore, Waterhouse est ravi de voir son supérieur montrer tous les signes d'une éducation coûteuse et raffinée.

— Très bien, annonce Robson, les dents serrées. J'en aviserai qui de droit.

## SULTAN

Le grand vizir de Kinakuta les conduit dans les bureaux de son patron, le sultan, où il les laisse quelques minutes seuls près du coin de la table de conférence, pour la construction de laquelle il a fallu détruire une espèce entière de bois tropical. Après cela, c'est la course entre les membres fondateurs d'Épiphyte SA pour voir qui pourra sortir le premier mot d'esprit sur le montant de rabattement pour taxe d'habitation du propriétaire des lieux. Ils se trouvent dans le Palais neuf, dont trois ailes enveloppent les jardins exotiques de l'antique et superbe Vieux Palais. La salle fait dix mètres de plafond. Les murs donnant sur le jardin sont entièrement vitrés et l'on a l'impression d'admirer un terrarium qui contiendrait une maquette du palais du sultan. Randy n'a jamais été trop versé en architecture, aussi son vocabulaire est-il d'une pauvreté abjecte. Le mieux qu'il puisse dire est que c'est une sorte de croisement entre le Taj Mahâl et Angkor Vat.

Pour venir ici, ils ont dû parcourir un long boulevard planté de palmiers, passer sous un immense porche voûté en marbre, se soumettre à la fouille et au détecteur de métaux, patienter assis dans une antichambre à boire du thé, ôter leurs chaussures, se faire verser sur les mains de l'eau de rose tiède par un serviteur enturbanné portant une aiguière décorée, et enfin parcourir quelque chose comme huit cents mètres de sol de marbre poli et de tapis d'orient. Dès que les portes se referment dans un souffle sur le cul du grand vizir, Avi lance :

— Je sens l'arnaque.

— L'arnaque ? pouffe Randy. Quoi ? Tu crois que tout ça, c'est une projection en trompe-l'œil ? Tu crois que cette table est en Formica ?

— Non, tout est vrai, admet Avi avec aigreur. Mais chaque fois qu'un mec te traite de la sorte, c'est qu'il cherche à t'impressionner.

— Je suis impressionné, dit Randy. Je l'avoue. Je suis impressionné.

— C'est juste un euphémisme pour : « je suis sur le point de faire un truc débile », note Avi.

— Qu'est-ce qu'on va bien pouvoir faire ? Ce n'est pas franchement le genre de réunion d'où il sort quoi que ce soit de concret, n'est-ce pas ?

— Si tu veux dire, est-ce qu'on va signer des contrats, est-ce que de l'argent va changer de main, ma foi non, il n'en sortira rien de concret. Mais ce n'est que partie remise.

La porte se rouvre et le grand vizir entre, précédant un groupe de Nippons. Avi baisse la voix :

— Souvenez-vous simplement qu'à la fin de la journée, nous, nous serons de retour à l'hôtel, mais le sultan sera toujours ici et tout ceci ne sera plus pour nous qu'un souvenir. Le fait que le sultan possède ces vastes jardins est totalement hors de propos.

Randy commence à être agacé : c'est si évident que l'évoquer serait presque insultant. Une partie de la raison de son agacement tient toutefois au fait qu'il sait qu'Avi a vu clair en lui. Avi n'arrête pas de lui dire de cesser d'être romantique. Mais il ne serait pas ici, à faire ce qu'il fait, si ce n'était pour le côté romantique de la chose.

D'où la question : pourquoi Avi le fait-il, lui ? Peut-être entretient-il, bien cachées, ses illusions romantiques personnelles. Peut-être que c'est pour cela qu'il sait si bien voir clair en Randy. Avi se met en garde lui-même autant qu'il met en garde les autres membres d'Épiphyte SA.

En vérité, l'autre groupe n'est pas nippon mais chinois — sans doute de Taiwan. Le grand vizir leur indique leurs sièges, disposés si loin qu'ils pourraient échanger des coups de feu sporadiques avec les représentants d'Épiphyte mais sans pouvoir converser autrement qu'avec un porte-voix. Ils passent une minute à faire mine de s'intéresser aux jardins et au Vieux Palais. Puis, un quinquagénaire trapu et râblé se tourne vers Épiphyte SA et se dirige vers eux à grands pas, traînant derrière lui un écheveau d'assistants. Cela évoque irrésistiblement pour Randy cette simulation informatique d'un trou noir qui traverse une galaxie en entraînant une escorte d'étoiles. Il reconnaît vaguement le visage de l'individu qui s'approche : il est apparu plus d'une fois dans les pages des magazines économiques, mais pas assez souvent pour que Randy y mette un nom.

Si Randy était plus qu'un spécialiste en informatique, il faudrait qu'il fasse un pas et se charge des questions de protocole. Il serait mort de stress et détesterait ça. Mais Dieu merci, toute cette merde incombe automatiquement à Avi, qui s'avance pour accueillir ce Taiwanais. Ils se serrent la main et procèdent machinalement à l'échange rituel de cartes de visite. Mais le regard du Chinois passe Avi pour scruter les autres membres d'Épiphyte. Il transperce le crâne de Randy puis, devant son manque de réaction, passe à Eberhard Föhr.

— Lequel d'entre vous est Cantrell ? demande-t-il.

John est appuyé à la fenêtre, sans doute tente-t-il de définir l'équation paramétrique générée par les pétales de cette plante carnivore haute de deux mètres cinquante. Il se retourne pour se laisser présenter.

— John Cantrell.

— Harvard Li. N'avez-vous pas reçu mon courrier électronique ?

Harvard Li ! À présent, Randy commence à se souvenir du type. Fondateur de la Harvard Computer Company, un assez modeste fabricant taiwanais de clones de PC.

John a le sourire carnivore.

— J'ai reçu une bonne vingtaine d'e-mails d'un inconnu qui se faisait passer pour Harvard Li.

— Mais ils venaient de moi ! Je ne vous comprends pas quand vous dites que je suis un inconnu.

Harvard Li paraît fort animé mais pas encore vraiment agacé. Randy se doute que ce ne doit pas être le genre de type obligé de se retenir de tomber dans le romantisme avant une réunion.

— J'ai horreur du courrier électronique, laisse tomber John.

Harvard Li le dévisage un bon moment.

— Que voulez-vous dire ?

— Le concept est bon. La réalisation minable. Les gens n'observent pas la moindre mesure de sécurité. Un message arrive prétendant émaner d'Harvard Li, ils croient qu'il est vraiment d'Harvard Li. Mais ce message n'est jamais qu'un assemblage de sites magnétisés sur un disque qui tourne quelque part. N'importe qui pourrait l'avoir falsifié.

— Ah. Vous utilisez un algorithme de signature numérique.

John pèse avec soin cette remarque.

— Je ne réponds à aucun courrier électronique qui ne soit signé numériquement. L'algorithme de signature numérique fait référence à une technique parmi d'autres. C'est une bonne technique, mais on pourrait l'améliorer.

Harvard Li s'est mis à hocher la tête au milieu de sa réponse, il admet la valeur de l'argument.

— Est-ce un problème structurel ? Ou bien êtes-vous préoccupé par la longueur de la clé limitée à 512 bits ? Serait-il acceptable de passer à une clé de 1 024 ?

Environ trois phrases plus tard, le dialogue entre Cantrell et Li s'est élevé loin au-dessus de l'horizon des connaissances de Randy en cryptographie et son cerveau coupe la transmission. Harvard Li est un crypto-dingo ! Il a étudié la question personnellement — il ne s'est pas contenté de payer des sous-fifres à lire les bouquins et à lui transmettre des notes : non, il a lui-même parcouru les équations, fait les calculs mathématiques.

Tom Howard paraît hilare. Eberhard a l'air aussi amusé que d'habitude, et Beryl doit retenir un sourire. Randy essaye désespérément de voir ce qu'il y a de si drôle. Avi note sa perplexité et, tournant le dos au Taiwanais, il se frotte le pouce et l'index : *les sous*.

Ah, ouais. D'accord. Ça doit avoir un rapport avec ça.

Au début des années quatre-vingt-dix, Harvard Li a produit quelques millions de clones de PC qu'il a livrés chargés avec Windows, Word et Excel — mais il semble qu'il aurait oublié de régler le moindre chèque à Microsoft. L'année passée, Microsoft l'a sérieusement étrillé au tribunal, gagnant d'énormes dommages et intérêts. Harvard s'est aussitôt déclaré en faillite : il n'a pas un sou vaillant à son nom. Microsoft essaie encore de prouver qu'il a mis à gauche un ou deux milliards.

Harvard Li a de toute évidence beaucoup réfléchi à la meilleure façon de placer son argent là où les gars de Microsoft ne risqueront pas de mettre la main dessus. Pour ce faire, il existe bien des méthodes consacrées par l'usage : le compte en Suisse, la société-écran, le gigantesque projet immobilier au fin fond de la Chine, les lingots d'or dans un coffre quelque part. Tous ces trucs peuvent marcher avec un gouvernement ordinaire, mais Microsoft est dix fois plus malin, cent fois plus agressif et n'est lié par aucune règle particulière. Randy a légèrement froid dans le dos quand il imagine la situation d'Harvard Li : se retrouver pourchassé d'un bout à l'autre de la planète par les diaboliques limiers high-tech de Microsoft.

Harvard Li a besoin d'argent électronique. Pas le

truc bancal que les gens utilisent pour s'acheter des T-shirts sur Internet sans avoir à donner leur numéro de carte de crédit. Non, il a besoin de la version grand format, pure et dure, basée sur une cryptographie sans faille, appuyée sur un paradis informatique offshore, et il en a besoin tout de suite. Aussi, quoi de plus logique qu'il bombarde d'e-mails John Cantrell ?

Tom Howard se glisse jusqu'à Randy.

— La question est : est-ce juste pour Harvard Li, ou pense-t-il avoir découvert un nouveau marché ?

— Sans doute les deux, suppose Randy. Il doit probablement connaître deux ou trois autres personnes qui aimeraient bien, elles aussi, jouir d'une banque privée.

— Les missiles, dit Tom.

— Ouais.

La Chine a récemment tiré à vue sur Taiwan à coups de missiles balistiques, ambiance méchant de western qui tire dans les pieds du gentil pour le faire danser.

— On a relevé des paniques bancaires à Taipei.

— Dans un sens, observe Tom, ces gars sont bougrement plus futés que nous, parce qu'ils n'ont jamais eu de monnaie sur quoi s'appuyer.

Randy et lui observent John Cantrell qui a croisé les bras sur sa poitrine et s'est lancé dans une dissertation sur la fonction d'Euler; son interlocuteur hoche la tête avec pénétration et son « nerd » de camp griffonne avec frénésie des notes sur un calepin. Avi se tient à l'écart et contemple le Vieux Palais, tandis que dans sa tête, les ramifications de tout ceci s'épanouissent et s'entrelacent avec l'exubérance de plantes proliférant dans un jardin tropical.

D'autres délégations entrent à leur tour derrière le grand vizir et viennent accoster sur les derniers rivages encore libres de la table de conférence. Puis le Dentiste fait son entrée, accompagné de ses Nornes, Furies, Hygiénistes ou ce qu'on voudra. Il y a un groupe de Blancs qui parlent avec l'accent australien. Sinon, tous les autres sont asiatiques. Certains discutent entre eux, d'autres se caressent le menton en observant le dialogue entre Harvard Li et John Cantrell. Randy les regarde tour à tour : Les Asiatiques en moche costard, et les Asiatiques en beau costard. Les premiers ont le cheveu ras grisonnant, le teint couleur nicotine et un faciès de tueurs. Ils portent des moches costards non pas parce qu'ils n'ont pas les moyens de s'en payer de beaux, mais parce qu'ils n'en ont rien à cirer. Ils viennent de Chine. Les Asiatiques en beau costard ont la coupe de cheveux impeccable, des lunettes de Paris, le teint clair, le sourire avenant. Ils viennent pour l'essentiel de Nippon.

— Je tiens à ce que nous échangions nos clés, tout de suite, pour que nous puissions dialoguer par mail, dit Li, et il fait signe à un assistant qui se précipite vers le bord de la table pour déplier un portable.

Machin machin Ordo, dit Li en cantonais. L'assistant pointe et clique.

Cantrell regarde la table, l'air inexpressif. Il s'accroupit pour examiner le dessous du plateau. Il s'approche, passe la main sous le rebord.

Randy se penche et regarde à son tour. C'est une de ces tables de conférence high-tech avec alimentation électrique et lignes téléphoniques intégrées, afin de permettre aux visiteurs de brancher portable et modem sans avoir à tirer de moches câbles dans tous les coins et à se battre pour les prises de courant. Le plateau doit être truffé de câbles. Aucun fil visible ne le connecte au monde extérieur. Toutes les liaisons doivent passer à l'intérieur des pieds puis sous le plancher creux. John sourit, se tourne vers Li, hoche la tête.

— Normalement, je dirais OK, mais pour un client avec des exigences de sécurité comme les vôtres, le lieu n'est pas approprié pour un échange de clés.

— Je ne comptais pas utiliser de ligne téléphonique, observe Li, nous pouvons les échanger par disquettes.

John tapote le bois.

— Peu importe. Demandez à un de vos assistants d'étudier le sujet du phreaking de Van Eck. C'est phreaking avec P-H, pas F, précise-t-il pour l'assistant qui prend des notes. Puis, sentant que Li a besoin d'éclaircissements, il ajoute : On peut lire l'état interne de votre machine en écoutant les fuites radioélectriques émises par les puces.

— Ahhh, fait Li et il échange avec ses techniciens des regards lourds de sens, comme si cela expliquait un point qui les intriguait depuis longtemps.

Quelqu'un se met à beugler, tout au bout de la salle — pas celui par où sont entrés les invités, mais l'autre. C'est un type vêtu d'un accoutrement dans le genre de celui du grand vizir, quoique pas aussi orné. À un moment, il passe à l'anglais — le même genre de dialecte que parlent les personnels de vol des compagnies étrangères, qui ont répété tant de fois aux passagers d'introduire la broche métallique dans la boucle que ça sort d'un coup comme un galimatias muqueux. De petits Kinakutains en habit se mettent à envahir la salle. Ils disposent une rangée de sièges au bout de la table, qui est assez large pour y jouer la Cène. À la place de Jésus, le siège est vraiment imposant. C'est le genre d'objet qu'on obtient quand on s'adresse à un designer finlandais exhibant un crâne rasé ; des lunettes sans montures, deux doctorats de sémiotique et de génie civil, qu'on lui signe un chèque en blanc et qu'on lui demande de dessiner un trône. Derrière, il y a une table séparée pour les sous-fifres. Le tout sur un fond massif de travail d'art inestimable : une frise érodée, récupérée d'un monument en ruine quelque part dans la jungle.

Tous les invités se rapprochent instinctivement de leurs positions respectives autour de la table et patientent debout. Le grand vizir les fusille un par un du regard. Un petit homme se glisse dans la salle, contemple d'un air absent le sol devant lui, comme s'il était tout seul. Ses cheveux sont plaqués sur son crâne, son léger embonpoint est minimisé par le coup de main d'un tailleur de Savile Row. Il s'installe dans le vaste fauteuil, ce qui, pour Randy, semble une scandaleuse violation de l'étiquette, jusqu'à ce qu'il se rende compte qu'il s'agit du sultan.

Soudain, tout le monde s'assied. Randy tire sa chaise et s'y laisse choir. Les profondeurs du cuir engloutissent son cul comme un gant de base-ball recueille la balle. Il est sur le point de sortir son portable de sa sacoche mais dans un tel décor, tant la sacoche en Skaï que l'ordinateur à coque plastique font tout de suite clinquant Prisu. Par ailleurs, il doit résister à cette tendance estudiantine de tout le temps prendre des notes. Avi a dit lui-même qu'il ne sortirait rien de cette réunion ; tous les trucs importants resteront de l'ordre du non-dit. Sans compter cette histoire de phreaking de Van Eck, que Cantrell a sans doute évoquée juste pour rendre Harvard Li parano, mais qui a quelque peu ébranlé Randy, lui aussi. Il opte donc pour un calepin de papier millimétré — la réponse de l'ingénieur au bloc-notes réglé — et un feutre jetable à pointe fine.

Le sultan a un accent d'Oxford avec des traces de piment et d'ail restés coincés entre les dents. Il s'exprime durant une quinzaine de minutes.

La pièce contient quelques douzaines de corps humains en vie, chacun étant un gros sac de fluides et d'entrailles tellement sous pression qu'il éclabousserait sur plusieurs mètres si on le perçait. Chacun est bâti autour d'une armature de 206 os reliés entre eux par des articulations notoirement enclines à se gripper, et qui tendent à émettre d'exécrables grincements, craquements et claquements dès qu'elles ne sont pas en condition parfaite. Cette structure est enveloppée de tranches de steak palpitant, gonflée d'outres plissées et traversée par un égout gordien rempli d'acide gargouillant, de gaz comprimés et tout grouillant de viles enzymes et de solvants produits par les innombrables et sombres pépites faisandées de viande génétiquement programmée étalée sur toute sa longueur. Des lamelles de nourriture en cours de dissolution sont propulsées dans ce labyrinthe mou par des convulsions synchronisées, décomposées en matières solides, liquides et gazeuses qu'il convient d'évacuer vers le monde extérieur à intervalles réguliers sous peine d'intoxication et de mort subite de leur propriétaire. Des caméras sphériques remplies d'un gel colloïdal pivotent sur des roulements lubrifiés de mucus. D'innombrables phalanges de cils repoussent les particules invasives, les encapsulant dans la mélasse en vue de leur élimination ultérieure. Dans chaque corps, un muscle en position centrale brasse en permanence un torrent circulatoire de sauce pressurisée. Et pourtant, malgré tout cela, aucun de ces corps n'émet le moindre son durant l'allocution du sultan. C'est un prodige qui ne peut s'expliquer que par le pouvoir du cerveau sur le corps, ainsi que par le pouvoir du conditionnement culturel sur le cerveau.

Leur hôte se veut judicieusement sultanesque : procurant vision et direction sans se laisser entraîner dans les sables mouvants de la basse gestion. Dans ses grandes lignes, la vision (c'est du moins l'impression première) est que Kinakuta a toujours été un carrefour, un lieu de rencontre des cultures : les Malais originels ; Foote et sa dynastie de sultans blancs ; les Philippins avec leurs gouverneurs successivement espagnols, américains et nippons, à l'est ; les musulmans à l'ouest. Les Anglo-Saxons au sud. Les innombrables cultures d'Asie du Sud-Est, au nord. Les Chinois, partout, comme toujours. Les Nippons, chaque fois que les reprend leur humeur aventureuse, et (pour ce que ça vaut) les membres des tribus néolithiques qui occupent l'intérieur de l'île.

Aussi, quoi de plus naturel que la Kinakuta d'aujourd'hui lance dans tous les azimuts de gros câbles en fibres optiques, se raccorde à tous les principaux réseaux de télécoms nationaux du voisinage et devienne une sorte de grand bazar numérique.

Tous les invités acquiescent sobrement devant

l'ampleur de la vision du sultan, sa capacité magistrale à fusionner les traditions antiques de son pays et le dernier cri de la technologie.

Mais tout ceci n'est jamais qu'une analogie superficielle, confesse le sultan.

Chacun d'acquiescer avec encore plus de vigueur : bien sûr, tout ce qu'a pu dire le sultan n'était qu'un tissu de conneries. Plusieurs prennent des notes, redoutant de perdre le fil du raisonnement de l'insigne orateur.

Après tout, explique ce dernier, la localisation matérielle n'a plus d'importance dans le monde numérique en réseau. Le cyberespace ne connaît pas de frontières.

Chacun d'acquiescer avec force, à l'exception, d'un côté de John Cantrell et de l'autre, des Chinois grisonnants.

Mais enfin, poursuit le sultan, tout cela n'est que cyberponcif écervelé ! Balivernes ! Fadaises ! Bien sûr que la localisation et les frontières importent !

À cet instant, la pièce est plongée dans la pénombre comme la lumière qui se déversait *a giorno* par les baies vitrées est filtrée par une sorte de mécanisme invisible intégré à la dalle de verre : sans doute des volets à cristaux liquides. Des écrans descendent d'alvéoles habilement dissimulées au plafond. Cette diversion sauve les vertèbres cervicales de nombreux invités qui étaient au bord du claquage à force d'acquiescer avec une vigueur renouvelée à ce dernier retournement du sultan. Sacré nom d'une pipc, la localisation dans lc cybcrcspacc importc-t-elle, oui ou non ? Où est la vérité en définitive ? On n'est pas dans une société savante d'Oxford ! Venons-en au fait !

Le sultan leur assène une série de graphiques : une mappemonde tracée suivant une de ces projections politiquement correctes qui donnent à l'Amérique et à l'Europe l'aspect de récifs glaciaires perdus dans le grand Nord. Un réseau de lignes droites recouvre la carte, reliant deux à deux les villes importantes. Ce réseau devient de plus en plus dense à mesure que le sultan parle, pour finir par masquer quasiment les masses continentales ainsi que les océans.

Ceci, explique le potentat, est l'interprétation classique de l'Internet : une toile d'araignée décentralisée reliant chaque endroit à tous les autres, sans jamais d'embouteillage ou, si l'on préfère, sans goulot d'étranglement.

Mais là aussi, conneries ! Un nouveau graphique apparaît : la même carte, mais avec un autre réseau de lignes. À présent, nous avons des réseaux à l'intérieur des pays, parfois à l'intérieur des continents. Mais entre les pays, et surtout entre les continents, il n'y a plus que quelques lignes. Disparue la toile d'araignée.

Randy regarde Cantrell, qui hoche la tête d'un air entendu.

— De nombreux partisans de l'Internet sont convaincus que la Toile est robuste parce que ses lignes de communication sont réparties équitablement sur toute la planète. En fait, comme vous pouvez le constater sur ce graphique, presque tout le trafic Internet intercontinental transite par un nombre réduit de goulots d'étranglements. Typiquement, ceux-ci sont contrôlés et surveillés par les gouvernements locaux. Il est donc patent que toute application Internet qui veut se garder de toute interférence gouvernementale est minée, dès le début, par un problème structurel fondamental.

*... se garder de toute interférence gouvernementale.* Randy n'en croit pas ses oreilles. Si le sultan était un pirate dépenaillé s'exprimant devant une assistance de crypto-anarchistes, pas de problème. Mais le sultan est un gouvernement, nom d'une pipe, et cette pièce est remplie de représentants de l'ordre établi aux poches bourrées de cartes de visite.

Comme ces Chinois tondus ras ! Bordel, qui sont-ils ? Et ne venez pas raconter à Randy qu'ils ne font pas, plus ou moins, partie du gouvernement chinois.

— Les goulots d'étranglement ne sont qu'une des

barrières structurelles à la création d'un cyberespace libre, souverain et délocalisé, poursuit allégrement le sultan.

*Souverain !?*

— Une autre barrière est la diversité de lois et surtout, de systèmes juridiques qui traitent de la vie privée, de la liberté d'expression et des politiques de télécommunications.

Une nouvelle carte apparaît. Chaque pays est coloré, ombré et tramé en fonction d'une grille d'une complexité intimidante. Une tentative d'explication foireuse est apportée par une légende touffue inscrite au bas de la carte. Migraine garantie. Ce qui, bien entendu, est le nœud du problème.

— La politique de chaque système juridique à l'égard des questions de vie privée est, typiquement, la résultante d'une accumulation de changements apportés au cours des siècles par l'appareil de lois et la jurisprudence, explique le sultan. Malgré tout le respect qu'on lui doit, une bien faible partie de cet appareil législatif est adaptée aux problèmes modernes relatifs à la vie privée.

La lumière revient, le soleil s'immisce par les fenêtres, les écrans disparaissent en silence au plafond, et tout le monde est légèrement surpris de découvrir que le sultan est debout. Il s'approche d'un vaste plateau de go, d'aspect coûteux et (bien entendu) richement décoré. Le plateau est recouvert d'un motif complexe de pierres noires et blanches.

— Peut-être puis-je établir une analogie avec le jeu de go — mais on pourrait aussi bien recourir aux échecs. À cause de notre histoire, nous autres Kinakutains sommes versés dans l'un et l'autre. Au début de la partie, les pièces sont disposées selon un motif simple et facile à appréhender. Mais la partie évolue. Les joueurs prennent d'infimes décisions, chacun à son tour, chaque décision est en soi relativement simple, et prise pour des raisons aisément compréhensibles, même par un novice. Mais plus se succèdent les tours de jeu, plus le motif acquiert une complexité que seuls les esprits les plus fins — les ordinateurs les plus perfectionnés — sont capables d'embrasser.

Le sultan dit cela en contemplant, songeur, le plateau de go. Il lève les yeux et se met à parcourir du regard l'assistance.

— L'analogie est claire. Notre politique concernant la liberté d'expression, les télécommunications et la cryptographie a évolué à partir d'une série de décisions simples et rationnelles. Mais celles-ci sont devenues aujourd'hui si complexes que nul ne peut plus les comprendre, même dans un seul pays, alors *a fortiori* quand on prend tous les pays en bloc.

Le sultan marque une pause et tourne, l'air sombre, autour du plateau. Les invités ont, pour la plupart, renoncé désormais à prendre des notes ou à dodeliner servilement. Plus personne ne se la joue tactique, à présent, et tous écoutent avec un intérêt véritable, en se demandant ce que le sultan s'apprête à dire.

Mais il ne dit rien. Au lieu de cela, il pose un bras sur le plateau de go et, d'un mouvement soudain et brutal, balaie toutes les pierres. Elles vont pleuvoir sur le tapis, voltiger sur les dalles polies, rebondir sur la table.

Grand silence d'une bonne quinzaine de secondes. Le sultan semble atterré. Puis, soudain, il s'illumine.

— Il est temps de repartir de zéro, explique-t-il. Une tâche bien difficile dans un grand pays, où les lois sont édictées par le corps législatif, interprétées par des juges, liées par la jurisprudence. Mais ceci est le sultanat de Kinakuta, et je suis le sultan et je dis que la loi ici doit être fort simple : liberté totale d'information. Je renonce donc ici et maintenant à toute prérogative gouvernementale sur la circulation des données à travers et à l'intérieur de mes frontières. En aucune circonstance, une quelconque partie de ce gouvernement n'espionnera les flots d'information ou n'utilisera son pouvoir pour restreindre de quelque façon que ce soit de tels flots. Telle est la nouvelle loi de Kinakuta. Je vous invite, messieurs, à en tirer le meilleur parti. Merci.

Le sultan se tourne et quitte alors la pièce sous une respectueuse ovation. Voici la règle de base, les gars. À présent, à vous de jouer.

Le Dr Mohammed Pragasu, ministre kinakutain de l'Information, se lève alors (il était bien naturellement assis à droite du trône) et prend la parole. Son accent est presque aussi américain que celui du sultan était britannique ; il a fait sa licence à Berkeley et passé son doctorat à Stanford. Randy connaît plusieurs personnes qui ont travaillé et étudié avec lui durant ces années. À les entendre, on aurait rarement vu Pragasu autrement qu'en jean et T-shirt, et le personnage montrait un appétit pour la bière et les pizzas-saucisses aussi féroce que celui de n'importe quel non-musulman. Nul n'aurait deviné qu'il était le cousin germain du sultan et que sa fortune était estimée à quelques centaines de millions.

Mais c'était dix ans plus tôt. Plus récemment, lors de ses négociations avec Épiphyte SA, il était tiré à quatre épingles et se tenait mieux tout en affectant une décontraction étudiée : appelons-nous par nos prénoms, je vous en prie. Le Dr Pragasu aime bien qu'on l'appelle Prag. Toutes leurs rencontres ont débuté par un échange sans complexe des dernières plaisanteries à la mode. Ensuite, Prag vous demande des nouvelles des vieux copains de fac, dont la plupart travaillent aujourd'hui dans la Silicon Valley. Il s'enquiert des bons tuyaux financiers sur les nouvelles boîtes qui montent, évoque pendant quelques minutes le bon vieux temps de ses frasques en Californie, avant de s'atteler aux choses sérieuses.

Aucun n'a encore eu l'occasion jusqu'ici de voir Prag dans son véritable élément. Ils ont un peu de mal à garder leur sérieux — comme si un de leur vieux potes avait loué un costume et s'était fait faire de faux papiers pour monter un canular lors d'une réunion d'affaires guindée. Mais la solennité qui émane aujourd'hui de l'attitude du Dr Pragasu est impressionnante, pour ne pas dire oppressante.

Ce bloc de Chinois de l'autre côté de la table évoque un mont Rushmore maoïste; impossible d'imaginer que l'un d'eux ait déjà pu sourire dans sa vie. Ils entendent une traduction simultanée des débats grâce à des écouteurs connectés, *via* la table mystérieuse, à une salle des machines bourrée d'interprètes.

Randy est distrait. Le discours de Prag est ennuyeux parce qu'il traite de points techniques qui lui sont déjà péniblement familiers, mais formulés en analogies simplistes destinées à garder un semblant de sens même après avoir été traduites en mandarin, cantonais, nippon et Dieu sait quoi encore. Randy parcourt la table du regard.

Il y a une délégation de Philippins. L'un d'eux, un gros quinquagénaire, lui paraît terriblement familier. Comme de juste, Randy est incapable de lui mettre un nom. Et il y a un autre type qui se pointe en retard, tout seul, et qu'on a conduit vers une chaise isolée tout au bout de la table : ce pourrait être un Philippin avec beaucoup de sang espagnol, mais c'est plus certainement un Latino-Américain ou un Européen du Sud, voire tout bêtement un Américain dont la famille est originaire de ces régions. Toujours est-il qu'il s'est à peine installé qu'il sort un téléphone mobile, compose un très long numéro et se lance dans une conversation tendue à voix basse. Il ne cesse de jeter vers la table des regards à la dérobée, inspectant chaque délégation tour à tour, avant de débiter de brèves descriptions dans son téléphone. Il semble ébahi d'être là. Quiconque le voit ne peut manquer de noter ses airs furtifs. Quiconque le voit ne peut manquer de spéculer dessus. Mais dans le même temps, l'homme arbore une espèce d'air sombre et renfrogné, que Randy ne relève que lorsqu'il braque sur lui ses yeux noirs, pareils aux canons jumelés d'un Derringer. Randy soutient son regard, trop ahuri, trop stupide pour détourner la tête, et une sorte d'étrange information passe entre l'homme au mobile et lui, portée par les faisceaux couplés de lumière noire jaillis droit de ses yeux.

Randy se rend compte alors que lui et le reste d'Épiphyte (2) SA sont tombés dans un repaire de brigands.

## NOTES DU TRADUCTEUR

### DÉCRYPTER LE *CRYPTONOMICON*...

*Même si le roman de Neal Stephenson se déroule dans un univers manifestement parallèle au nôtre — quoiqu'il le tangente bien des fois —, comme en attestent un certain nombre de glissements sémantiques (« Nippon » pour Japon, « Finux » pour Linux) essaimés au long du texte comme autant d'indices, ainsi que moult distorsions historiques (par exemple, les rôles respectifs de MacArthur et de Yamamoto, ou de Turing, von Neumann et consorts) ou géographiques (dont les plus manifestes sont les îles de Qwghlm ou la principauté de Kinakuta), on peut malgré tout étudier les liens multiples que le récit entretient avec la réalité historique et l'évolution des sciences et techniques contemporaines.*

*Pour le lecteur intéressé qui voudra donc approfondir les thèmes (foisonnants) abordés par l'auteur, voici quelques repères biblio-filmo-multimédio-graphiques, concernant en particulier les mathématiques, la géométrie et la logique (Leibniz, Riemann, Gödel, Lobachevski...), la cryptographie, la machine Enigma et bien sûr la vie d'Alan Mathison Turing, ainsi que quelques adresses de sites Internet où trouver des textes restés à ce jour inédits sur papier.*

*Pour Turing, on se reportera en particulier aux ouvrages d'Andrew Hodges, son biographe britan-*

*nique, qui a publié de nombreuses éditions critiques de ses articles.*

*En France, les deux textes essentiels d'Alan Turing sur sa fameuse machine* (Théorie des nombres calculables, suivie d'une application au problème de la décision) *et sur l'émergence du concept d'intelligence artificielle* (Machine à calculer et intelligence, *traduit sous le titre :* Les ordinateurs et l'intelligence) *ont été publiés en France dans une édition critique commentée et présentée par Jean-Yves Girard.*

*Par ailleurs, les œuvres de Turing ont été collationnées et publiées en quatre tomes chez Elsevier, à Amsterdam, en 1992.*

*Pour la guerre dans le Pacifique et la bataille de l'Atlantique, plutôt que des livres, on pourra utilement visionner quelques chefs-d'œuvre du film de guerre.*

*Enfin, quelques-uns des autres thèmes abordés (Eutropiens, libertariens...) sont recensés dans les sites Internet, ces mouvements issus de la mouvance « new age » n'ayant pas encore eu un grand retentissement en France.*

# BIBLIOGRAPHIE SÉLECTIVE

## Sur papier...
## Livres et articles

BLAND, R., « Gestion et programmation linéaire », in *Pour la Science,* n° 46, p. 106 sq. août 1981.

CARATINI, R., *Les Mathématiques,* Bordas, Paris, 1985.

COPELAND, J., PROUDFOOT, D., « On Alan Turing's Anticipation of Connectionism » in *Synthese,* vol. 108, n° 3, p. 361 sq., mars 1996. Adapté sous le titre, « Les Découvertes oubliées d'Alan Turing », in *Pour la Science,* n° 260, p. 12 sq., juin 1999.

DAWSON, J., « Gödel et les limites de la logique », in *Pour la Science,* n° 262, p. 10 sq., août 1999.

DELAHAYE, J.-P., *Le Fascinant Nombre pi,* Belin, bibliothèque Pour la Science, Paris, 1997.

GIRARD, J.-Y., « La Logique linéaire », in *Pour la Science,* n° 150, avril 1990.

HODGES, A., *Alan Turing, The Enigma of Intelligence,* Londres, 1983. En français : *Alan Turing ou l'Énigme de l'intelligence,* trad. N. Zimmermann. Payot, collection « Bibliothèque scientifique », Paris, 1988.

HODGES, A., *Alan Turing and the Turing Machine,* in *The Universal Turing Machine; A Half-Century Survey,* R. Herken, Oxford University Press, Oxford, 1988.

HODGES, A., *Alan Turing, A Natural Philosopher,* Phœnix, Londres, 1997.

HOFSTADTER, D., *Gödel, Escher, Bach,* Interéditions, Paris, 1985.

HOPCROFT, G., « Les Machines de Turing », in *Pour la Science,* n° 81, p. 46 sq., juillet 1984.

IFRAH, G., *Histoire universelle des chiffres,* 2 tomes, Robert Laffont, Paris, 1981.
KEPPER, P., DULOS, E. et al., « Taches, rayures et labyrinthes », in *La Recherche,* n° 305, janvier 1998, p. 84-89.
LARGEAULT, J., *Intuition et Intuitionnisme,* Vrin, Paris, 1993.
LASSÈGUE, J., *Turing,* Les Belles Lettres, collection « Figures du savoir », Paris, 1998.
LASSÈGUE, J., « What Kind of Turing Test did Turing have in Mind? » (« À quel genre de Test de Turing songeait l'intéressé? ») in *Tekhnema; Journal of Philosophy and Technology (3),* p. 37-58.
MURRAY, J., « Les Taches du léopard », in *Pour la Science,* n° 127, p. 78 sq., mai 1988.
PENROSE, R., *The Emperor's New Mind; Concerning Computers, Minds and the Laws of Physics,* Oxford University Press, Oxford, 1989.
SERVAN-SCHREIBER, É., *Le Cerveau qui a déjoué Hitler,* in *SVM,* n° 172, p. 62 sq., juin 1999.
SINGH, S., *Histoire des codes secrets,* Jean-Claude Lattès, Paris, 1999.
SIRI, F., « Von Neumann et la genèse des sciences cognitives », in *La Recherche,* n° 252, p. 342-343, mars 1993.
STEWART, I., « Le Métro de Turing », in *Pour la Science,* n° 210, p. 102 sq., octobre 1994.
THOM, R., *Stabilité structurelle et morphogenèse,* Inter-éditions, Paris, 1972.
TURING, A., GIRARD, J.-Y., *La Machine de Turing,* traduit par Julien Basch et Patrice Blanchard. Textes présentés par Jean-Yves Girard, Le Seuil, collection « Points Sciences », Paris, 1995.
VON NEUMANN, J., *L'Ordinateur et le Cerveau,* traduit par Pascal Engel, postface de Daniel Pignon, La Découverte, Paris, 1992.

## Sur écran...

Parmi une filmographie abondante traitant de la guerre du Pacifique et des combats contre le Japon, si l'on s'attache plus particulièrement aux batailles autour des Philippines et au rôle joué par le général MacArthur, deux films se détachent nettement du lot, sans doute parce qu'ils ont été tournés sur le moment — et non pas après coup —, ce qui leur ajoute la valeur documentaire d'ouvrages de propagande destinés à entretenir le moral des troupes mais surtout celui des civils à l'arrière...

*Bataan,* de Tay Garnett, avec Robert Taylor, tourné par la MGM en 1943 (disponible en DVD Zone 1, VO/VF), décrivant, avec un réalisme qu'on n'a guère retrouvé depuis, l'héroïque et vaine résistance des soldats américains pour défendre cette île des Philippines.

*They were Expendable (Les Sacrifiés),* de John Ford, avec Robert Montgomery et John Wayne, tourné en 1945, toujours par la MGM (disponible en DVD Zone 1, VO/VF), qui narre l'épopée des vedettes lance-torpilles américaines lancées dans une lutte inégale contre la marine impériale nippone,

Sans oublier, tout récemment : *The Thin Red Line (La Ligne rouge)* de Terrence Malick (disponible en DVD Zone 1, VO), sur le débarquement des Américains à Guadalcanal.

Pour les sous-marins allemands, la bataille de l'Atlantique, la traque des convois alliés et les communications codées avec l'état-major de la marine du Reich (on y voit, entre autres scènes, le radio coder des messages sur une Enigma), la référence obligée reste bien sûr l'incontournable et indispensable *Das Boot (Le Bateau),* de Wolfgang Petersen, avec Jürgen Prochnow et Herbert Grönemeyer, tourné par les studios Bavaria pour la télévision en 1981, sorti en salle en 1983, édité en vidéodisque Laservision NTSC en 1994 (un collector !) et enfin réédité dans sa version intégrale avec moult suppléments passionnants sur DVD (NTSC, Zone 1 double face en 1998, PAL, Zone 2 double couche en 1999).

Enfin, pour le côté obsessionnel et paranoïaque vis-à-vis de tout ce qui touche au(x) chiffre(s), un film incontournable et déjà culte de Darren Aronofsky : π [Pi], sorti en DVD (VO Zone 1, chez Artisan en 1998, et VF Zone 2, chez TF1 Vidéo en 1999).

## Sur Internet

On visitera d'abord le site « officiel » consacré à Turing :
***<http ://www.turing.org.uk/turing/>***
réalisé par Andrew Hodges, éditeur des œuvres du mathématicien anglais. On y trouvera des inédits, des notes de ses collaborateurs et de nombreuses indications bio-bibliographiques.

Pour retrouver l'article de Turing rédigé en 1950 : *Computing Machinery and Intelligence* (« Machine à calculer et intelligence »), le texte intégral anglais est disponible sur :

<***http ://www.sscf.ucsb.edu/ ~sung/comm115/writing-define-computing/Computing-machinery.html***>

Sur la méthodologie employée par Turing pour décrypter les messages codés allemands pendant la guerre, avec les fameuses « bombes » évoquées dans le récit :

<***http ://www.geocities.com/CapeCanaveral/hangar /4040/bombe.html***>

Sur un autre thème abordé dans le livre (Eutropiens et autres sectes new age), on trouvera des dizaines de sites Internet. Seuls les principaux sont recensés ici. Mais en quelques clic, on pourra faire le tour du domaine, tous ces mouvements entretenant de nombreux liens (au sens propre comme au sens interactif).

Eutropiens (du grec : *Eu,* bon et *tropos,* inclination, penchant) : ce néologisme a été créé par le linguiste américain John Talbot Winchell, un adepte de la Sémantique générale de Korzybsky — thèse qui inspira par ailleurs l'écrivain de science-fiction Alfred Van Vogt (avec son cycle du non-A) mais aussi un certain Ron Hubbard, avec sa scientologie. Se voulant à l'opposé de l'idée d'*utopie,* avec ses connotations totalitaires et répressives, l'Eutropie est bien vite devenue un mouvement d'inspiration new age, mêlant une psychanalyse fumeuse tendance post-jungienne à un fatras de bons sentiments pacifistes et écolo-scientistes pour prôner l'harmonie universelle via le développement de la science et des arts. Le credo des Eutropiens est en gros que la violence et la guerre ne sont que la reproduction de l'expérience traumatisante des relations parents-enfants vécue dans la petite enfance.

Leur site : <***http ://lehua.ilhawaii.net/ ~ eutropia/***>

Dans une veine apparentée, on trouve les Extropiens et Transhumains qui eux, passent aux actes en rêvant d'améliorer l'espèce humaine par une discipline de vie qui implique l'amélioration du corps (entraînement sportif de haut niveau, compléments vitaminés, mais aussi culturisme, chirurgie esthétique, prothèses, implants...) ainsi que l'accroissement des capacités cérébrales (hypnopédie, implants cérébraux, connexions neurales). Mais pour les Extropiens, ceci ne constitue qu'un point de départ, le but étant de parvenir à un « être supérieur » — *enhanced human being* — obtenu par la voie du clonage, des manipulations génétiques, des implants et autres cyber-transformations pour aboutir au *Transhumain,* une sorte d'hybride de surhomme nietzschéen vivant dans une cybernoosphère que n'aurait pas renié Teilhard de Chardin...

Le site principal :

***<http ://www.c2.org/ ~arkuat/exi/extropy.html>***

Dans un esprit plus « terre à terre », on trouve également une troisième « tendance forte » (évoquée elle aussi dans le livre de Stephenson). C'est celle des *libertariens* — mouvement typiquement américain qui réussit à mêler idéologie libertaire classique (pacifisme, athéisme), et ultralibéralisme (économique et social). Bref, des anarchistes de droite nourris de la doctrine de Jean-Pierre Gaillard et Jean-Marc Sylvestre. Leur mot d'ordre se résume à prôner un individualisme à tout crin (méfions-nous de l'État, assimilé à un pouvoir totalitaire) et à proclamer que la réussite individuelle et l'enrichissement sont la voie royale de la liberté et de l'épanouissement moral de l'individu, et par là, de la société.

***<http ://w3.ag.uiuc.edu/liberty/libweb.html>***

Enfin, bien sûr, n'oublions pas le site spécifiquement dédié au livre de Neal Stephenson, truffé de jeux, d'énigmes à résoudre et d'animations cryptiques :

***<http ://www.cryptonomicon.com/>***

Composition réalisée par EURONUMÉRIQUE

*Imprimé en France sur Presse Offset par*

BRODARD & TAUPIN

GROUPE CPI

La Flèche (Sarthe).
N° d'imprimeur : 25636 – Dépôt légal Éditeur : 50476-11/2004
Édition 03
LIBRAIRIE GÉNÉRALE FRANÇAISE – 31, rue de Fleurus – 75278 Paris cedex 06.

ISBN : 2 - 253 - 07236 - 2 30/7236/0